AF344084

L'ARCHITECTURE BYZANTINE

EN FRANCE

PAR

FÉLIX DE VERNEILH

UN VOLUME IN-4° CARRÉ, DE 316 PAGES

Avec 16 Planches sur métal et 7 Gravures sur bois hors du texte et dans le texte.

GRAVURES PAR LÉON GAUCHEREL

FORMAT, PAPIER, CARACTÈRES, IMPRESSION DES « ANNALES ARCHÉOLOGIQUES »

Prix : 20 francs. — Sur chine : 30 francs.

TINE

Pour bien connaître les origines de l'art national, il importait que les influences byzantines, qui ont pu s'exercer sur notre architecture, fussent déterminées d'une manière précise; il fallait les resserrer dans de justes bornes en substituant, autant que possible, des analogies positives à de simples suppositions, en prouvant au lieu d'affirmer. C'est à ce besoin qu'a voulu pourvoir la publication de M. de Verneilh; préparée depuis douze ans, elle est enfin terminée et mise en vente dès à présent.

L'Architecture byzantine se divise en deux parties. La première est une « Monographie » complète de Saint-Front, église mère de toutes les églises byzantines de notre pays ; la seconde, une « Statistique monumentale » des églises à coupoles de la France.

Voici le titre des chapitres dont se compose l'ouvrage :

PREMIÈRE PARTIE. — MONOGRAPHIE DE SAINT-FRONT.

Analogie de Saint-Front de Périgueux et de Saint-Marc de Venise.
Description de Saint-Front.
Clocher et grand porche.
Construction et décoration.
Sculptures et peintures.
Sépulcre de saint Front.
Église latine ou vieille église de Saint-Front.
Cloître et monastère.
Ancienneté de Saint-Front.
Colonie vénitienne à Limoges.
Restauration de Saint-Front.

DEUXIÈME PARTIE. — ÉGLISES A COUPOLES.

Considérations générales.
Saint-Étienne et Saint-Silainde Périgueux.
Monuments à coupoles du Périgord : abbayes, prieurés, églises paroissiales.
Églises à coupoles de l'Angoumois et de la Saintonge : cathédrale d'Angoulême, Saint-Liguaire de Cognac, église de Bourg-Charente, cathédrale de Saintes, etc.
Églises à coupoles de Cahors, Souillac, Solignac et Saint-Émilion.
Églises à coupoles, mais non byzantines, du Puy-en-Velay, de Saint-Hilaire de Poitiers, de Loches.
Style Plantagenet : coupoles de Fontevrault, identiques à celles d'Angoulême. Influence qu'elles ont exercée sur le style roman et le style ogival de l'Anjou. — Saumur et Saint-Maurice d'Angers.

Une INTRODUCTION précède l'ouvrage, une CONCLUSION le termine.

Les gravures sur métal et sur bois représentent Saint-Front en plan, coupes, élévations, ensembles et détails ; l'état actuel du monument et son état ancien ou restitué ; les restes de l'église latine qui a précédé l'église byzantine d'aujourd'hui. Un plan et une coupe de Saint-Front sont mis en regard du plan et d'une coupe de Saint-Marc de Venise. — A la statistique des églises françaises à coupoles sont joints les plans, coupes, élévations, vues perspectives des églises de Saint-Jean de Cole, Saint-Avit-Sénieur, Solignac, Boschaud, Fontevrault, Saumur, Saint-Étienne de Périgueux, Souillac, Bourdeille, Peaussac, Paunat, Trémolac et du Vieux-Mareuil ; des cathédrales d'Angoulême, d'Angers, de Cahors.

En conclusion, l'influence de l'architecture byzantine sur la France est considérable, mais exceptionnelle et locale. Elle s'est toujours manifestée nettement, et on la reconnaît à des caractères parfaitement tranchés. Le mot de byzantin, dont les archéologues abusent encore, doit se restreindre aux édifices qui procèdent tous directement de Saint-Front de Périgueux, et indirectement de Saint-Marc de Venise ou des églises de Constantinople.

TINE

PARIS. — IMPRIMÉ PAR J. CLAYE ET Cⁱᵉ, RUE SAINT-BENOIT, 7.

L'ARCHITECTURE BYZANTINE

EN FRANCE

— PARIS —

IMPRIMÉ PAR J. CLAYE ET Cᵉ

RUE SAINT-BENOIT, 7

L'ARCHITECTURE BYZANTINE

EN FRANCE

SAINT-FRONT DE PÉRIGUEUX

ET LES

ÉGLISES A COUPOLES DE L'AQUITAINE

PAR

M. FÉLIX DE VERNEILH

PARIS

LIBRAIRIE ARCHÉOLOGIQUE DE VICTOR DIDRON

RUE HAUTEFEUILLE, 13

1851

INTRODUCTION.

Lorsqu'une heureuse révolution, survenue dans le goût national, remit récemment en honneur les arts du moyen âge, une croyance, établie de longue date et profondément enracinée, nuisit singulièrement en France aux premières études dont ils furent l'objet. Depuis la Renaissance, on s'était accoutumé à penser que notre pays, en fait d'art, n'avait à revendiquer aucune initiative : qu'il avait toujours imité, jamais créé; toujours reçu l'impulsion, sans la donner jamais. Lors donc qu'il fallut, pour la première fois, nommer les styles principaux qui se partagent les monuments de l'ancienne France, et leur assigner une origine, celui que caractérise le plein cintre fut d'abord signalé comme venant de l'Orient en ligne droite, et s'appela tout naturellement BYZANTIN. En donnant ce titre à notre travail : « L'Architecture byzantine en France », viendrions-nous reprendre, pour notre compte, cette vieille erreur; viendrions-nous étayer un système qui croule déjà de toutes parts? — Non, sans doute, nous avons hâte de le dire.

Nous croyons, au contraire, que l'analogie qui peut exister entre les églises de l'ancien empire grec et celles qui s'élevaient en France aux xie et xiie siècles, n'est ni très-évidente, ni très-étendue, et n'autorisait nullement à les confondre dans un même nom et une même origine. Nous croyons, en un mot, que l'on n'a vu chez nous tant d'édifices byzantins, que parce que l'on connaissait fort mal ceux de l'Orient.

L'architecture byzantine, c'est pour nous l'architecture de l'ancien empire grec. Les églises byzantines, ce sont celles qui furent bâties, depuis Justinien, là, où régnaient les empereurs grecs, là, où dominait la civilisation byzantine. Ce sont Saint-Vital de Ravenne et Saint-Marc de Venise, et même les églises plus récentes de la Russie : parce qu'à l'époque où s'élevèrent Saint-Vital et Saint-Marc, Ravenne et même Venise n'avaient point encore rompu tous les liens qui les attachaient à l'empire grec[1]; parce que la Russie est vraiment l'héritière et la continuatrice de cet empire. — Ce que ces édifices

---

1. Jusqu'en 998, les doges de Venise envoyèrent tous les ans un manteau de drap d'or aux empereurs de Constantinople.

ont de commun entre eux et d'exceptionnel à l'égard des autres monuments chrétiens: ce qui leur assigne une place et un style à part dans l'histoire de l'architecture, c'est, avant tout, la COUPOLE. Ils ont tous, et, sauf des exceptions infiniment rares, ils ont seuls dans l'architecture chrétienne la coupole pour principe générateur. La coupole n'y est point un accident, une simple modification de la voûte, comme dans les églises de l'Occident où elle ne se montre guère qu'à la base des tours, et quelquefois à l'intersection des nefs. Elle est constamment, systématiquement employée ; elle fait la base de toutes les combinaisons architecturales.

Or il existe, au fond de nos provinces centrales, de semblables édifices. Sans racines dans le pays, isolés dans l'art national, ils nous ont paru, malgré leur rudesse et leur simplicité, révéler clairement, incontestablement, une origine orientale. Ce sont ces édifices, OÙ LA COUPOLE FORME TOUJOURS, COMME DANS LES ÉGLISES GRECQUES, LA BASE DES COMBINAISONS ARCHITECTURALES, que nous nous sommes proposé de faire connaître.

Déjà un savant architecte qui venait de l'Orient, M. Albert Lenoir, avait remarqué en passant et signalé depuis, dans un cours public, la physionomie éminemment byzantine des églises de Cahors et de Souliac. Il mettait sur la même ligne l'église de Saint-Étienne de Périgueux, qu'il ne connaissait que par une mauvaise gravure. Des recherches patientes, poursuivies pendant dix années, nous ont successivement fait constater l'existence de plus de quarante monuments, tous empreints à des degrés différents du même style, tous de la même famille. — Mais le plus ancien, le plus vaste, le plus complet, le plus curieux de tous, c'est l'ancienne abbaye de Saint-Front, aujourd'hui cathédrale de Périgueux.

La basilique de Saint-Front nous avait vivement frappé. Par la croix grecque de son plan, par ses terrasses dallées, par ses cinq coupoles entièrement dégagées de la toiture primitive, enfin par la pureté et par l'unité de son style, elle annonçait avec les édifices religieux de l'Orient une parenté singulièrement étroite et directe. Nous voulûmes la comparer aux principaux de ces édifices et, à notre grand étonnement, nous découvrimes qu'il en était un, la célèbre basilique de Saint-Marc de Venise, dont elle reproduisait le plan, la forme, les proportions et presque les dimensions. Saint-Front n'était, en quelque sorte, que la copie de Saint-Marc.

C'était un fait sans analogues et d'une haute importance pour l'histoire de l'art. Nous avons cru devoir l'étudier dans tous ses détails, dans toutes ses conséquences.

Montrer comment un type byzantin avait été introduit tout d'une pièce dans notre architecture ; dire à quelle époque, dans quelles circonstances, à quelles conditions, c'était faire la monographie de Saint-Front.

Faire voir ensuite comment cet élément byzantin avait fructifié ; comment et dans quelle mesure restreinte il s'était fondu dans l'architecture nationale ; le poursuivre dans tous les édifices qui s'en sont imprégnés, même dans les plus pauvres et les plus obscurs, c'était traiter de l'architecture byzantine en France. Car, chose étrange, tous les édifices byzantins à peu près, ou, ce qui est la même chose pour nous, tous les édifices à coupoles, actuellement existants en France, s'élèvent autour et à l'imitation de Saint-Front qui les domine et les explique tous. Aucun n'a dépassé les limites de l'antique Aquitaine, quoique l'influence des coupoles de Fontevrault se fasse sentir dans le style roman et le premier style ogival de tout l'Anjou, et même ils sont loin d'occuper toutes les parties de cette vaste région du Sud-Ouest. On n'en trouve pas au sud de la Garonne, c'est-à-dire au midi de l'Aquitaine. Au Nord, immédiatement en deçà de la Loire et à l'Est, ils sont très-clair-semés. C'est au Centre et à l'Ouest, dans les diocèses de Périgueux, d'Angoulême, de Cahors et de Saintes, qu'ils sont presque tous rassemblés. Nous ne les reconnaissons pas pour byzantins par cela seul qu'ils ont des coupoles, car toutes les voûtes de ce genre ne sont pas imitées de celles de l'Orient ; cela dépend de la forme de leurs pendentifs. Toutes les coupoles à pendentifs en section de sphère, ne méritent pas non plus l'attention. En Périgord et en Angoumois elles sont innombrables. Il faut qu'elles forment une série. Mais, cette distinction faite, il importait, on le conçoit, sinon de ne laisser de côté aucun monument à série de coupoles, du moins de découvrir tous ceux qui sont très-anciens ou très-considérables, et qui pouvaient nous offrir quelque vue nouvelle, quelque lumière d'abord inaperçue.

Cette recherche nous a pris bien du temps ; et nous serions honteux d'avoir été si lent à remplir la tâche que nous nous étions librement imposée, si nous n'avions pas pour excuse les cent petits voyages, souvent inutiles, souvent fastidieux, qu'il nous fallait successivement entreprendre, tantôt seul, tantôt en compagnie de dessinateurs moins maladroits que nous. Dans l'intervalle sont venus se placer d'autres essais archéologiques moins difficiles ; puis, de nombreux contre-temps, particuliers aux provinciaux. Il est permis d'invoquer enfin cette révolution de 1848, qui ne finit pas, et qui semblait peu faite pour encourager les publications scientifiques.

Le choix d'un collaborateur principal, pour la monographie de Saint-Front, nous a aussi longtemps embarrassé. Enfin, M. Léon Gaucherel a bien voulu se charger et de nos gravures, et de la plupart de nos dessins. Il n'est pas architecte de profession ; nous, encore moins. Mais pourtant, à nous deux, nous avons fait œuvre d'architecte. Un homme du métier nous aurait peut-être garantis de quelques légères incorrections ; nous avons cru pouvoir racheter notre insuffisance mutuelle par un excès de zèle et de minutieuse attention. Nous tenions surtout à ce que le « Corinthianisme » particulier de l'ornementation de Saint-Front fût scrupuleusement rendu ; et cela présentait de véritables difficultés à cause des dimensions de nos planches, que l'on ne pouvait pourtant augmenter sans faire un in-folio illisible ou un atlas indépendant du texte, les pires choses qui soient en archéologie. Sous ce rapport, nous ne pouvions mieux nous adresser qu'au correct et brillant dessinateur de toute la statuaire de Notre-Dame de Chartres.

Donc, il y a justement dix années que nous avions, dans une notice insérée au premier volume, quatrième cahier, du « Bulletin Archéologique du Comité historique des arts et monuments », exposé le plan et annoncé les premiers résultats de nos recherches. Nous avons depuis, à diverses reprises, tenu le public archéologique au courant de leurs progrès, notamment dans le « Bulletin Monumental » de 1847, sur le désir que M. de Caumont avait bien voulu nous témoigner. Quelques-unes de nos idées se sont naturellement modifiées depuis la première de ces deux époques. Mais nos convictions n'ont fait d'ailleurs, nous pouvons le dire, que se fortifier ; et c'est bien le travail que nous annoncions alors au Comité des arts, qui est maintenant livré par nous au public.

Nous n'avons pas reculé devant la hardiesse, l'étrangeté peut-être de notre sujet ; devant la difficulté et quelquefois l'aridité de notre labeur. Après tout, l'histoire de l'art français n'offre pas de plus obscur, ni de plus curieux problème que celui que nous avions posé pour la première fois, et nous avons la ferme espérance que nous en apportons la solution.

Félix de Verneilh.

L'ARCHITECTURE BYZANTINE

EN FRANCE

PREMIÈRE PARTIE

MONOGRAPHIE DE SAINT-FRONT

ANALOGIE

DE

SAINT-FRONT DE PÉRIGUEUX

ET DE

SAINT-MARC DE VENISE

ANALOGIE

DE SAINT-FRONT DE PÉRIGUEUX

ET DE

SAINT-MARC DE VENISE.

Entre la splendide chapelle des doges de Venise et la plus pauvre peut-être de nos cathédrales, on croirait difficilement, nous en convenons, à une analogie, à une parenté quelconques. L'apparence des deux édifices est en effet bien loin d'être la même. Mais leur ressemblance n'est point de celles qui saisissent; elle est intime, et l'analyse peut seule en faire apprécier toute l'étendue.

Les architectes de Saint-Marc voulaient construire un édifice vaste comme Sainte-Sophie de Constantinople, l'idéal que se proposèrent toujours les artistes byzantins. Ne pouvant reproduire sa coupole immense, ils en donnèrent la monnaie. Saint-Marc eut donc cinq coupoles, presque égales, copies réduites de celle de Constantinople; c'est-à-dire que chacune d'elles, considérée isolément, est exhaussée sur quatre piliers et quatre grands arcs, auxquels elle se rattache par des pendentifs; qu'enfin un cordon de petites fenêtres l'éclaire à sa base et semble l'isoler de ses supports.

Avant la construction de Sainte-Sophie, en effet, les coupoles byzantines, — si toutefois l'on peut dire que l'art byzantin existât alors, — s'élevaient sur un plan circulaire ou octogonal, comme Saint-Vital et le Saint-Sépulchre; et ce sont les seules qu'on paraisse avoir imitées en Occident, à l'époque carlovingienne, par exemple à Aix-la-Chapelle. Les célèbres architectes de Sainte-Sophie inscrivirent, eux, leur coupole dans un carré, pour en évider les supports le plus possible. Elle s'appuie donc sur quatre grands arcs, d'une ouverture égale à son diamètre. Aux angles du carré, d'immenses encorbellements triangulaires, se projetant sur le vide, viennent la saisir.

Ils portent le nom énergique de pendentifs, et ni Brunelleschi ni Michel-Ange n'ont osé, tant la hardiesse en est prodigieuse, les reproduire dans la construction de leurs grandes coupoles, qu'ils ont élevées, non sur un carré, mais sur un octogone.

Géométriquement, ces pendentifs de Sainte-Sophie sont découpés, par les grands arcs, d'une part, et de l'autre, par la coupole proprement dite, ou calotte, dans une moitié de sphère d'un diamètre exactement pareil à la diagonale des piliers. Pour surcroît de témérité, la calotte est très-surbaissée, et une rangée de petites fenêtres, pratiquées à sa base, l'isole de ses supports. — Ainsi fut créée la coupole proprement byzantine, et Procope, en analysant ses formes caractéristiques, n'a pas oublié d'en constater la nouveauté.

C'est cet ensemble, exprimé par le mot de « coupole », quand on le prend dans son acception la plus large, qui a été constamment et fidèlement reproduit dans l'architecture byzantine, mais non pas le plan général de Sainte-Sophie, car il a trouvé peu d'imitateurs. Ce plan n'est point en croix grecque, comme on le répète sans cesse : témoin Procope, qui n'en a vu qu'aux Saints-Apôtres. Loin de là, le grand vaisseau est prolongé à l'orient et à l'occident par deux demi-coupoles, qui s'appliquent à l'ouverture des deux grands arcs et qui se subdivisent ensuite en trois absides. Au contraire, au nord et au midi de la coupole centrale, les grands arcs sont fermés dans le bas par des colonnades, et dans le haut par un mur plein. Quoique la forme de tout le monument soit ramenée au carré par des sortes de bas-côtés, il n'en résulte donc point de croix.

Il était réservé aux Turcs, les plus serviles imitateurs de Sainte-Sophie, sans contredit, de faire du plan de cette glorieuse église une véritable croix grecque. Dans la mosquée d'Achmet, entre autres, aux deux demi-coupoles qui flanquaient le dôme central, ils en ont ajouté deux autres, toujours avec trois absides et trois fenêtres pour chacune d'elles, honorant ainsi, sans le vouloir, la Sainte-Trinité, en même temps que le signe révéré des chrétiens. Du reste, il faut dire à leur justification que ces changements étaient logiques, tout symbolisme à part, et que leurs mosquées, ogivales comme on sait, et aussi élégantes de proportion que pauvres d'ornements, valent mieux en croix qu'autrement.

Pour en revenir à Saint-Marc, ses cinq coupoles furent donc semblables à celle de Sainte-Sophie, mais un peu inégales entre elles. On plaça la plus grande, qui n'a cependant que quarante-deux pieds de diamètre, au lieu de cent douze, au centre d'une croix grecque. Les quatre autres couvrirent les quatre branches de la croix. Ces cinq coupoles ainsi juxtaposées, l'on conçoit que deux des piliers et un des grands arcs de chaque petite coupole durent se confondre avec les piliers et les grands arcs de la coupole centrale. — Ainsi s'opéra la liaison des divers membres de l'édifice.

Quoiqu'ils eussent ainsi multiplié les coupoles, les architectes de Saint-Marc restaient encore loin des dimensions de Sainte-Sophie. Pour agrandir leur plan, ils donnèrent aux grands arcs des coupoles et, par conséquent, aux piliers qui les supportent, un développement excessif et tout à fait inutile à leur solidité. Chaque pilier eut ainsi environ six mètres sur chaque face, et chaque grand arc, devenu une large voûte en berceau, fut, hormis bien entendu ceux de la coupole centrale, fermé par un mur très-mince à son ouverture extérieure.

Les piliers se trouvaient en saillie dans l'intérieur de l'édifice, qu'ils rétrécissaient de toute leur masse. Sans nuire à leur solidité, on put les évider intérieurement. Ceux du centre furent percés sur leurs quatre faces de deux ouvertures superposées. Les arcades inférieures relièrent entre eux les tronçons du bas-côté formé le long des nefs principales par l'élargissement des grands arcs. Les arcs supérieurs éclairèrent des galeries hautes pratiquées dans la masse des piliers. Pour les huit autres piliers, ils reçurent une disposition analogue; mais ils ne furent naturellement percés que sur celles de leurs faces qu'ils présentaient à l'intérieur de la basilique.

Ces dispositions essentielles de Saint-Marc, on les retrouve à Saint-Front, dans toute leur originalité et toute leur bizarrerie. En effet, la description analytique que nous venons de faire de la première basilique s'applique rigoureusement à la seconde. Comme elle ne saurait s'appliquer ainsi à aucun édifice connu, pas même à Saint-Antoine de Padoue, où l'on s'accorde à reconnaître, pourtant, une imitation de Saint-Marc, on ne peut nier qu'il existe entre les deux monuments une très-grande analogie.

C'est, au reste, ce que notre seconde planche aurait, à elle seule, rendu évident. La coupe, sur le transept, de Saint-Front et celle de Saint-Marc y sont données l'une au-dessus de l'autre, à la même échelle, sans les mosaïques et les marbres qui dissimulent la pesanteur de la basilique vénitienne; et c'est, peu s'en faut, un seul dessin deux fois répété. On n'a point obtenu cet effet saisissant au moyen de restaurations toujours plus ou moins contestables. Saint-Front est là, dans son état actuel, avec sa toiture moderne, qui recouvre les coupoles et ne supprime que leur couronnement.

Mais ce n'est pas assez d'établir cette analogie incontestable; il nous faut encore l'expliquer, et nous le ferons en montrant qu'il y a dans l'un des deux édifices imitation directe, immédiate, de l'autre; qu'enfin Saint-Marc est un original dont Saint-Front n'est que la copie.

Saint-Marc, il est vrai, n'est pas le seul édifice byzantin où l'on ait eu l'idée de multiplier la coupole de Sainte-Sophie. A défaut d'autres monuments, l'histoire de Procope prouverait, au contraire, l'ancienneté de cette idée. Voici comment y est décrite la nouvelle église des Saints-Apôtres, construite sous Justinien par les architectes mêmes de Sainte-Sophie :

« On a donné à l'église des Saints-Apôtres deux nefs, qui, se coupant par le milieu, forment une croix. L'une se dirige de l'occident à l'orient; l'autre du midi au nord. Outre l'enceinte extérieure des murs, elles sont circonscrites intérieurement par UN DOUBLE ÉTAGE DE COLONNES. A l'endroit où les deux nefs se coupent est le sanctuaire ou le lieu interdit à tous ceux qui n'appartiennent point au clergé. Les branches transversales de la croix sont égales; mais CELLE QUI SE DIRIGE VERS L'OCCIDENT DÉPASSE EN DIMENSIONS SON OPPOSÉE AUTANT QU'IL LE FAUT POUR QUE LA CROIX SOIT FORMÉE [1]. Quant à la partie de l'édifice qui couvre le sanctuaire, elle ne diffère que par ses moindres dimensions du centre de Sainte-Sophie. En effet, au-dessus de quatre grands arcs disposés et liés de la même manière, s'élève de même un édifice circulaire et percé de fenêtres que surmonte une coupole sphérique; et la fabrique est suspendue de telle sorte qu'elle paraît manquer de solidité, quoiqu'elle en ait beaucoup. Sur les côtés sont quatre faîtes, de même forme et de même grandeur, dont les coupoles sphériques manquent seulement de fenêtres [2] ».

4. Il n'y avait donc pas de croix grecque, au temps de Justinien, si cette expression devait nécessairement caractériser une croix dont les quatre branches seraient absolument égales.

2. PROCOPE, *de Edificiis Justiniani*, T. II, page 13, « Templum omnium apostolorum » : — « Deinde hoc etiam præstitit, summa erga omnes apostolos pietate impulsus. Erat Byzantiis vetusta quædam ædes, cunctis dicata apostolis, quam ævi longinquitas sic labefecerat, ut collapsura prope diem videretur. Hanc Justinianus imperator funditus demolitam non solum instaurare studuit, sed majorem etiam facere et pulchriorem. Porro consilium hac ratione explicuit. Rectæ lineæ designatæ sunt duæ, quæ se medias invicem secant, commissæ in formam crucis; altera ab occasu ad ortum directa, altera ad meridiem transversa a septentrione. Præter exteriorem parietum ambitum, interioribus columnarum ordinibus *supra* sunt *infraque circumdatæ* (ἄνω τε καὶ κάτω). In commissura harum linearum, utriusque fere medium obtinente, conditum inauguratumque est sanctuarium : sic locum merito appellant, eorum vestigiis interdictum qui rei divinæ non operantur. Hinc inde procurrentia transversi spatii latera, inter se æqualia sunt : spatii vero in directum porrecti *pars illa, quæ vergit ad occidentem, alteram superat quantum satis est ut figuram crucis efficiat* (τῆς ἑτέρας πεποίηται μεῖζον, ὅσον ἀποράξασθαι τε τοῦ σταυρῷ χώρα). Quod ad tectum attinet, quidquid imminet sanctuario, a medio Sophiæ templo nulla re differt, præterquam magnitudine, quæ illi cedit. Enimvero arcus quatuor (ἁψίδες τέσσαρες), eodem eductos modo atque connexos, ædificium supereminet rotundum ac fenestratum : cui imposita testudo

Cette analyse du temple des Saints-Apôtres, d'autant plus remarquable que les anciens écrivains semblent n'avoir pas eu le don de se rendre compte ainsi des formes architecturales, — donne de l'édifice une connaissance fort nette ; et l'on ne saurait certainement méconnaître en lui l'idée mère qui a présidé à la construction de Saint-Marc. D'un autre côté, des manuscrits grecs, attribués aux Xᵉ et XIᵉ siècles, offrent souvent des monuments surmontés de plusieurs coupoles égales ; et, sans nul doute, les édifices contemporains d'une certaine importance, dont quelques-uns d'ailleurs subsistent encore, affectaient parfois cette disposition, de façon que le principe de la prééminence d'une coupole centrale ne dominait pas exclusivement.

Qu'on ne croie point cependant que les formes communes à Saint-Marc et à Saint-Front aient été, dans l'architecture byzantine, des formes ordinaires ou banales, de telle sorte que la ressemblance des deux édifices puisse paraître tout accidentelle.

Procope loue, après Sainte-Sophie, la hardiesse de l'église des Saints-Apôtres et son manque apparent de solidité. Or, la basilique de Saint-Marc, avec ses petites coupoles resserrées entre des grands arcs énormes, n'est rien moins que hardie, et sa solidité est d'une évidence excessive. Il faut donc croire que les deux édifices étaient de proportions bien différentes. L'église des Saints-Apôtres, qui tient le second rang dans les constructions de Justinien, et qui fut l'œuvre de ses architectes ordinaires, Anthemius de Tralles et Isidore de Milet, devait effectivement, tout en multipliant comme Saint-Marc la coupole de Sainte-Sophie, lui mieux conserver son élégance et sa légèreté originelles, et aussi quelque chose de sa grandeur. Car ce n'était pas par impuissance, mais en toute liberté, qu'on la multipliait ainsi. De plus, comme les colonnes qui circonscrivent les nefs comprenaient deux ordres superposés, on doit penser que d'immenses gynécées, nécessaires à Constantinople, enveloppaient les piliers et les coupoles, de même qu'à Sainte-Sophie. Enfin, ce qui distingue essentiellement Saint-Marc, c'est le développement anormal, excessif des grands arcs des coupoles ; c'est l'arrangement singulier des piliers, dont l'intérieur renferme tout un petit édifice en croix grecque ; et, après la description si complète et si précise

sphærica (σφαιρικῶς) in aere pendere, nec solida niti videtur fabrica, quamvis firmitatis plurimum habeat. Ac medium quidem tectum ita constructum est : in lateribus autem quatuor, de quibus dixi, culmina sunt medio illi magnitudine paria. Hoc unum deest quod orbiculatæ testudini nullæ subsunt fenestræ..... — Constantinus Aug. ædem apostolis hanc posuerat, eorumque gloriæ et nomini consecrarat, decreto addito ut, cum sibi tum aliis in imperium successuris, fœminis juxta ac maribus, ibi sepulcra fierent, quod etiamnum servatur. »

de Procope, rien ne prouve, rien ne peut même faire supposer que ces caractères excentriques aient appartenu à l'église des Saints-Apôtres.

On peut en dire autant, à plus forte raison, des autres monuments byzantins à plusieurs coupoles. Jamais les piliers n'y sont évidés ni les grands arcs élargis comme à Saint-Marc. Ce sont, au surplus, des édifices peu importants en général et d'une date relativement récente. Leurs coupoles ne sont pas régulièrement au nombre de cinq, ni disposées en croix grecque. Le plus souvent même elles s'élèvent sur les angles d'un carré dont la coupole principale occupe le centre. Les manuscrits à miniatures qui se sont inspirés de ces monuments donnent lieu aux mêmes observations.

Saint-Marc reste donc, dans l'architecture byzantine, un type à part, un édifice unique. Mais alors y a-t-il deux manières d'expliquer sa ressemblance avec Saint-Front, la plus grande peut-être, et la plus réelle, qui ait jamais existé entre deux monuments? Quel édifice byzantin était mieux que Saint-Marc à notre portée et s'offrait plus naturellement à nous comme un modèle? Par quelle meilleure voie l'art byzantin pouvait-il se faire jour dans nos contrées? Servir d'intermédiaire entre l'Orient et l'Occident; réunir ces deux mondes, qui ne se connaissaient plus; mettre en contact ces deux civilisations rivales : — n'est-ce pas toute l'histoire de Venise au moyen âge? [1]

Une remarquable coïncidence de dates existe d'ailleurs entre Saint-Marc et Saint-Front, car le premier de ces édifices n'est antérieur à l'autre que de quelques années. Il n'est point encore temps d'en donner la preuve; il faut que, par une double description, nous ayons auparavant fait voir quelle est l'étendue de l'analogie des deux monuments. — C'est le seul moyen de rendre acceptable l'opinion que nous ne pouvons qu'indiquer ici. Mais si, par impossible, il avait existé à Constantinople quelque édifice, aujourd'hui détruit, qui eût servi à la fois de modèle à Saint-Marc et à Saint-Front; si tant d'étonnantes ressemblances pouvaient s'expliquer ainsi, disons bien que notre livre conserverait sa base et nos démonstrations leur autorité. — La basilique de Saint-Front serait la sœur de celle de Saint-Marc au lieu d'en être la fille. En les comparant l'une à l'autre, on aurait encore le meilleur point de départ pour des recherches sur l'architecture byzantine en France.

1. C'est un prêtre de Venise, nommé Georges, qui apporta d'Orient en Occident l'orgue hydraulique, sous le règne de Louis le Débonnaire, en 826. Voir les *Annales archéologiques* de M. DIDRON, t. XIII, p. 275, « Essai sur les instruments de musique au moyen âge », par M. E. de COUSSEMAKER.

DESCRIPTION DE SAINT-FRONT

DESCRIPTION DE SAINT-FRONT[1].

Déjà nous avons reconnu, en comparant Saint-Marc et Saint-Front, que, malgré la richesse et l'élégance de l'un des deux édifices, la pauvreté et la grossièreté de l'autre, leur plan, leur charpente osseuse, leurs proportions, étaient réellement identiques. Maintenant que nous sommes bien autorisé

[1] La description de Saint-Front a déjà été faite, avec des détails minutieux et une admirable exactitude, par M. de Mourcin, le savant helléniste de Périgueux. Sans plans, sans dessins ou, pour mieux dire, malgré quelques dessins trompeurs tout à fait indignes des autres gravures des « Antiquités de Vésonne », M. de Mourcin a réussi à rendre clairement compte, au moins pour nous, des combinaisons architecturales les plus compliquées. Il a osé, en 1820, consacrer deux cents pages à une pauvre église, aussi nue, aussi désolée que possible, et nous lui devons ce témoignage que, depuis l'abbé Lebeuf, jamais, à notre avis, les monuments français du moyen âge n'avaient été l'objet d'un travail aussi remarquable. Mais si M. de Mourcin a souvent deviné l'archéologie nouvelle, il ne pouvait la créer tout d'une pièce. Naturellement, il a été privé des lumières que la science offre aujourd'hui à ses plus humbles disciples. Il a étudié Saint-Front *isolément*, sans savoir ce que c'était que le style byzantin, sans même chercher dans les départements voisins des termes de comparaison à un édifice si extraordinaire et si anormal.

Il y avait donc place encore pour un livre vraiment neuf et original, non pas seulement sur la cathédrale de Périgueux, mais sur l'architecture byzantine en France ; M. de Mourcin nous a encouragé un des premiers à l'entreprendre. A notre point de vue, plus large et sans doute plus intéressant, il fallait recommencer, en l'abrégeant, ce que notre vénérable compatriote avait déjà si bien fait ; il fallait mieux interpréter, sinon mieux voir, et s'aider surtout des données actuelles de l'archéologie. Mais, jusqu'au dernier moment, nous avons toujours consulté avec fruit l'ouvrage de notre devancier ; nous l'avons, en quelque sorte, pris pour guide dans nos explorations réitérées ; et quiconque après nous voudra étudier sérieusement Saint-Front fera sagement de puiser aux mêmes sources.

Nous avons souvent, dans le cours de notre travail, cité le nom de M. de Mourcin, rarement celui de M. le comte Wlgrin de Taillefer, l'auteur principal des « Antiquités de Vésonne ». C'est que nous avions trouvé, au tome second et à la page 573, une note où ce dernier cédait loyalement à son collaborateur anonyme tout ce qui est relatif aux monuments chrétiens de Périgueux et spécialement à Saint-Front. Nous avons aussi, pour notre part, rendu malgré lui à M. de Mourcin ce qui lui appartenait légitimement.

à décrire et à analyser la basilique de Venise en même temps que celle de Périgueux, nous continuerons leur parallèle, en recherchant tout ce qui dans la copie appartient à l'original ; et par opposition, en examinant quelles déviations du type sont résultées, soit d'impossibilités matérielles, soit de besoins locaux, soit enfin d'innovations purement volontaires de l'architecte. Selon cette distinction se classeront tous les faits que nous aurons à constater et à décrire.

I. EXTÉRIEUR.

A Saint-Marc, la croix grecque, qui se dessine si nettement à l'intérieur, n'est guère sensible au dehors. Un long portique, formé d'une série de petites coupoles, enveloppe le pied de la croix et se prolonge jusqu'aux transepts. Ainsi le plan extérieur se rapproche du carré. Au-dessus de ce portique, règne une triple façade, sans liaison intime avec la masse du monument, et qui très-probablement lui est postérieure d'un demi-siècle. Avant qu'elle eût reçu à sa partie antérieure ce splendide revêtement, la basilique de Saint-Marc n'offrait au dehors aucun système général de décoration ; n'affectait même aucune prétention architecturale. Comme les édifices religieux de l'Orient, où l'extérieur est complétement sacrifié à l'intérieur, comme Sainte-Sophie elle-même, elle ne présentait qu'une masse informe de briques.

La croix grecque de Saint-Front est dégagée de ses constructions accessoires. Les douze pans, qui forment son développement extérieur, ne sont pas d'égale dimension. Ceux qui marquent les extrémités des quatre branches de la croix se composent du parement de deux gros piliers, et de l'ouverture du grand arc qui les unit. Les huit autres ne comprennent que le parement d'un seul pilier et l'ouverture d'un grand arc, parce que les piliers de la coupole centrale sont tout intérieurs.

On peut en dire autant de Saint-Marc, si l'on isole le monument du portique qui l'environne.

Dans les deux édifices, les grands arcs sont fermés, ainsi que nous l'avons vu, par des murs très-minces et à peu près inutiles à la solidité des masses. De là, des cintres immenses qui se dessinent à l'extérieur, et dans lesquels sont encadrées les fenêtres. Du reste on n'a point cherché, comme dans d'autres églises à coupoles de l'Orient, à les utiliser pour la décoration.

Nous lisons dans Procope une curieuse anecdote, qui peut expliquer très-bien pourquoi ces cintres sont si apparents, et ne se prolongent pas jusqu'au sol[1]. On sait que Justinien, comme Salomon son modèle, surveillait lui-même ses constructions, et qu'en véritable artiste il donnait parfois son avis sur de pures difficultés du métier. Il venait de voir s'élever dans les airs cette immense coupole de Sainte-Sophie, que l'on comparait à la voûte des cieux, lorsque Anthémius de Tralles et ses nombreux élèves accoururent vers lui tout effrayés : la haute muraille, qui ferme l'ouverture du grand arc du midi, et de celui du nord, s'affaissait. Déjà le marbre des colonnes se gerçait ; déjà le mortier sortait des joints. Justinien remédia aussitôt au mal, et son inspiration lui sembla si remarquable, qu'il crut devoir en rapporter l'honneur à Dieu. Il se contenta de faire démolir la partie supérieure du mur qui menaçait ruine, et le grand arc put ainsi se tasser librement. On vit par là qu'au lieu d'être utile, il était dangereux que les grands arcs fussent liés aux murs qui fermaient leur ouverture, et ce dut être dès lors pour les artistes byzantins un usage consacré, de ne donner toute leur élévation aux seconds, que lorsque les premiers avaient achevé leur mouvement. Cette précaution était plus utile encore à Saint-Front que partout ailleurs, et il paraît en effet qu'on ne négligea pas de la prendre.

A Périgueux, un entablement, porté sur de robustes modillons, contourne l'édifice. Mais il ne règne que sur le parement des piliers, et, se relevant avec les voussoirs des grands arcs, il couronne les douze façades d'autant de

1. Ergo imperator, nulla sumptuum habita ratione, ad aedificationem incubuit, atque artifices coegit ex toto orbe. Anthemius Trallianus, mechanicorum omnium non solum sui, verum etiam multo superioris aevi facile princeps, illius studio deserviebat, intentus digerendo fabris operi, agendorumque imaginibus praeformandis. Una aderat alter machinarius, Isidorus nomine, ortu Milesius, singulari vir intelligentia, ac dignus quem Justinianus Augustus administrum sibi adjungeret. — Sic Justinianus Aug. Constantinopolitanam ecclesiam, quae vulgo Magna dicitur, aedificavit, non suis modo sumptibus, sed labore etiam ingenii, et praeclara animi contentione, prout mox declarabo. Arcuum, de quibus paulo supra memini (eos *Lora* appellant mechanici) (λόρος τὰ αὐτὰ ὁ μηχανικοὶ ἐκκαλοῦσι), is, qui ad solem orientem oppositus est, hinc inde am surgebat, mediaque imperfecto, manum extremam expectabat ; cum pilae, quibus incumbebat, sub graviori mole fatiscentes, repente facto vitio, imminentis ruinae speciem praebuerunt. His Anthemius et Isidorus, in maximum adducti metum, rem omnem ad imperatorem referunt, nullam ponentes in arte spem. Illico imperator, nescio quo instinctu, coelesti opinor (neque enim mechanicus est), curvaturam arcus absolvi jubet. *Is namque, ait, se ipso fultus, pilis suppositis non amplius indigebit.* — Quo ibi acto, arcubus ad meridiem et aquilonem spectantibus, istud accidit. Loris (οἱ λόροι), ut vocant, substructione templi superbe elatis, quidquid erat inferius sub pondere laborabat. Columnae (κίονες) subditae caementum perinde demiserant ac si quis ipsas destruxisset. Ejusmodi casu perculsi mechanici, adito iterum imperatori significant quo res loco sit. Ille, iterum usus solertia, ita malo occurit : succumbentis fabricae partes summas arcubusque contiguas extemplo dejici, ac multo post ubi structurae humor penitus excessisset, reponi jussit. Quo ab illis praestito, aedificium ex eo firmitatem obtinuit : nec deest imperatori hoc operis testimonium. » Procope, *De Sacris Edificiis*, t. II, p. 5, 8 et 9, « de Sancta-Sophia ».

larges frontons. Aux extrémités de la croix, ces frontons, comme les grands arcs auxquels ils sont appliqués, occupent le centre de la façade. Mais ceux qui s'élèvent sur les côtés des angles rentrants de la croix, viennent se réunir au sommet de ces angles sur une énorme console servant de gargouille. Saint-Marc n'a rien de semblable à ce beau couronnement, au moins à présent; mais douze pignons irréguliers de forme et dénués d'ornements correspondent aux douze frontons de Périgueux. Autrefois, ils étaient ornés de corniches à petits modillons, plus menues, parce qu'elles étaient en marbre.

Voilà des traits généraux qui sont communs aux deux édifices. Passons maintenant à la description particulière de Saint-Front.

A l'ouest, la basilique est adossée à des constructions plus anciennes qui servent de base au clocher et qui feront l'objet d'un chapitre particulier. A l'est, une haute et courte abside s'inscrivait dans le grand arc de la coupole, immédiatement au-dessous du fronton. Maintenant, les pieds droits de l'arcade, qui en marquait l'entrée, subsistent seuls; mais, au moyen de cette arcade, à peine plus petite que le grand arc, on détermine la hauteur et la largeur de l'abside. Il nous est même facile de nous en faire une idée assez exacte, au moyen d'une abside secondaire, qui s'est conservée au transept méridional et qui probablement nous en offre une image réduite. Elle devait se terminer en demi-cercle et ne pouvait différer beaucoup de celle de Saint-Marc.

Par suite de la déclivité du terrain qui s'abaisse rapidement vers l'Ille, deux énormes contreforts, ou avant-corps, adossés aux deux gros piliers, flanquaient l'abside maîtresse. L'un est couronné d'un élégant fronton sculpté de palmettes et de modillons; l'autre se termine carrément aujourd'hui, mais on ne peut y méconnaître l'indication d'un autre fronton tout pareil. Tous deux sont évidés intérieurement et percés de deux fenêtres cintrées. Du reste, ces singuliers contreforts en ont eux-mêmes reçu d'autres, qui, dans une restauration très-ancienne, sont venus fortifier leurs angles.

Une pieuse libéralité du cardinal de Talleyrand a donné lieu à la mutilation de cette partie de l'édifice. Vers 1347, le noble prélat fonda la chapelle des Vicaires de Saint-Antoine, et il obtint trop facilement de la bâtir sur l'emplacement de l'abside principale, qui avait été élevée, comme nous le verrons, par une comtesse de Périgord, et qui, au surplus, devait alors, à cause de sa position, se trouver en plus mauvais état qu'aucune autre partie de la basilique. C'était plus qu'une chapelle qu'il établissait, comme le prouve l'acte de fondation [1] : c'était une véritable église, secondaire il est vrai, mais indépendante de l'autre et ayant son clergé distinct, sa sacristie distincte. Elle fut donc séparée par un mur plein de l'intérieur du vaisseau. La nouvelle abside ne commençait point à partir du grand arc intérieur, mais à cinq mètres de là en arrière des deux avant-corps. Elle respectait donc, selon toute apparence, la partie carrée de l'abside primitive et n'enlevait que le rond-point proprement dit. C'est, à part cette séparation, une de ces chapelles de la Vierge, comme on en soudait souvent au XIVᵉ siècle, au chevet de nos grandes cathédrales. Longue et basse, on voit bien qu'elle appartient au style gothique du Midi. Par un effet de cette dégradation que subissait l'art ogival entre les mains des artistes de la langue d'Oc, la chapelle de Saint-Antoine a perdu les caractères les plus essentiels du style auquel elle appartient. Construite à l'époque où les édifices religieux atteignaient leur plus grande légèreté et leur plus grande élévation, elle est plus basse d'un tiers que l'ancienne abside byzantine. Mais ses soubassements sont d'autant plus considérables, il faut le dire, qu'elle s'allonge plus loin sur la pente de la colline.

Cette infériorité de la chapelle gothique facilita, en 1583, une nouvelle restauration. Après les ravages des protestants, la ville de Périgueux secouait alors ses ruines et, d'abbatiale qu'elle était, la basilique restaurée de Saint-Front allait devenir cathédrale. L'évêque, François de Bourdeille, perça le mur qui séparait du reste de l'édifice la chapelle de Saint-Antoine, au moyen d'une arche semblable à celles d'un pont, et qui, bien qu'elle porte à sa clef le millésime de 1583, est néanmoins ogivale. Il eut encore la place de pratiquer, au-dessus de cette voûte et du toit de la chapelle, les trois grandes fenêtres inégales qui, partout ailleurs dans la basilique, sont percées sous les grands frontons extérieurs. L'appareil de ces fenêtres, leur nudité, les pâles vitraux qui les garnissent, concourent, avec une date très-lisible et des textes positifs, à prouver cette restauration bien entendue.

La façade latérale du nord est percée d'une porte, ainsi que son opposée du sud. Cette porte a été refaite à une époque moderne, et l'on peut lire, audessus de ses voussoirs, la date de 1581. Elle est nommée porte du Gras ou du Greffe, en latin « de Gradibus »; sans doute parce qu'autrefois il fallait, pour y arriver, monter des degrés qui rachetaient la déclivité du sol. Un porche

---

[1]. Il est daté du 28 juin 1347. — « Nos Talayrandus cardinalis.... quamdam capellam juxta ecclesiam beati Frontonis.... construi fecimus et sufficienter dotavimus.... In quacumque capella XII perpetuas capellanias pro XII perpetuis capellanis fundandas, instituendas.... duximus.... »

immense, de vingt-cinq mètres de développement, la précédait et régnait
sur toute l'étendue de la façade. Une longue chapelle à l'est, et à l'ouest
plusieurs maisons particulières, s'en partagent aujourd'hui l'intérieur; mais
il n'est pas assez défiguré pour qu'on ne puisse bien se rendre compte
encore, non-seulement de sa forme et de sa disposition premières, mais
même des restaurations qu'il avait subies. Il s'ouvrait au nord par cinq
grandes arcades dont l'une, celle du centre, était beaucoup plus haute
et plus large que les autres, et, sur ses flancs, par deux ouvertures de
même forme que les premières, mais que la déclivité du sol rendait inutiles.
Sa voûte, coupée encore d'arcs-doubleaux, vis-à-vis de deux piliers, devait
être d'arêtes, comme aujourd'hui, mais en blocage; la travée du milieu
plus haute et plus large que les quatre autres. Toute cette construction
exhaussée, pour comble de singularité, sur une longue crypte de même
forme et de même étendue, était contemporaine à peu près de la grande
basilique, et il serait facile d'y reconnaître le type des porches byzantins de l'Orient, sans que toutefois l'analogie soit complète et parfaite.

La façade latérale du sud était aussi précédée d'un porche, mais d'un
porche en charpente, comme l'indique le nom de porte du TOUIN, plus anciennement « del Touy » et « de Tecto », que conserve encore la troisième
entrée de la basilique. On y montait par un perron d'environ trente marches.
C'était d'ailleurs une construction peu importante et dont il ne reste plus
que des traces incertaines. Quant à la porte elle-même, malgré les mutilations qu'elle a subies, elle se fait encore remarquer par des formes originales et par les restes d'une ornementation assez recherchée. Haute de plus
de quatre mètres, elle est carrée et surmontée d'un tympan arrondi que
décorait une archivolte sculptée en entrelacs. C'est la disposition la plus
fréquente dans les églises grecques. Mais, ce qui est vraiment bizarre, c'est
que la porte de Saint-Front était accompagnée, sur chaque côté, de deux
colonnes superposées, qui, au lieu de recevoir les retombées de quelque
seconde archivolte, allaient soutenir une jolie corniche sculptée. Quatre
grosses consoles, espacées de deux mètres, et dont l'une offre un lion en
bas-relief, se détachent encore du nu de la muraille à une assez grande hauteur. Elles retenaient entre elles les deux colonnes supérieures dont elles
conservent l'empreinte, et au-dessous se trouvaient nécessairement deux
autres colonnes beaucoup plus allongées.

A l'orient des transepts, deux absides secondaires ont été appliquées.
Elles se trouvaient en germe à Saint-Marc : mais, pratiquées sous les grands
arcs de la coupole orientale, en avant de la principale abside, elles étaient

complétement intérieures. A Saint-Front, l'architecte en a débarrassé l'intérieur de l'édifice, les a agrandies, et leur a donné la place que nous les verrons occuper dans les grandes églises à coupoles de notre pays. Celle du transept du nord, dont il ne reste plus que les belles colonnes qui en décoraient l'entrée, a fait place, au XVI⁰ siècle, à la paroisse de Sainte-Anne, véritable église abritée par la grande basilique, et autrefois pourvue, car ce n'est plus qu'une ruine, d'une vaste crypte, d'un plafond en charpente et d'un seul bas-côté.

Celle du transept méridional subsiste seule et nous donne une image assez fidèle de l'autre. Assez basse au dedans, elle est au dehors d'une hauteur excessive, parce que du côté de la rivière le pavé de l'église domine de six mètres le sol extérieur. Sa forme allongée dépasse l'hémicycle; elle n'a qu'une seule fenêtre; et des pilastres qui, à leur base, deviennent de véritables contreforts, décorent et fortifient ses murailles. Autrefois, sans doute, des dalles la recouvraient comme toute l'église, mais sa toiture a subi les mêmes transformations que celle du reste de l'édifice.

Aux deux côtés, il y avait place pour deux fenêtres; mais on n'en laissa qu'une, et on préféra lier le flanc septentrional de la chapelle au gros mur de la tête de la croix par un massif de maçonnerie évidé lui-même intérieurement en une petite chapelle semi-circulaire. Même disposition au transept du nord, et des deux côtés ces massifs ont gêné dans leur développement les fenêtres du chœur qui les avoisinaient le plus.

Nous avons dit que des fenêtres régulièrement inégales et toujours groupées trois à trois découpaient les tympans de tous les frontons. Immédiatement au-dessous, mais seulement dans les angles rentrants de la croix, il y en a d'autres plus grandes encore, mais moins régulières. Enfin, les piliers ont aussi, sur celles de leurs faces qu'ils présentent au dehors, deux fenêtres plus petites qui éclairent leurs deux étages. Ces dernières sont tout à fait dénuées d'ornements. Pour les autres, le plus souvent elles sont séparées par des pilastres, et des rosaces très-singulières accompagnent leurs archivoltes. Depuis la première construction, on a muré un grand nombre de ces fenêtres, et cependant un jour éclatant inonde encore l'intérieur de la basilique. Saint-Marc, au contraire, est très-sombre. La différence des climats en donne la raison. A Venise, on n'a percé dans les murs que d'étroites ouvertures et l'on n'a ouvert librement au soleil que les coupoles d'où la lumière descend doucement dans l'édifice. A Périgueux, il n'était pas possible d'isoler de leurs supports, par un cordon de petites fenêtres, de lourdes coupoles de pierres de taille. Mais les murs, presque inutiles à la

solidité du monument, qui forment l'ouverture des grands arcs, ont été découpés à plaisir. Sous notre ciel plus pâle on ne pouvait avoir trop de jour, trop
de soleil. D'ailleurs, pour remplacer les plaques de marbre amincies et trans-
parentes dont on fermait les fenêtres en Orient, on disposait chez nous, dès
le Xe siècle, de toutes les ressources de l'art du verrier, même de vitraux à
personnages. Il fallait vraiment que les verriers fussent communs et habiles,
pour qu'on se permît de si vastes ouvertures. Il en est qui sont larges de
2[m] 20 et hautes à proportion, sans meneaux, sans compartiments de pierre
d'aucune sorte.

A Saint-Front, les cryptes ne forment point, comme dans un grand nombre
d'édifices religieux, une seconde église, l'église des morts sous celle des
vivants. Ce sont de simples caveaux de sépulture, en partie taillés dans le
roc, qui ne s'ouvrent qu'au dehors de l'édifice, et que, par ce motif, nous
allons décrire dès à présent. C'est à l'orient, où la configuration du sol les
nécessitait, que ces caveaux se trouvent presque tous. Ils règnent dans tout
l'espace compris entre les piliers de la coupole orientale et sous une partie
des transepts. Sous l'abside secondaire qui est appliquée à une des branches
de la croix, il y en a deux étages. On aurait pu sous le chœur les réunir en
un seul vaisseau, les éclairer et les disposer pour l'exercice du culte, car ils
ont six mètres sous clef ; mais on n'a songé qu'à la solidité de la construction.
Ils sont tous voûtés en berceau et construits presque entièrement de moellons noyés dans le mortier, parmi lesquels on remarque des fragments de
corniches et de chapiteaux antiques ; mais la base des gros murs extérieurs,
les portes, toutes les parties les plus essentielles sont bâties d'énormes pierres
taillées avec une rare précision. On dirait une muraille romaine, si les joints
n'étaient pas cimentés et si l'appareil du reste de ces substructions n'était
pas des plus imparfaits.

II. INTÉRIEUR.

L'intérieur de Saint-Front est rigoureusement en croix grecque. Lorsque
le plan byzantin fut adopté, on l'allongea à l'ouest de toute l'ancienne
église, qui demeura soudée à la nouvelle, au lieu d'être démolie. Il put donc
être reproduit dans toute sa pureté sans qu'on eût à se préoccuper de lui
donner la forme d'une croix latine. Sans cette circonstance, il eût fallu sans
doute, comme dans les édifices imités de Saint-Front, donner deux coupoles au pied de la croix. En effet, une croix dont les quatre branches sont
parfaitement égales n'en était une ni pour l'Occident, ni même pour l'empire

de Justinien. On l'admettait dès lors dans l'ornementation. Mais, quand on voulait tracer en forme de croix le plan d'un édifice religieux, on donnait à la branche occidentale une légère prééminence. En Occident, cette prééminence était beaucoup plus marquée, et c'est ce qui a vraiment distingué la croix latine de la croix grecque. Les architectes de Saint-Marc paraissent avoir partagé cette opinion ; de là, dans leur plan, de graves déviations de ce type abstrait que nous y avons reconnu. Pour donner au pied de la croix une prééminence nécessaire, ils augmentèrent les dimensions de la coupole occidentale et les égalèrent à celles de la coupole centrale. Cette dernière, par une pensée de symétrie assez naturelle, recevait déjà un accroissement considérable, et la régularité ainsi que l'harmonie du plan en ont souffert. Tandis que les deux coupoles du pied et du centre de la croix ont quatorze mètres de diamètre, celles des ailes n'en ont que onze ; et comme leurs grands arcs ont été réduits dans la même proportion, il en résulte que les piliers de la nef principale prennent la forme de carrés longs. Dès lors, leurs faces n'étant plus d'une égale étendue, les arcades qui les pénètrent sont devenues inégales ; et de même les grands arcs perpendiculaires à la grande nef, qui s'appuient sur les petites faces des piliers, sont moins développés que ceux qui lui sont parallèles. Enfin, les grands arcs de la coupole du centre ont dû nécessairement se resserrer et s'abaisser à leur bord externe, pour devenir communs aux trois coupoles plus petites qui couvrent la tête et les bras de la croix. A toutes ces irrégularités, l'avantage d'élargir les principales avenues de la basilique n'offrait, selon nous, qu'une insuffisante compensation.

Ce n'est pas tout. La prééminence du pied de la croix ne paraissait pas apparemment assez assurée aux architectes de Saint-Marc, car ils en ont écourté la tête. Les deux piliers et le grand arc, qui devraient la terminer à l'orient, n'existent pas : un mur épais remplace les uns ; le cintre de l'abside tient lieu de l'autre. C'est une disposition étrange et à laquelle nous ne connaissons pas d'autre explication que celle que contient le texte de Procope [1].

A Saint-Front, soit par le premier motif que nous avons invoqué, soit parce que la disposition des lieux portait à donner autant d'importance aux transepts destinés surtout au public qu'aux autres branches de la croix ; soit enfin parce qu'une copie, en architecture, et surtout une copie faite dans de telles conditions, ne doit être le plus souvent qu'une simplification ;

---

1. « ... Pars illa, quae vergit ad occidentem, alteram superat quantum satis est ut figuram crucis efficiat. » — PROCOPE, *De Sacris ædificiis*, vol. II, p. 14.

le plan est plus un, plus régulier, nous dirions volontiers plus beau. Les cinq coupoles sont parfaitement pareilles, au moins quant à ce qui tient à leurs piliers et à leurs grands arcs. Si celle du centre surpasse encore légèrement les autres, ce n'est qu'au-dessus des pendentifs que l'inégalité commence. Tous les piliers sont carrés; tous les grands arcs sont également larges, également élevés. Enfin celui qui est atrophié à Saint-Marc, ainsi que les deux piliers qui soutiennent ses retombées, sont restitués à la coupole du chœur, qui, cette fois, atteint son développement normal. Du reste, ce que nous disons de la régularité de Saint-Front, nous ne l'entendons que des masses, dont la disposition dépend de la volonté des architectes; les fautes de construction, qui ne dépendent que de leur soin ou de l'habileté de leurs ouvriers, étant d'ailleurs innombrables.

Nous avons vu que les piliers de Saint-Marc étaient évidés intérieurement et voûtés en coupoles. Ils sont percés de hautes arcades qui relient entre eux les tronçons du bas-côté formé le long des nefs principales par l'élargissement des grands arcs, et le font circuler sans interruption tout autour de la basilique. D'un pilier à l'autre règne une colonnade, portant une étroite galerie, qui marque la séparation de ce bas-côté et des nefs. La galerie pénètre dans l'intérieur de chaque pilier par une des arcades qui éclairent sa partie supérieure; y rampe sur une large corniche pour sortir au côté opposé et enveloppe ainsi tout l'édifice. Ce sont les vastes gynécées de Sainte-Sophie et des Saints-Apôtres qui, sous l'influence de nos usages de l'Occident, se sont ainsi transformés en un étroit couloir où deux personnes ont peine à se croiser.

La disposition caractéristique des piliers de Saint-Marc, que n'affecte nul autre édifice byzantin, se retrouve à Périgueux. Seulement, on a réduit, par prudence, la largeur de leurs ouvertures; mais, avec leur corniche intérieure et leur cintre surhaussé, elles trouveraient encore leur type dans la basilique vénitienne. De chacune des arcades hautes de Saint-Marc, on en a fait deux plus petites qui, pour éclairer les quatre piliers du centre, puisent le jour au dedans de l'édifice. Pour les huit piliers des extrémités on s'est contenté, sur chaque face intérieure, d'une seule fenêtre, presque aussi petite, il est vrai; mais il y en a d'autres qui s'ouvrent au dehors du monument et qui n'existent point à Saint-Marc. Elles ont communément 1^m 60 de haut sur une largeur disproportionnée, et sont fréquemment en cintre surbaissé comme celles du monastère et du haut du clocher. Ces salles, ménagées dans le haut des piliers pour les nécessités de la construction et les besoins du service, n'étaient pas destinées au public comme celles d'en bas. Ce n'était point une raison pour les laisser, comme on l'a fait, s'obstruer de tuileaux et d'autres décombres.

L'architecte de Saint-Front comprenait que cette belle colonnade isolée, qui réunit les piliers de Saint-Marc, ne pouvait être reproduite que par d'habiles ouvriers et avec de riches matériaux ; aussi l'a-t-il appliquée à la muraille où elle a figuré une arcature. Ses colonnes sont devenues des pilastres, au moins le plus souvent ; mais elle a gardé ses grands chapiteaux corinthiens et jusqu'au nombre de ses arcades. Elle en a trois aux extrémités et au flanc oriental des transepts, comme sous trois des coupoles de Saint-Marc : quatre partout ailleurs, comme à la coupole du pied de la croix ; et, dans chacune d'elles, s'inscrit une des grandes fenêtres du soubassement régulièrement groupées quatre à quatre. Comme à Saint-Marc, elle porte une étroite galerie de service qui relie entre eux les piliers ; mais ces derniers sont voûtés à la hauteur de cette galerie, ainsi que nous venons de le dire, et ils présentent une petite salle carrée qu'elle traverse.

C'est ici surtout que la copie reproduit fidèlement le modèle. Si elle s'en écarte, c'est par force, on peut le dire, et nous l'avons assez vu.

Mais, malgré les précautions que prenaient les architectes de Saint-Front pour mettre à leur portée et modifier selon leurs moyens d'exécution le modèle qu'ils avaient adopté, ils y parvinrent à peine. L'édifice n'était pas encore achevé, peut-être, que déjà les piliers de la coupole centrale cédaient à la charge. C'était le même accident que celui qui compromettait dernièrement la solidité de l'église Sainte-Geneviève (le Panthéon de Paris), et l'on y pourvut de la même manière. On refit plus basses et plus étroites les ouvertures de ces piliers, et on les revêtit entièrement d'une épaisse chemise de maçonnerie. L'appareil de ce revêtement est de très-grosses et de très-petites assises régulièrement entremêlées ; il annoncerait, comme nous le dirons plus loin, que c'est vers l'époque de l'achèvement des travaux qu'une restauration devint nécessaire. Quant à la restauration elle-même, on en a douté ; mais elle est parfaitement certaine. Les dimensions des piliers et celles de leurs ouvertures en sont de premières preuves. De tous les côtés, ils empiètent sur l'arcature qui conduit à leur étage supérieur, et ne laissent voir des chapiteaux que la pointe des acanthes, évidemment parce qu'ils ont été renforcés. Dans le bras méridional de la croix grecque, la fenêtre qui touchait immédiatement un des piliers a dû être bouchée : la maçonnerie dont on l'a garnie offre les assises alternées du revêtement des piliers. Les arcades nouvelles, ménagées dans ce revêtement, n'ont pas leurs voussoirs extradossés, comme celles des huit autres piliers. Enfin, sur les quatre piliers dont il s'agit, les grands arcs des coupoles naissent en retraite de 0^m 50 au lieu de 0^m 10, ce qui donne l'épaisseur du revête-ment.

Entre tant de preuves, il en est une que nous avons tenu à mettre sous les yeux de nos lecteurs; on la trouvera sur la planche 5, numéro 7.

Du bord des galeries hautes, on voit ainsi les deux parements, dont l'un est recouvert par l'autre. On remarquera, dans notre croquis, que l'ancienne corniche du pilier, restée brute comme la nouvelle, était plus forte et placée à un niveau inférieur. On la retrouve aux huit autres piliers qui n'ont pas été remaniés. Aujourd'hui, la voûte de ces quatre piliers du centre est formée de deux berceaux qui se coupent par le milieu en croix grecque, et à l'inter-section desquels règne une petite voûte d'arêtes légèrement relevée. Était-elle primitivement en coupole, comme à Saint-Marc? Nous ne le pensons point. En tout cas, cette disposition n'aurait pas peu contribué à nécessiter des travaux de consolidation. Les piliers du transept septentrional sont pourtant ainsi voûtés. Leurs coupoles, qui ont le même diamètre que celles des piliers de Saint-Marc, sont seulement élevées sur un plan circulaire et non sur un plan carré. Les piliers y auraient nécessairement gagné quelque solidité, s'ils n'avaient pas encore trop de vide pour une construction aussi négligée.

Au transept méridional, ainsi qu'au pied de la croix, les piliers affectent intérieurement une tout autre disposition. Leurs voûtes, plus larges et plus élevées d'ailleurs que celles des piliers de la coupole centrale, dessinent aussi des croix, mais dont plusieurs branches sont plus ou moins tronquées. On remarque, au moins pour le pied de la croix, qué des constructions plus anciennes, fondues dans les piliers, ont commandé leur arrangement intérieur. Au chœur, les coupoles reparaissent; elles sont en octogone, avec quatre côtés sensiblement plus grands que les autres. Les petites chapelles, creusées dans l'intérieur des avant-corps de l'est, y aboutissent; elles paraissent aussi avoir communiqué directement avec l'ancienne abside.

Ces coupoles, à huit pans, sont fort élevées; et ont à leur sommet une petite ouverture circulaire. Elles sont éclairées par des fenêtres particulières et, en général, on en a donné à tous les intérieurs de piliers. quand on l'a pu. Mais nulle part la construction n'a la même élégance et la même légèreté. Elle ne s'en porte pas plus mal pour cela; et, quoiqu'on l'ait jadis étayée, au dehors d'un contrefort du XIVe siècle, au dedans de quelques pierres de taille qui enveloppent à sa base l'angle saillant du sud-est, elle n'inspire aucune inquiétude.

Ainsi que nous l'avons dit, il ne reste plus de l'abside maîtresse de

Saint-Front que les pieds-droits du cintre qui en marquait l'entrée. Par sa décoration, elle ne pouvait guère différer des absides secondaires, et, par sa forme, de celles de Saint-Marc. Avait-elle comme cette dernière trois fenêtres symboliques et trois très-petites chapelles creusées dans l'épaisseur de ses murailles? — Peut-être. — Dans tous les grands édifices romano-byzantins, construits à l'imitation de Saint-Front, on retrouverait au moins les trois niches de l'abside de Saint-Marc transformées en trois grandes et profondes chapelles. Mais l'architecture romane comportait aussi, comme on sait, cette disposition. — Deux énormes colonnes, dont quelques tambours sont engagés dans l'arcade moderne de la chapelle de Saint-Antoine, figuraient autrefois à l'entrée de ce rond-point ; un de leurs chapiteaux a même été conservé à l'intérieur de la basilique.

Nous avons sur le plan général, en confondant un peu sur ce point l'état ancien et l'état actuel, remis ces grosses colonnes contre les pieds-droits, rouvert les passages latéraux et tracé au hasard la courbe probable de l'abside. Comme il fallait donner à part l'abside gothique qui aurait dépassé le bord de notre planche, il était peut-être pardonnable et, certainement, utile de terminer ainsi la basilique byzantine.

L'abside secondaire du transept méridional est passablement conservée. Des pilastres corinthiens en ornent l'entrée, et deux arcatures, portées l'une et l'autre, avant les restaurations de 1840, sur des colonnes corinthiennes, en tapissent l'intérieur. On voit avec étonnement, dans l'une d'elles, des trapèzes, alternant avec les pleins cintres des trois fenêtres, former l'amortissement d'une partie des entre-colonnements. A la rigueur, on y reconnaîtrait la plate-bande antique soudée à l'architrave.

Le déplacement du rétable magnifique et immense, transporté à Saint-Front lors de la destruction de l'église des Jésuites[1], a laissé voir il y a quelques années l'entrée de l'autre abside secondaire. Deux très-belles colonnes corinthiennes l'accompagnent, placées de face, et non de profil comme les grands pilastres de l'abside méridionale. Quant à l'intérieur de l'hémicycle, il était revêtu de deux ordres superposés de colonnes : les unes étaient corinthiennes, les autres offraient des lions parmi les feuillages de leurs chapiteaux. Au lieu d'arcades, elles étaient réunies par des plates-bandes ; mais ces plates-bandes régnaient *entre* et non pas *sur* les chapiteaux, de façon que les bases des colonnes du second ordre reposent directement

---

1. C'est un des plus beaux et des plus grands morceaux de cette sculpture sur bois du xviie siècle, si dépourvue de style et si molle. La tradition veut qu'il soit l'œuvre d'un seul jésuite, nommé Laville, qui y aurait consacré dix années.

sur les chapiteaux de celles du premier. Les premières colonnes de chaque file ont survécu, et l'on voit très-bien l'ajustement des corniches. Il y en avait une troisième, à un certain intervalle au-dessus des colonnes hautes, précisément au point où commençait le plein cintre de la voûte.

Les grands arcs des coupoles de Saint-Front sont tous franchement en ogive. Nous disons cela, parce que leur voûte se compose de deux segments de cercle très-distincts ; et c'est là ce qui constitue l'ogive. A la vérité, les points de centre de ces segments de cercle sont beaucoup plus rapprochés du milieu du grand arc que de ses naissances, de sorte que les ogives dont il s'agit sont plus voisines du plein cintre que de l'arc en tiers-point ; mais peu importe, l'ogive est variable de sa nature, et elle existe à Saint-Front aussi certainement qu'à Notre-Dame de Paris ou qu'à Cologne. Ces ogives des grands arcs et celles, moins apparentes, de la calotte des coupoles, sont les seules de tout l'édifice. C'est un puissant argument pour ceux qui font naître l'arcade ogivale de la timidité et de l'impuissance des architectes [1]. Saint-Marc n'en offre point en cet endroit, et les artistes byzantins n'en ont guère employé ; cependant on en voit dans le porche de la basilique vénitienne, qui remontent au moins au XIe siècle. D'un autre côté, dans toutes les grandes églises à coupoles nées de Saint-Front, on voit constamment reparaître l'ogive aux grands arcs et, sauf des cas assez rares, à cette place seulement.

Ce serait un argument aussi pour les partisans quand même de l'origine orientale de l'ogive ; car les grands arcs de Saint-Front sont assurément aujourd'hui les plus vieilles ogives de France. Elles seraient donc venues de Venise ou de Byzance, avant les croisades il est vrai, et se seraient répandues dans l'Ouest avec l'architecture à coupoles. On les trouverait même, dès le XIe siècle, à Saint-Jean de Côle, employées plus systématiquement et plus librement qu'à Saint-Front. Soutiendra qui voudra cette thèse ; pour nous, nous croyons fermement que l'ogive a été inventée mille fois, et que, si elle est venue d'Orient à Saint-Front, ce qui est douteux, si elle est allée de là à Fontevrault avec les coupoles, ce que nous admettons sans difficulté, elle n'est pas allée du moins de Fontevrault à Notre-Dame de Paris. On l'avait déjà dans le Nord, et, ne l'eût-on pas connue, qu'on l'aurait créée, comme on a inventé tant d'autres choses plus difficiles.

---

1. M. de Mourcin écrivait déjà, en 1820 : « Nous devons ajouter que cette architecture en arcs angulaires n'a eu d'abord d'autres motifs que la solidité ; ce qui le prouve d'une manière évidente, c'est que, même dans le XIIe siècle, on ne faisait guère de cette manière que les grands arcs ; d'où il résulte nécessairement qu'on n'y attachait encore aucune idée de beauté. » *Antiquités de Vésonne*, t. II, p. 558

A Saint-Marc, pour déguiser un peu la pesanteur des grands arcs, on les a entamés par deux profondes rainures qui encadrent les pendentifs. Ces rainures, nous les retrouvons à Saint-Front, où elles sont creusées en plusieurs endroits jusqu'à une élévation d'environ deux mètres, au-dessus du couronnement des piliers. La grande précipitation des travaux, ou les symptômes inquiétants, qui se manifestèrent dans tout l'édifice aussitôt après son achèvement, n'ont pas permis de continuer ce ravalement partiel; mais quelle étonnante analogie!

Les coupoles de Saint-Front, comparées à celles de Saint-Marc, paraissent elliptiques. A dire vrai, elles sont en ogive émoussée. L'aspect extérieur de la basilique n'y a pas moins gagné que sa solidité[1]. Construites intérieurement en moellons, tandis que leurs piliers, leurs grands arcs et leurs pendentifs le sont en pierres de taille, il semble qu'elles ont dû recevoir des peintures. Mais l'empreinte des cintres s'y montre seule et si vigoureusement, que chaque coupole, au lieu d'être exactement ronde, offre autant de pans distincts qu'il y avait de longueurs de planches dans l'échafaudage. Une galerie, large d'un mètre, et où l'on passe sans danger en se courbant un peu, règne à la base des cinq coupoles de Saint-Front. Elle n'existe pas à Saint-Marc; mais, depuis Sainte-Sophie, les coupoles byzantines en étaient généralement pourvues. D'ailleurs, c'était une facilité précieuse pour la pose des cintres en même temps qu'un agrandissement nécessaire pour l'effet extérieur. Depuis Sainte-Sophie, les coupoles étaient aussi « isolées de leurs supports » par un cordon de petites fenêtres: mais, ici, la pesanteur des matériaux et le système d'éclairage étaient autres. Les trois coupoles de l'est, du sud et du midi, n'ont qu'une ouverture toujours placée directement au-dessus des façades. Il est donc évident qu'elles avaient moins pour objet de donner du jour à l'intérieur, que de conduire aux galeries et de concourir à la décoration extérieure de l'édifice. Mais il n'en est pas ainsi de celles qui s'ouvrent, en plus grand nombre, dans les deux coupoles du centre et du pied de la croix. L'une, en effet, par sa situation, ne pouvait pas avoir de jour direct; l'autre, masquée d'un côté par le clocher et flanquée à sa base par diverses parties du monastère, n'avait que six grandes fenêtres au lieu de quatorze ou seize. Il n'était donc pas superflu d'éclairer leur partie supérieure comme on l'a fait. Ces deux coupoles ont chacune quatre fenêtres

---

1. « Un dôme ogivoïde, dit un savant artiste, M. Ziégler, est plus solide qu'un dôme sphérique ; de même qu'une arcade ogivale est plus solide qu'un plein cintre. » ZIÉGLER, *Études Céramiques*, page 104.

situées au-dessus des pendentifs, là où elles étaient le plus en vue extérieurement.

III. SYSTÉME DE TOITURE.

A Saint-Marc, comme dans la plupart des édifices byzantins de premier
ordre, des feuilles de plomb, appliquées immédiatement sur l'extrados des
grands arcs, forment la toiture. Quant aux coupoles, elles avaient un tambour très-peu développé, parce qu'il est perpendiculaire; puis, sans doute,
un revêtement de plomb adhérent à la voûte. Mais on les trouvait, avec
raison, trop basses pour l'effet extérieur du monument, et, dans une restauration du xv° siècle, on les a coiffées d'énormes calottes de charpente, dômes
bossus et renflés comme ceux la Russie.

La cathédrale de Périgueux nous présente nécessairement la même toiture; mais le bois et les métaux n'y entrent cette fois pour rien. Pas de tuiles
non plus, comme dans les églises byzantines les plus pauvres; tout était
en pierre de taille, dans ce toit, mais on n'en était pas moins resté fidèle au
principe constant de l'architecture byzantine. La pierre, comme la tuile ou
le plomb, se modelait sur l'extrados des voûtes.

Les détails de cette toiture primitive sont éminemment curieux à étudier;
malgré l'état de délabrement où elle se trouve, aucun trait essentiel n'échappe
à l'observateur attentif. Les coupoles proprement dites ou les dômes, car,
maintenant, on peut leur donner ce nom, n'occupent dans la vaste étendue
des combles qu'une faible surface. Les seize grands arcs ont plus de développement et forment le fond de cette toiture. Il suffit d'en examiner un
pour les connaître tous, parce que, naturellement, ils ne diffèrent les uns
des autres que par des irrégularités insignifiantes. Chaque grand arc se traduit donc dans la toiture par un escalier à giron rampant et à double
montée. Mais toutes les marches ne sont pas de même hauteur. Au sommet
de l'arc où doit exister une sorte de plate-forme, les dalles sont très-longues
et tout juste assez inclinées pour favoriser l'écoulement des eaux. Elles
sont aussi très-minces, ce qui rend les marches très-basses et l'escalier
extrêmement doux. Il y en a trois rangs sur chaque pente avec un couvre-
joint au point culminant. Les joints latéraux ne sont recouverts d'aucune
façon; mais, pour empêcher les infiltrations, on a cru devoir entailler chaque
dalle à moitié de son épaisseur pour les emmancher les unes dans les autres.
Le joint d'abord vertical devient ainsi horizontal pour redevenir vertical
ensuite, et l'on a espéré que l'eau s'arrêterait dans ce circuit. Mais c'était
une difficulté de plus pour obtenir une liaison parfaite entre ces vastes dalles

et le bain de mortier dans lequel on les posait. Après cette plate-forme, que
l'on a agrandie le plus possible pour relier les coupoles entre elles par de
commodes terrasses, les pentes se précipitent avec les retombées de l'ogive,
et les marches, en conséquence, deviennent courtes et hautes. Elles ont
alors 40 centimètres environ dans les deux sens et se continuent sans interruption jusqu'à ce qu'on les perde de vue dans les décombres. Elles semblent presque horizontales. Mais tous leurs angles sont abattus par l'effet
des gelées, ce qui les défigure, et on ne peut douter qu'elles n'aient eu une
inclinaison quelconque pour empêcher l'eau de remonter dans les joints. Il
fallait seulement que cette pente fût peu marquée, parce que c'étaient de
vraies marches sur lesquelles circulaient les ouvriers pour l'achèvement et
l'entretien de l'édifice.

Au-dessus des quatre piliers de la coupole centrale, les marches des
grands arcs opposés devaient se prolonger jusqu'à leur rencontre. Là s'établissaient les principaux courants d'eau pluviale que quatre gargouilles,
disposées entre les frontons et sur des encorbellements, lançaient au loin
aux angles rentrants de la croix grecque. Sur ces piliers du centre, les
voûtes des chambres intérieures s'abaissent donc en coupoles « carrées »,
si l'on peut qualifier ainsi une combinaison insolite et grossière; mais, sur
les huit autres piliers, elles se relèvent en pyramides. A la suite d'anciennes
restaurations, ces pyramides ont été presque complètement rasées. Nous
avons pu cependant en saisir la forme et en calculer l'élévation. Elles
étaient à quatre pans; plus élevées que les frontons, elles atteignaient à
peu près la hauteur du tambour des coupoles. Au dehors, elles n'avaient
pas de gradins, comme nous inclinions à le croire d'après le système général
de la toiture. Les *fouilles* que nous avons fait faire, pour nous en assurer,
dans les décombres accumulés sur les voûtes de Saint-Front, nous ont
montré que les assises des pyramides n'étaient pas en retraite les unes sur
les autres, de manière à figurer des marches. Elles sont disposées comme
dans nos grands clochers du moyen âge, avec des joints parfaitement horizontaux, et sans crampons de fer; elles demeurent en place par le seul effet
de leur juxtaposition.

Il n'est pas sans intérêt de constater, à une date aussi ancienne, un principe de construction bien simple, mais qui doit devenir si fécond. — Voyez
notre quatrième planche, où les naissances de ces pyramides de Saint-Front
ont été soigneusement relevées.

La hauteur de ces huit clochetons quadrangulaires était, avant tout,
motivée par une idée de décoration. Mais elle avait son utilité en accélérant

le cours de l'eau qui devait glisser sur les pyramides, sans s'engager dans les joints. D'ailleurs, haute ou basse, élégante ou grossière, il fallait une de ces pyramides à quatre pans à tous les angles saillants de la croix grecque. Deux de leurs faces déversaient directement la pluie sur le grand entablement de l'édifice. Les deux autres, tournées à l'intérieur, joignaient leurs eaux à celles qui descendaient des grands arcs, les arrêtaient et en dirigeaient le courant dans les gargouilles qui accompagnent latéralement tous les frontons. Il n'y avait en tout que vingt de ces gargouilles, et toutes les eaux du vaste monument s'écoulaient par là, comme dans les monuments ogivaux les plus perfectionnés. Mais jamais nos cathédrales du XIIIe siècle, si grandes qu'elles soient, n'ont offert de jets d'eau comparables à ceux de Saint-Front. Les courants y sont divisés le plus possible et répartis avec art, tandis que, dans la basilique byzantine, la forme du monument est telle qu'ils sont inévitablement réunis, concentrés, surtout aux angles de la croix grecque, où quatre gargouilles vomissent à elles seules les eaux de la moitié de la toiture. Pour qu'on se figure mieux les cascades effrayantes qu'ils devaient produire, notons qu'ils tombaient, sur certains points, de vingt-cinq mètres de hauteur.

Déjà, nous avons remarqué qu'en ménageant une galerie à la naissance des coupoles, on les avait assez agrandies, et qu'en leur donnant une courbe sensiblement ogivale, on les avait assez exhaussées pour qu'elles pussent moins difficilement servir à l'effet extérieur de la basilique. Réellement, la difficulté était grande. Resserrées entre des grands arcs énormes, elles devaient être et sont encore, d'ailleurs, disproportionnées avec le reste du monument. Dépourvues d'un tambour à l'intérieur, comme celles de Saint-Marc, elles ne pouvaient guère au dehors en prendre un suffisamment développé, sans avoir recours à une charpente. Ce problème a pourtant été résolu, sinon avec un bonheur complet, du moins très-ingénieusement.

Un soubassement continu et composé de plusieurs marches, qui règne à la hauteur du sommet des grands arcs, forme la base des coupoles ; au-dessus prennent naissance des pilastres grossiers ou des contreforts qui vont aboutir, au nombre de seize, à un entablement orné de modillons bruts et d'une grande saillie. Ces tambours, qui dépassent quatre mètres pour la coupole centrale et trois mètres et demi pour les autres, n'auraient pu s'élever perpendiculairement sans s'éloigner outre mesure de l'intrados. L'heureuse combinaison de leur appareil est venue corriger ce vice inévitable de la construction. Il est, comme pour le revêtement des

piliers renforcés, de très-grandes et de très-petites assises régulièrement
entremêlées; et chaque petite assise étant taillée en biseau dans sa moitié
supérieure, il en résulte que celle qui lui est immédiatement superposée
est fortement en retraite. Les tambours se resserrent donc en s'élevant, et
les éperons dont ils sont fortifiés les suivent dans ce mouvement en arrière.
Au reste, les grandes assises sont inclinées aussi d'une manière très-sensible,
ce qui rapproche encore plus du cône le cylindre des tambours. Elles
sont en délit, comme il arrive ordinairement dans cet appareil à assises
alternées et, par suite, elles ont peu d'épaisseur. Les petites assises entrent
plus profondément dans le blocage de la voûte intérieure sans le traverser
entièrement. La muraille avec ses deux parements n'a guère pourtant que
$0^m 60$ d'épaisseur dans le bas, mais elle s'épaissit beaucoup en montant
vers l'entablement. Le même appareil, à assises alternées de $0^m 40$ et de
$0^m 20$, reparaît au-dessous des marches et de la corniche brute que
forme l'une d'elles, dans les triangles correspondant aux pendentifs. Seulement, toutes les pierres sont uniformément inclinées, sans retraites et
sans ressauts.

Les calottes qui surmontent ces tambours auraient été assez aplaties,
malgré l'ogive intérieure; mais on n'a pas craint d'établir au sommet de la
voûte un massif de $1^m 50$ d'épaisseur, de façon à grandir les coupoles le
plus possible et à relever leurs pentes. Aussi sont-elles coniques, ou peu
s'en faut, en élévation géométrale. Vue d'en bas, même de loin, cette
forme disgracieuse s'améliorait un peu par l'effet de la perspective et se
rapprochait du type orbiculé. C'est ce que l'on observe à l'église de la Cité,
moins défigurée par les restaurations. La toiture particulière de ces petits
dômes fut longtemps composée de tuiles, et l'on pourrait croire, à certains
indices, qu'il en a été ainsi dès la première construction; mais nous avons
remarqué, enchâssées dans le bain de mortier de la couverture en tuiles, de
longues et minces dalles tout effeuillées, qui se rapportent nécessairement à
un autre et plus ancien mode de toiture.

Les cinq dômes de Saint-Front devaient avoir un couronnement; de
vieux tableaux l'indiquent confusément. D'ailleurs, il existe au sommet de
chacun d'eux une large plate-forme que quelque chose remplissait, sans le
moindre doute. Mais quel était ce couronnement? à l'église de la Cité, il se
compose d'une rangée circulaire de colonnettes qui supportent une petite
coupole en cône renflé, et le clocher de Saint-Front se termine aussi à peu
près de cette façon. Malgré le charmant effet des lanternons de ce genre,
nous avons acquis la certitude que l'architecte ne les avait pas adoptés, si

ce n'est pour une seule coupole, celle du centre. Sur les quatre autres, il y
avait suppléé par une invention fort extravagante. Le dôme le plus voisin
du clocher, un peu plus resserré que les autres, se trouve aussi un peu moins
haut qu'à l'ordinaire, ce qui fait par parenthèse que son tambour a une
retraite de moins. En conséquence, la charpente moderne, qui a rasé exactement les couronnements des autres coupoles, a au contraire utilisé la première assise de celui qui la terminait, et cela suffit pour tout reconstruire.
— C'est un des rares détails qu'il nous a été donné de découvrir à Saint-
Front, après M. de Mourcin ; car notre travail se borne souvent à interpréter
autrement que lui ce qu'il avait vu aussi bien que nous : détail important,
au reste, bien qu'il ne flatte pas précisément nos dessins restaurés, et que
nous avons fidèlement reproduit parmi les pièces justificatives de la planche
n° 4. Il se réduit, comme on voit, à un cercle de pierres imbriquées qui ont
appartenu à un cône massif. Les tableaux dont nous avons parlé et qui se
trouvent, l'un, dans la cathédrale, l'autre, et le meilleur, dans le salon de
Mgr l'évêque de Périgueux, indiquaient bien, en effet, une sorte de cône à
cette place. Mais le couronnement de la coupole du clocher nous en donne
en grand une image encore plus fidèle. Il commence de même avec des
imbrications retournées ; son diminutif devait se terminer aussi en cône un
peu renflé. Si ce n'est pas beau, si c'est par trop « bonnet de coton », c'est
du moins en parfaite harmonie avec les autres formes de ces étranges dômes.
Avec ces formes pyramidales et ces couronnements en pointe, les coupoles
atteignaient une très-grande hauteur ; celle que nous avons reproduite sur
la planche 4, et qui recouvre le chœur, n'avait pas moins de quarante mètres
au-dessus du sol extérieur.

Quant à la coupole centrale, ce qui nous porte à croire qu'elle différait
des autres par la forme et la plus grande hauteur de son couronnement,
c'est d'abord la symétrie en vertu de laquelle on avait accru son importance
et ses dimensions, seulement à partir des premières terrasses et en vue de
l'extérieur ; c'est l'examen des tableaux où l'on a cherché à reproduire l'ancien aspect de Saint-Front ; c'est aussi l'emploi, dans les supports de la
charpente moderne, d'une longue pierre taillée en section de cercle et chan-
freinée, qui ne peut provenir que d'une lanterne à colonnes.

Telle était la toiture primitive de Saint-Front ; telle sera un jour, à peu
de chose près, nous l'espérons du moins, sa toiture définitive. Certes, c'était
là un ensemble unique au monde et digne en tout point de cette étonnante
basilique de Périgueux ; toutes les formes y sont nouvelles, excentriques, et
cependant elles se réunissent en un système plein de logique et d'harmonie.

Sans doute, à défaut du modèle sur lequel s'est toujours réglée la cathédrale de Saint-Front; à défaut de Saint-Marc, qui n'a plus rien de pareil ou d'analogue, nous pourrions montrer dans d'autres églises byzantines des frontons semblables à ceux de Périgueux. Mais où les trouver formant, sur tout le développement des édifices, un feston non interrompu? où trouver ces nombreuses pyramides qui les encadrent, et qui accompagnent les coupoles? où trouver ces gradins sans fin et sans nombre, cet amoncellement de pierres de taille, toute cette barbarie et toute cette puissance?

Malheureusement il était impossible que cette originale et vigoureuse conception, par laquelle l'architecte avait cru triompher de la pauvreté du pays, pût se conserver toujours intacte. A défaut du plomb qui lui manquait, il ne s'était servi que de la pierre de Périgueux; mais, sans doute, il n'en connaissait pas bien les inconvénients, ou plutôt il était hors d'état de choisir sûrement les meilleures carrières et les matériaux les plus durables. La pierre de Périgueux n'est pas toujours gélive, mais elle l'est souvent, et l'on ne doit pas se fier aveuglément à sa pesanteur ni à sa dureté. Or, les bancs exploités pour la cathédrale sont, à ce qu'on pense, ceux qui se trouvaient dans l'emplacement même de la ville actuelle, vers les excavations voisines de la tour Mataguerre. La pierre en est aussi mauvaise que peu coûteuse: on n'en exploite guère plus de cette sorte. Quoi qu'il en soit, les matériaux de la cathédrale sont évidemment mal choisis, même dans la toiture.

Cette incurie ou cette inexpérience n'ont pas empêché la toiture primitive de Saint-Front d'avoir une durée raisonnable. Longtemps ses gargouilles ont vomi les eaux pluviales; car, au-dessous de chacune d'elles, une longue traînée grisâtre tranche nettement encore aujourd'hui avec le fond doré des façades. Ce n'est pas que la muraille soit altérée à cette place. Il est bien reconnu, par l'exemple de tous les monuments ogivaux, que cette manière de se débarrasser des eaux de pluie, par des gargouilles, est de beaucoup la meilleure. La pierre a changé de couleur à la longue, et voilà tout. Donc, on s'est borné pendant quelques siècles à réparer avec des dalles plus solides cette toiture de pierre. On est parvenu à l'entretenir tant bien que mal, sans changer de système. Mais plus tard, à une époque encore très-reculée, on s'est lassé de cet entretien difficile, et l'on s'est mis à chercher d'autres moyens, négligés volontairement par le premier architecte, pour mieux mettre les voûtes de la basilique à l'abri des infiltrations.

Les dalles s'effeuillaient et se fendaient sous l'action réitérée du dégel. On songea d'abord à les remplacer çà et là, quand c'était praticable, par des tuiles posées à bain de mortier. Par exemple, sur les coupoles de l'ouest et

6

du centre. Mais les tuiles creuses, assez laides, en usage aujourd'hui dans le pays, n'étaient pas encore employées; on continuait de se servir de tuiles dites romaines, c'est-à-dire de tuiles plates à rebords, larges et épaisses, dont d'autres tuiles de forme ronde couvraient les joints. Elles ont laissé leur empreinte dans la chape de mortier qui revêt les deux coupoles, et même nous en avons trouvé quelques-unes qui demeuraient encore en place. Ailleurs, cette couverture en tuiles romaines n'a pas existé ou a été renouvelée à peu près à la moderne. Mais à toutes les coupoles on a placé, sur la corniche, quelques assises de moyen appareil pour faire disparaître ce qu'il y avait encore de sphérique dans la calotte et pour obtenir des pentes à peu près droites.

A quelle époque ces premiers changements eurent-ils lieu? Impossible de le savoir. Voudrait-on qu'ils eussent suivi de près la construction primitive? A la vérité, il faudrait convenir que les églises byzantines de l'Orient ont des tuiles à peu près pareilles. Mais, selon l'observation fort juste de M. de Mourcin, certains usages romains se sont continués chez nous très-avant dans le moyen âge. Effectivement, nous pouvons affirmer que les contre-forts de la cathédrale de Limoges, interrompus au XIVe siècle, avaient reçu provisoirement une couverture en tuiles à rebords.

Cela déconcertera certains de nos confrères, qui voudraient pouvoir reconnaître sûrement, aux tuileaux qu'ils ramassent, les localités occupées jadis par les Romains. Mais les vrais connaisseurs, parmi lesquels nous ne prétendons pas nous placer, continueront à distinguer les tuiles de la bonne antiquité d'avec les imitations qu'en faisait le moyen âge. M. de Mourcin ne s'y est pas trompé à Saint-Front, et il a fort bien observé, entre autres détails de ce genre, que les tuiles, dont il étudiait les débris, avaient été faites pour des coupoles cylindriques, puisqu'elles étaient plus étroites à une extrémité qu'à l'autre. Notre vénérable précurseur n'était pas monté, comme nous, sur les pentes de ces dômes périgourdins. Sans cela, le mérite de son observation serait considérablement diminué.

Avec des tuiles posées à bain de mortier, on pouvait bien préserver quelques parties des voûtes moins accidentées que le reste; mais, pour généraliser le système, il aurait fallu démolir les *escaliers* des grands arcs et donner à leurs extrados le profil des frontons. On ne le tenta point, et l'on se décida trop vite à l'établissement d'une charpente. Du moment qu'on en voulait une, il fallait, pour l'asseoir sur le monument, niveler le sommet des façades en découronnant les frontons, et en rasant aux trois quarts les pyramides. Du reste, les cinq coupoles, engagées seulement par leur base dans la nouvelle toiture étaient encore apparentes au dehors. C'est ce que l'on voit à l'église de la Cité, qui, après avoir éprouvé les mêmes vicissitudes, en est restée à cet état intermédiaire.

Mais quel est le siècle du moyen âge qui a pu faire si bon marché de l'aspect extérieur, de la physionomie et du style de Saint-Front, pour détruire, sans les remplacer par rien, les principales décorations de l'édifice? Encore un problème insoluble; car, dans cette malencontreuse restauration, on s'est passé de tout ce qui ressemble à un ornement, à une moulure. Nous croyons cependant que la toiture dont il s'agit remonte à une époque très-éloignée de nous, probablement même jusqu'au temps où l'on se servait en Périgord de tuiles à la romaine. Les petits murs qui la supportent ont été réparés ou refaits en beaucoup d'endroits, mais leurs plus anciennes parties ont pris tout à fait la même couleur que les façades byzantines. La toiture elle-même a été remaniée bien des fois, si l'on en juge par l'énorme quantité de tuiles cassées, romaines, modernes, ou d'un temps intermédiaire, qui se trouve aujourd'hui accumulée sur les combles. Toutes les chambres hautes des piliers en sont obstruées. Tous les creux des terrasses primitives en sont remplis; il y en a des centaines de mètres cubes. Jamais, en effet, on ne s'est donné la peine de transporter au loin les gravois de toute espèce qui résultent de l'entretien d'un grand monument. On les dépose encore aujourd'hui au plus près, au plus commode, et dans le monument même. Aussi, lorsque le toit en tuiles est endommagé, les eaux qu'il laisse passer s'infiltrent dans les décombres, puis dans les voûtes; et, au XVIe siècle, quand les protestants saccagèrent la ville de Périgueux, et que la basilique de Saint-Front demeura six ans abandonnée, sa solidité en fut, dit-on, compromise; tout au moins y perdit-elle ses peintures sur enduit, comme nous l'apprendra un contemporain, le conseiller Dejean.

En 1420, un incendie terrible, dont nos chroniques ont gardé le souvenir, consuma le bourg et le monastère de Saint-Front; il fondit même les cloches dans le clocher. Peut-être en était-on déjà arrivé à établir sur les terrasses le système de charpente que nous venons de décrire. Au moins la coupole du pied de la croix montre-t-elle, par ses pierres éclatées et surtout rougies, les atteintes d'un feu violent. Mais il faut considérer que la charpente embrasée du clocher se répandit dans sa chute sur les constructions adjacentes. Quoique la chronique dise : « Erat tunc monasterium ligneis tabulis coopertum », nécessairement, on n'a voulu parler que de l'habitation des moines ou du monastère proprement dit. La première charpente n'a jamais été assez aiguë pour être couverte en planchettes de chêne ou bardeaux.

A quelque époque qu'elle appartienne, cette première charpente altérait déjà beaucoup l'ancien système de toiture. Mais, à la fin du siècle dernier, la cathédrale de Périgueux subit une transformation de plus, grâce à la fatale générosité de ses évêques. Le tambour des coupoles, exposé, à cause de sa position inclinée, aux suintements des eaux supérieures, était tout gercé par la gelée, sans être cependant bien profondément entamé. La plupart des pierres avaient perdu quelque partie de leur parement; mais la solidité de l'ensemble était encore parfaite. Pour dissimuler cet état de vétusté, et plus encore pour embellir la cathédrale, on éleva, au milieu de l'ancienne charpente du moyen âge, tout un édifice en croix grecque, avec ses murs en porte-à-faux et son toit particulier, qui englobe les cinq coupoles. Cet élégant hangar, très-proprement couvert en ardoises, a trouvé bien des partisans. Mais nous ne lui pardonnons pas d'avoir enlevé, sans nécessité absolue, jusqu'aux derniers vestiges de la physionomie orientale de Saint-Front.

IV. CONCLUSION.

Ne faut-il pas conclure, de cette double description, que l'artiste, quel qu'il soit, qui a élevé la basilique de Saint-Front s'est constamment proposé pour but l'imitation, la reproduction même de celle de Saint-Marc? Si des impossibilités matérielles, résultant, soit de la pauvreté du pays, soit de la pénurie d'ouvriers habiles, soit de la nature des matériaux, l'ont entravé dans la réalisation de ses projets; et si, d'un autre côté, il ne s'est pas interdit d'épurer et de compléter, quand il l'a pu, son magnifique modèle, la copie qu'il a faite n'en est pas moins ressemblante. Soit qu'elle n'atteigne pas la perfection de l'original, soit qu'elle le corrige, cette copie n'en est pas moins toujours restée reconnaissable.

Nous donnerons, en terminant, une nouvelle et singulière preuve de ce fait fondamental. Les dimensions de Saint-Front, en partie imposées, comme nous l'avons vu, par des constructions plus anciennes que l'on tenait à conserver, sont un peu moins grandes que celles de Saint-Marc. Par un hasard étrange, il en résulte que les deux édifices sont inégaux entre eux comme le pied français et le pied italien, de telle sorte que, si les dimensions de Saint-Marc sont évaluées en pieds italiens, et celles de Saint-Front en pieds français, elles seront exprimées à peu près par les mêmes chiffres. — Aux deux églises, par exemple, la longueur de la croix grecque, prise dans œuvre, à la croisée, sera de 180 et 176 pieds. La hauteur de la coupole centrale, sous clef, de 86 et de 84 pieds; de 88 pieds à l'extrados pour les deux; celle des grands arcs, de 56, 58 et 59 pieds, parce que les voûtes de Saint-Front sont légèrement ogivales.

Ordinairement, ces concordances de chiffres sont sans valeur. Mais en est-il ainsi entre deux édifices dont les mêmes membres, assemblés de la même façon, forment la charpente osseuse, surtout lorsque toutes les autres dimensions sont dans un rapport à peu près constant?

Au reste, nous donnons un plan de Saint-Marc, non pas à l'échelle de 0^m002 pour mètre, comme le plan général de Saint-Front, mais à celle de 0^m0015, que nous suivrons désormais, au risque de mal accuser certains détails, pour tous les autres dessins du même genre; si grandes que soient plusieurs de nos églises à coupoles, si petites que se montrent, en plan, celles des campagnes du Périgord. Nous avons laissé ce plan de Saint-Marc dans son état actuel, avec toutes les modifications que les siècles ont pu apporter à la construction primitive. Seulement, pour faciliter la comparaison, nous avons teinté les porches autrement que la masse du monument ou la croix grecque. On terminera, d'un regard, le parallèle des deux édifices, et, s'il y avait dans nos appréciations quelque chose d'exagéré, on le corrigera.

En définitive, la croix grecque de Saint-Front est moindre d'environ quatre ou cinq mètres que celle de Saint-Marc, mais elle est plus complète et elle couvre autant de terrain, et, si on lui joint l'abside ogivale du cardinal Talleyrand, le clocher, les deux grands porches, la façade et le porche particulier de l'ancienne église latine, le monastère enfin, avec ses chapelles et son cloître, on a un monument énorme, dont la longueur totale dépasse cent vingt mètres et s'égale ainsi aux plus grands vaisseaux du XIIIe siècle.

CHAPITRE III

CLOCHER

ET

GRAND PORCHE DE SAINT-FRONT

I. CLOCHER DE SAINT-FRONT[1].

Ce serait maintenant le lieu d'aborder la description du clocher de Saint-Front : mais, comme il a été superposé à des constructions plus anciennes qui ont singulièrement influencé la forme et les dispositions de sa partie inférieure, il convient de rendre préalablement compte de la nature de ces constructions et des convenances qui les ont fait conserver.

Lorsque, de l'intérieur de la basilique, on examine la muraille qui la clôt à l'occident, on est aussitôt frappé de sa préexistence à la masse du monument. Une grande arcade de quatorze mètres de hauteur en occupe le centre. Son cintre repose sur deux hautes colonnes corinthiennes qui sont du temps de la grande construction byzantine ; sur les côtés sont d'énormes pilastres d'une construction plus ancienne, qui ne supportent rien maintenant ; puis deux autres arcades plus basses que la première, et qui n'ont point été remaniées comme elle ; seulement les deux gros piliers de la coupole du pied de la croix les masquent et partagent leur cintre à peu près par le milieu. Au-dessus se remarquent encore des arrachements de voûte, qui indiquent positivement que l'édifice auquel ils ont appartenu se continuait sur l'emplacement actuel de la grande basilique. Enfin, il est impossible de ne pas reconnaître sur cette muraille occidentale, malgré la tribune moderne qui y est appliquée, comme la coupe d'une église à trois nefs.

Du reste, en pénétrant sous la base du clocher, on distingue plusieurs travées de ces nefs, et en poursuivant plus loin on retrouve la façade et même le porche qui les terminaient à l'occident. Plus tard nous essaierons, dans un chapitre particulier, de renouer les tronçons de cette vieille église, de la reconstruire par la pensée, et d'en donner une description à peu près

1. Voir, sur tout ce chapitre, les *Antiquités de l'Yonne*, t. II, p. 480 et suivantes.

complète. Nous nous contenterons ici de dire brièvement qu'au lieu d'abattre cette première église de Saint-Front, on résolut de la souder à la nouvelle et d'en faire comme un porche. L'architecte donna donc à son plan des dimensions telles qu'il atteignit au nord et au sud les deux *confessions* encore existantes qui accompagnaient latéralement l'abside. — L'abside elle-même étant démolie, la nef centrale et ses bas-côtés, à moitié fermés seulement par les gros piliers du pied de la croix, débouchaient dans la basilique et lui formaient trois longues avenues [1]. — Nous avons vu qu'un des premiers avantages de cette combinaison fut de dispenser l'architecte de mettre deux coupoles au pied de la croix pour en faire une croix latine. — Elle permettait surtout de conserver un édifice déjà vénérable peut-être par son antiquité et sanctifié par d'illustres sépultures. — Chose remarquable, au XVIe siècle, les fidèles savaient distinguer encore dans la cathédrale un double édifice, dont la plus ancienne partie remontait, disait-on, à l'évêque du VIe siècle, Chronope, qui y avait enseveli les restes de ses saints prédécesseurs [2].

Que la combinaison dont nous avons parlé se soit d'abord présentée ainsi, dans sa simplicité, à l'esprit de l'architecte de Saint-Front, cela n'est pas douteux ; ce qui ne l'est pas davantage, c'est qu'avant la fin des travaux elle n'eût reçu déjà de graves modifications. — Lorsqu'on voulut trouver une place au clocher, il fallait, si l'on n'aimait mieux l'isoler complétement de la masse du monument comme à Saint-Marc, l'élever en avant de la coupole occidentale, précisément à cheval sur la vieille église ; c'est à ce parti que l'on s'arrêta, mais l'on s'imposa cependant l'obligation de conserver la première disposition des nefs. Il est curieux de voir comment on a surmonté cette difficulté, et comment le plan du clocher a pu se prêter à ces exigences. Une travée ne suffisait pas ; on en prit deux : c'est ce qui fait que jusqu'à une hauteur considérable le clocher est *double*. On avait ainsi environ treize mètres dans un sens ; mais, dans l'autre, avec tout l'écartement des piliers de la nef centrale, avec toute leur épaisseur, on ne pouvait arriver même en empiétant un peu sur les bas-côtés qu'à un peu plus de huit mètres. C'était, il faut en convenir, pour une tour carrée, une base bien incommode ;

1. « Nova basilica veteri adjecta. » Monastère de Mont-Serrat. V. DUSOMMERARD, *les Arts au moyen âge.*

2. DUPUY, dans l'*État de l'église du Périgord* (t. I, p. 125), disait : « Revenons à Chronopius, qui, voyant son bastiment de Sainct-Front parachevé, fit colloquer ceste précieuse relique (le corps de saint Front), au milieu de la nef qui nous reste de ce second édifice, du costé du cloistre, différent en fabrique du troisiesme bastiment qui sera fait par Froterius. »

mais, à moins de fermer entièrement les bas-côtés, on ne pouvait l'élargir davantage. — Comme on ne voulait pas non plus qu'elle interrompît le vaisseau principal, on la perça, de l'ouest à l'est, d'une grande tronée, qui, sur une hauteur de treize mètres, n'en a jamais moins de trois de largeur. Au milieu de chaque travée, cette tronée s'enfle pour former une sorte de rotonde irrégulière, et dans ces renflements quatre immenses arcades, également de treize mètres, la mettent en communication avec les bas-côtés, ou du moins, car la plupart sont murées par le bas, lui transmettent la lumière des fenêtres percées dans les murs latéraux. — On voit que la grande nef a seulement été rétrécie et défigurée; les massifs du clocher ont enveloppé ses piliers et ses arcades sans les détruire, en respectant les anciennes dispositions, la voûte ou le lambris qui en tenait lieu a seule pris une nouvelle forme. — Sept arcs, dont trois sont perpendiculaires, et quatre parallèles au passage, forment l'amortissement nouveau des arcades et s'arrangent comme pour soutenir deux coupoles contiguës. — Ils ne sont cependant pas liés par des pendentifs et supportent deux simples planchers carrés.

A la hauteur de ces planchers, la base si étroite du clocher s'élargit d'un mètre et pèse en porte-à-faux sur les vieilles voûtes latérales; aussi a-t-on cherché à les fortifier de diverses manières. — La largeur de ce premier étage n'est encore que de 9^{m}65, tandis que sa longueur fort peu réduite est de 12^{m}80. Il offre au sud et au nord deux grandes arcades feintes, dans chacune desquelles est une fenêtre cintrée ornée de colonnes corinthiennes. — Son mur de l'est est percé d'une fenêtre, inscrite dans une ouverture plus grande, qui donne dans l'intérieur de la basilique et transformait ainsi en tribune une partie de l'intérieur du clocher. Quant au côté de l'ouest, il n'a maintenant aucune ouverture et n'offre plus à l'œil aucun ornement. Un mur épais appliqué en contre-fort dans une restauration s'y présente seul. — Un entablement termine cet étage. Les modillons qui le soutiennent sont formés d'une série de cylindres en encorbellement; dans les intervalles sont sculptés des griffons d'un caractère tout à fait antique. C'est à cet entablement que commence notre vue du clocher, prise au midi, dans la cour de l'évêché. Nous le donnons très en raccourci, tel que la perspective le fait voir, et sans rien changer à l'état actuel; mais on comprendra facilement la disposition primitive des fenêtres, à l'aide de la grande vue restaurée de Saint-Front. En fait de détails, on n'a desssiné à part que les griffons si curieux dont nous venons de parler. Ils forment, comme on voit, une double procession qui s'affronte à un lion, non moins beau qu'eux et non moins *antique*.

On vient de voir que la galerie, ménagée si péniblement dans la base du clocher, avait pour amortissement deux planchers carrés. Au-dessus commence l'intérieur du premier étage qui se présente sous la forme de deux petites salles octogones voûtées en coupoles. Dans leurs angles sont des colonnes corinthiennes qui servent de support à des arcades feintes, et, dans ces arcades, des niches en hémicycle alternant avec des fenêtres de même dimension. Peut-être toute cette décoration pouvait-elle d'abord être vue d'en bas.

Ces deux salles jumelles correspondent directement aux deux travées de la grande nef de la vieille église qui furent saisies et englobées dans la base du clocher; elles en forment pour ainsi dire le nouvel amortissement. Au-dessus de leurs voûtes, la pyramide se débarrasse de sa forme de carré long et parvient enfin à se dédoubler, mais c'est au prix du plus hardi *porte-à-faux*. Tandis qu'elle conserve, du nord au sud, une largeur de 8^m 50, elle n'a plus, de l'est à l'ouest, que 9^m 65, et, comme les petites coupoles de son premier étage avec leur mur de séparation, font une longueur totale de 10^m 45. Il en résulte que deux des murs du second étage portent entièrement sur les voûtes du premier.

On avait eu soin, du reste, de donner à toutes les constructions supérieures une grande légèreté, et dès lors les différents étages n'étaient plus marqués que par des planchers.

Le second étage, haut de 10^m 45, prend naissance sur trois marches qui le relient aux masses inférieures et lui servent d'empatement. — Quatre pilastres décorent chacune de ses faces. Légèrement inégaux comme elles[1], tantôt ils sont corinthiens; tantôt, et le plus souvent, leurs chapiteaux, presque cubiques, sont sculptés d'oves et de rosaces. Un entablement qui n'a d'analogues que dans l'édifice que nous décrivons les *réunit sans les couronner*. Il est composé d'une architrave, d'une frise entrecoupée par des modillons, et dont les métopes sont sculptées de figures d'agneaux; enfin d'une corniche consistant en une cymaise et en trois listels. Entre les pilastres sont deux rangs superposés de fenêtres. Les premières sont carrées et surmontées de frontons triangulaires, que terminent de petites croix. Elles ont été bouchées, mais n'en sont pas moins très-apparentes. Les autres, qui naissent sur une plinthe ornée de modillons, sont cintrées et ont des archivoltes composées de trois faces et d'un bandeau. Comme ces archivoltes débordent sur les pieds-droits anciens des fenêtres, il est évident qu'elles

---

1. Sur les petites faces, les pilastres n'ont que 0^m 65; ils ont ailleurs 0^m 70.

étaient autrefois soutenues par des colonnes qui ont disparu quand on diminua la largeur de ces ouvertures.

Le troisième étage est entouré d'une étroite galerie, qui a pris la place d'un soubassement de quelques marches ; il reproduit d'ailleurs avec quelques modifications l'ordonnance de l'étage inférieur. Au lieu de pilastres, des colonnes engagées le décorent. Mais ces colonnes, espacées de la même manière, s'élèvent de même de toute la hauteur de l'étage (9ᵐ 55). Elles renferment dans leurs entre-colonnements deux rangs de fenêtres cintrées, que séparent deux plinthes au lieu d'une. Tous ses chapiteaux sont sculptés en damier, un seul excepté, qui est corinthien. — Un entablement analogue à ceux que nous venons de décrire les *réunit*. Il offre une moulure en damier et des métopes sculptées de têtes plates. Les fenêtres du premier rang de cet étage ont été diminuées comme celles de dessous ; mais elles n'ont jamais eu de colonnes. Il en est autrement des plus hautes fenêtres dont l'archivolte, chose à noter, est en cintre très-surbaissé. Une balustrade de 1ᵐ 35 d'élévation couronnait ce troisième étage, et formait une sorte de galerie presque inaccessible. On l'a déposée récemment, parce qu'elle menaçait ruine et qu'elle avait d'ailleurs été ajoutée après coup. En arrière commence le couronnement de la pyramide, et, comme il est fort remarquable, nous le décrirons avec quelques détails. D'abord, ce couronnement se présente sous la forme d'un parallélogramme de 7ᵐ 50 sur 7ᵐ ; car le clocher se ressent toujours de la vicieuse disposition de sa base ; mais il diminue de longueur au moyen de deux retraites, et, à la hauteur de 1ᵐ 75, il se trouve enfin parfaitement carré. Au reste, comme vers l'intérieur les assises des angles sont placées en encorbellement, et qu'à l'extérieur elles figurent des gradins, on arrive bientôt à un plan circulaire ; alors commence le soubassement proprement dit. Sa hauteur est de 0ᵐ 90 ; il est déterminé par deux listels et creusé en section de cercle. On a pris soin de l'élever beaucoup au-dessus du troisième étage, — parce que les angles de ce dernier auraient masqué la coupole qu'il supporte, — et de le rattacher à la masse carrée de la pyramide par un système de gradins en harmonie avec le style du monument. — Sur ce soubassement règne un cercle pressé de colonnettes : on en compte jusqu'à cinquante-huit. Pour leur couronnement, elles n'ont la plupart aucune forme arrêtée. Un assez grand nombre, pourtant, offrent un chapiteau corinthien, et peut-être toutes étaient primitivement ainsi. D'inégale hauteur, d'inégal diamètre et souvent tremblantes, tout annoncerait en elles une restauration faite à la hâte, ou plutôt une série de réparations successives. — L'entablement de cette petite colonnade, haute à peine de 2" 70, a pour sa part 1" 20 de hauteur ; il offre une large frise de blocs énormes sur l'un desquels on remarque avec étonnement une espèce de cariatide grossièrement sculptée.

La calotte qui termine le clocher est voûtée en coupole conique, c'est-à-dire en cône légèrement renflé. Elle a 8" de haut sur 7" de diamètre ; elle est entièrement revêtue d'imbrications renversées ou d'écailles. C'est comme une gigantesque pomme de pin. Nous ne connaissons pas d'exemple d'une aussi grande coupole, élevée à une telle hauteur sur de si frêles appuis ; et cependant, combien sa mauvaise construction n'ajoute-t-elle pas à sa hardiesse !

Malgré la mauvaise exécution et la bizarrerie de quelques détails d'ornementation, c'est une conception vraiment belle et originale, que ce clocher de Saint-Front, couronné à soixante mètres par une coupole. Quoiqu'il soit un peu postérieur à l'ensemble de la basilique, nous le donnons sans hésitation pour le plus ancien clocher de France ; et, jusqu'à la fin du XIe siècle, nous n'en connaissons même point qui le vaille. Il n'a guère, à notre connaissance, d'analogues dans l'Orient ; mais si les architectes byzantins avaient eu à construire des clochers, il semble qu'ils ne s'y seraient pas pris autrement. Rappelons-nous, au surplus, que, si le campanile de Saint-Marc de Venise est du XIVe siècle, il a dû en remplacer un autre qui remontait à la première construction [1].

Nous aurions achevé la description du clocher de Saint-Front, si un grand incendie, qui fondit ses cloches et dévora toute sa charpente intérieure, n'avait pas donné lieu à une suite de restaurations. Il nous reste donc encore à rendre compte successivement de chacune d'elles et, avant tout, à faire connaître le malheureux événement dont elles furent la conséquence.

Indépendamment des traces matérielles qu'il a laissées, il est attesté par deux chroniques contemporaines. La première, qui était conservée dans la cathédrale même par les vicaires de Saint-Antoine, est citée par le père Dupuy [2], par le père Labbe [3], et enfin par M. de Taillefer [4]. On y lit ces mots : « Guillelmus de *albâ rochâ* episcopus Petragor..... Cujus tempore burgus S. Frontonis et monasterium cum suis ornamentis repentino incendio,

---

1. Cicognara, *Historia della Scultura*, t. I, p. 44, dit : « ...E fu nel principio del dominio di questo doce (Tribun Memmo, qui succeda à Orséolo en 979) alzada la fabbrica del campanile di S. Marco fino al luogo dove si dovevano metter le campane. »

2. *État de l'église du Périgord*, t. II, p. 31.

3. Labbe, *Bibl. manus. libr.*, t. II, p. 738.

4. *Antiquités de Vésonne*, t. II, p. 190.

peccatis id promerentibus, conflagravit, atque *signa in clearario igne solata sunt. Erat hujus temporis monasterium ligneis tabulis coopertum.* » L'autre est la chronique de Maillezais, qui renferme le passage suivant : « Anno D. MCXX. XI Kalend. augusti, monasterium S. Mariae Magdalenae de Vizeliaco combustum est cum 1127 (sic), hominibus et feminis; *similiter incensum est monasterium sancti Frontonis civitatis Petragoricae, cum multis hominibus et feminis*[1]. »

Les expressions du chroniqueur indiqueraient-elles que la toiture de Saint-Front avant subi une première transformation, et qu'elle était alors composée de tablettes de bois? Ne doivent-elles pas se restreindre plutôt au monastère proprement dit? Si nous n'avions pas déjà éclairci ce point, cela pourrait sembler incertain. Mais ce qui ne l'est pas, c'est que le clocher de Saint-Front, et le clocher actuel, n'ait éprouvé en 1120 un violent incendie.

Que cet incendie eût fortement secoué et ébranlé la tour de Saint-Front, ou qu'il eût seulement, comme on le croirait aujourd'hui, rongé l'épiderme de ses murailles; toujours est-il qu'on conçut pour sa solidité de vives inquiétudes. Et d'abord, on réduisit les dimensions de toutes ses fenêtres. Elles étaient en effet fort grandes et surtout fort nombreuses, car on en comptait alors quarante-huit. — Nous ne savons si la coupole qui couronnait le clocher s'était écroulée, si les frêles colonnes qui la supportaient avaient pu, à cause de leur grande élévation au-dessus de la charpente, résister, sans se dissoudre immédiatement, à l'action d'un feu violent. On la releva dans tous les cas sur l'ancien plan, et en partie avec les anciens matériaux. En même temps, on remplaça par des galeries les gradins au moyen desquels s'opérait, comme au-dessus de la base, la retraite de chaque étage. La plus haute de ces galeries était presque inabordable et d'un mauvais effet. L'autre masque les parties basses des fenêtres et les bases des colonnes exécutées pourtant avec grand soin. Nous les avons ôtées, l'une et l'autre, dans nos dessins restaurés.

Pendant ces premiers travaux de restauration, les murs assez minces de la tour carrée, dont on avait diminué cependant toutes les ouvertures, avaient donné apparemment de nouveaux motifs d'inquiétude. On résolut donc, après les avoir ragréés, de les doubler jusqu'à une certaine hauteur, et de les lier à leur base par une coupole octogone. Mais cette nouvelle coupole est à cheval sur celles de l'étage inférieur et pèse d'un poids énorme

---

1. LABBE, t. II, p. 238. — *Antiquités de l'Eumène*, t. II, p. 190.

sur leurs voûtes. — C'était, comme on voit, un singulier système de consolidation, et cependant, il n'a pas eu tout le mauvais effet qu'on pouvait
en attendre; son seul inconvénient a été de faire murer entièrement les
grandes fenêtres carrées du premier étage qu'on venait de diminuer. Pour
les fenêtres supérieures, par suite de l'épaississement des murailles, on a
dû les faire mouvoir sous leurs archivoltes et les éloigner d'autant des
extrémités des façades.

Tels sont les remaniements fâcheux dont le clocher de Saint-Front a été
l'objet. — Avec la préexistence des trois nefs de la vieille église, ils expliquent toutes ses bizarreries.

C'était et c'est encore une curieuse, une belle construction, dont la forme
générale avait été copiée, comme nous le verrons, dans Périgueux même,
à l'église de la Cité, et dont le couronnement, malgré ses apparentes
inconséquences, a été souvent reproduit dans les clochers de l'Angoumois
et du Poitou avec ses imbrications renversées, ou, pour mieux dire, avec
ses feuilles placées en l'ordre naturel, sans égard pour la pluie.

II. PORCHE OCCIDENTAL OU GRAND PORCHE.

Lorsque la primitive église de Saint-Front fut soudée à la nouvelle, nous
avons vu qu'elle fut conservée d'abord dans sa presque intégrité; puis,
que bientôt, pour la construction du clocher, on fit subir à plusieurs de
ses travées une certaine transformation, tout en respectant leurs dispositions essentielles. Nous allons arriver maintenant à une quatrième et dernière phase de son existence. Entre sa façade et celles de ses travées qui
étaient engagées sous la base du clocher, il restait un espace carré d'environ
vingt mètres dans tous les sens. — Les constructions qui le couvraient ont
fait place à un grand porche en coupole. Mais il semblerait qu'elles n'ont
pas été détruites dans ce but, ni peut-être même volontairement. — Dans
un des bas-côtés qui régnent parallèlement à la base du clocher, on remarque, en effet, un mur percé d'une longue et étroite fenêtre, lequel est précisément adossé à un des piliers du porche. Avant la destruction des nefs
de la vieille église, et après la construction de la coupole du porche, quelle
pouvait être l'utilité de ce mur, de cette fenêtre? Du reste, à l'époque de la
construction du clocher, le porche en coupole n'était pas encore projeté,
car alors il aurait beaucoup mieux valu tout démolir pour rebâtir sur de
nouveaux fondements.

Nous aimons mieux croire que la vieille église fut ruinée par un accident quelconque, et qu'on ne songea qu'après un certain intervalle à construire une coupole sur son emplacement. — Cette nouvelle coupole devait, du reste, ressembler exactement à celles qui forment la croix grecque, à cette différence près que ses dimensions sont moindres, son appareil plus petit, et que ses supports ne sont pas évidés. Il n'en reste plus que les quatre piliers, et l'on pourrait croire qu'elle n'a pas été achevée, ou bien qu'elle n'a été couverte, après l'incendie, que d'une mauvaise charpente, car, dès le XVe siècle, on bâtissait une chapelle dans son intérieur [1].

Quoi qu'il en soit, ce porche en coupole aurait rejoint à l'occident la façade de la vieille église, dont la forme ne convient d'ailleurs qu'à un édifice composé d'une nef centrale et de deux bas-côtés. — Cette façade et l'antique porche dont elle était elle-même précédée se sont conservés jusqu'à nous. A la suite de l'incendie de 1120, on avait appliqué, à la face occidentale du clocher, une haute et épaisse muraille en contrefort. Il en résultait, en avant du portail, une profonde voussure qui facilitait jusqu'à un certain point une attaque. On eut donc soin de ménager dans l'intérieur du mur une étroite galerie d'où l'on pouvait assommer avantageusement, par deux trous carrés, les assaillants qui auraient pénétré dans le porche ou sur son emplacement. Ce sont de véritables mâchicoulis, et le château de Chalusset, près de Limoges, en a conservé de tout pareils.

1. Les chroniques citées par M. de Taillefer, qui parlent de la beauté du grand porche de Saint-Front, pouvaient très-bien avoir en vue le porche méridional.

CHAPITRE IV

CONSTRUCTION ET DÉCORATION DE SAINT-FRONT

ORNEMENTATION SCULPTÉE, PEINTURES, SÉPULCRE DE SAINT FRONT.

I. CONSTRUCTION ET APPAREIL DE SAINT-FRONT.

Le plan de Saint-Front, et cela résulte de toute notre description, est plus régulier, plus sage, mieux raisonné que celui de Saint-Marc. A part le système de toiture, qui, peut-être, n'a pas assez tenu compte de l'inclémence de notre ciel ou de la mauvaise nature de nos matériaux, on trouverait difficilement un édifice plus logique et donnant par la liaison et le parfait équilibre de toutes ses parties plus de garanties de durée. — Mais jamais plan, mieux conçu, ne fut réalisé avec plus de négligence et de précipitation.

Nous avons déjà fait remarquer quelles étaient, dans chaque partie de la cathédrale, les principales variations de l'appareil ; mais il faut revenir sur ce point important. — Lorsque la basilique de Saint-Front fut commencée, il y avait encore beaucoup de constructions romaines de grand appareil dans la ville de Périgueux, quoique les remparts de la cité eussent déjà été bâtis à leurs dépens. — Malgré la facilité des carrières, l'idée d'utiliser pour Saint-Front tout ce qu'il restait dans l'antique Vésonne de belles pierres bien taillées, bien régulières, sans écornures et sans traces d'ornements sculptés, se présenta d'abord à l'esprit de l'architecte ; et cette idée domine la construction de Saint-Front. — C'est un fait curieux, étonnant peut-être, mais il n'est nullement douteux, quoique M. de Mourcin, notre guide habituel, ne l'ait pas remarqué. — Nous reconnaissons ces blocs antiques, à leurs dimensions d'abord, à la manière excellente dont ils sont mis à l'équerre et taillés, puis à leur ton plus chaud, à leur teinte plus rembrunie, qui annoncent qu'au lieu de huit siècles ou neuf, ils en ont vu passer quinze ou dix-huit. Nous pouvons en outre signaler çà et là des preuves plus positives, une rainure, par exemple, un crampon de fer cassé dans la pierre, enfin, des traces incontestables d'une autre destination. —

D'ailleurs, ces pierres avaient fait leurs preuves avant d'être posées et sont
peut-être moins endommagées que les autres. — La régularité des assises
est surprenante, si l'on songe à l'origine probablement assez diverse des
blocs; elles ont toutes, une ou deux exceptées, soixante centimètres de
hauteur, et les pièces n'ont pas généralement moins d'un mètre et demi de
longueur. Comme l'on compte à l'orient de l'édifice, du côté où le sol
extérieur s'abaisse le plus, jusqu'à douze de ces assises romaines, il faut
qu'on ait, pour les composer, remué et démoli bien des ruines. Les constructeurs des remparts de la cité n'y mettaient point tant de recherche. Les
tambours de colonnes, les morceaux d'entablement, tout leur était bon. Ils
employaient, en les retaillant toutefois à leur face extérieure ainsi qu'aux
joints, ces débris variés de nombreux monuments, sans se piquer d'une
régularité impossible. Aussi bien étaient-ils pressés et avaient-ils fort à faire.
— L'architecte de Saint-Front n'était dans les mêmes conditions ni pour
l'urgence des travaux, ni pour la proximité des monuments en ruine. S'il a
ainsi employé exclusivement, tant qu'il en a eu à sa disposition, des pierres
antiques de choix, au fond, il n'y avait point là d'économie pour lui, car
à Périgueux les carrières se trouvent partout, sur l'emplacement même de
la ville ; mais sans doute il manquait de bons tailleurs de pierre.

Le second et le beau moyen âge n'en était pas réduit à de semblables
expédients. — Aussi, les monuments religieux n'offrent guère plus d'exemples de l'emploi systématique des matériaux antiques. Même pour les
marbres, on en citerait peu. Les faits analogues à celui que nous venons de
constater appartiennent essentiellement à la période carlovingienne. Ainsi,
dans une ville voisine, à Limoges, les moines de Saint-Martial obtenaient
de Louis le Débonnaire l'autorisation de bâtir leur église avec les pierres
de l'amphithéâtre. — Que nos lecteurs veuillent bien s'en souvenir, quand
nous oserons dire que la basilique de Saint-Front est, par la date, LE DER-
NIER DES MONUMENTS CARLOVINGIENS.

L'élévation de la coupole du chœur, planche IV, montre déjà bien les
assises romaines qui montent à peu près à la hauteur du pavé de l'église
supérieure. De ce côté, c'est-à-dire au nord et vers les principaux quartiers
de la vieille ville, se trouvent les portes des cryptes, de sorte que cette
partie des soubassements de Saint-Front est la mieux construite. Elle
n'offre de moellons qu'à un de ses angles, là où s'appliquaient du reste les
absides latérales. On dirait réellement un mur antique, si les joints n'étaient
pas cimentés. — Au sud, dans le jardin des Sœurs, les assises romaines
sont plus apparentes encore et aussi nombreuses, mais elles s'étendent

moins vers l'angle rentrant de la croix. La construction en moellons qui, primitivement, devait peut-être rester cachée dans les terres, s'avance presque jusqu'à l'angle opposé, en diminuant par échelons irréguliers, et partage avec la construction en grosses pierres tout ce soubassement. — Nous avons tâché d'indiquer cet arrangement bizarre dans notre vue perspective de Saint-Front ; elle aidera à faire comprendre comment l'architecte avait jugé suffisant de fortifier de cette manière l'angle saillant de ce bras de la croix. D'ailleurs, la façade orientale de l'avant-corps était toute en grandes pierres, comme celle de l'autre avant-corps du nord-est.

Sur plusieurs autres points des soubassements de Saint-Front, notamment au pied de la façade du Touin, on retrouve la construction en pierres romaines, mais nulle part elle ne s'élève plus haut que le pavé. Au-dessus, on s'est contenté d'imiter le grand appareil des anciens, sans se servir des pierres qu'ils avaient taillées. — En effet, les assises conservent généralement soixante ou au moins cinquante centimètres de hauteur dans les murs extérieurs, jusqu'à l'entablement, mais les pierres sont beaucoup plus courtes, plus carrées, et moins bien taillées aussi, moins régulières enfin, que les blocs d'origine antique. — C'est encore, malgré tout, le grand appareil, si rare comme on sait, dans les édifices romans.

Concurremment avec ce grand appareil en pierres de taille, on trouve, non pas dans les façades latérales des transepts ni vers l'orient, mais surtout à l'occident de l'édifice, une construction de moellons dans tout le remplissage des grands arcs. Cette partie du monument, fondée sur le haut de la colline et d'ailleurs masquée par des constructions accessoires, exigeait sans doute moins de luxe et de solidité ; mais ce mélange n'en est pas moins singulier dans un édifice si important. Pour les calottes des coupoles et les voûtes d'arête des piliers, on a également employé, au lieu de pierres de taille, un simple blocage noyé dans le mortier. C'était encore un usage romain qui dispensait de se mettre en frais de coupe de pierres. On l'a régulièrement adopté à Saint-Front partout où l'on avait des surfaces sphériques et des pénétrations de berceaux. Comme les coupoles, grandes et petites, n'ont jamais reçu d'enduits, elles conservent à leur intrados l'empreinte des planches qui formaient les cintres. Les voûtes en berceau des cryptes, y compris leurs murs de séparation en partie taillés dans le roc vif, sont construites de la même manière. Il en est ainsi des absides secondaires, qui n'ont que leur entablement et leurs pilastres-contreforts en pierres de taille. Seulement les moellons sont CARRÉS ET DISPOSÉS EN PETITES ASSISES RÉGULIÈRES. Cette réminiscence du petit appareil romain s'explique par la difficulté qu'éprouvaient, pour *bâtir en rond*, des constructeurs aussi inexpérimentés : tout le reste des grands murs, à droite, à gauche et au-dessus de ces absides, est en pierres de taille.

Nous avons expliqué pourquoi le dessous des grands arcs était en moyen appareil, ainsi que le montrent nos planches. Ce point remarquable de chaque pan du pourtour de la croix est un peu postérieur au reste et appartient à la construction des grands arcs et des pendentifs. Dans toute cette région du vaste monument, on ne trouve que des assises régulières de 0ᵐ 30 à 0ᵐ 35. C'est l'appareil ordinaire de nos églises romanes, fort préférable, en effet, au grand appareil, parce qu'on se procure plus aisément et que l'on place plus commodément à toute hauteur des pierres de moyenne grandeur. — Nous verrons que les progrès de l'art de bâtir ont permis de l'employer dans d'autres églises, même pour l'intérieur des coupoles.

Pour le tambour des cinq coupoles et pour le revêtement ajouté après coup aux quatre piliers du centre de l'édifice, on a adopté un appareil rare et curieux composé de grandes assises de cinquante à soixante centimètres, et de petites assises de vingt centimètres régulièrement entremêlées. Les Romains le connaissaient, puisqu'ils lui avaient donné le nom d'OPUS PSEUDISODOMUM ; ils l'ont employé, dans notre pays, aux remparts d'Angoulème. Nous ne l'avons retrouvé, au moyen âge, que dans la collégiale de Saint-Astier, qui date des premières années du xiᵉ siècle, et aussi, mais sur une petite échelle, à l'église de la Cité de Périgueux, ainsi qu'à celle de Brantôme. À Saint-Front, il paraît s'être introduit ou généralisé vers la fin des travaux ; mais on l'a bien vite abandonné dans le pays.

Après tout, cet « opus pseudisodomum », que rappellent assez bien les « long and short stones » du style saxon d'Angleterre, n'est pas aussi bizarre qu'on pourrait le croire. — Comme les pierres en sortant de la carrière sont naturellement plus larges qu'épaisses, on était souvent porté, dans le grand appareil, à les retourner sur leur petit côté, à les mettre en « délit », en un mot, ce qui les affaiblissait de deux manières, en leur laissant moins de profondeur dans le mur et en les disposant à s'effeuiller. Les architectes de Saint-Front ont commis habituellement cette faute, et les Romains eux-mêmes ne l'évitaient pas toujours. — Or, en laissant les grandes assises « en délit » et en plaçant les petites dans leur lit de carrière, on arrivait à une combinaison peu conforme encore, sans doute, aux vrais principes de l'art de bâtir, mais qui permettait une certaine économie de matériaux et convenait particulièrement pour des placages. Par exemple, à Saint-Front, ce sont certainement les petites assises qui pénètrent dans l'ancien parement des piliers ou dans le blocage de la voûte intérieure des coupoles.

Une porte de l'église de la Cité, dont voici le croquis, montrera plus clairement encore à quoi pouvaient servir ces assises alternées. Il s'agissait, au moment peut-être où s'achevait le clocher ainsi que le portail occidental, de murer cette porte latérale, si curieuse par sa forme purement byzantine et par son appareil. On y a employé de grandes assises en parpaing qui ne sont liées en aucune façon aux pieds-droits, et d'autres assises très-petites qui entrent seules dans l'ancienne construction.

Porte murée, à l'église de la Cité, à Périgueux.

La basilique de Saint-Front est composée de cinq coupoles que l'on a cherché, sans contredit, à rendre symétriques. Les mêmes formes architecturales s'y reproduisent constamment, et, si la construction avait été faite avec quelque précision, les mêmes dimensions devraient nécessairement s'y reproduire souvent. Or, on peut dire que dans toute la cathédrale on ne retrouve pas deux fois la même mesure. Sur les douze piliers, il n'en est pas deux qui soient de même grosseur, de même écartement, dont les faces soient rigoureusement parallèles ; bien plus, il n'en est pas deux qui soient de même hauteur. Sans doute la plupart de ces irrégularités ne frappent pas immédiatement la vue et ne sont apparentes que pour celui qui mesure tout exactement ; sans doute aussi on en trouverait de semblables dans beaucoup de monuments du moyen âge et même de l'antiquité romaine ; quelques-unes, enfin, ont une raison d'être que l'on ne découvre pas toujours : il n'en est pas moins vrai que jamais on ne vit conception architecturale aussi simple rendue avec autant d'incertitude. — Pour en donner idée, nous n'aurons qu'à faire connaître la hauteur exacte de chaque pilier d'après les relevés de M. de Mourcin. Ils ont, pour la coupole du centre, 40pi 2po, — 41pi 2po, — 40pi 5po, — 41pi 7po ; — au pied de la croix, 40pi 2po, — 40pi 1po ; — à la tête de la croix, 44pi 9po, — 42pi 2po ; — au transept méridional, 40pi 11po, — 40pi 5po ; — à l'autre transept, 39pi 11po, — 40pi 1po — On pourrait citer encore le mouvement singulier qu'a fait sur ses pieds-droits l'arcature de la coupole occidentale. Les cintres, en effet, ont été placés si négligemment, que les arcs reposent tous un peu à côté des pilastres.

Outre la négligence, il y avait aussi, chez l'architecte, des tâtonnements continuels. Ainsi, lorsque les murs étaient à huit mètres de hauteur environ, on paraît s'être décidé à grossir les piliers de l'extrémité du transept nord, qui sont plus rapprochés que les autres d'un mètre au moins. Ils ne sont donc pas en liaison avec les murs proprement dits et recouvrent les premiers pilastres de l'arcature qui leur est contiguë. Peut-être l'intérieur de ces piliers, au lieu d'être en rotonde, devait d'abord être en carré et s'étendre, comme à Saint-Marc, jusqu'aux gros murs.

M. de Mourcin a très-bien remarqué que la partie haute du monument est moins irrégulière que ses soubassements ; — avant d'établir les voûtes, on fit, pour ainsi dire, un redressement général. Il en résulte que parfois les grands arcs affleurent le parement des piliers ; d'autres fois, ils sont en retraite, là même où l'on n'a point fortifié après coup les piliers. En général, on leur a donné seulement dix centimètres de retraite pour faciliter sans doute la pose des cintres qui s'appuyaient sur la corniche des piliers. Du reste, quand les grands arcs furent élevés à trois mètres, on ménagea une rangée de trous d'échafaudage que l'on distingue sans difficulté, quoiqu'ils aient été bouchés. Peut-être, pour plus d'économie, les entraits des cintres ne s'établissaient réellement qu'à cette hauteur, au-dessous de laquelle les grands arcs sont presque perpendiculaires.

Une pareille construction ainsi appareillée, ainsi mesurée, où tout en quelque sorte n'était fait qu'à peu près, devait nécessairement subir un terrible tassement : il ne se fit pas attendre. Les travaux n'étaient pas encore terminés, que déjà les piliers de la coupole centrale s'affaissaient. Il fallut diminuer de largeur toutes leurs arcades et les revêtir en entier d'une épaisse chemise de maçonnerie. — C'est, comme nous l'avons dit, ce que l'on a fait de nos jours dans le Panthéon de Paris, où les mêmes accidents ont été combattus de la même manière. — Les travaux de consolidation n'étaient pas restreints aux piliers de la coupole du centre. L'un de ceux de la coupole orientale, qui se projettent au loin sur la pente rapide de la colline, faiblissait aussi ; il fallut fortifier son angle intérieur, et aussi, mais plus tard, au XIVe siècle, l'angle opposé. Enfin, tout l'édifice était en mouvement, et dès lors, sans doute, un grand nombre de ces prodigieuses lézardes, qui nous effraient encore aujourd'hui, surtout dans les transepts, s'étaient déjà produites.

MM. de Taillefer et de Mourcin voyaient dans ces irrégularités de la construction et de l'appareil les preuves manifestes de plusieurs grands changements de plan, au lieu de les attribuer à l'inexpérience des ouvriers et à la précipitation des travaux. Mais ils ne pouvaient apprécier l'unité du plan général de Saint-Front, parce qu'ils ne connaissaient pas l'architecture byzantine ; et c'est ainsi que nous nous expliquons comment des recherches si patientes, dirigées par tant de vraie science, ont pu donner, en définitive, de si mauvais résultats. Nous ne parlons pas en ce moment de ce qui concerne les dates, mais seulement des plans et de leurs variations supposées. Il y en a eu certainement dans les détails, comme il arrive toujours, et les « Antiquités de Vésonne » nous ont souvent aidé à les apercevoir, non dans l'ensemble. D'ailleurs, dans l'état actuel des connaissances archéologiques, on ne saurait classer ni concevoir un édifice tel qu'aurait d'abord été Saint-Front, selon nos savants compatriotes, avec une des cinq coupoles au centre de la croix grecque, et sur les quatre bras de triples nefs couvertes de plafonds, comme dans l'architecture latine. Outre que la forme et les proportions de la coupole centrale ne se prêteraient nullement à cette étrange combinaison, il est tout à fait impossible que les pilastres si hauts et si minces, et, de plus, si irrégulièrement espacés, de la grande arcature, aient été jamais destinés à correspondre à des colonnades corinthiennes. Impossible aussi que les absides latérales aient été percées après coup ni ajoutées au plan primitif ; car, sans parler de leurs ornements particuliers qui se retrouvent identiquement sur d'autres points du soubassement de la cathédrale, elles sont accompagnées de deux fenêtres qui ne devraient pas exister et qui ont cependant leur vis à vis dans l'arcature opposée où les entrecolonnements et les ouvertures sont, par exception, au nombre de cinq. — Un seul plan, un seul croquis de Saint-Marc de Venise aurait vraisemblablement empêché MM. de Taillefer et de Mourcin de se mettre ainsi en frais d'imagination pour expliquer des combinaisons toutes simples et parfaitement conformes aux règles de l'architecture byzantine.

Faudrait-il conclure, à notre tour, de la construction et de l'appareil de Saint-Front, que l'architecte de ce monument était un prêtre, doué du génie de l'architecture, mais peu habitué à bâtir, plutôt qu'un artiste venu de l'étranger? — Nous ne le pensons pas. Si, jusqu'à présent, on n'a pas signalé des voûtes en ogive dans les églises byzantines de l'Orient, Saint-Marc en a qui remontent au moins au XIe siècle et que l'on voit dans l'intérieur du vestibule. — Du reste, cela ne saurait avoir beaucoup d'importance [1]. — Habitué à élever avec des briques légères de pesantes constructions, un architecte tel que ceux de Saint-Marc, dont la science était certainement médiocre, a pu se trouver embarrassé lorsqu'on l'a mis en présence des matériaux et des ouvriers d'une province lointaine. Il a pu se sentir pris de cette timidité que l'architecte de Saint-Front semble avoir éprouvée; il a pu emprunter aux ouvriers du pays quelques pratiques particulières. — De fâcheux mécomptes l'attendaient il est vrai; mais, pressé par le temps, gêné de toutes les manières, comment s'étonner qu'il n'ait pas réussi à s'en préserver?

---

1. M. l'abbé Bourassé (*Cathédrales de France*, p. 78), tout en accueillant avec beaucoup de bienveillance les conclusions de nos premières études sur Saint-Front, s'étonne qu'il y ait des ogives dans un monument du commencement du onzième siècle. — Nous ne nous sommes pas arrêté à cette difficulté qui se présenterait pour toutes les grandes églises à coupoles de l'Aquitaine. — Il est possible, et cependant nous en doutons, que, dans certaines provinces, l'ogive n'apparaisse qu'après la première croisade; mais, assurément, elle est bien plus ancienne dans le centre de la France. Un savant dont personne ne contestera l'autorité, M. Mérimée, a dit à propos d'une église de cette région : « Je ne recommencerai pas ici une discussion à laquelle je me suis livré plusieurs fois pour prouver combien peu d'importance on doit attacher « à la forme des arcs », lorsqu'il s'agit de déterminer la date d'un monument. » (*Voyage en Auvergne et en Limousin*, p. 404.) — Au reste, la question serait tranchée depuis longtemps, si la plupart des observateurs n'avaient pas été bien convaincus d'avance, et comme instinctivement, que l'Europe devait les arcs aigus aux croisades. Par cela seul qu'il y en avait dans une construction, et à la vérité on ne les y voyait pas toujours, on décidait hardiment, sans vouloir d'autres preuves, que cette construction était postérieure au XIe siècle. Heureusement, d'autres et de plus sûres considérations nous permettaient de fixer la date de Saint-Front, et nous avons l'espérance qu'elles lèveront tous les doutes de M. Bourassé.

II. ORNEMENTATION SCULPTÉE.

Le système d'ornementation que l'on observe dans la cathédrale de Péri-
gueux est à peu près étranger à ce style roman des xie et xiie siècles, qui
naît immédiatement après l'an 1000. L'imitation de l'antique en est égale-
ment la base; mais elle est plus fidèle et plus constante, sans exclure toutefois des règles nouvelles et des détails nouveaux. Les innovations sont moins
radicales, voilà tout, et se développent du reste dans un tout autre sens.

Les chapiteaux sont corinthiens. — Ils conservent communément la rose,
la corbeille, les volutes, traits caractéristiques qui s'effacent dans le style
roman. Les feuilles d'acanthe sont encore peu multipliées, et demeurent
très-détachées de la masse. Il y a d'ailleurs de la liberté et de l'originalité
sans barbarie dans les détails, de la tournure et presque du grandiose dans
l'ensemble. La cité de Périgueux est jonchée de vrais chapiteaux romains :
on en trouverait sur le nombre de moins finis et de plus bizarres. M. Gaucherel a réuni sur notre sixième planche quelques-uns des plus beaux ou
des plus curieux chapiteaux de Saint-Front, en leur conservant leurs dimensions respectives; ses dessins justifieront nos éloges. Au n° 1 de cette planche
figure un des grands chapiteaux qui décorent l'entrée de l'abside secondaire,
percée dans le transept du nord; il n'a pas moins d'un mètre de haut, non
compris l'astragale et le tailloir. Le pendant de ce chapiteau, du côté droit,
est plus excentrique, sans être moins beau. Il présente à sa partie supérieure,
au lieu de grandes feuilles, des sortes de guirlandes sur lesquelles naissent
plusieurs petites tiges. On le trouvera dessiné, sur une petite échelle, dans
l'avant-dernière planche. Il y avait dans la basilique peu de chapiteaux de
cette importance. Derrière la tribune de l'orgue, à l'entrée du passage qui
traverse le clocher, on en voit deux aussi grands, sinon plus grands encore;
ils ont 1 mètre 30 centimètres de hauteur totale, et se font remarquer par la
lourdeur de leur abaque, orné de torsades et de moulures variées. À l'autre
bout de la même galerie, vers le grand porche formé primitivement par les
trois nefs de l'église latine, il y avait, à ce qu'il paraît, avant les remaniements du clocher, d'autres hautes colonnes couronnées sans doute d'autres
grands chapiteaux corinthiens. Enfin, l'arc de la principale abside était
aussi accompagné d'énormes colonnes, dont les tambours ont été utilisés
en 1583, quand l'évêque François de Bourdeille restaura cette partie du
monument, et dont l'un des chapiteaux a été conservé depuis ce temps dans
le transept méridional. Ses mutilations nous ont empêché de le faire dessiner,

et nous lui avons préféré un autre chapiteau plus petit, mais tout pareil, que nous allons bientôt décrire.

Après ces huit chapiteaux de première grandeur, nous passons à ceux de la chapelle absidale du transept méridional. Pour tenir lieu des grandes colonnes, il y avait là des pilastres, qui regardent l'intérieur de l'abside, et non la nef de la basilique. Leurs deux chapiteaux sont semblables, à cette différence près, qu'à la place de la rose, ils ont, l'un des pommes de pin, l'autre de petits masques humains. On a dessiné ce dernier au n° 2, ainsi qu'un fragment du dedans de la chapelle avec le petit chapiteau corinthien des colonnes de l'ordre supérieur. Au n° 3, on a mis un des chapiteaux de la grande arcature qui réunit les piliers des coupoles. Il y en a vingt-six sur ce modèle, ou plus corinthiens encore. On en compterait davantage si, à l'extrémité des transepts, on n'avait pas remplacé les pilastres par des pieds-droits, plus robustes, qui encadrent et consolident les portes. Au lieu de chapiteaux, ces pieds-droits n'ont qu'un simple tailloir, revêtu, pour le transept nord au moins, d'une moulure en palmettes que l'on retrouve dans l'abside méridionale, et qui a été dessinée au n° 4.

On voit au n° 5 le chapiteau dont nous avons parlé à propos des colonnes de la grande abside, et qui se fait remarquer par son excentricité. Il offre, sur chaque face, deux lions, dont la tête correspond aux volutes, et dont les queues entrelacées se terminent par des fleurons au point où devrait se trouver la rose. Dans le bas, des entrelacs de feuillages rappellent de très-loin l'agencement des acanthes. C'est certainement ce qu'il y a de plus roman dans la basilique, et l'analogie est encore loin de nous sembler complète. Du reste, ce chapiteau n'est pas dû au caprice isolé d'un ouvrier, c'est un type adopté, sinon créé, par l'architecte. Il figurait à l'entrée de l'abside maîtresse, et on l'observe aux deux côtés de celle du transept septentrional, où il était par conséquent répété huit fois. Le chapiteau et la base des colonnes supérieures sont à côté, au n° 6.

Au n° 7, ce joli chapiteau, haut de 75 centimètres, vient de la « confession » latine, dont nous avons signalé l'existence au flanc nord du pied de la croix; mais il appartient probablement, comme toute la colonnade dont il fait partie, à la grande construction byzantine. On remarquera la « ceinture » qui l'embrasse. Nous l'avons reproduit de préférence, parce qu'il est exposé à disparaître bientôt; d'ailleurs, il est plein de grâce et d'originalité. Un autre chapiteau voisin de celui-là, et qui dépend aussi, par malheur, d'une habitation particulière, est plus original encore : son abaque ou tailloir, comme on voudra, est

chargé de petits « modillons » assez semblables à ceux des grands frontons de la basilique.

Une observation commune à plusieurs des chapiteaux de Saint-Front,
c'est que les grandes feuilles d'acanthe se terminent, comme les fleurons des
volutes, en pointe très-allongée, et sont repliées sur elles-mêmes. Chaque
lobe des feuillages s'aiguise de même, au lieu de s'arrondir. Tout le faire
de cette sculpture est vraiment particulier, et ne saurait être analysé avec
trop de soin, à cause des analogies positives qu'on pourra peut-être lui
découvrir en Orient.

Nous ne donnons pas à part les chapiteaux du clocher; la cinquième
planche est à une assez forte échelle pour nous en dispenser. Les exceptions
à l'uniformité des chapiteaux se multiplient, comme on a dû le voir, dans
cette partie du monument, un peu postérieure à l'ensemble, sans doute,
mais, en définitive, du même style et de la même construction. Nous ne
dirons rien de ceux qui sont corinthiens, ou à peu près ; mais, en plus grand
nombre que ces derniers, on en trouve qui méritent une attention spéciale.
On pourrait dire qu'ils sont *cubiques*, puisqu'ils n'ont pas de feuillages en
saillie, mais ils nous semblent dériver plutôt du type toscan des anciens.
Ceux des pilastres du deuxième étage se composent d'un fort tailloir
arrondi par en bas, d'un astragale, et, dans l'intervalle, d'un large gorgerin sculpté d'oves, de rosaces ou d'autres ornements de cette espèce,
aussi irréguliers que possible. Pour les colonnes de l'étage supérieur,
les chapiteaux sont conçus à peu près de la même manière, à l'exception
de quelques-uns qui sont corinthiens, sans égard pour la symétrie. Ils
n'ont plus de rosaces au gorgerin ; mais des damiers au tailloir et des
torsades à l'astragale.

Les bases de ces colonnes ou pilastres, d'un toscan barbare, sont purement corinthiennes par le profil, comme celles de tout l'édifice. Pour la
grande arcature seule, les bases sont demeurées brutes. A un niveau inférieur, les gros piliers avaient aussi une sorte d'embasement qui a disparu
presque partout, par suite de l'exhaussement du pavé. C'est un tailloir renversé, semblable par sa dimension à la corniche supérieure. Quelques indices
permettent de conjecturer que tous ces tailloirs bruts auraient été revêtus
de moulures, si l'architecte avait pu agir à sa guise. Nulle part pourtant le
travail n'est commencé, si ce n'est aux piliers du pied de la croix, pour les
imposts des arcades.

Les pilastres, presque inconnus à l'architecture du moyen âge, sont fréquemment employés et dominent même à Saint-Front. C'est un usage em-

prunté à l'antiquité romaine et qui doit caractériser souvent les constructions antérieures à l'an 1000. Ils ne sont jamais cannelés.

Les archivoltes ne sont presque jamais arrondies en tores ou en boudins. Comme dans l'architecture romaine, et aussi comme à Saint-Jean-de-Poitiers, comme à Aix-la-Chapelle, elles offrent trois et quatre « fasces » encadrées par un bandeau. Quelquefois elles sont sculptées en damier; quelquefois aussi elles sont accompagnées de rosaces saillantes. Ce dernier fait se produit à peu près toutes les fois qu'il y a une série non interrompue de fenêtres. Il est donc systématique. Nous ne l'avions observé nulle part.

Les colonnes et pilastres supportent des arcades cintrées quand les nécessités de la construction l'exigent absolument; mais, en général, des plates-bandes les réunissent. Cette préférence pour le système antique est curieuse, quand on songe que, depuis les thermes de Dioclétien, « l'arc était affranchi », comme on dit. Par excès de licence, l'architecte de Saint-Front a seulement placé ces plates-bandes et même des entablements complets, composés d'une architrave, d'une frise et d'une corniche, précisément à la hauteur des chapiteaux qu'ils « réunissent sans les couronner ». Il en résulte, entre autres singularités, que s'il y a deux ordres superposés de colonnes, comme au clocher et à la chapelle du transept du nord, les bases des colonnes du second rang reposent directement sur les chapiteaux de celles du premier. A l'autre abside latérale, on a, par exception, établi des arcs sur les colonnes inférieures, quoiqu'il n'y ait pas de fenêtres dans les intervalles, mais pour l'ordre supérieur, le système dominant reparaît; il y a des arcs au-dessus des trois fenêtres et, dans les autres entrecolonnements, des plates-bandes évidées en trapèze.

Les entablements sont régulièrement composés, pour le clocher, d'une architrave et d'une corniche, ou, pour mieux dire, de deux corniches inégales, entre lesquelles règne une frise interrompue par des modillons. Dans les métopes sont sculptés des griffons, des agneaux et des têtes plates. Il n'y a que deux modillons pour chaque entrecolonnement. Ils figurent six ou sept petits cylindres en encorbellement les uns sur les autres, quand on les voit de face. A l'abside latérale du sud, un autre cylindre pareil coupe le modillon par le milieu et perpendiculairement. Vu de profil, chaque cylindre offre l'aspect d'une feuille enroulée. On remarque des modillons analogues dans le clocher de Saint-Julien-de-Tours et dans quelques églises romanes de l'Auvergne.

Le grand entablement qui couronne tout l'édifice est disposé d'une manière peu différente, mais avec plus de simplicité; il rappelle beaucoup ceux du Panthéon d'Agrippa. Les modillons y portent une seule grande feuille enroulée. Ils sont tout à fait bruts pour le tambour des coupoles, destiné à être vu de plus loin.

Pour les corniches rampantes des grands frontons, qui continuent, avec les modifications indispensables, l'entablement principal, les modillons sont « doubles » de la façon la plus originale et la mieux motivée pourtant. En principe, un modillon est destiné à porter quelque chose; mais, en fait, il ne supporte rien, attaché qu'il est à la corniche corinthienne et taillé dans le même bloc. C'est un simple motif de décoration, au moins jusqu'au moyen âge. A Saint-Front, les rampants des frontons reçurent d'abord des modillons de cette espèce. Seulement, pour la solidité, on en ajouta d'autres servant de consoles; et, comme les frontons étaient appliqués assez exactement aux grands arcs, on ménagea, à chaque retombée de l'ogive, trois ou quatre voussoirs en saillie réservés à cet office. Il est de ces pierres saillantes qui n'ont pu servir, parce que, à la suite du tassement de l'édifice, on a été obligé, vers l'orient et sur quelques autres points, de relever les entablements et les naissances des frontons. Elles offrent un problème assez difficile à résoudre; et, dans l'état actuel de dégradation et d'incomplet achèvement de la basilique, il faut un examen attentif pour se convaincre que les rampants des frontons devaient avoir de grands modillons pareils à ceux de l'entablement. Pour les mêmes motifs, on hésite à reconnaître que les corniches rampantes devaient se prolonger pardessus les gargouilles colossales destinées à jeter loin des murs les courants d'eau pluviale.

Dans les frontons de Saint-Front, on trouve donc réunis le véritable modillon et sa caricature. Le premier est rare et robuste; le second, tout petit et extrêmement multiplié; l'un et l'autre calqués, malgré leur dissemblance, sur des modillons antiques. Pour se bien rendre compte de cette singulière ordonnance et pour reconstruire sûrement les grands frontons, il faut recourir à celui qui surmonte l'avant-corps du sud-est. Comme il appartient aux premiers temps de la construction, l'ornementation de Saint-Front n'offre rien de plus complet. Ce petit fronton, plus aigu que les autres à cause de sa destination, se cache derrière des maisons particulières. C'est à peine si on peut le voir, à plus forte raison le dessiner. M. Gaucherel y est parvenu cependant; et sa gravure n° 7 le reproduit tel qu'il est aujourd'hui, avec sa végétation parasite et son contrefort du XIVe siècle. Les modillons, petits et grands, sont identiquement ceux des autres frontons; les premiers très-chargés de détails, les seconds plus simplement conçus. Ces derniers n'étant qu'au nombre de cinq, dont l'un occupe le sommet du fronton, ont été posés perpendiculairement au sol et non pas aux rampants, qu'ils ne touchent que par un angle. L'exemple, heureusement, n'a pas été suivi plus tard. Une invention meilleure, abandonnée aussi, mais par économie, c'est d'avoir tapissé de feuilles d'acanthe le dessous des corniches rampantes. Rien de plus riche et de meilleur goût que cette sculpture. M. de Mourcin lui faisait l'honneur de la croire romaine. (T. II, p. 294.) Nous l'avons vue de près; il n'en est point ainsi. Cette corniche, au milieu du fronton, on l'observe à l'avant-corps du nord-est qu'elle couronne actuellement, en attestant un autre fronton symétrique. Tout à côté, ce trou carré, formé, dirait-on, par l'enlèvement d'une pierre de taille, c'est un jour nécessaire pour un escalier intérieur et qu'on ne pouvait mieux dissimuler. Ces autres trous ronds, profondément creusés dans les intervalles de l'entablement inférieur, — il a fallu, sur ce point, en croire nos yeux, — c'est un ornement, une sorte de métope. A cela près et avec quelques moulures de plus, cet entablement ressemble à ceux du haut de l'édifice.

Parallèlement au fronton complet de l'avant-corps, sur la même planche de détails, un fragment des autres corniches rampantes est donné dans son état actuel; il est emprunté au côté méridional de la basilique, et ses grands modillons sont bruts ou bien seulement coupés en biseau. Le bandeau en échiquier de l'archivolte des fenêtres se relève perpendiculairement à cette corniche rampante, ce qui ne se voit point ailleurs. Peut-être, si tous les blocs restés bruts avaient été ravalés, y aurait-il eu de chaque côté des petits triangles ou frontons un peu moins bizarres que la disposition actuelle. (Voir au numéro 2.) Un autre fragment, pris du côté opposé, figurait dans la planche IV; ses grands modillons sont à peu près terminés. Quant aux petits modillons, qui rappellent des deux côtés le type corinthien avec ses retraites successives et ses feuilles enroulées, ils sont au même degré d'achèvement, mais au nord ils comportaient quelques filets de plus qu'au midi. De même, les rosaces étaient ornées de feuillages seulement d'un côté, vers le nord. Un seul des grands modillons de ce fronton du nord offre une figure humaine à grands yeux, à longue barbe, très-bien et très-sérieusement sculptée; deux autres têtes rases, espèce de caricatures, ont été jetées comme au hasard sur d'autres points de l'édifice. Quel est le sens de la première de ces têtes? à quoi font allusion les deux dernières? Nous ne saurions le deviner, mais il convenait de remarquer des faits pareils dans un édifice tel que Saint-Front. A la différence de nos artistes romans, l'artiste byzantin, en effet, ne se joue pas de la figure humaine. Il évite même de la sculpter et se contente de la peindre. C'est un reste de la doctrine des iconoclastes et une opposition marquée avec notre art national.

On n'a pas pu graver, comme nous le voulions d'abord, ce qui subsiste encore de la décoration sculptée de la porte du Touin. Malgré l'utilité de cette pièce justificative pour la restauration que nous avons faite dans notre première planche, nous avons renoncé à la produire. Ces débris sont décidément trop mutilés, pour que leur sens apparaisse sur un dessin comme il le fait sur le monument. À la courte description que nous avons donnée, au chapitre II, nous nous contenterons d'ajouter ici quelques détails indispensables. La porte du Touin ressemblait, avec plus de richesse, à celle de l'église de la Cité dessinée plus haut, à la page 65 ; elle avait aussi un faux cintre, dont l'archivolte était composée d'une seule fasce et d'un bandeau sculpté en entrelacs. M. de Mourcin l'avait vu ; il y a donc peu de temps que l'on a réparé, c'est-à-dire détruit, ce tympan de porte. La blancheur des pierres l'indique assez. On a heureusement respecté la voûte plate, surmontée d'une imposte en palmettes que protégeait ce faux cintre. La porte était si haute et si large, qu'on avait pris d'autres précautions pour la consolider. C'est certainement dans ce but et pour établir convenablement, à l'intérieur, les sommiers de la plate-bande, que l'on avait rapproché les pieds-droits de l'arcature, de manière à former trois arcades irrégulières au lieu de quatre. La décoration de la porte du Touin se composait surtout de quatre colonnes superposées deux à deux, et retenues entre des consoles qui subsistent encore. — Il faut noter une figure de lion sur une des consoles, pure fantaisie de sculpteur, sans doute, car ce n'en est pas assez pour croire qu'on avait voulu mettre la porte du Touin *inter leones*. On remarque aussi, à gauche des grandes consoles, de très-petits corbeaux, qui ont valu à la porte du Touin sa dénomination de *porta de Tecto*. Ils ont en effet supporté un porche en charpente, mais ils sont évidemment postérieurs à la construction primitive.

On voit qu'il ne serait pas impossible de restaurer, autrement que par la pensée, cette gigantesque porte d'entrée. Elle manque vraiment à la basilique ; car la façade latérale du sud est complétement nue, et serait suffisamment décorée avec toute cette ordonnance. Haute de huit mètres, large de cinq, malgré ses défauts incontestables, malgré ses colonnes qui ne supportent rien, ce serait un beau type de porte byzantine.

Sous le numéro 3, on a placé un fragment très-singulier, dont la destination est un peu douteuse. C'est un bloc de 0ᵐ90, sculpté à l'imitation d'un cône d'arbre résineux, dont les écailles seraient détachées de la masse et contractées par l'action du feu ou par la parfaite maturité. Ce couronnement d'un nouveau genre a été déposé, depuis fort longtemps, dans le transept du midi, avec le chapiteau provenant de la grande abside. Il paraît avoir figuré au sommet du clocher, dont la coupole conique se termine aujourd'hui par deux tores superposés avec un petit rebord au-dessus. Il semble destiné lui-même à porter quelque chose, mais non une haute croix de fer, comme celle qui a été établie en 1821, et qui en a remplacé une autre du même genre. Si nos suppositions sont justes, cette pomme de pin colossale aurait produit un effet analogue à celui des choux, dont les architectes du XIIIᵉ siècle couronnaient leurs clochers.

On lit dans l'ouvrage récent de M. Ziégler sur la céramique, page 104 : « La pomme de pin, soit qu'on l'observe dans sa position naturelle, soit qu'on la considère comme ornement, est une ogivoïde d'une grande beauté, non-seulement pour sa forme comme contour, mais encore par le croisement de lignes spirales, d'où résultent des saillies cristalliformes. — Autrefois le magnifique mausolée d'Adrien était couronné par une pomme de pin en bronze, qui se voit encore dans les jardins du Vatican. L'architecte de Saint-Paul, à Londres, a fait de la pomme de pin un des ornements de la façade. »

Nous serions tenté de chercher aussi dans le fruit des résineux le type des cônes imbriqués qui surmontaient le clocher et les coupoles de Saint-Front. Si l'on n'y veut voir que des imbrications, elles sont à *l'envers*; mais si, au lieu de s'inspirer des tuiles d'un toit, on a eu en vue les écailles ou feuilles d'un végétal, on s'explique qu'elles aient été placées la pointe en haut. Au fond, c'était un ornement dont la disposition intéressait peu l'écoulement des eaux pluviales. Il faut bien qu'on en ait souvent jugé ainsi, car beaucoup de clochers de l'Angoumois et du Poitou se terminent exactement comme celui de Saint-Front, notamment les deux clochetons de Notre-Dame-la-Grande, à Poitiers.

Cette ornementation sculptée de Saint-Front, que nous venons de passer en revue, n'est pas moins remarquable par son unité que par son originalité profonde. Malgré les damiers et les torsades, qui d'ailleurs étaient déjà usités dans le style latin, comme le prouvera la façade de la *vieille église*; malgré les lions de quelques chapiteaux et malgré les têtes plates du clocher, on peut dire qu'elle reste la même jusqu'au bout, sans mélange avec le style roman, comme aussi sans décadence marquée. Chose étonnante pourtant, s'il est vrai, comme le diront les textes, que la construction de Saint-Front ait demandé soixante ou soixante-dix ans au delà de la vie d'un homme. Mais on sait assez qu'il ne faut pas prendre à la lettre les indications fournies par les chroniques. Entre la pose de la première pierre et la dédicace, une grande construction peut marcher d'abord avec activité, puis se ralentir et même s'arrêter tout à fait au point où elle allait être bientôt finie. Cela tiendra à la mort ou à l'absence d'un évêque; à une guerre, qui désolera le pays et la cité; à mille circonstances plus ou moins inconnues, et qui expliqueraient aisément des faits inexplicables en apparence.

Il est peu probable, en tout cas, que les sculpteurs de Saint-Front aient fait école, comme l'architecte. On ne voit pas, au moins, que leurs élèves soient sortis du monastère de Saint-Front, même pour aller décorer les coupoles de l'église, toute voisine et presque contemporaine, de la Cité. Bien plus, ils ont évidemment manqué au maître de l'œuvre à tous les moments de la construction.

Que l'ornementation sculptée soit en petite quantité dans un édifice tel que Saint-Front, on le concevrait facilement. A l'intérieur, les peintures y auraient suppléé; et, quant à l'extérieur, c'était l'usage de le sacrifier en Orient. Mais, à l'intérieur comme à l'extérieur, on observe une tendance à la richesse, retenue sans cesse par la nécessité d'économiser le temps des sculpteurs. Tout est commencé, et, à l'exception du clocher, peut-être, rien n'est fini. Par exemple, si l'on veut bien recourir à notre quatrième planche, et l'examiner attentivement, on sera frappé aussitôt par l'état d'imperfection où se trouvent les pilastres et les arcades qui encadrent de ce côté les grandes fenêtres du chœur. On a taillé à même le mur, sans l'achever, cette décoration qui ailleurs n'est pas même commencée; on s'est brusquement arrêté, sans prolonger jusqu'en bas les pilastres et sans prendre garde de leur donner au moins une longueur uniforme. Et cependant, sur tout ce flanc septentrional de l'édifice, mieux en vue que l'autre, l'ornementation est à la fois d'une conception plus riche et d'une exécution moins incomplète.

On a pu croire que la basilique attendait « un ravalement général », et se disposer à le faire tant bien que mal. Mais on voyait et on interprétait mal les faits; jamais ravalement n'a été commencé par tant de bouts.

Ce n'est point le talent du dessinateur qui a fait défaut pour l'ornementation de Saint-Front; ce n'est pas la sûreté de la main, ni la hardiesse du ciseau. C'est donc le nombre des sculpteurs. Il semble vraiment que la vie d'un seul ou de deux artistes aurait suffi à tout ce qu'il y a dans le monument de sculpture proprement dite.

Affirmerons-nous, en terminant, que l'ornementation de Saint-Front soit byzantine, purement et simplement? Nous ne l'osons pas; car, si l'architec-

ture de ce nom est fort nettement caractérisée par la coupole sur pendentifs
et par les combinaisons neuves et tranchées qui en résultent, il n'en est pas
de même de la décoration sculptée, qui s'écarte moins des types romains du
Bas-Empire. Il y aurait bien le chapiteau *cubique*; mais cette forme disgracieuse convient particulièrement avec des matériaux très-durs, et faute de
mieux, en quelque sorte. A Saint-Marc de Venise, elle est reléguée dans
l'intérieur des piliers et aux places les plus obscures, tandis que le type
corinthien domine exclusivement dans la façade ainsi que dans la grande
arcature qui, de pilier en pilier, embrasse tout le circuit de l'édifice. Nous
nous contenterons de dire que l'ornementation de Saint-Front exclut, au
même degré que celle de Saint-Marc, les représentations sculptées d'hommes
ou même d'animaux, et n'est après tout ni plus bizarre ni plus dégénérée.
Si nous la mettions en regard de ce qu'offrent nos édifices nationaux, jusqu'à
l'an 1000, elle l'emporterait sans peine par le dessin et par l'exécution.
Elle n'utilise pas à tort et à travers des débris antiques, comme celle du
baptistère de Poitiers. Elle n'est pas pauvre et sauvage, comme celle de la
Basse-OEuvre de Beauvais. Elle vaut mieux que les chapiteaux de Jouarre,
et, comparée même à Aix-la-Chapelle, elle nous a paru égaler au moins tout
ce qui n'est pas romain et d'emprunt dans le dôme, si petit, si mesquin, de
l'empereur Charlemagne. Rien n'empêche, en un mot, de croire, si rien
jusqu'à présent ne le prouve positivement, qu'elle ne soit l'œuvre d'un
artiste grec, et d'un artiste distingué pour son pays, pour son époque.

Chapiteau de l'intérieur de Saint-Marc, à Venise.

III. PEINTURES.

La basilique de Saint-Front répond mal, en somme, à l'idée que l'on se fait des monuments greco-byzantins ; et cela parce que, si leur ornementation sculptée est médiocre, ils sont pourtant décorés tous avec une grande richesse, les uns de mosaïques et de revêtements de marbres, les autres, et les plus nombreux, de peintures seulement. On comprend aisément qu'il n'y ait plus et qu'il n'y ait jamais eu, à Saint-Front, ni placages de marbre, ni mosaïques ; mais nous pensons qu'en raison de l'influence sous laquelle était placé directement l'architecte de cette église, et comme conséquence des vastes surfaces lisses que donne toujours un édifice à coupoles, un système de peintures dut être le complément nécessaire de son projet architectural ; nous pouvons de plus donner la preuve que ce système de peintures fut, à différentes époques, plus ou moins complétement réalisé.

« Demum post hunc in eamdem sedem episcopalem successit Petrus Mimetus et rexit annos XII, menses V et dies 22, obiitque anno Domini millesimo centesimo octogesimo secundo ut idus aprilis, et sepultus est in ecclesia Sti-Stephani. Hic episcopus corpora prædictorum præsulum a capitulo S.-Frontonis levavit et ea reposuit cum magno honore et reverentia infra ecclesiam, ubi altare in honorem beatæ Catharinæ consecravit..... Hæc Epitome[1] à me descripta fuit anno millesimo quingentesimo et septuagesimo ex libro quodam qui a capellanis S.-Anthonii servabatur, cujus copiam mihi præbuit Seguinus capellanus istius sacelli. — Prædictorum imagines depictæ erant prope altare S.-Catharinæ, et præter eas quatuor antiquiorum, quarum primus erat Bertrandus ; secundus, Raymondus ; tertii et quarti nomina legi non poterant. Quintus erat Frotarius, depictus in prima columella structili, quæ proxima est « altari S.-Catharinæ ad latus templi ». » Post quem reliquorum Episcoporum, de quibus supradictum est, imagines videbantur superscriptis nominibus quæ vix legi poterant, et omnes, præter imaginem Frotarii et aliorum paucorum, imbribus madefactæ deciderunt, exeunte januario, anno 1587. Quadriennio ante quum is locus basilicæ S.-Frontonis, ubi ante millesimum quingentesimum septuagesimum quintum fuerat chorus, adequaretur, loculi lapidei in quibus condita fuerant aliquot prædictorum Episcoporum corpora,

---

[1] C'est l'histoire abrégée des évêques de Périgueux, que conservaient les vicaires de Saint-Antoine. Elle commence à Frotaire et s'arrête à Pierre de Munet, après la mort duquel elle a été rédigée. Un anonyme, probablement M. Dejean, conseiller, a ajouté, en copiant ce manuscrit à la fin du XVIe siècle, les observations qui suivent.

reperti fuere humo et ruderibus obruti, vacui tamen. Ossa enim detracta et in ÆDICULA divæ Catharinæ in quibusdam arculis lapideis, secus parietem basilicæ, reposita fuerunt a Petro Mimeto Episcopo, depictis imaginibus et nominibus, annum circiter millesimum centesimum et octogesimum [1]. »

Il résulte, de cette note, qu'à la fin du XIIe siècle (1178), Pierre de Mimet avait, en déplaçant les sépultures de ses prédécesseurs, fait peindre leurs images sur les murailles de Saint-Front. Cette curieuse galerie, qui comprenait quatorze figures, disparut à la suite de la ruine de l'église opérée par les protestants. En 1587, lorsque les pluies avaient détrempé pendant dix ans ces peintures, on reconnaissait encore plusieurs figures, on lisait même encore plusieurs noms. Il est difficile maintenant de fixer positivement la place de cet autel de sainte Catherine qu'avoisinaient les seconds tombeaux et les peintures murales. Nous croyons, contre l'avis de M. de Mourcin, que ce n'était pas au pied de la croix qu'il se trouvait, puisque c'est précisément là, dans l'ancien chapitre ou ancien chœur, qu'étaient primitivement les tombes des neuf évêques, que l'on trouva vides et remplies de décombres, en nivelant cette partie de l'église en 1587. Ce devait être plutôt dans le transept méridional et à l'abside actuelle de Saint-Jean. Son opposée du nord était détruite au XVIe siècle. Il ne reste donc dans toute la basilique que la chapelle absidale du sud, à laquelle on puisse appliquer l'expression d' « édicule », car M. Dejean ne parle pas seulement de l'autel, mais de la chapelle de sainte Catherine. Quant au « grand degré » par le voisinage duquel le père Dupuy désigne le même lieu, ce serait alors celui qui donne accès dans le transept méridional, par trente marches, et non l'escalier de bois qui mène à l'évêché. Le pilier où se voyait l'effigie du fondateur de la basilique serait de même celui du sud-est, dont toutes les arcades ont été anciennement murées : le pilier de gauche, ou du nord-est, n'étant point « ad latus templi ».

En quelque endroit qu'elles fussent situées, les peintures dont nous nous occupons concouraient efficacement à la décoration du monument. Malgré leur étendue, elles ont disparu sans laisser de traces. D'autres fresques, plus anciennes ou plus modernes, ont pu s'effacer de même. Elles étaient appliquées sur des enduits qui se détachaient facilement, et dont les badi-

---

1. *Bibl. Manus. lib.*, P. LABBÆI, t. II, p. 738. « Frag. de Petrag. Episc. » — Geoffroy du Vigeoi, chroniqueur contemporain, parle aussi de cette translation des corps des évêques : « Sabbato sequenti (1178), Petrus Mimetus episcopus Petragoricà in urbe ordines fecit. Interim, præsente electo archiepiscopo Burdegalensi, corpora præsulum de Capitulo effodiuntur, dieque sequenti ante altare S.-Bartholomei singuli in loculis novem, honore condigno, in basilica S.-Frontonis reconduntur. » — *Antiquités de l'Isonne*, t. II, p. 519. DUPUY, *État de l'église du Périgord*, t. I, p. 159.

geonneurs de toutes les époques s'empressaient de faire tomber les restes. Là seulement où des tribunes, où des rétables les protégeaient, on en retrouve des débris. Nous en avons reconnu derrière le grand autel des Jésuites, dans le transept du nord, et sur un des piliers de la coupole occidentale, à l'endroit où venait s'appuyer une laide colonnade du xvııı siècle que l'on vient de démolir. M. de Mourcin en avait remarqué déjà sur la muraille qui est contiguë à ce pilier.

Au transept méridional, dans l'intérieur du pilier du sud-ouest, et sur une muraille qui ferme, pour la consolider, l'une de ses deux arcades, on voyait aussi des peintures. C'était une grande composition dans le style du xıv siècle, dont la silhouette perçait sous le badigeon et laissait apparaître, par exemple, des nimbes gauffrés. Depuis, une seconde couche de lait de chaux a été ajoutée à la première ; mais on retrouvera, quand on voudra, cette fresque importante.

Une Confession, petit édifice extrêmement ancien, englobé dans la grande construction, conserve encore toutes ses peintures. — Sur la voûte du sanctuaire, Dieu est représenté au milieu des symboles des quatre évangélistes, avec toute sorte d'inscriptions déployées sur des banderoles. Sur le mur du fond, on le voit de nouveau dans une « gloire ». Au-dessous, une figure, enveloppée d'un long manteau de couleur sombre, est étendue sur un lit mortuaire et entourée d'hommes en pleurs. C'est la manière ordinaire de représenter les apothéoses chrétiennes, et il pourrait s'agir ici de saint Front, puisque M. de Mourcin dit avoir vu sa longue barbe. Dans son état actuel, cette composition ressemble beaucoup à l'ensevelissement de la Vierge. Sur les autres parties du petit monument sont des ornements moins importants, appliqués directement sur le mur, qui forment un ensemble complet. Ces diverses peintures, à en juger par les inscriptions qui les accompagnent et par leur style, ne remontent qu'à une époque relativement récente, le commencement du xvıe siècle ou la fin du xv, mais elles pourraient en avoir remplacé de plus anciennes.

Dans une très-petite chapelle, ménagée dans le massif qui lie l'abside du transept méridional au gros mur de la tête de la croix, on voit sur la voûte une grande figure de Dieu le père, qui tient le globe du monde dans sa main et dont la tête est coiffée d'une tiare. Tout autour, une multitude d'anges déroulent des banderoles, chargées d'inscriptions du même temps que celles dont nous venons de parler. Le réduit où se trouve cette composition est abandonné depuis longtemps, et c'est cet abandon qui l'a protégée. Il s'ouvrait anciennement, non dans le chœur, mais dans le transept, et dépendait de l'abside latérale; il sert maintenant de vestiaire à un chanoine. — Comment la décoration d'une partie si peu importante de l'édifice ne s'étendait-elle pas à d'autres? Pour songer à peindre ce recoin, cette chapelle qui ne tiendrait pas dix personnes, il fallait que la grande chapelle d'à côté fût peinte elle-même, et elle l'était en effet dès le xii⁰ siècle; il fallait que les peintures fussent bien multipliées dans la basilique. Sans doute jamais les grands arcs, jamais surtout les coupoles, n'ont eu d'enduits ni de fresques; rien n'autorise à le croire, quoique une des coupoles de Cahors ait offert autrefois, nous le verrons, plusieurs figures d'évêques. Mais les trois absides, les piliers et tous les soubassements de l'édifice en avaient reçu. Le premier architecte avait compté sur elles pour déguiser la grossièreté de la construction et la nudité des murailles. — Dans les siècles suivants, on resta fidèle à cette pensée. Au xii⁰ siècle, sous Pierre de Mimet, au xiv⁰, du temps du cardinal Talleyrand, et à l'aurore de la Renaissance; à ces trois époques, au moins, des travaux de peinture ont eu lieu à Saint-Front sur une grande échelle. De plan suivi, de vues d'ensemble, on n'en avait certes point; mais chacune de ces peintures murales en motivait d'autres, et l'aspect discordant de l'édifice encourageait les peintres au lieu de les rebuter. Tant qu'ils voyaient une muraille nue, ils peignaient çà et là, au plus pressé et selon les circonstances, le vaste monument, aujourd'hui retombé dans sa nudité primitive.

IV. SÉPULCRE DE SAINT FRONT.

Pour terminer ce que nous avons à dire de l'ancienne décoration de la cathédrale, il nous reste à parler d'un monument détruit depuis des siècles, mais si célèbre dans la contrée, qu'aux deux époques de sa construction et de sa ruine, les chroniques nous entretiennent de sa richesse et de sa beauté. C'est le sépulcre de saint Front.

Le corps du saint évêque, au rapport des légendaires, avait été d'abord déposé dans une petite chapelle qu'il avait lui-même élevée à la Vierge. Au vi⁰ siècle, Chronope le transféra dans la nouvelle église qu'il venait de bâtir. Les invasions des Normands survinrent, puis la construction de la grande basilique; ce ne fut qu'après sa dédicace que l'on songea à élever au saint patron de l'abbaye un tombeau digne de lui.

« Cujus tempore (Guillaume de Montbron), Guinamundus, monachus Casæ-Dei, sepulchrum S. Frontonis mirabiliter sculpsit anno D. 1077. Stephanus

Iterius, canonicus S.-Frontonis et cellarius, omnia necessaria huic operi ministravit [1] ».

Le sépulcre de saint Front fut détruit par les protestants, et ses reliques profanées. On lisait, en effet, dans le « Livre rouge » des archives de la mairie, vers l'année 1583 :

« ..... Entre les ruines en fut faicte une signalée du tabernacle où estoit gardé le chef de sainct Front et plusieurs autres sainctes reliques, lequel estoit ÉDIFIE EN ROND, couvert d'une voute faicte en pyramide; mais tout le dehors estoit entaillé de figures de personnes à l'antiquité et de monstres, de bêtes sauvages de diverses figures; de sorte qu'il n'y avoit pierre qui ne fût enrichie de quelque taille belle et bien tirée, et plus recommandable pour la façon fort antique, enrichie DE PIERRES, DE VITRES DE DIVERSES COULEURS, ET DE LAMES DE CUIVRE DORÉES ET ÉMAILLÉES, et tout le circuit environné de barres de fer, sur lesquelles ceux qui se mettoient à genoux pour prier se reposoient. Au lieu de ce tabernacle, appelé le sépulchre de sainct Front, on en a fait un autre au milieu du chœur, lequel toutefois est grossier et sans ouvrage, etc.

« Il y avoit dans ladite église (de Saint-Front) plusieurs sépulchres de chevaliers, cardinaux et évesques, élevés en pierre, et de très-excellens ouvrages qui furent rompus, de sorte que l'on n'y en voit aucune marque ni apparence.....; les tapisseries, fort riches et d'antiquité mémorable, furent volées, ainsi que les vaisseaux sacrés, etc. »

On voit quelle perte c'était que la destruction du tombeau de saint Front, et combien elle fut ressentie. Il était digne de cet ancien consulat de Périgueux, qui, plus tard, allait tous les ans faire la visite solennelle des ruines de l'amphithéâtre, de déplorer comme un malheur public la perte de ce glorieux sépulcre, et de le décrire dans le livre de ses archives pour en conserver au moins le souvenir

Le sépulcre de saint Front était circulaire et voûté en pyramide. Placé directement sous la coupole de la tête de la croix, il devait, et par sa forme et par son style, s'harmoniser admirablement avec la grande cathédrale. C'était tout un petit édifice, à la décoration duquel concouraient la sculpture, la mosaïque, les émaux. L'art naissant des émailleurs limousins y était traité en grand et appliqué à l'architecture. Rien ne peut aujourd'hui nous en donner une idée.

Le tombeau du saint était indépendant du sépulcre, dans lequel ON ENTRAIT.

---

1. « Epitome gestorum quorumdam ecclesiæ P. Præsulum », *Biblioth. Manuss.* LABBÉ, t. II, page 738. *Antiquités de Vésoune*, t. II, p. 307.

Cette distinction, qui peut nous faire juger de la grandeur de l'ensemble, est nettement établie dans un curieux procès-verbal dressé au XIIIe siècle par l'évêque Pierre de Saint-Astier, et conservé dans la « Gallia christiana », t. II, p. 1461.

« Cum de corpore Beat. Frontonis, primi Pontificis Petrag., longis retro temporibus fuisset a pluribus dubitatum utrum in ecclesia sua esset..... Quibusdam ex ignorantia, aliis ex malitia, dicentibus ipsum a Normannis fuisse ablatum. Nos et capitulum et burgenses Podii S.-Frontonis, volentes de hoc habere certitudinem pleniorem..... Pridie cal. maii, devote prædictum sepulcrum « intrantes », aperuimus cum magno labore tumulum lapideum, in quo per famam publicam et alias conjecturas sacratissimum corpus requiescere firmiter credebamus; et invenientes in prædicto tumulo magnam capsam ligneam fortem et bene ferratam, ipsam aperuimus, reperientes in ea magnam aliam capsam plumbeam in qua invenimus, sicut sperabamus, sanctissima ossa corporis integra et, per Dei gratiam, incorrupta et magna frusta capitis solida atque firma..... Quas reliquias reposuimus in « sepulcro et tumulo », de quibus extraxeramus, easdem servandas ibidem quousque in capsa nobili reponantur, quod erit in brevi, Deo concedente..... Duplex inventa in tumulo lamina, plumbea altera, cuprea vel ærea altera. In prima legitur : « Hic jacet corpus B. Frontonis J.-C. discipuli et B. Petri in baptismate dilecti filii. » In altera idem habetur, sed et additur : « Ex Lycaonia regione orti de tribu Juda, ex Simeone et Frontonia. Obiit VIII cal. novem., anno 42 post passionem Domini J.-C. »

L'esprit de doute et d'examen, qui est un peu de tous les temps, avait eu une fois pour effet de faire convertir en une châsse d'argent, très-belle et très-ornée (on était au XIIIe siècle), la châsse de bois et de plomb des siècles antérieurs; et ces bourgeois incrédules, qui se souvenaient si savamment des invasions normandes, avaient probablement souscrit des premiers. Au XVIe siècle, le mal fut plus grand, et devint funeste aux beaux arts. Les protestants du Périgord, après avoir surpris et ruiné la ville de Périgueux, dévastèrent aussi l'église de Saint-Front, et détruisirent, comme nous l'avons déjà dit, le sépulcre du saint, avec un soin tout particulier. Quant à la châsse elle-même, un certain capitaine Jauré en fit sa part de butin, et, la mettant sur son cheval, il la suivit à pied jusqu'à Bergerac, en plaisantant agréablement sur cette manière nouvelle d'honorer saint Front. Partout, il faut le dire, la réforme s'est montrée aussi imprudemment sacrilége, aussi brutalement ennemie des arts. Dans le sud-ouest de la France, au moins, elle a plus détruit de monuments vraiment précieux que la révolution de 1793.

Après la description que nous avons rapportée, il ne reste rien du sépulcre de saint Front. Cependant notre savant ami, M. l'abbé Texier, a
recueilli une plaque de cuivre émaillé, sur laquelle on lit le nom de
F. GVINAMVNDVS[1], et qui pourrait rigoureusement provenir du grand monument de Périgueux, quoique, par sa forme et son sujet (un Christ dans une
gloire), elle semble plutôt avoir appartenu à une simple châsse limousine. —
Si ce n'est pas un fragment de l'œuvre, c'est au moins une signature de
l'artiste.

Nous trouvons dans « l'Auvergne au moyen âge », de M. Dominique
Branche, quelques renseignements de plus sur le sculpteur Guinamond.
C'était un artiste célèbre, dont les chroniques de la Chaise-Dieu ont gardé la
mémoire, tout comme celles de Saint-Front. D'après un manuscrit latin de
la Bibliothèque Nationale, F°ˢ S.-G., n° 5552, p. 70[2], « Guinamond avait
d'abord été appelé par l'évêque de Périgueux, Guillaume de Montbron, pour
sculpter LES ORNEMENTS INTÉRIEURS DU CHOEUR DE SA CATHÉDRALE. Après qu'il
eut achevé cet ouvrage, il fut chargé par l'un des chanoines de cette église,
Étienne Ithier, qui en fit les frais, d'élever un tombeau à saint Front,
l'apôtre du Périgord. Il le revêtit de bas-reliefs et d'ornements incrustés
d'une belle mosaïque.

Saint-Front n'était point alors la cathédrale de Périgueux, ce qui a fait
commettre sans doute une légère erreur à M. Branche. Du reste, à la Cité
comme à Saint-Front, le chœur n'a plus « d'ornements intérieurs », c'est à
dire d'autels, d'ambons, ni d'autres objets d'ameublement. Tout avait disparu,
par malheur, longtemps avant l'époque moderne. Henry Plantagenet, quand
il vint prendre possession de l'Angleterre, après son mariage avec Éléonore,
commença cette spoliation. Il se fit remettre une grande table d'argent sur
laquelle étaient représentés les douze Apôtres, et qui avait probablement
orné le maître-autel de Saint-Front. La chronique de l'abbaye en exhale en
ces termes son juste ressentiment :

« Post autem hunc successit in episcopatum Raymondus de Marolio, et
rexit ecclesiam annos 17, et postea exstitit archiepiscopus Burdegalensis,
annis duobus paulo plus. Obiit autem anno D. 1158, et sepultus est Burdé-

----

1. *Essai sur les argentiers et les émailleurs de Limoges*, p. 110.

2. L'indication donnée par M. Branche est fautive, et le manuscrit relatif à la Chaise-Dieu ne se
retrouve pas au n° 5552. M. Duchalais, de la Bibliothèque Nationale, a eu la bonté de le rechercher
pour nous, mais vainement. Nous ne supposons point d'ailleurs que M. Branche eût rien omis
d'important, mais les expressions latines pourraient nous apprendre quelque chose de plus que la
traduction.

galæ, in ecclesia S.-Andreæ. Tempore hujus episcopi Henricus, rex Angliæ, Normannorum et Aquitanorum dux, in Aquitaniam intravit; habebat enim in uxorem dominam Helionoram, filiam Guillermi Pictavensis comitis, quam quidem Ludovicus Francorum rex, « ob ejusdem nimiam luxuriam », prius relinquerat. Henricus præfatus habuit de thesauro ecclesiæ S.-Frontonis tabulam quamdam argenteam, in qua erant duodecim apostoli figurati. »

Les œuvres d'art trop précieuses par la matière vieillissent peu. Celle dont on dépouilla Saint-Front, pour en faire des monnaies anglaises, était apparemment due à notre Guinamond.

On s'explique que Guillaume de Montbron, pour compléter les monuments de sa ville épiscopale, ait eu recours aux moines de la Chaise-Dieu. Entre l'évêque de Périgueux et la jeune et florissante abbaye, il existait alors d'intimes relations. En 1080, Guillaume soumettait à Seguin, abbé de la Chaise-Dieu, l'abbaye restaurée des Saints-Innocents de Brantôme. Plus tard, au commencement du xiie siècle, l'église de Périgueux terminait un long procès avec les moines de la Chaise-Dieu par une transaction, où ils s'engageaient à la redevance annuelle d'une livre d'encens blanc, payable le jour de la fête de Saint-Front.

Guinamond est le seul des artistes de Saint-Front qui nous soit connu, et c'est un prêtre français; c'est presque un homme de pays, quoiqu'il vienne de la Chaise-Dieu. Cela pourrait sembler significatif; mais, en 1077, il y avait déjà près d'un siècle que l'on travaillait, comme nous le verrons bientôt, à la basilique de Périgueux.

Nous avons dit que le tombeau de saint Front était placé sous la coupole de la tête de la croix. L'autel principal le précédait un peu et se trouvait, non pas sous la coupole centrale, mais entre deux piliers. Quant au chœur, il comprenait tout le pied de la croix. Les transepts et la coupole centrale étaient réservés au peuple, qui séparait les moines du grand autel. Un nouvel extrait du « Livre rouge » fera bien comprendre cette singulière distribution.

« L'église de Saint-Front estoit descouverte partout, de sorte qu'en peu d'années les voûtes, abreuvées des eaux pluviales, fussent tombées par terre; c'est pourquoy ladicte église fut promptement couverte, etc. Et parce que le chœur estoit anciennement à main droite, entre les deux piliers plus proches de l'horloge, et le grand autel avoit esté posé vis-à-vis, entre les deux autres piliers qui sont à l'opposite; la grande nef entre deux, qui séparoit le chœur dudict grand autel, dont les ecclésiastiques recevoient plusieurs incommodités, à cause de la grande distance qui estoit entre deux occupée par ceux qui estoient dans ladicte église; par quoy il fut advisé de faire l'autel et de le bastir à l'entrée de la chapelle des vicaires de Saint-Antoine, laquelle estoit séparée de ladicte église par une grande et épaisse muraille qui seroit abattue, et, au lieu d'icelle, on délibéra de faire une voûte qui rendroit le lieu ouvert et feroit qu'il n'y auroit chose qui empeschât la vue dudict grand autel à ceux qui seroient dans le chœur; et le lieu auquel estoit ledit chœur ancien, un peu plus élevé que le passage de ladicte nef de l'église, serait aplani à l'égal du bas de la nef, etc. [1]... »

Les bâtiments du monastère étaient compris, à cause de la disposition du sol qui s'abaisse rapidement vers l'orient, entre l'aile méridionale et le pied de la croix; le voisinage du cloître décida les moines à établir leur chœur sous la coupole occidentale et à abandonner pour le sépulcre du saint toute la coupole orientale. Aujourd'hui encore la grande sacristie est située vers le cloître, fort loin du chœur actuel. Mais il est douteux que ce soit là l'arrangement primitif de l'abbaye, car le double porche qui la précède à l'occident devenait ainsi à peu près inutile; on ne pouvait plus entrer qu'en traversant le chœur des moines, et, par suite, on n'entrait que par les portes latérales. Cette distribution devait dater seulement des travaux de Guinamond. Après les ravages des protestants, la place était nette; le sépulcre de saint Front, les tombeaux d'évêques, de cardinaux et de chevaliers, qui remplissaient auparavant l'église, ne gênaient plus; au lieu de moines, on n'avait qu'un chapitre peu nombreux. On s'établit plus commodément.

1. *Antiquités de Vésonne*, tome II, page 507.

ÉGLISE LATINE

ou

VIEILLE ÉGLISE DE SAINT-FRONT

CLOÎTRE ET MONASTÈRE

ÉGLISE LATINE DE SAINT-FRONT.

Dans la description du clocher, nous avons vu qu'il était assis sur deux travées d'une ancienne église à trois nefs dont on reconnaissait encore la coupe en analysant, à l'intérieur de la grande basilique, la muraille à laquelle est appliquée la tribune des orgues. — Nous avons dit qu'on retrouvait plus loin la façade de cette église, ainsi que le porche dont elle était autrefois précédée; enfin, que deux édicules qui accompagnaient latéralement son chevet s'étaient également conservés et flanquaient aujourd'hui le pied de la croix grecque. — Nous allons essayer maintenant, selon notre promesse, de la restaurer par la pensée comme par le dessin, et d'en donner une description. M. de Taillefer ou plutôt son collaborateur, M. de Mourcin, l'avait fait avant nous, et dans ce chapitre nous suivrons de plus près qu'à l'ordinaire les « Antiquités de Vésonne ».

I. LA VIEILLE ÉGLISE.

La première église de Saint-Front offrait trois nefs : sa façade, dont la partie centrale, couronnée par un pignon, s'élève au-dessus des ailes, en serait seule une preuve. Sur le revers de cette façade, dégagé dans toute sa hauteur et qui laisse voir de curieux détails d'appareil, on ne retrouve pas les arrachements de la voûte de la nef principale : aux deux travées qui sont englobées dans la base du clocher, ils n'existent point et ne sauraient du reste exister. Quoique le vaisseau central n'ait guère que cinq mètres, nous croyons qu'il avait, au lieu de voûte, un plafond lambrissé ou une simple charpente, comme le plus grand nombre des églises latines. — Pour les bas-côtés, ils étaient voûtés, et une partie considérable de leurs voûtes s'est conservée sans modification dans la base du clocher. Ce n'est pas un seul berceau qui règne dans toute leur longueur. Par une disposition fort rare, chaque travée se couvre d'un berceau particulier qui prend naissance sur des arcades transversales. Tous ces berceaux, parallèles entre eux, sont perpendiculaires à la grande nef, et s'abaissent à mesure qu'ils s'en éloignent. Cette inclinaison, assez sensible, ne paraît toutefois motivée que par la forme de la toiture qui reposait directement sur les voûtes et consistait en une terrasse dallée. Il n'en résulte point de poussée vers la nef centrale, et d'ailleurs tout effort de ce genre aurait été au moins inutile.

Il existe, à Tournus et dans les ruines romanes de l'ancienne cathédrale de Limoges, d'autres exemples de ces bas-côtés à voûtes transversales plus solides assurément que gracieuses. Ce dernier monument, très-ancien dans quelques-unes de ses parties, est peut-être imité de celui de Périgueux. Il a lui-même inspiré beaucoup d'architectes du diocèse à l'époque romane.

Les piliers par lesquels étaient séparées les nefs ne se montrent à découvert que dans l'intérieur de l'église à coupoles, c'est-à-dire, seulement sur une face, et il n'est pas absolument certain que les trois autres côtés, englobés dans les massifs du clocher, fussent pareils. Par exemple, vers la nef centrale, qui n'avait ni voûtes ni arcs-doubleaux, pourquoi des pilastres engagés qui auraient encore diminué la faible largeur du vaisseau? Ceux que l'on voit, étaient au contraire indispensables pour soutenir les retombées des arcs qui faisaient communiquer la nef centrale avec ses bas-côtés; ils ont beaucoup de largeur et de saillie, et n'offrent à leur chapiteau ou à leur couronnement, si l'on veut, que des moulures extrêmement simples. — Le long des murs latéraux régnait aussi une rangée de forts pilastres ou de piliers engagés, qui supportaient les arcades transversales. On les distingue parfaitement, quoiqu'ils aient été doublés lors de la construction du clocher. Vis-à-vis, il est à présumer qu'il y en avait de pareils, et que les piliers qui servent de noyau aux massifs actuels du clocher étaient cantonnés au moins sur trois faces. Mais, en définitive, ils ne nous sont pas exactement connus, quoique nous ayons jugé nécessaire de les indiquer approximativement sur le plan général.

Dans chaque travée, entre les pilastres des murs latéraux, une arcade feinte était ménagée; on l'a plus tard entièrement bouchée. Au-dessus s'ouvrait une vaste fenêtre ébrasée vers l'intérieur, et n'ayant pas moins de quatre mètres de haut sur deux de large. Elles furent fermées lorsque l'on éleva le clocher et remplacées par d'étroites lucarnes. Ces diverses ouvertures sont en cintre parfait, et l'ogive ne se montre nulle part, même dans les berceaux de la voûte : c'est une remarque qui pourrait sembler superflue; mais, comme l'arc aigu est largement employé dans la basilique byzantine, on s'attendait presque à le rencontrer dans l'église latine. Quand on admet déjà des ogives du Xᵉ siècle, il en coûterait peu de remonter encore plus haut, et, au besoin, jusqu'à l'époque mérovingienne.

Telles étaient certainement la forme et les dispositions générales des travées. Quant à leur nombre, on ne le connaît pas aussi bien. Chacune d'elles prend 5ᵐ50 de terrain. En divisant par ce chiffre l'espace qui s'étend jusqu'à la façade occidentale, il s'en faut d'un mètre et demi que l'on ne trouve place pour six travées. Cette circonstance pourrait s'expliquer par l'irrégularité ordinaire à ces sortes de constructions. Mais, comme la façade est percée de deux grandes fenêtres, espacées de plus de trois mètres, à cause du fronton du porche, et larges de 1ᵐ60, qui continuent la série de celles des murs latéraux; et, comme la nef principale n'avait en tout que cinq mètres de largeur environ, il se trouverait que deux de ces grandes fenêtres auraient donné précisément sur la ligne des piliers. On peut donc croire qu'elles étaient démasquées d'une façon quelconque, et que, par exemple, les deux dernières travées se changeaient en un narthex intérieur indépendant du reste de l'église, comme on l'observe aux ruines de l'abbaye de la Sauve, près Bordeaux.

Vers l'intérieur de la grande basilique, des arrachements de voûtes prouvent positivement que la vieille église se continuait encore. C'était à peu près sur le même plan. Ainsi l'on remarque d'abord deux grands pilastres soutenant les retombées des hautes arcades qui faisaient communiquer la nef centrale avec ses bas-côtés; puis, à moitié masqués par les gros piliers de la coupole, les arcs transversaux qui marquaient les travées des bas-côtés; et enfin la naissance des berceaux perpendiculaires à la grande nef qui venaient s'appuyer sur ces arcs. — Ces berceaux seulement sont un peu moins élevés que ceux des travées qui subsistent encore. En outre, les pilastres paraissent moins écartés l'un de l'autre qu'il ne conviendrait, et semblent indiquer un resserrement de la nef centrale déjà si étroite. Enfin, un massif, contenant un escalier, concourt à annoncer le voisinage du sanctuaire dont il est d'ailleurs impossible de déterminer la forme : tout ce que nous pouvons dire, c'est que, selon toute apparence il n'était pas précédé de transepts; il est assez probable aussi qu'il n'y avait pas plus de clocher à cette extrémité de l'édifice qu'à la façade occidentale. — Ces deux traits ne peuvent surprendre dans une église latine.

II. LES TROIS CONFESSIONS.

Deux édicules, qui paraissent avoir été des Confessions élevées sur de saintes sépultures, accompagnaient le sanctuaire de la vieille église; ils

adhèrent maintenant au pied de la croix grecque. La confession du côté
nord dépend aujourd'hui d'une habitation particulière; elle a 10^{m}20 de
longueur hors d'œuvre, 7^{m}70 de largeur, et est généralement construite de
petites pierres carrées, disposées par assises. Elle a deux étages : l'un, inférieur; l'autre, de beaucoup supérieur au sol de la vieille église à laquelle
elle est cependant rattachée par ces massifs, renfermant un escalier à vis,
qui forment une moitié d'un des piliers de la croix grecque. Évidemment,
elle en était une dépendance. Mais soit qu'elle fût élevée sur des constructions encore plus anciennes; soit, que de religieux scrupules ne permissent
pas de modifier son emplacement, elle est assez irrégulièrement placée par
rapport à l'ensemble de l'édifice. L'étage inférieur, ou la crypte, est divisé,
par trois piliers carrés, en deux nefs couvertes de voûtes en berceau. Les
impostes qui couronnent les piliers ne sont profilées qu'à l'intérieur des
arcades transversales et nullement vers les nefs. Elles ont cela de remarquable, qu'elles reposent uniformément sur une rangée de grosses briques
de cinq centimètres d'épaisseur. Nous avons reproduit sur la huitième
planche, n° 7, tout ce fragment architectural avec les joints relevés et saillants qui séparent les claveaux.

Dans la muraille de l'est étaient percées deux petites fenêtres dont le
cintre, creusé dans une seule pierre, figurait néanmoins plusieurs voussoirs. Dans celle de l'ouest étaient deux autres baies pareilles et une porte
moderne. La porte ancienne n'avait point de feuillure et débouchait dans
un couloir aboutissant à la septième travée de la vieille église; elle est
aujourd'hui fermée par le gros pilier de la coupole du pied de la croix
grecque. — C'est une preuve évidente, s'il en fut, de l'antériorité de cette
partie des constructions.

Le mur méridional de la Confession n'adhère pas immédiatement à ceux
de la grande basilique à coupoles. Dans l'intervalle sont deux petits
caveaux extrêmement anciens.

L'étage supérieur ne forme qu'une seule nef qui n'a jamais été voûtée.
Les moindres voûtes embarrassaient les constructeurs à l'époque latine, et
ils ne se servaient guère que de plafonds lambrissés, quand ils ne laissaient
pas voir la charpente elle-même. S'ils ont pris le parti de voûter les colla-
téraux de la vieille église, ce qui n'était pas ordinaire; s'ils ont consenti à
se jeter dans les complications dispendieuses qui résultaient pour eux de
cette combinaison insolite, c'était sans nul doute afin d'avoir une terrasse
au lieu d'un toit, et de se mettre d'autant mieux en garde contre l'incendie.
— Deux petits sanctuaires carrés, qui terminent à l'orient la nef, et qui

sembleraient indiquer que deux saints étaient ensevelis et vénérés dans la Confession, avaient seuls des voûtes. Trois des parois de cette nef, qui dépasse à peine les dimensions d'une simple chambre, sont nues et sans ornements d'aucun genre. Celle du sud est revêtue au contraire d'une magnifique arcature portée sur trois hautes colonnes corinthiennes. — Lorsque l'on bâtit la grande basilique byzantine, on démolit le mur méridional de la Confession, dont l'étage supérieur s'étendit au-dessus des petits caveaux de la crypte jusqu'aux nouvelles constructions : c'est ce qui explique cette irrégularité. Quant aux beaux chapiteaux dont on décora à cette époque l'intérieur de la Confession, ils montrent quelle importance on attachait à sa conservation et à son embellissement. Nous en avons reproduit un entre les chapiteaux du monument à coupoles, sur la sixième planche, n° 7. Malgré son excentricité relative, cette gracieuse corbeille corinthienne nous paraît appartenir sans contestation à la même main, au même art, pour le moins, que les autres. Le style latin n'a rien, à Saint-Front, d'aussi largement sculpté et d'aussi parfait à beaucoup près. Cependant, comme il est difficile de distinguer des époques parmi les chapiteaux corinthiens antérieurs à l'an mille, il se pourrait à la rigueur que toute l'arcature si singulièrement placée, dont il s'agit, eût d'abord figuré au milieu de la nef de la Confession, entre les sanctuaires. Mais, il faut le répéter, nous mentionnons cette hypothèse sans y croire.

Aujourd'hui, la Confession du nord subsiste encore dans son ensemble; elle est perdue d'ailleurs dans la maison d'un marchand vannier, et encombrée de paniers de toute sorte. Mais, depuis l'époque où M. de Mourcin écrivit sa description (« Antiquités de Vésonne », t. 2, p. 450), et depuis celle, hélas! où nous prenions nous-même nos premières notes, bien des réparations cruelles ont eu lieu. — Il est temps qu'on avise à préserver ce précieux édicule, et à le restituer, s'il se peut, à la religion et à la science.

La Confession du sud, il suffit de regarder le plan général pour s'en convaincre, faisait le pendant de l'autre; mais, quoiqu'elle ait eu la même destination, et qu'elle soit peu différente par sa forme et par son style, il n'est pas parfaitement certain qu'elle soit tout à fait aussi ancienne. Elle dépend encore de la Cathédrale, heureusement, et sa porte donne dans les galeries du cloître, maintenant souterraines. Nous n'en avons que la crypte, carrée comme celle de l'autre Confession, et divisée en deux nefs voûtées, mais n'ayant que trois travées au lieu de quatre, malgré ses dimensions un peu supérieures. On a déjà décrit les peintures à demi effacées qu'elle conserve: soit qu'elles se rapportent à la mort du Saint enseveli dans ce lieu; soit,

ce qui est plus probable, qu'elles aient trait aux funérailles de la Vierge,
ce sujet favori des sculpteurs et des peintres du moyen âge, elles attestent,
du moins, que, loin de devenir une salle du monastère, la Confession a
gardé jusqu'aux premières années du XVIᵉ siècle sa destination religieuse et
son caractère sépulcral. L'étage supérieur aussi est demeuré jusqu'au bout
consacré au culte, et contenait dernièrement la chapelle de l'évêché ; mais il
est entièrement défiguré, et, tout ce qu'on peut en dire, c'est qu'il ne paraît
pas avoir jamais été voûté.

Il est à remarquer que le mur du nord de cette Confession supporte celui
de la grande basilique qui lui a ainsi emprunté des fondements. Il aurait été
plus simple et plus économique de reconstruire en entier cette paroi commune ; car on fut obligé, lors de cette surcharge, de fortifier partout les
voûtes de la crypte, au moyen d'arcs-doubleaux appliqués aux berceaux primitifs et soutenus par des piliers supplémentaires. Mais on tenait singulièrement à la conservation de ces vénérables sépulcres. On peut assurer qu'ils
n'ont pas médiocrement contribué à régler les dimensions de la grande
église byzantine. On distinguera sans difficulté, sur le plan général de Saint-
Front, les piliers ajoutés après coup à la Confession du sud ; on leur a
donné une teinte moins foncée qu'à la construction latine, mais ils s'ajus-
tent de telle sorte, aux piliers primitifs, qu'on les reconnaîtrait sans cette
précaution.

Une troisième Confession a certainement existé au nord-est de la vieille
église et sur l'emplacement de la basilique actuelle. Elle s'est conservée à
l'état de crypte. On y pénètre par un escalier situé dans l'intérieur d'un des
piliers. C'est un petit réduit, placé très-irrégulièrement et sur un emplacement
qu'on n'était pas libre de changer. Il se distingue essentiellement des autres
caveaux, plus spacieux, qui n'étaient destinés qu'à la sépulture, et l'on y
remarque un autel grossier en face d'un sépulcre où l'on a recueilli, après
le passage des protestants, quelques ossements précieux. Avant la révolution,
on descendait célébrer la messe dans ce caveau le jour de la fête des saints
Séverin et Sévérien, ce qui suffit, ce nous semble, à prouver que la Confession avait primitivement reçu leurs reliques ou celles de l'un d'eux [1]. Un autre
disciple de saint Front, saint Aignan, son successeur immédiat, aurait de
même été enseveli, selon M. de Mourcin, sur l'emplacement de la double
Confession du nord. Saint Silain avait à Périgueux une vaste église avec

---

1. M. de Mourcin avait déjà tiré, du nom conservé par ce caveau et du souvenir de cette cérémonie, cette conclusion inattaquable. L'attribution des deux autres confessions est malheureusement moins sûre.

une crypte ornée de peintures. Le corps de saint Frontaise ne fut retrouvé
que du temps de l'évêque Frotaire : « tempore hujus (dit la chronique de
l'abbaye de Saint-Front) corpus S. Frontasii martyris per visionem revelatum est cuidam viro religioso ejusdem ecclesiæ canonico ; locus tamen in
quo jacebat, propter guerrarum frequentes discursus, penitus ignorabatur. »
Ce qui supposerait, par parenthèse, que les sépultures des autres saints de
Périgueux étaient bien connues. Enfin, il ne reste que saint Front lui-
même pour la Confession du sud, et la tradition constate en effet, mais
d'une manière assez vague, qu'il avait d'abord reposé hors de l'enceinte de
l'église de Chronope, du côté du midi.

III. LA FAÇADE.

La façade du monument, que nous appelons la vieille église et dont nous
avons d'abord décrit l'intérieur, s'élève encore à plus de vingt mètres. Sa
largeur était aussi d'environ vingt mètres; c'est celle des trois nefs avec
leurs murs latéraux. Cette façade s'ouvre dans le porche qui la précède par
une haute arcade en plein cintre dans laquelle, à la fin du xiiᵉ siècle, on en a
inscrit une autre en ogive. Un second rang de longs et minces voussoirs, à
présent martelés, paraît avoir été destiné à porter les moulures de l'archivolte primitive. Plus haut, sont deux grandes fenêtres dont on ne voit
que l'embrasure intérieure et non les ornements extérieurs. Il y en aurait
certainement une troisième, si la voûte, le toit et le fronton du porche n'a-
vaient pas dû la masquer. A la place qu'elle occuperait, les assises en petits
moellons carrés de l'intérieur de la façade se continuent avec une régularité
parfaite. Ce n'est qu'au-dessus que la façade prend ou plutôt conserve des
ornements. Là règne sur toute sa partie centrale une arcature, comprise entre
deux corniches, qui se continuait évidemment sur ses ailes. Dans les intervalles des petites arcades feintes sont des pilastres cannelés à chapiteaux
corinthiens, qui s'élèvent jusqu'à la corniche supérieure sans apparence
d'architrave. La disposition des pilastres, leurs chapiteaux, leurs cannelures, les archivoltes des arcades feintes composées de trois fasces et d'un
bandeau annoncent un siècle très-rapproché de l'antiquité romaine ; comme
la bizarrerie et la mauvaise exécution des détails révèlent une époque déjà
barbare. Les ailes de la façade étaient couronnées par cette arcature, car les
deux dernières arcades sont brisées par le milieu à l'aplomb du fronton
central. Au-dessous, de chaque côté, devait se trouver une grande fenêtre
semblable à celles des murs latéraux et du milieu de la façade. Mais ces

ouvertures ne pouvaient exister à la hauteur des autres qu'autant qu'il y avait un narthex ; autrement elles auraient donné sur les naissances des voûtes. Du reste, cette partie des constructions est depuis longtemps détruite et a fait place à des maisons particulières. Une autre maison s'était aussi élevée sur le porche, et en avant de la partie centrale de la façade qu'elle avait masquée sans la détruire ; elle laisse voir encore la curieuse arcature que nous venons de décrire. Naguère elle laissait voir de même le reste de la décoration. M. de Mourcin, MM. Vitet et Mérimée l'avaient étudiée à loisir et nous-même après eux. Mais le propriétaire a voulu embellir et rendre habitables les greniers de sa maison, dont la vieille façade de Saint-Front n'était plus qu'une dépendance. Il a donc martelé toutes les sculptures et couvert d'un enduit la plus intéressante partie de l'antique monument.

Heureusement M. de Mourcin avait autrefois mesuré exactement toute la façade : il l'avait soigneusement décrite et en avait pris un croquis autre que la gravure informe des « Antiquités de Vésonne ». A l'aide de nos souvenirs et des notes qu'il a bien voulu nous communiquer, nous avons pu en donner une élévation où, malgré l'incertitude nécessaire de quelques détails, on pourra du moins retrouver les dispositions essentielles et l'effet du monument.

Au-dessus de l'arcature que nous avons décrite et qui existe encore intacte, quatre corniches très-saillantes se pressaient dans le sommet de la façade et jusque dans le tympan du fronton : la première était ornée de torsades ; la seconde, d'une sorte de grecques ; la troisième, de modillons ; la dernière, sculptée de palmettes, s'élevait sur une petite frise décorée de la même manière. Dans les intervalles, d'autres corniches de même saillie et pareillement sculptées tantôt de modillons, tantôt de glyphes ou d'autres ornements, se brisaient et dessinaient de larges zigzags sur le nu de la muraille : la combinaison de leurs brisures produisait une série de losanges, et il en résultait sur le haut de la façade une espèce d'*opus reticulatum*. Ce système, plus étrange encore qu'original, de corniches horizontales et de corniches brisées, se complétait par une fenêtre feinte, en forme de croix, percée sous le grand fronton tout au travers des losanges. Deux figures, de bas-relief, étaient sculptées au-dessus de la croix ; six autres, d'un relief plus fort et que l'on doit appeler des statues, étaient encadrées par les losanges. Le dessin seul peut faire comprendre cet arrangement.

Ces statues, les plus vieilles certainement que le moyen âge nous eût laissées, n'avaient rien du travail précieux et de la manière minutieuse des

prétendus artistes byzantins. Point de broderies, point de plis longs et
pressés. Dans la simplicité de leur attitude, dans la forme et l'ajustement de
leurs draperies, on reconnaissait, malgré la grossièreté de l'exécution, un
ciseau encore romain. Le temps avait effacé leurs traits et émoussé leurs
contours ; mais on voyait qu'elles n'avaient jamais figuré un sujet connu.
C'étaient des personnages isolés. Assis la plupart et appuyés sur des crosses
mutilées, on eût dit saint Front et ses premiers disciples tenant à la main le
bâton pastoral des premiers siècles du christianisme. Le Christ en croix
s'élevait au-dessus du fronton. Nous avons vu cette sculpture ; elle n'atteignait pas deux pieds de haut et était, on le conçoit, fort dégradée. Ce n'en
était pas moins un débris précieux. Elle est restée longtemps déposée dans
le grenier du boulanger et a été récemment détruite.

IV. LE PORCHE.

Au-dessus de l'arcade ogivale qui, de la place de la Clautre, conduit, à
travers des ruines, jusqu'au clocher de Saint-Front, on voit encore une
frise entrecoupée de pilastres corinthiens. Elle couronnait le porche de la
« vieille église », et c'est le seul débris de cet antique monument qui reste
intact ou ne soit pas dérobé aux regards par des échoppes. Ce porche
était carré ; sa longueur était de 10ᵐ30 ; sa largeur de 9ᵐ65. Sa façade
principale était percée d'une arcade en plein cintre. Deux autres s'ouvraient
dans ses murs latéraux, mais à leur extrémité de l'ouest ; l'une est maintenant complétement masquée. Dans le plein cintre de l'autre, les boutiques,
qui ont envahi l'intérieur du porche, laissent voir une ogive plus étroite ;
c'est le produit d'une ancienne restauration. Le sol de la Clautre montait
sans cesse, et les percées du porche s'abaissaient : on leur fit subir, vers la
fin du xııᵉ, siècle un remaniement général. La principale fut refaite en ogive,
on l'élargit et on l'exhaussa jusqu'à la frise. Au contraire, on diminua la
porte qui s'ouvrait au nord et que les échoppes serraient déjà de près, peut-
être par un motif qui nous échappe aujourd'hui. — La frise dont nous avons
parlé règne entre deux corniches analogues à celles de la grande façade.
L'une est sculptée de modillons, l'autre de *grecques*. Les pilastres ne sont
point cannelés et ne sont pas accompagnés de petites arcades feintes. Ils
supportent des plates-bandes ; mais, comme on l'observe à l'autre arcature
que nous venons de décrire, l'architrave et la frise se sont fondues dans la
corniche Un « arbre », car c'est un véritable arbre en miniature avec son
tronc noueux, ses racines solidement empatées et ses branches touffues,

partage en deux parties égales les entrecolonnements des pilastres et faisait place à autant de figurines en bas-reliefs. La façade du porche n'est pas démasquée sur tout son développement ; mais on peut calculer qu'il y avait dans la frise une douzaine de figures au moins. Elles ont été martelées à la révolution, mais on voit très-distinctement leurs silhouettes qui se détachent sur un fond semé de petits fleurons gravés en creux.

Au-dessus de la frise commence la maison moderne qui, bâtie sur les murailles du porche, est adossée à la façade de la « vieille église ». Mais il n'est pas probable que le porche fût terminé carrément par une frise. — En effet, dans le mur de la maison on distingue beaucoup de sculptures jetées dans la maçonnerie, mais avec une certaine symétrie. De ces débris, les uns sont évidemment chrétiens, les autres passent pour romains. C'est d'abord un grand bloc carré, placé entre deux fenêtres, et sur lequel on remarque la silhouette d'une « gloire » dont le cadre, orné jadis de moulures, est formé de deux segments de cercles. Tout le bloc est martelé ; mais, avant la révolution, il s'y trouvait une figure assise et vue de face qui ne pouvait être autre que celle du Christ. Pour les angles, ils contenaient apparemment les symboles des quatre évangélistes. À la même hauteur, sur les côtés, sont deux autres blocs plus allongés et sur lesquels étaient deux anges. — Au-dessus des fenêtres, se déroulent les deux moitiés d'une longue frise en rinceaux. L'une est écourtée ; l'autre, plus développée, garde à son extrémité un fragment de la corniche rampante d'un fronton, le long de laquelle venaient mourir les derniers spirales des rinceaux. Enfin, le pignon du toit s'appuie sur deux autres morceaux triangulaires qui ont nécessairement fait partie d'un fronton.

Ces derniers fragments et particulièrement la frise avaient paru à M. de Mourcin de la bonne antiquité romaine. Ils auraient dû, selon lui, être découverts récemment, au XVI⁰ siècle, par exemple, et ensuite on les aurait placés là par le seul effet du hasard. Réellement, à ne considérer que le dessin des rinceaux, que la régularité des enroulements et les masses des feuillages, on pourrait concevoir cette opinion. Mais, avec de bons yeux, ou une bonne lunette, on ne tarde pas à se convaincre que ces sculptures ne sont qu'une mauvaise et imparfaite copie d'excellents modèles. Il faut voir surtout les branchages des fragments les plus élevés, tout comme les « arbres » sur lesquels prennent naissance les rinceaux de la frise et les feuillages qui en ornent les enroulements. Jamais les Romains n'ont ainsi sculpté l'acanthe. — Ces rinceaux sont taillés dans le même bloc qu'une corniche rampante : a-t-on jamais, dans la bonne antiquité romaine, sculpté des rinceaux pareils

dans le tympan d'un fronton? Ces bas-reliefs, ce personnage entouré d'une
« gloire », ils sont chrétiens apparemment : comment se trouveraient-ils à
cette place?

D'ailleurs, il est une observation qui doit lever tous les doutes. Si on
rassemble ces fragments dispersés, on trouvera un fronton complet et entier; à peine la pointe en sera-t-elle un peu émoussée. En effet, ce fronton
c'était celui qui couronnait la façade du porche; le Christ, dans une « gloire »
et accompagné de deux anges en adoration, en occupait le centre. Dans la frise
qui se trouvait au-dessous, ces douze figures c'étaient celles des apôtres.
Ainsi ont commencé ces grandes pages si sublimes qui, du style latin au style
roman, du style roman au style ogival, allaient toujours en se complétant,
et rassemblaient autour du Christ une foule de plus en plus nombreuse.

V. OBSERVATIONS SUR LA HUITIÈME PLANCHE.

Comme pièces à l'appui de notre ambitieuse restauration, nous avons
naturellement recommandé au crayon de M. Gaucherel tous les fragments
encore subsistants de cette riche façade, et nous en avons entouré le dessin
principal.

Au n° 1, l'on a l'entrecolonnement le mieux conservé de cette sorte de frise
qui surmonte l'ogive moderne du porche, et sert de base à la maison d'un
boulanger. C'est le premier objet qui frappe la vue quand on entre à Saint-
Front; mais on n'accorde point à ses détails toute l'attention qu'ils méritent.
Nous avons nous-même été longtemps à distinguer ces fleurons creux à six
lobes, avec un bouton saillant au milieu, dont est semé le fond des bas-
reliefs. C'est un trait presque imperceptible de cette sculpture latine, mais
que l'on ne retrouve nulle part au monde, si ce n'est dans les morceaux dispersés du même fronton. Ils servent à mieux circonscrire les silhouettes des
figurines, très-apparentes du reste, parce que le maçon de 93 allait vite en
besogne, et se contentait d'abattre au marteau les reliefs sans les polir,
comme l'étaient les fonds. Il semble donc que, s'il y avait eu des nimbes à
ces images d'apôtres, on le verrait. Dans les sculptures chrétiennes des
premiers âges, en Occident, jusqu'au vi° siècle, selon M. Alfred Ramé
(« Annales Archéologiques, » t. XI, p. 32), on réservait à Dieu lui-même
ce « rayonnement » dont les Orientaux se montraient plus prodigues; aussi
bien n'y avait-il peut-être dans toute cette façade latine de Saint-Front
d'autre auréole que celle qui environne le Christ. Nos souvenirs ne nous
disent point, et les notes écrites ou dessinées de M. de Mourcin ne nous

disent pas non plus que les grandes figures de saints, du haut de la façade, en aient eu ; elles étaient d'ailleurs assez en relief pour détourner de leur mettre des nimbes, même aux époques où cette distinction était le plus en usage.

L'arbre en miniature, qui dédouble l'entrecolonnement, est le seul qui ait trouvé grâce devant les ciseaux révolutionnaires : il y en avait partout de pareils. Les pilastres corinthiens, d'une simplicité si barbare, se répètent sans modifications sur toute l'étendue de la frise ; on en voit encore cinq formant autant d'entrecolonnements. Les grecques en relief qui revêtent les corniches sont d'un joli dessin et d'une assez bonne exécution ; celle d'en bas semble tracer de petits modillons. C'est une étrange architecture, mais presque aussi romaine que celle des premiers sarcophages chrétiens.

On peut en dire autant de l'autre frise, plus grande, qui renferme de petites arcades feintes dans les intervalles de ses pilastres ; mais sa corniche en damier, avec ses modillons arrondis par en bas, qui ressemblent tant à des billettes, fait déjà pressentir l'ornementation purement romane. Ces moulures capricieuses et celle en torsades, que l'on observait dans la corniche immédiatement supérieure, datent de loin, comme on sait, peut-être des Thermes de Dioclétien. Les vrais Romains les avaient inventées dans la décadence de l'art antique ; aussi peut-on trouver à toutes les époques ce qui semble appartenir en propre au xie ou au xiie siècle. L'église byzantine de Saint-Front a de même des damiers, des torsades arrangés d'une façon presque analogue, et je ne sais pourtant si l'architecte s'est proposé d'imiter son prédécesseur. En général, il est fort supérieur et procède tout différemment : l'un recherchait la richesse minutieuse et couvrait toutes les surfaces d'une décoration confuse ; l'autre laisse presque nues ses façades latérales, plus importantes et plus vastes, et se contente de quelques ornements grandioses. Le latin prodiguait les représentations sculptées de la figure humaine ; le byzantin les proscrit absolument. Le dernier venu est moins romain, sans doute, mais plus savant, plus habile ; il se garde mieux de la grossièreté, de la barbarie ; il sait créer à propos et faire exécuter largement. Si l'on voit que le temps lui manque, la sûreté de la main, la vigueur du ciseau et sa dextérité ne lui font jamais défaut. Enfin, autant vaut son architecture, autant valent ses rares sculptures. Inutile de répéter que tout ce n° 2 a été dessiné d'après nature. Lors des funestes réparations qui ont récemment envahi cette maison adossée à la façade latine, une seule pièce, contenant le magasin à farine, n'a pas reçu d'enduits et de papiers peints ; c'est justement celle qui correspond à notre arcature. On s'est contenté de percer çà et là des fenêtres, d'incruster des châssis tout au travers des pilastres, et de blanchir à la chaux ce qu'on n'abimait pas autrement. En attendant de nouvelles dégradations, chacun peut voir, au risque de s'enfariner un peu, ce que nous avons fait dessiner et dessiné nous-même. La corniche inférieure, ornée de petits filets et de modillons carrés qui supportait les pilastres, a disparu, depuis M. de Mourcin, dans un plafond ; mais il reste les pilastres en entier et des portions suffisantes de la corniche supérieure. Tous les chapiteaux, hormis un seul, qui n'a rien de corinthien, sont faits sur ce modèle, sans évidements, presque sans relief; tous les fûts ont trois cannelures ; toutes les archivoltes retombent ainsi sur des sortes de consoles carrées. C'est, en somme, le même système qu'à l'autre frise : la plate-bande y domine en souveraine.

Le n° 7, qui vient après dans la gravure, est consacré, comme nous l'avons expliqué, à la Confession du nord, dépendance du même édifice. Le n° 4 est le morceau le plus curieux : cette fois, c'est une véritable frise à rinceaux, semblable à celles que faisaient les architectes de Rome au temps des Antonins. Mais on l'avait mise, contre l'usage le plus invétéré, *dans le tympan* du fronton. Son extrémité de gauche le prouve nettement. Les *arbres*, à peu près pareils à celui du n° 1, donnent naissance aux rinceaux, et marquent le point central du fronton. Mais il est douteux que la moitié qui semble complète le soit en effet : il faudrait un enroulement de plus pour que tout s'ajustât bien, et l'on ne sait trop si la faute remonte au sculpteur, ou si elle ne provient pas plutôt du maçon moderne qui a eu, d'ailleurs, l'esprit de replacer, à peu près dans leur ordre naturel, ces sculptures, précieuses à tant de titres. Quoi qu'il en soit, il y avait certainement un fronton au-dessus du porche, et, quelle que fût sa largeur, cinq mètres ou six, il était loin de régner sur toute l'étendue du mur de façade, lequel dépasse neuf mètres. Plus grand, le fronton aurait masqué toutes les fenêtres, tandis qu'il n'en supprime qu'une; quant à s'en passer tout à fait, on ne pouvait y songer, à cause de la voûte en berceau dont on voit les naissances aux murs du porche, et aussi à cause du toit.

Tout bien considéré, ce fronton ne pouvait différer beaucoup de celui que nous figurons. Les trois grands blocs qui le remplissaient existent. Nous n'avons eu qu'à les rapprocher, tels quels, avec leurs informes silhouettes et à les encadrer au moyen des morceaux mieux conservés qui ne contenaient que des feuillages. Nous ne donnons, comme détail, n° 3, que l'un des blocs martelés; il laisse voir non-seulement la silhouette, mais presque le mouvement d'un ange ailé dans l'attitude de l'adoration; le fond est garni de fleurons creux qui prouvent nettement l'origine et la destination de ces fragments épars, en les rattachant à la frise inférieure. Un des morceaux triangulaires, n° 5, porte un enroulement d'acanthes tout semblable à ceux de dessous. Il est aussi sculpté en creux, de sorte que ce n'est pas précisément la corniche rampante qu'il conserve à son extrémité. Ce rebord, comme celui qui termine obliquement la frise à rinceaux, donne cependant l'inclinaison du fronton. L'autre encoignure, n° 6, au lieu d'acanthes fantastiques, présente des feuillages faits d'après nature : un cep de vigne entier. Le sommet du fronton nous manque et nous le laissons en blanc, encore avons-nous à y mettre un quatrième bloc arrondi par le haut, auquel on a fait l'honneur de le marteler comme aux trois autres.

La seule chose de quelque importance qui reste incertaine, c'est de savoir si la frise à pilastres s'étendait sur toute la façade du porche ou si elle ne dépassait pas l'extrémité des deux rampants. Nous avons opté pour ce dernier parti, qui fait justement place aux douze apôtres, et qui est, ce nous semble, un peu moins bizarre, un peu moins disgracieux. Mais nous avons laissé les deux corniches se continuer jusqu'au bout. Il fallait un couronnement quelconque pour cacher le toit ; et, sur les retours, nous supposons qu'il formait balustrade. Comment s'ajustait-il avec les contreforts des angles, très-peu saillants du reste ? il faut encore, sur ce point, s'en tenir aux suppositions, à moins de faire démolir toute une maison.

Voilà donc le porche retrouvé, moins l'archivolte et les pieds-droits de l'arcade qu'il est d'ailleurs facile de se figurer. Nous avons de même la façade qui s'élevait en arrière, moins l'encadrement des fenêtres. Nous savons qu'elle était couronnée sur les ailes par l'arcature coupée de pilastres cannelés. Nous pouvons, d'après la hauteur et l'inclinaison sensible de la voûte des bas-côtés, savoir encore que des terrasses régnaient au-dessus, précisément derrière cette arcature. Enfin, nous nous rendons assez bien compte de tout dans ce monument dévasté. Mais, ce que nous ne comprendrons jamais, c'est comment on l'a laissé dévaster ainsi. Quand la fabrique de Saint-Front a vendu à des particuliers le droit de bâtir sur l'avant-porche, en adossant leur maison à la façade occidentale, sans doute le porche principal, inachevé ou ruiné, était déjà, comme à présent, une cour inutile. Pourquoi, néanmoins, sacrifier à je ne sais quelle misérable rente, le vénérable frontispice de la basilique ? Pourquoi vendre tant de saintes images ? On n'en connaissait plus le sens, peut-être, je le veux bien ; on n'y tenait plus, à coup sûr. Mais, lorsqu'on traite ainsi les monuments, les institutions qui vivent aussi du respect des vieux âges, sont bien près de disparaître. Espérons qu'avec des présages meilleurs, l'avenir sera moins triste que le présent !

Mais revenons à la pure archéologie. — Selon nous, l'ensemble de la vieille façade de Saint-Front n'est pas sans analogie avec les édifices religieux que l'on attribue sans hésitation à une époque antérieure à l'an mille. A l'église de la basse-œuvre de Beauvais, on retrouve la grande croix figurée dans le sommet du pignon. A celle de Saint-Jean de Poitiers, de petits frontons triangulaires qui rappellent un peu les losanges [1] de Saint-Front : dans l'un et l'autre des deux monuments, les nombreuses corniches qui se pressent au sommet des façades et jusque dans le tympan des frontons.

Du reste, l'appareil de la vieille église ne dément pas l'origine reculée que concourent à lui assigner sa position à l'égard de la grande basilique à coupoles, sa petitesse relative et le style de ses décorations. Il est le plus souvent de pierres de taille, et plus soigné que dans les autres églises de la même période que l'on connaît en France. C'est à cause de l'abondance des matériaux et de la commodité des carrières. Mais il montre fréquemment de petites pierres carrées, disposées par assises, dans les Confessions, dans les bas-côtés, au-dessus des arcades transversales et au-dessous du cintre des voûtes, au revers de la façade, enfin. Au même endroit, juste au point où commence le pignon, et dans les piliers des Confessions, on voit aussi quelques cordons de briques. Elles sont en si petite quantité, qu'au lieu d'avoir été fabriquées tout exprès, elles semblent provenir des ruines romaines; mais elles jouent encore le rôle qui leur appartenait dans les constructions du IIIe et du IVe siècles, puisqu'elles sont employées à maintenir des niveaux, à marquer des naissances. De plus, on remarque dans les Confessions seulement les joints relevés et saillants de la basse-œuvre de Beauvais; mais ce détail de construction ne caractérise pas toujours, il faut le dire, des édifices extrêmement anciens. Le clocher de Saint-Julien à Tours, où on l'observe, n'appartient, par exemple, qu'aux premières années du XIe siècle, quoique son ornementation soit d'ailleurs plutôt latine que romane. Jusqu'au XIIe siècle, on rencontre des joints en saillie, mais rarement : et si cet usage s'est conservé tard, en certains lieux, il peut néanmoins aider à faire reconnaître les constructions antérieures à l'an mille.

Ces divers caractères de l'appareil de la vieille église ne se reproduisent pas dans le monument à coupoles où les pierres de taille même sont d'un échantillon différent et beaucoup plus fort. Les imitations du petit appareil

1. Dans la décoration de la tour saxonne d'Earls Barton, on a de véritables losanges, mais non point ornés comme à Périgueux

romain que l'on y remarque encore sont infiniment moins généralisées, et n'offrent nullement le même aspect. — Si la plus récente des deux constructions avait suivi l'autre à un court intervalle ; si, pour ainsi dire, l'on avait changé seulement de plan et d'architecte, mais non d'ouvriers, de pareilles différences ne devraient pas exister. Nous en dirons autant pour tous les ornements, pour toutes les moulures de l'église latine, à une exception près. — Les sculpteurs avaient donc eu le temps de les oublier.

Telle était la primitive église de Saint-Front. Bien qu'elle ne se rattache qu'accessoirement à notre plan, elle avait, à notre point de vue particulier, une haute importance, en ce qu'elle nous empêchait de trop reculer la date de la basilique à coupoles, en ce qu'elle attestait aussi la brusque et tardive introduction dans le pays de cette architecture byzantine, étrangère aux habitudes locales, aux traditions du Périgord comme à celles de toute la France. Nous avons donc mis tous nos soins à donner une sorte de restauration de la vieille église. S'il y a de la hardiesse à restituer un dessin d'un monument aussi mutilé, les artistes qui restaurent les ruines grecques et romaines, nous donnaient l'exemple ; et l'on tiendrait au moins autant à connaître les monuments des premiers siècles du christianisme que ceux de l'antiquité classique. — Après la basse-œuvre de Beauvais et le baptistère de Poitiers , nous n'avons que des fragments reconnaissables par l'appareil seulement de nos églises antérieures à l'an mille ou latines, que nous avons toujours appelées ainsi, en un seul mot, bien que l'expression de « roman primordial », proposée par M. de Caumont, soit assurément plus juste. — La vieille église de Saint-Front , si évidemment plus ancienne que la grande basilique à coupoles, est une de ces églises [1], la plus intéressante, à cause des trois Confes-

---

1. Un autre monument, antérieur à l'an mille, existe à Périgueux : c'est la petite église ruinée de Saint-Pierre-ès-liens que l'on trouve au côté gauche du chemin, en allant de la place Francheville à la fameuse tour de Vésonne. Elle n'avait pas de forme ni d'ornements ; mais son appareil, tantôt en petites pierres carrées, tantôt en arêtes de poisson, quelquefois entremêlé de poteries grossières, est caractéristique. C'était une longue salle carrée sans voûte. A l'extrémité de l'est on déterra, il y a déjà plusieurs siècles, une tombe avec cette inscription laconique, LEO PAPA, qui donna lieu à une méprise relevée depuis par l'abbé de Lespine et par M. de Mourcin (« Ant. de Vésonne », II, 583) Au lieu du grand pape saint Léon, il s'agissait tout simplement d'un évêque de Périgueux, nommé aussi Léon ou Léonce, et qui mourut au IVe siècle en odeur de sainteté. La trouvaille n'en est guère moins extraordinaire et valait certes la peine d'être mentionnée. Au côté droit du même chemin, on remarque une autre église, aussi simple de plan et aussi exiguë de dimension, mais en pierre de taille et moins ancienne sans doute. Elle était dédiée à saint Jean-Baptiste. L'emplacement, désert aujourd'hui, qu'occupent ces deux petits monuments, porte le nom significatif de cimetière des Pendus, et s'étendait jusque sur la place Francheville. On a fait sur ce dernier point la découverte de quelques pièces de monnaies, dont nous parlerons bientôt et qui semblent indiquer qu'avant d'être le cimetière des Pendus, c'était celui des étrangers.

sions dont elle est accompagnée, et qui nous reportent au temps des martyrs; la plus riche, la mieux construite, la seule qui ait reçu une ornementation soignée; la seule qui fût décorée de statues.—Quelle importance n'ont donc pas ses moindres débris?

VI. MONASTÈRE DE SAINT-FRONT.

En général, on le sait, les bâtiments claustraux sont au sud des églises, et se développent autour d'un carré dont le pied de la croix fait un côté. Malgré le plan en croix grecque, malgré l'importance et la saillie inusitées des transepts, qui rejettent au loin la partie orientale de l'église, il en est de même à Saint-Front. En conservant toute la nef de la vieille église, on s'était assuré un emplacement suffisant pour le monastère. On n'eut même pas besoin de porter jusqu'à l'angle du transept la façade qui regarde l'est; — on put s'arrêter à quelques mètres en deçà, dans le but de diminuer la différence de niveau, déjà considérable, qu'il fallait racheter.

En somme, le monastère est grand, puisque sa façade méridionale approche de cinquante mètres; mais il n'est pas colossal comme l'église; d'ailleurs il a été fondé en même temps qu'elle et par les mêmes mains. Seulement on l'a proportionné aux besoins des moines, tandis que la basilique élevée en l'honneur de saint Front, et destinée à recevoir la sépulture des évêques, ne pouvait être trop grande au gré de ses puissants fondateurs.

L'église, avec son toit de pierres et ses solides coupoles, est à l'épreuve de l'incendie, même aujourd'hui; l'abbaye proprement dite, au contraire, avait à redouter, comme tout simple bâtiment d'habitation, les ravages du feu, sans parler de tant d'autres causes de ruine. En effet, en 1120, un incendie terrible la dévora tout en respectant l'église. On doit donc se demander d'abord si, dans les constructions qui environnent actuellement le cloître, quelque chose remonte à la fondation primitive. Pour le cloître lui-même cela ne fait pas de question; ses voûtes d'arêtes à nervures disent assez qu'il n'est pas du même temps que les grandes coupoles. S'il approchait de leur ancienneté, il aurait, comme le petit cloître que nous étudierons à la cité, des voûtes d'arêtes en blocage sans nervures, avec des simples piliers carrés, sans colonnettes engagées et sans ornements d'aucune espèce. A ce premier cloître, plus ou moins analogue à celui de la cité, en a succédé un autre après 1120. Il en reste, à l'angle sud-est, un fragment très-riche et très-curieux qui vaudrait la peine qu'on le dessinât avec soin; mais pour un autre objet que celui dont nous nous occupons. C'est un groupe de huit petites colonnes, étagées les unes sur les autres, et accompagnées d'une ornementation minutieuse et soignée, qui exclut pourtant les figures d'hommes ou d'animaux, et même les feuillages. — Le tout se compose de moulures géométriques, comme dans le style normand, mais avec des combinaisons que l'on ne voit ni en Normandie, ni en Gascogne. Le Périgord seul offre, au XIIᵉ siècle, quelques rares exemples de ce style anormal; notamment dans Saint-Front même, à cette ogive inscrite après coup dans le plein cintre de la porte occidentale.

Le cloître actuel ou, pour mieux dire, les galeries du nord et de l'est vinrent ensuite, probablement dans les premières années du XIIIᵉ siècle. Cette reconstruction fut faite avec beaucoup de simplicité, et dans le premier style ogival du Midi, très-mélangé de style roman, et tout à fait inférieur à tous égards au style ogival du Nord, dont il dérive pourtant. Ces deux galeries, malgré tout, avec leurs chapiteaux sans sculptures et leurs nervures à tore unique, ne manquent ni d'ampleur ni d'effet; elles ont un autre mérite, celui de la solidité, et méritent d'être conservées, sinon utilisées.

La galerie du sud n'a été bâtie qu'au XIVᵉ siècle, sans doute au moment et à l'occasion de la reconstruction de l'abside par le cardinal Talleyrand. Les artistes employés par ce prélat grand seigneur, qui réclama quelque temps et voulut transmettre à son frère, le comte de Périgord, la souveraineté de Périgueux, n'étoient pas des meilleurs de l'époque : mais, au milieu du XIVᵉ siècle, le style ogival secondaire était répandu partout, même dans les provinces les plus rebelles à cet art, et partout pratiqué avec une certaine pureté. On n'a donc pas trop de peine à reconnaître, dans le cloître de Saint-Front, comme dans l'abside de Saint-Antoine, l'art de Paris et de Cologne. Il serait inutile de décrire en détail des combinaisons architecturales très-connues et presque banales, mais qui pourtant produisent toujours de l'effet. Nous ne mentionnerons qu'une curiosité iconographique de cette galerie du sud. A l'arc-doubleau de la deuxième travée, le sculpteur a appliqué au tore le plus saillant dix figurines de femmes, cinq pour chaque branche de l'ogive, qui forment une double procession, tendant à la clef de voûte ou se trouve le Christ. Ce sont les Vierges folles et les Vierges sages : on s'en aperçoit aisément à leur pose, à leur geste, malgré les mutilations qu'elles ont subies. — Il n'est pas sans exemple de trouver isolé ce motif de décoration qui entre ordinairement dans le vaste ensemble des jugements derniers. Ainsi, à Bussières, abbaye du même département et construction du XIIᵉ siècle, saint Pierre se tient debout, les clefs en sa main, au haut de

la dernière archivolte du grand portail, et, de chaque côté, sont trois Vierges
sages et trois Vierges folles, seules figures introduites dans une ornementation végétale fort riche. — Mais nulle part, à notre connaissance, on ne
voit les acteurs de la parabole dont il s'agit suspendus aux nervures d'un
cloître.

Nous ne dirons rien de la galerie de l'ouest; elle est en grande partie
obstruée. On avait à faire un déblai dans l'évêché, il y a douze ou quinze
ans, on a trouvé commode de se débarrasser des terres qui en provenaient
sans frais de transport. Pour les trois autres côtés du cloître, on peut encore
les voir aux flambeaux, mais sous une pluie perpétuelle, car l'humidité du
jardin supérieur pénètre lentement les voûtes sans avoir encore sérieusement
compromis leur solidité. Un jardin sur un cloître, c'est chose un peu extraordinaire. Nous allons expliquer ce tour de force. On avait voulu loger, tant
bien que mal, les évêques de Périgueux dans l'ancien monastère de Saint-
Front. Comme le sol de la place de la Clautre s'était successivement élevé
d'environ trois mètres, le premier étage de l'évêché en était devenu le rez-
de-chaussée. On imagina d'avoir un jardin à ce niveau. Il ne fallait pas songer
à détruire tout à fait les galeries du cloître, dégagement nécessaire de la
grande sacristie, et de quelques autres pièces du corps de logis de l'est. On
se contenta de murer toutes les arcades qui donnaient sur le préau, et de
remblayer le préau lui-même à la hauteur de l'extrados des voûtes. De cette
façon on a positivement amélioré l'évêché, en facilitant les communications
des trois corps de logis qui le composent, et en lui donnant un parterre où
le soleil rayonne à ses heures. Mais qu'est devenu le monument? Monseigneur
l'évêque de Périgueux nous faisait l'honneur de nous dire qu'il se félicitait
de ce que cette transformation avait eu lieu sous monseigneur de Lostanges,
parce que son respect pour nos antiquités ne lui aurait pas permis de l'opérer,
lui-même, quoiqu'il la jugeât indispensable. Cela ne prouve qu'une chose,
c'est que l'évêché n'est pas à sa place, et qu'il faudrait utiliser autrement
l'antique monastère de Saint-Front.

Les bâtiments claustraux, que l'évêché ne remplit pas en entier, contiennent en outre : la sacristie de la cathédrale à l'est, le musée et la bibliothèque
de la ville au sud. L'une répond probablement à l'ancienne salle capitulaire;
les autres, au réfectoire et au dortoir.

La distribution intérieure de l'abbaye n'était pas de nature à varier beaucoup, même en cas de reconstruction totale; mais il est presque certain que
l'incendie de 1120 a laissé les gros murs intacts. Ils ont un tel caractère de
force et de solidité, que le feu ne pourrait les bien endommager. Leur con-

truction, plus simple et tout à fait dépourvue d'ornements, ressemble d'ailleurs à celle de la cathédrale, surtout par quelques assises alternées. Elle devrait, si elle appartenait au xiie siècle, offrir quelque chose de la richesse du second cloître. La seule façade de l'est paraît susceptible d'avoir été rebâtie. Ses ouvertures diffèrent de celles que l'on voit au sud, et ses arcades feintes sont en ogive très-prononcée. Pour la façade du sud, y compris l'angle saillant de l'est, plus semblable à un bastion qu'à un contrefort, rien n'indique une reconstruction. Les hautes arcades feintes, qui forment sa seule décoration, sont en plein cintre, et dans la plupart d'entre elles sont percées deux petites fenêtres fort analogues à celles qui éclairent le haut des piliers, à l'extérieur de la grande basilique ; c'est-à-dire que leur cintre est « surbaissé » et taillé dans une seule pierre. Au-dessous des arcades feintes, les fenêtres primitives du premier étage ou du dortoir se montrent sur quelques points ; elles sont en lancettes, plus longues et plus étroites que celles du rez-de-chaussée.

Quoique l'on n'ait pas voulu négliger de donner au monastère de Saint-Front les moyens de soutenir un siége, ses diverses ouvertures nous paraissent remarquablement petites ; car, même au rez-de-chaussée, elles sont à six ou huit mètres du sol extérieur. Autant celles de l'église étaient développées, autant celles du monastère sont restreintes. C'est que l'on comptait apparemment se passer de vitraux pour ces dernières.

Le monastère se complétait par des moulins établis sur l'Ile, au pied de l'abside de la basilique, au moyen d'un barrage. Ils ont été rebâtis bien des fois, mais ils conservent toujours le nom de « moulins de Saint-Front ». L'abbaye avait aussi un vaste grenier situé au midi, en dehors de notre plan général ; et, chose étrange, c'est ce qu'elle offrait de plus monumental après sa basilique. Il n'en reste que le rez-de-chaussée, percé d'ogives romanes très-simples et destiné peut-être à servir de cellier. Les deux étages supérieurs, connus par quelques mauvais dessins et par la description de M. de Mourcin, qui les avait vus, étaient décorés de la manière la plus extravagante. Percés à jour de toutes parts par des fenêtres à quatre baies, comme celles de la maison située rue des Farges, les archivoltes de l'arcade maîtresse et des arcades secondaires étaient richement travaillées. Le fût même des colonnettes, qui marquaient les subdivisions des baies et dont on a conservé quelques spécimens, était tout guilloché, de même qu'au portail occidental de Chartres ; mais non pas, bien entendu, avec tant de perfection.

Cette étonnante fantaisie d'un riche monastère remontait certainement au xiie siècle ; mais nous ne savons si l'anecdote authentique que nous allons transcrire en terminant, toujours d'après la chronique de Saint-Front, se rapporte au dernier « bladagium », ou grenier de l'abbaye.

« Cujus tempore (de Guillaume de Nanclars, 1123-1138) domus bladagii S.-Frontonis, quæ erat in claustro, ab Helia Rudello comite et a burgensibus confracta est. Quem mater sua comitissa[1], Gasconia nomine (alias Brunechilda de Foix), coram eodem episcopo in conventum publicè ABASTARDAVIT, dicens quod non erat filius Heliæ comitis. »

Les habitants de Périgueux étaient peut-être excusables alors de traiter l'abbaye en ennemie, si la famine n'était pas pour eux un prétexte, comme il arrive souvent, et si les moines n'étaient pas tout disposés à partager avec eux par charité ce qu'ils voulaient prendre par force. Aujourd'hui, leurs descendants devraient se souvenir que le monastère du Puy-Saint-Front a été d'abord l'origine, puis la sauvegarde de la ville actuelle. Au lieu d'une « église » plus ou moins bien isolée, c'est-à-dire mutilée, ils devraient tenir à conserver un « monastère ». Ce cloître souterrain, ces hautes façades, dégradées mais solides, sont l'explication de la cité nouvelle du Puy-Saint-Front : ils peuvent en devenir l'ornement.

----

1. Cette comtesse était de la maison de Foix, et on l'avait surnommée « la Gasconne ».

CHAPITRE VI

ANCIENNETÉ DE SAINT-FRONT

ET

COLONIE VÉNITIENNE DE LIMOGES

I. ANCIENNETÉ DE SAINT-FRONT.

Les chroniques n'ont pas laissé passer, sans la mentionner, la construction de Saint-Front. A une époque où, d'ordinaire, elles font entièrement défaut pour des événements bien autrement importants, elles ne sont pas restées muettes sur cette vaste entreprise. Mais, avant de discuter la valeur de leur témoignage, il faut faire connaître les textes qui en contiennent l'expression.

« Anno incarnationis D. noningentesimo septuagesimo sexto, Froterius episcopus ab Hugone, Capetio Francorum rege [1], Petragoras missus est et rexit ecclesiam annos 14, menses 6, dies 3. Obiit autem anno D. 991, V idus decembris, et sepultus est in basilica S.-Frontonis. HIC EPISCOPUS CÆPIT ÆDIFICARE MAGNUM MONASTERIUM S.-FR., atque castrum Agoniacum, Craoniacum, Albam-Rocham, Rupem S.-Christophori, Rupem de Basiliaco, ut essent munimen et refugium contra Normannos, tunc temporis paganis erroribus aberrantes. Tempore hujus corpus S. Frontasii, martyris, per visionem revelatum est cuidam viro religioso, ejusdem ecclesiæ canonico. Locus tamen in quo jacebat, propter guerrarum frequentes discursus, penitus ignorabatur. Ad ultimum, iste episcopus a præposito suo jugulatus est in loco qui dicitur MORCINQ, qui est in Parrochio de Coursiaco. »

Cette courte biographie est tirée d'une très-ancienne histoire des évêques de Périgueux. Il était d'usage dans quelques églises, dans celle d'Auxerre entr'autres [2], qu'après la mort de chaque prélat, un chanoine fût chargé

---

1. Hugues Capet ne devint roi qu'en 987. Les auteurs de la *Gallia Christiana* pensent néanmoins que c'est bien ce prince qui envoya Frotaire à Périgueux, mais alors qu'il n'était encore que duc de France. — *Gallia Chr.*, t. II, p. 1459.

2. MONITUM. — « Altissiodorensis ecclesiæ non ignobilis consuetudo est quam, cito de sæclo migrat ejus episcopus, illico terminum vitæ, sedis introïtum, ac præcipue bene gesta ipsius, conscri-

d'écrire le récit de ses actions. Ces vies, s'ajoutant les unes aux autres, finissaient par former une longue histoire, toujours authentique, parce que le récit y était toujours contemporain des événements. A Auxerre, à Angoulême, ces biographies formaient de véritables pièces de littérature, que l'on peut lire dans la « Bibliothèque des manuscrits » du père Labbe ; à Périgueux, elles se réduisaient à des notes concises et tellement exactes, qu'elles donnent par mois et par jours la durée précise de l'administration de chaque évêque. Ces notes, recueillies dans un manuscrit que gardaient à Saint-Front les chapelains de Saint-Antoine, et qui, rédigé à la fin du XIIᵉ siècle, s'arrête à Pierre de Mimet (1182), furent copiées au XVIᵉ siècle par le conseiller Dejean, et enfin imprimées par le père Labbe [1].

Le document que nous venons de citer est donc, comme ceux qui vont suivre, parfaitement authentique ; le sens d'ailleurs n'en est point douteux, car le mot « magnum monasterium » ne peut prêter à l'équivoque. Cette expression indique constamment l'ensemble de l'abbaye, et, avant tout, l'église dont le cloître et l'habitation des moines ne sont que l'accessoire. Nous allons bientôt la voir employée à propos de la dédicace de l'église. Au reste, le monastère proprement dit, qui ne mérite nullement l'épithète de grand, paraît avoir été bâti en même temps que le reste du monument.

Après Frotaire vient, dans l'histoire manuscrite des évêques de Périgueux, Martin, fils de Boson le Vieux, comte de la Marche.

« Post hunc in episcopatum successit Martinus, dono Dei episcopus, et rexit ecclesiam annos novem. Obiit autem anno D. 1000 ; obitus vero ejus non est in CALENDARIO denotatus, estque sepultus in supradicta S.-F. ecclesia. (La « Gallia Christiana » ajoute : DE QUA DUM VIVERET OPTIME MERITUS FUERAT.) Martinus ille Bosonis Vetuli comitis Petragoricensis et Marchiæ exstitit natus ex sorore Bernardi comitis Petragoricensis, Eyna nomine, et IPSA ÆDIFICAVIT CAPELLAM S.-ANDREÆ [2]. »

C'était probablement la principale abside, que cette chapelle de Saint-

bendi. Contigit autem, non sine magno patriæ detrimento, clarissimum ejusdem ecclesiæ patronum obiisse Robertum episcopum..... Tandem vero frater quidam, modicum eruditus et pene illiteratus, a conventu Capituli rogatus, et ab episcopo monitus, obedientiam quoque vitare non ausus, quæ sibi de illo visa sunt minime tacenda, licet tanto indigne quominus ornate minusque facunde, tamen ut potuit, ita stylo prosecutus est. » — *Bibl. manus. lib.*, P. LABBÆI. T. II, « Hist. Eccl. Altissiod ».

1. *Bibl. ms.*, P. LABBEI. — *Ant. de Vésonne*, t. II, p. 520.

2. *Bibl. ms.*, P. LABBEI. *Fragmentum de Petragoricensibus episcopis.* — *Gallia Christiana*, t. II, p. 1459.

André dont parlent plusieurs anciens auteurs. Quoique elle ait été reconstruite au XIV⁰ siècle par le cardinal de Talleyrand, l'autel et la vicairie de Saint-André y sont toujours demeurés[1].

Après Martin de la Marche, Raoul de Couhé dirigea l'église de Périgueux pendant douze ans, et mourut, en 1013, au retour d'un voyage en Palestine. « Hyerosolymis rediens, retulit quæ viderat ibi infanda et obiit », dit la chronique d'Adhémar de Chabannais.

Arnaud de Vitabe (« Vitabrensis ») vint ensuite; il aida Guillaume de Poitiers à repousser les dernières invasions des Normands. Enfin, Géraud de Gourdon, sous lequel eut lieu la dédicace de Saint-Front.

« Anno D. MXLVII, feria IV, MAGNUM MONASTERIUM Sancti-Frontonis dedicatum est ab Aymone, Bituricensi archiepiscopo. »

C'est le grand livre de Saint-Silain de Périgueux qui faisait mention de cette dédicace[2].

Voilà des témoignages qui se fortifient mutuellement. — On constate, de la manière la plus positive, le commencement des travaux de Saint-Front sous Frotaire; leur continuation sous Martin de la Marche, par les soins de la comtesse Eyna ou Emma; leur achèvement, couronné par une dédicace solennelle, sous Géraud de Gourdon. Rien de plus clair, de plus suivi, de plus concordant. — Sans doute, on pourrait, pour peu que le style de l'église de Saint-Front y autorisât, supposer qu'elle a été reconstruite depuis. Rien de plus ordinaire, en effet, que de voir les chroniques passer complétement sous silence les grands travaux de ce genre. Mais comment prétendrait-on, en présence de documents parfaitement clairs, parfaitement authentiques, qu'elle est antérieure à une reconstruction que ces documents s'accordent à signaler?

Il est donc infiniment probable que la grande basilique de Saint-Front a été commencée par Frotaire avant 990, et achevée par Géraud de Gourdon vers 1047. Les auteurs de la « Gallia Christiana » précisent, d'après des autorités que nous ne connaissons pas, mais que nous jugeons excellentes, l'année du commencement des travaux; ils la fixent à 984 (t. II, p. 1459). Comme Saint-Front ne participe d'aucun des styles bien reconnus et bien classés, qui ont régné en France depuis l'an mille, et qu'il remonte évidemment à une époque très-reculée, personne, certainement, ne trouvera trop récente

1. *Ant. de Vésonne*, t. II, p. 322.

2. « In uno ex his apographis (dit le P. LABBE, t. II, p. 737) hæc reperi addita : Anno Domini MXLVII, feria 4, magnum monasterium S.-Frontonis dedicatum est ab Aymone Bituricensi archiepiscopo, ET HABETUR in libro magno S.-Silani ET CALENDARIO ».

celle que nous venons de donner ; au contraire, nous la trouvions encore
trop ancienne au début de nos recherches. Nous avions peine à concevoir,
en effet, que la construction d'un grand édifice comme Saint-Front eût été
ainsi partagée par l'an mille, sans qu'il en fût résulté aucun changement
dans le plan, dans le style et dans les dimensions. Nous pensions donc
d'abord, par ce motif, que la basilique à coupoles avait été commencée
après le pèlerinage de Raoul de Couhé, seulement, et qu'il ne fallait attribuer à Frotaire que la *vieille église*. De puissantes considérations nous
ont décidé à accepter purement et simplement le témoignage unanime des
chroniqueurs de tous les temps. Nous ne rappellerons pas ici celles que
nous avons précédemment exposées. Mais nous nous engageons à prouver,
en décrivant l'église de Saint-Astier, bâtie en 1013, qu'à cette époque les
travaux de Saint-Front étaient déjà très-avancés.

Après tout, l'an 1000 n'a point brusquement séparé, comme on est trop
porté à le croire parmi les modernes historiens de l'art chrétien, une époque
d'extrême stérilité d'une époque d'extrême abondance. Si, au commencement du XIe siècle, le monde chrétien nous apparaît possédé de cette folle
ardeur de bâtir qui couvrait notre patrie d'un « blanc manteau d'églises et
de monastères », ce n'est point parce qu'il était enfin rassuré sur son existence : les craintes n'avaient été ni bien vives, ni bien générales ; c'est surtout parce qu'à la vieille société Carlovingienne, usée et corrompue, venait
de se substituer, sous le fouet des invasions normandes, une société nouvelle
pleine de jeunesse et de vie. Mais une pareille substitution ne se fait pas tout
à coup, en une année ; elle s'opère lentement, inégalement ; et s'il est vrai,
qu'à un moment donné, on en reconnaisse partout les effets, il est évident
que depuis longtemps selon les lieux, selon les circonstances, ils se faisaient
déjà sentir.

Or, dans la contrée qui avoisine Périgueux, comme dans plusieurs autres
provinces, les fondations pieuses et les constructions religieuses ne sont
guère moins nombreuses à la fin du Xe siècle qu'au commencement du XIe,
et l'on ne voit, à tout prendre, guère moins de signes de prospérité et d'activité sociale. — Frotaire réunissait même dans ses mains plus de richesse et
d'autorité qu'aucun peut-être des autres évêques de Périgueux. A une époque
où il n'y avait pas encore de communes dans le sens moderne et essentiellement démocratique du mot, et où celles des vieilles cités romaines qui
s'étaient maintenues libres n'avaient point encore secoué la tutelle des évêques, leurs protecteurs naturels, Frotaire représentait à Périgueux et l'autorité du roi et les antiques libertés municipales. Autant que le puissant

comte Aldebert, dont la fière réponse à Hugues Capet est si connue, c'était le défenseur, le véritable souverain du pays. Seul, il avait organisé tout un système de défense contre les Normands, et ouvert aux malheureuses populations des campagnes les cinq grands châteaux d'Agonac, de Croniac, d'Auberoche, de Bassillac et de la Roche-Saint-Christophe; seul, il relevait et repeuplait le monastère dévasté et désert de Paunat. Il appartenait donc à ce noble évêque d'entreprendre dans Saint-Front la vaste construction qui devait être à la fois un beau monument et une forteresse de plus [1].

Pour la « vieille église » elle aurait traversé les invasions normandes, car elle est nécessairement plus ancienne, et de beaucoup [2], que la grande basi-

---

[1]. MM. de Taillefer et de Mourcin, dans leur grand ouvrage sur les monuments de la cité gauloise et romaine de Vésonne (Périgueux, 1826, chez Dupont), ont consacré à la cathédrale un chapitre très-étendu. La description qu'ils en ont donnée est minutieuse et d'une admirable exactitude. C'est un travail remarquable, qui nous a été de la plus grande utilité et auquel nous avons souvent eu lieu de rendre justice. Néanmoins il nous est impossible, on le voit, d'en accepter les conclusions. M. de Mourcin a vu dans Saint-Front quatre ou cinq constructions différentes, espacées moyennement d'un demi-siècle, et presque autant de changements de plan (entre l'an 600 et l'an 1000). Mais la parfaite analogie de Saint-Front et de Saint-Marc prouve assez qu'il n'y a eu qu'une date et qu'un plan pour chacun de ces deux édifices. D'ailleurs, M. de Mourcin, loin de s'appuyer sur l'histoire, en rejetant toutes les données. — Le chroniqueur presque contemporain qui a écrit que Frotaire avait « commencé » la construction du grand monastère de Saint-Front (« cæpit ædificare magnum monasterium S.-Frontonis »), aurait dû dire que cet évêque l'avait achevée; il prenait la fin des travaux pour leur commencement. Quant à la dédicace de l'église, elle aurait eu lieu longtemps après la construction et serait peut-être arrivée à l'occasion de quelques réparations. On peut faire de ces suppositions plus ou moins vraisemblables, au sujet de la date d'un monument, pour éluder un texte incommode; mais, il faut bien le dire, ce n'est qu'à une condition : a savoir, que le style de ce monument révèle clairement, incontestablement, l'époque de sa construction. Or, lorsque M. de Mourcin croyait reconnaître avec certitude le *faire* du VIIe siècle ou celui du VIIIe, il commettait une erreur, très-excusable sans doute, puisqu'il ouvrait un des premiers la voie si bien battue et si nettement tracée que nous suivons aujourd'hui, mais assurément il se trompait.

Le savant abbé Lebeuf, dans un mémoire sur les antiquités de Périgueux, dont l'analyse se trouve au vingt-troisième volume des « Mémoires de l'académie des inscriptions », a dit aussi quelques mots de Saint-Front, et il ne donne pas à l'ensemble des constructions d'autre date que celle que lui assignent les chroniques et les traditions. Au reste, il ne faut point, malgré la grave autorité du fondateur de l'archéologie chrétienne, considérer Saint-Front comme un type de l'architecture carlovingienne. L'abbé Lebeuf, à qui étaient bien connus tous les styles qui ont régné en France depuis l'an 1000, voyait un monument tout nouveau, dont l'ornementation offrait de continuelles imitations de l'antique. On conçoit très-bien qu'il l'ait donné comme un type de l'architecture presque inconnue de la période carlovingienne, car le style byzantin n'existait pas pour lui. Mais ce style, s'il a été quelquefois employé dans le siècle de Charlemagne (Aix-la-Chapelle), n'était point cependant, il s'en faut de beaucoup, le style dominant; c'était celui qu'on a appelé latin, et roman primordial.

[2]. Voir à la page 106.

lique à coupoles. D'ailleurs, il reste trop peu de monuments antérieurs à l'an 1000 pour qu'on puisse préciser le siècle auquel elle appartient. Une antique tradition, à laquelle des vers de Fortunat[1] donnent quelque autorité, en ferait pourtant remonter la date jusqu'à l'épiscopat de Chronope II, de 500 à 533[2]. Mais comment savoir si elle n'a pas été rebâtie depuis? — Tout ce qu'il nous est permis de dire à cet égard, c'est que, sous les premiers Mérovingiens, l'architecture arrivait déjà au dernier terme de la décadence et touchait presque à la barbarie. Nous n'en voulons pour preuve que les monnaies, ces monuments qui survivent à tous les autres et qui reflètent toujours fidèlement les différentes variations de l'art. Nous avons, dans le musée privé de M. de Mourcin, le monument élevé au commencement du viie siècle, cent ans après Chronope, à la mémoire de son successeur Sébalde. Rien de plus mesquin déjà et de plus imparfait.

Nous avons demandé à nos chroniques provinciales la date de la cathédrale de Périgueux. Il nous reste maintenant à en vérifier l'exactitude, soit par l'histoire générale de l'architecture byzantine, soit par l'histoire particulière de Saint-Marc de Venise, et c'est ce que nous allons faire. Nous sommes forcé d'entrer dans des détails minutieux peut-être; toutefois, comme nous avons à combattre des opinions très-diverses et plus ou moins accréditées, on nous pardonnera de ne rien négliger et de nous mettre en garde, autant que possible, contre les objections.

A ne considérer que les traits généraux de la basilique, on verrait déjà

---

1. M. de Taillefer les a cités (*Ant. de Vésonne*, t. II, p. 496); ils font partie de l'épitaphe de Chronope

> . . . .
> Implesti propriis viduatam civibus urbem,
> Videruntque suos, te redimente, lares.
> Quam lupus a stabulis tulerat, frendente rapina,
> Te pastore, gregi reddita plaudit ovis.
> *Templa exusta celer revocasti in culmine prisco;*
> Hinc tua; sed cœlis stat sine labe domus.
> Ipse bis octono vixisti in corpore lustro;
> Nunc tibi pro meritis stat sine fine dies.

2. Voici ce qu'en dit l'*État de l'église du Périgord*, t. I, p. 125, qui cite à ce sujet un très-ancien bréviaire du Périgord, manuscrit:

« Revenons à Chronopius, qui, voyant son bastiment de l'église Sainct-Front parachevé, jugea bon de transporter le corps de ce glorieux apostre hors la petite chapelle qui avoit esté commencée par luy durant son vivant, du costé que nous voyons aujourd'hui le grand degré, près l'autel dédié à saincte Catherine. Il fit colloquer ceste précieuse relique au milieu de la nef qui nous reste encore de ce second édifice du costé du cloistre, *différent en fabrique du troisième bastiment qui sera fait par Froterius* ». — *Ant. de Vésonne*, t. II, p. 518.

qu'elle doit appartenir à cette renaissance de l'art byzantin qui s'opéra vers le x° et le xi° siècles ; car c'est alors surtout que les architectes grecs, bien déchus depuis Justinien, se virent réduits, pour faire de grands édifices, à agglomérer des coupoles égales, d'un médiocre diamètre et d'une construction facile [1]. Mais, si l'on s'attache aux caractères distinctifs de Saint-Front, qui se résument en une parfaite analogie avec Saint-Marc, on arrive à des résultats plus précis et plus sûrs. Revenons donc à Saint-Marc, et, selon le plan que nous avons toujours suivi, achevons au point de vue des dates le parallèle des deux édifices.

En 829, lorsque les reliques de saint Marc furent rapportées d'Alexandrie par les vaisseaux vénitiens, le doge Justiniani Partecipatio éleva la première église dédiée à ce saint. Mais nous n'avons pas à nous occuper de cet antique monument, pas plus que de la chapelle de Saint-Théodore, que l'eunuque Narsès avait, dit-on, bâtie sur le même emplacement. Il périt en 976, dans un immense incendie allumé pour enfumer dans son palais ducal un doge suspect de tyrannie. Le doge fut tué et tout un quartier embrasé. Le feu avait été mis d'abord dans la maison de Pierre Orséolo, auquel les conjurés avaient promis le pouvoir souverain ; comme il l'obtint, en effet, il s'occupa aussitôt de réparer avec magnificence le sacrilège qui pesait sur sa conscience timorée. — L'année suivante, 977, la première pierre du nouvel édifice fut solennellement posée en présence du nouveau doge, de l'évêque Malfatto et d'une nombreuse assistance [2]. Il s'agissait donc d'une reconstruction complète, sur un plan nouveau, plus vaste et plus conforme à la prospérité croissante de la république. Cette seule cérémonie nous le ferait croire, car elle convient mal à ce que nous appelons aujourd'hui une restauration. D'ailleurs l'incendie ne saurait avoir prise sur la basilique actuelle [3], et n'a jamais pu l'endommager sérieusement ; et, d'un autre côté, dans le plan de Saint-Marc tout se tient, tout est solidaire, de telle sorte que l'on ne peut y toucher sans que tout soit à refaire sur nouveaux frais.

Mais la masse de la basilique, la masse seulement, date d'Orséolo ou de ses premiers successeurs. Quant aux travaux de décoration et d'ornementation,

---

1. Dans la première époque, elles étaient ordinairement plus hardies, même lorsqu'elles n'atteignaient pas de très-grandes dimensions, parce que toutes les proportions étaient différentes. Ainsi leurs grands arcs étaient très-minces, et elles étaient extrêmement surbaissées. V. à la page 17.

2. *Églises principales de l'Europe*, « Description de Saint-Marc », p. 4. Cet ouvrage in-folio, dédié à Sa Sainteté Léon XII, a été publié en français et en italien.

3. Primitivement elle était bâtie de bois. — « In primis giera de parte, zoe de legname », dit une chronique citée dans la *Description de Saint-Marc*, p. 5.

on n'a pas eu trop de tout le XIe siècle pour les terminer [1]. C'est Contarini, c'est Dominique Selvo, son successeur, qui ont fait ramasser dans tout l'Orient les marbres rares dont sont revêtues les massives murailles de briques de la basilique. Ce sont eux qui ont multiplié partout, avec une profusion inouïe, l'emploi des mosaïques ; ce sont eux, aussi, qui ont élevé cette splendide façade si mal liée, comme nous l'avons vu, au plan général, si indépendante de l'ensemble du monument [2].

De nombreux documents historiques viennent fortifier ces opinions.

André Dandolo, doge de Venise et auteur d'une chronique estimée, s'exprime ainsi dans un édit du 17 juin 1353, adressé aux chanoines de Saint-Marc :

« Per Petrum Orseolo qui ecclesiam ipsam, in occasu Petri Candiani Ducis, prædecessoris sui, exustam incendio, *renovavit*, quam Dominus Contarenus postea in formam, qua nunc cernitur, restauravit [3]. »

Dans la grande salle du palais de Venise on lit encore de nos jours, au-dessous du portrait d'Orséolo, cette inscription citée déjà par Sansovino : « Ecclesiam Sancti-Marci prior ædificavi, deinde et monachus factus miracula plurima egi [4]. »

D'ailleurs d'anciennes chroniques nous disent expressément qu'Orséolo, « inter cætera decoritatis opera, Dedalico instrumento, cappellam construere fecit [5]. » — Elles nous apprennent que : « Da Pietro Orseolo, per la reedificazione, da Constantinopoli furono chiamati architecti più excellenti che vi fossero [6]. On sait encore, et tous les anciens historiens de Venise se plaisaient à le répéter, que le même doge commanda à Constantinople une table d'autel pour Saint-Marc, une PALA D'ORO : « Tabulam in ipsius ecclesiæ altare, miro opere ex auro et argento, Constantinopoli peragi jussit [7] ». « Tabulam, adhuc ex gemmis auroque BIZANTUS mira arte conflatam, solemni ad aram maximam dedicatione statuit [8]. »

Ces témoignages sont bien remarquables ; ils présentent un caractère évident d'authenticité, puisque Saint-Marc est réellement un édifice byzantin et

---

1. La dédicace de Saint-Marc aurait eu lieu en 1085, selon Zanetti ; en 1094, selon Carli ; en 1111, selon l'anonyme. — *Descript. de Saint-Marc*, p. 5.

2. *Description de Saint-Marc*, in-folio, pag. 6.

3. MURATORI, *Rer. Ital. script.*, t. XII, pag. 9. — *Descript. de Saint-Marc*, pag. 4.

4. DUSOMMERARD, *les Arts au moyen âge*, t. III, pag. 144. — *Venezia descritta*, 1580.

5. *Le fabbriche più cospicue di Venezia*, 1815.

6. PAOLO MOROSINI, *Hist. della citta di Venet.*, lib. IV, pag. 92.

7. *Le fabbriche più cospicue di Venezia*, 1815.

8. *Rerum venetarum hist.*, PETRI JUSTINIANI, lib. I, pag. 2.

dont l'origine aujourd'hui ne peut plus être douteuse. La tradition ayant
suppléé aux connaissances archéologiques, il faut répéter, avec Sabellico [1],
que les coupoles de Saint-Marc sont d'ouvrage grec, « graecanici operis ; »
avec l'architecte Temanza et aussi, nous le croyons, avec Vasari, que cette
basilique est « una Greca in Italia ».

Nous avons dit que la façade occidentale, ainsi que le portique qu'elle
surmonte, étaient postérieurs au reste du monument. En voici encore une
preuve. Il existait autrefois, dans le vestibule de Saint-Marc, une inscription
gravée sur une corniche de marbre que rapporte Sansovino,

> Anno millena transacto, bisque tricena
> Desuper undecimo, fuit facta prima [2].

Il est parfaitement impossible de placer en 1071 la fondation ou même
l'entier achèvement de Saint-Marc. L'inscription aurait donc seulement rapport au portique, dans lequel elle se trouve, et qui en effet appartient à la
seconde moitié du XIe siècle. C'en est assez pour qu'Orséolo reste comme le
fondateur de la basilique actuelle de Saint-Marc, qu'il n'a pas seulement
« restaurée », mais que, selon l'expression d'André Dandolo, il a « renouvelée ». Nous ne continuerons donc point une discussion épuisée. Nous nous
contenterons de faire observer que l'opinion que nous venons de soutenir
ne nous appartient point, et qu'elle est au contraire très-généralement
adoptée [3] ; le rapprochement que nous allons faire en recevra plus de force.

Orséolo ne vit pas s'élever le vaste édifice dont il avait jeté les fondements. Dès 978, il s'enfuit furtivement de sa capitale avec saint Romuald,
Guérin, abbé de Cuzan, et quelques seigneurs vénitiens, et alla dans les solitudes des Pyrénées expier par une vie austère les crimes de son ambition.
— Mais, si la basilique de Saint-Marc compléta lentement sa riche décoration
qui exigeait dix fois plus de temps et de dépense que les grosses constructions, il est certain que dix ans après, vers 985, son plan et sa charpente
osseuse se dessinaient assez pour qu'on pût déjà en comprendre et en copier
les dispositions. On dit que sous le successeur d'Orséolo, Tribun Memmo, le
clocher de Saint-Marc fût élevé « fino al luogo, dove si dovevano metter
le campane [4] ». Or, c'est précisément un peu avant 991, soit en 984, que
Frotaire, au rapport d'une chronique authentique, commença la construction

---

1. *De Venet. urb. situ*, lib. II, p. 752.
2. Voir également *Splendor urbis Venetarum*, t. I, pag. 1.
3. C'est celle de M. Dusommerard, *Arts au moyen âge*, t. III, pag. 152 et suiv.
4. Cicognara, *Hist. della scultura*, t. I, p. 55.

de Saint-Front. Rien ne s'oppose donc à ce que l'analogie parfaite de Saint-Marc et de Saint-Front résulte, comme nous le croyons fermement, de l'imitation directe, immédiate, de l'un des deux édifices par l'autre.

Qu'un architecte du moyen âge, en dehors de tout pieux motif, et alors que l'art, tout d'instinct et de tradition, restait encore étranger à la froide analyse de nos époques modernes, se soit proposé ouvertement pour but la reproduction d'un monument lointain, c'est là certainement un phénomène étrange. Néanmoins, on le conçoit déjà mieux, si le modèle et la copie sont à peu près contemporains. Il ne serait même pas impossible d'en trouver des exemples dans l'histoire. On lit, dans la chronique d'Auxerre, que Desiderius fit élever à l'orient de sa cathédrale une grande voûte, coupole en rotonde ou abside, magnifiquement revêtue de mosaïques, à *l'instar* de celle que Syagrius, évêque d'Autun, avait bâtie [1]. On sait, de même, qu'un évêque de Breslau, en Silésie, fit bâtir sa cathédrale, au XIIe siècle, sur le modèle de celle de Lyon [2].

Dans le cas contraire, l'imitation la mieux avouée n'atteint le plus souvent qu'une ressemblance fort imparfaite. Les nombreux édifices élevés à l'image du Saint-Sépulcre, comme le Temple de Londres, en ont à peine retenu un caractère, la forme circulaire. C'est que, pour copier un monument quelconque, l'intention ne suffit pas ; il faut y joindre la connaissance du style d'architecture dans lequel ce monument est conçu, et cette connaissance s'acquérait autrefois bien difficilement, lorsqu'il ne s'agissait pas d'un style contemporain.

Après tout, le fait est là, évident, incontestable. Un édifice byzantin se trouve transplanté, tout d'une pièce, au fond de nos provinces, dans une de nos petites villes ; il est étranger à notre climat, isolé dans notre art national. Comment, par quel concours de circonstances extraordinaires cela a-t-il pu se faire ? C'est tout ce que nous avons à nous demander.

A cet égard, deux hypothèses seulement se présentent. — Un clerc-architecte, d'origine française, éloigné de sa patrie par un pèlerinage, est allé à Venise, a assisté à la construction de Saint-Marc, et s'est fait byzantin avec les architectes de ce monument. A son retour, il n'a rien trouvé de mieux que de reproduire pour les moines de Saint-Front la célèbre basilique de Venise.

Un des Grecs ou des Vénitiens qui bâtissaient Saint-Marc est arrivé, par un

---

1. « Desiderius natione Aquitanus… fuit autem temporibus Clotarii regis, imperantibus Phoca atque Heraclio,… basilicam S.-Stephani cui sedit miro decore ampliavit, ingenti testitudine a parte orientis applicita, auroque ac musivo splendidissime decorata, *instar ejus quam* Syagrius, episcopus Augustoduni, fecisse cognoscitur. — *Bibl. manus.*, P. Labbei, t. II, p. 159.

2. Voyez Hurter, *Institutions de l'Église*.

concours de circonstances comme la vie aventureuse des artistes en offre
parfois, jusqu'au centre de la France, jusqu'à Périgueux, et y a construit
un autre Saint-Marc.

Si la cathédrale de Périgueux, ainsi qu'on le prouvera dans la seconde
partie de cet ouvrage, est un monument à part, sans racines, sans précédents
dans le pays ; si tous les autres édifices à coupoles, que nous aurons à décrire,
ne se rattachent à la souche byzantine que par Saint-Front, il faut nécessairement choisir entre ces deux hypothèses. Elles pourraient être vraies
toutes les deux, s'il s'agissait de l'introduction, dans un pays quelconque,
d'un art tout entier, comme l'art ogival ou l'art italien de la renaissance ;
mais il s'agit d'un fait isolé, tel que la reproduction d'un monument. Au
surplus, ce choix, ne le perdons pas de vue, ne saurait avoir beaucoup
d'importance, parce qu'il n'est pas douteux que l'architecte, quelle qu'ait
été d'ailleurs sa nationalité, ne fût parfaitement familiarisé avec les pratiques
de l'art néo-grec et ne méritât le nom de byzantin.

Nous avons, dans la description de Saint-Front, observé impartialement
tous les caractères qui pouvaient favoriser l'une ou l'autre hypothèse. La
première d'abord nous paraissait préférable. On n'était déjà que trop enclin à
attribuer aux étrangers la construction de nos monuments. Puis, le seul
artiste connu de Saint-Front, ce Guinamundus, qui compléta en quelque sorte
l'abbaye (1077), n'était-il pas clerc et de notre pays? Enfin, les pèlerinages,
en établissant d'Occident en Orient le grand courant de voyageurs qui existait dès le xᵉ siècle, n'amenaient-ils pas plutôt nos artistes à Venise que
ceux de Venise chez nous?—Cependant, à mesure que nous avons mieux
compris et mieux remarqué dans tous ses détails l'analogie de Saint-Marc
et de Saint-Front, nous avons aussi dû donner plus d'attention aux faits
peu connus qui attestent l'existence en sens inverse de ce courant de voyageurs dont nous nous occupions tout à l'heure. Nous voulons parler des relations de Venise avec la région centrale de la France, et particulièrement des
établissements fondés à Limoges par les Vénitiens, avant la fin du xᵉ siècle.

D'un autre côté, comme il est possible, après tout, que la basilique de
Périgueux soit seulement la sœur de celle de Venise au lieu d'en être la
fille ; comme il se peut rigoureusement que l'identité des deux monuments,
si concluante qu'elle soit pour nous, provienne de ce qu'ils ont été produits
à des époques très-rapprochées par la même école d'art byzantin, par la
même famille d'architectes, nous rechercherons aussi la trace des relations
qui ont pu exister directement entre notre pays et l'empire de Byzance et
nous commencerons par là.

Quelques années avant le second concile de Limoges (1034), c'est-à-dire lorsque les travaux de Saint-Front n'étaient point encore achevés, deux moines grecs du mont Sinaï, Siméon et Cosmas, demeurèrent *longtemps* à Angoulême, attendant que le comte Guillaume fût de retour de son pèlerinage en Terre-Sainte [1]. Peut-être venaient-ils sur l'invitation de ce seigneur, ou, simplement, *Dei disponente nutu*, selon la belle expression du clerc d'Angoulême, qui parlait d'eux aux pères du concile. Il n'en fallait pas davantage pour qu'un si grand voyage s'accomplît librement, aisément. Ceux qu'une pieuse inspiration portait ainsi à courir les aventures, étaient sûrs de trouver, dans les monastères échelonnés sur le chemin, l'hospitalité la plus empressée ; ils y étaient reçus à leur gré, pour un jour, pour une année, pour la vie. Sans dépense, sans péril, ils pouvaient passer d'Orient en Occident comme d'Occident en Orient. La diversité des langues était seule un obstacle, mais rien que pour les ignorants. Cosmas et Siméon savaient, eux, le latin comme le grec. On dit, en outre, que leurs mœurs étaient graves et pures ; leur doctrine, admirable ; leur science profonde ; leurs connaissances littéraires, enfin, des plus étendues. Si à leurs autres qualités ils avaient joint des talents artistiques, il semble qu'on aurait complété sur ce point leur éloge avant d'invoquer leur témoignage en faveur de l'apos-

[1]. Nous devons la connaissance de ce fait intéressant au savant abbé Arbellot de Limoges. Voici comment il est raconté dans la « Collection des Conciles », t. XXV, p. 355 et 356 : — « Quidam eruditus ex ipsis Engolismensibus clericis, qui tunc ab Engolisma cum episcopo Rohone ad concilium venerat, obviavit, respondens : Ego autem, QUEMDAM GRÆCUM PERITUM interrogans, didici ab eo Mathiam Armeniæ-Minori prædicasse et ibi in pace migrasse : sed libenter me audiat sacer patrum conventus. Ante hos plures annos, quidam ex fratribus de monte Sinaï in hanc partem advenerunt occiduam, Dei disponente nutu, moribus graves, doctrina catholicæ fidei professores, vita per omnia honesti, utriusque linguæ periti : qui cum diu nobiscum Engolismæ fuissent expectantes principem civitatis, et litteris græcis et latinis eos videremus ad unguem imbutos, super hac re interrogare curavimus eos..... Itaque, illos conveni Græcos, sciscitans utrum orientales Martialem nossent. Qui (alter Simeon, alter nomine Cosmas) consono ore responderunt, dicentes : Utique Martialem novimus apostolum, unum de septuaginta duobus. Quibus cum diceremus, nescimus præter duodecim Apostolos, interrogaverunt nos : habetisne, inquerunt, per istas occidentales ecclesias evangelistam Lucam, qui scribit alios septuaginta duos esse electos a Domino post duodecim Apostolos. Et cum diceremus utique haberi, sed illos septuaginta duos non credi fuisse apostolos, sed tantum discipulos, illi protinus nos fugientes, et signo crucis se munientes, cœperunt detestari vocem nostram, dicentes : Discedite procul a nobis, miseri, quia hæretici estis, cum non creditis verbis Domini, dicentes ad illos : ITE, ECCE EGO MITTO VOS, SICUT AGNOS INTER LUPOS. Non creditis esse apostolos illos quos ipse incarnatus Dominus ad prædicandum misit ? Duodecim misit binos, et postea nihilominus binos misit alios septuaginta duos. Græci semper latinis sapientiores fuerunt, et Scripturæ latinorum ex Græcorum fonte derivatæ sunt. Martialem proinde, quem nos dicimus ὁ ἅγιος Μαρτιάλος, vere scimus esse unum de illis septuaginta duobus, qui cum Petro Occidentem petiit ad prædicandum, cujus gesta, et omnium septuaginta duorum, in monte Sinaï in eloquio nostro habemus. Hoc ego testimonio a Græcis accepto cœpi mecum multa volvere, etc. »

tolat de saint Martial. Mais il n'est guère étonnant qu'ils ne fussent ni artistes, ni surtout architectes. Dans les monastères les mieux partagés sous ce rapport, les spécialités de ce genre étaient fort rares, et c'est ce qui explique pourquoi les migrations de moines n'ont pas habituellement pour conséquence des importations artistiques[1].

Empressons-nous donc de déclarer à ce propos que, si la cathédrale actuelle d'Angoulême est byzantine à un certain degré, elle ne le doit pas aux moines du mont Sinaï. On venait de la bâtir quand ils arrivèrent, et on ne l'a rebâtie de nouveau que longtemps après eux.

Sur un autre point de la France, beaucoup plus éloigné de Périgueux et que la mer mettait naturellement en contact avec l'Orient, l'évêque de Toulon, Deodatus, accorda, en 1040, l'église d'Auriol à une colonie de moines grecs. Anno MXL testis fuit (Deodatus) donationis ecclesiæ de Auriol MONACHIS GRÆCIS (« Gall. christ. », I, 744). M. Alfred Ramé, qui nous a appris cet événement par la voie des « Annales Archéologiques » (t. XI, p 32), dit avec raison, qu'il est important pour l'histoire de l'art en Provence, peut-être pour celle de France, et qu'il n'a pas encore été signalé comme il le mérite. Toutefois, il ne faudrait pas, non plus, s'en exagérer l'importance. L'architecture de la Provence n'est pas byzantine, en effet, et les moines d'Auriol sont arrivés trop tard, en supposant qu'ils eussent parmi eux des artistes, pour influencer sérieusement l'art français, déjà très-avancé dans le Midi. Saint-Front, dans tous les cas, ne leur doit rien; car il fut fondé cinquante-six ans avant leur venue, consacré sept ans à peine après leur établissement, et, pendant la durée des travaux, si vastes et si souvent interrompus, les églises à coupoles se multipliaient dans le voisinage. La véritable valeur du fait indiqué par M. Ramé, c'est qu'il en fait pressentir d'analogues à une date plus reculée, dont l'un a pu aboutir, par hasard, à la création de l'école architecturale du Périgord.

En Périgord même, nous avons, non pas des textes, mais des témoignages plus matériels du séjour d'hommes de l'Orient.

En nivelant la place Francheville, entre le Puy-Saint-Front et la Cité,

1. L'histoire de l'abbaye italienne du Mont-Cassin nous montre nettement, vers l'époque de la construction de Saint-Front, de vrais artistes grecs, *formés à Constantinople*, et aussi des artistes nationaux, revenant de cette capitale. « Abbas Desiderius......... legatos interim ad locandos artifices Constantinopolim destinat. » — « In illo tempore venerunt super cacumina montis Mosteu de monte Casino, Odintus sculptor et Aldo architectus et Bateus pictor, qui Constantinopolim expulsi quia Domno Teodorico favebant in Italiam reversi..... per castella et cremos sculpebant et extruebant et pingebant. »

Il y a eu pour Saint-Front un texte de ce genre. Mais où le trouver maintenant?

sur un emplacement qui dépendait de l'antique cimetière des Pendus et de l'église Saint-Pierre-ès-liens, on a trouvé parmi des sépultures douze pièces de cuivre, frappées par Jean Zimiscès. Notre ami G. de Soultrait en a publié d'à peu près pareilles et aussi de Zimiscès (« Annales Archéologiques », t. IV, p. 202), d'après une revue anglaise. Celles de Périgueux furent remises par les ouvriers, au moment même de la découverte, en 1847, à M. Charrière, avocat, et sont maintenant en la possession de M. Audierne. Nous les avons vues : elles appartiennent à deux types différents du même règne. Indépendamment de la représentation du Christ qui se voit, comme on sait, sur toutes les pièces byzantines, elles ont pour légende, les unes, et les plus nombreuses, « Ἰησοὺς Χριστὸς ϐασιλεω(ν) ϐασιλευς »; les autres, IC-KC-NI-KA, (Jésus-Christ roi des rois et Jésus-Christ vainqueur). Jean Zimiscès, l'un de ces princes qui parvinrent pour un temps à ranimer l'empire byzantin, régnait justement de 962 à 975, un peu avant que l'on construisît Saint-Front. Mais cette curieuse coïncidence ne suffit pas à donner le sens positif de la découverte, il faut recourir aux suppositions.

Probablement, ces pièces byzantines ont été déposées dans la tombe d'un Grec comme un témoignage de son origine étrangère. Leur nombre de douze et leur valeur minime feraient croire au moins à quelque intention symbolique de cette sorte. A une époque où l'on ensevelissait chacun avec les insignes de ses dignités, l'évêque avec sa crosse, le chevalier avec son épée, il était assez naturel de signaler au moyen des monnaies de son pays la tombe d'un étranger, remarquable surtout par son origine. Nous ne savons si jamais usage pareil a existé : mais une pièce vénitienne, trouvée à Limoges, et dont nous parlerons bientôt, provient de même d'un lieu de sépulture, de la crypte de Saint-Martial.

Ce premier point admis, ne nous pressons pas trop de croire que la tombe soit celle d'un artiste byzantin. S'il y en avait à Saint-Front, ce qui est certes très-vraisemblable, pourquoi ne les pas ensevelir dans l'abbaye elle-même. Cela s'entend d'artistes véritables, comme on en demande à l'étranger. Quant aux ouvriers, nul doute qu'ils ne fussent du Périgord ou des provinces environnantes. La découverte prouve donc seulement, et c'est déjà beaucoup, qu'il y avait à Périgueux, vers la fin du X⁵ siècle, un homme de la civilisation orientale, un Byzantin. Mais ce pouvait être un marchand aussi bien qu'un artiste.

Comme le négoce appelait également les Byzantins sur d'autres points de la France, ils auraient dû laisser ailleurs les mêmes traces de leur passage.

Or, il paraît qu'on ne trouve guère, dans notre pays, de monnaies frappées à Constantinople. Notre savant ami, M. Duchalais, de la Bibliothèque nationale, que nous avions consulté sur ce point, nous a répondu en ces termes : « Çà et là on a rencontré (en France), même dans le Parisis, quelques deniers arabes, mais jamais, que je sache, *une seule monnaie byzantine*. » Il est difficile d'être mieux au courant que M. Duchalais de tout ce qui regarde la numismatique, et nous prenons en grande considération le renseignement qu'il a bien voulu nous fournir. Nous nous disons néanmoins que la découverte d'une monnaie byzantine ou vénitienne n'a pas par elle-même un grand intérêt, et peut souvent passer inaperçue. M. Duchalais, par exemple, était demeuré trois ans, malgré nos journaux de province, sans entendre parler des douze Zimiscès de Périgueux, tout comme de la pièce vénitienne de Limoges. Reste toujours que les trouvailles de ce genre sont extrêmement rares, et cela donne à réfléchir. — Des architectes de Constantinople, appelés à Venise, ont fait Saint-Marc; appelés aussi à Périgueux, n'ont-ils pas pu, à la même époque, faire une seconde fois le même édifice? Sortis de la même école et nourris des mêmes traditions, ne seraient-ils pas parvenus à des résultats presque identiques sans communiquer entre eux? On en décidera, quand on aura lu l'histoire de la colonie vénitienne de Limoges. Mais il semble vraiment que ces douze pièces de Périgueux ont été déterrées tout exprès pour nous tirer d'incertitude, car l'indice est grave et il est apparu on ne peut plus à propos.

II. COLONIE VÉNITIENNE DE LIMOGES.

La fondation d'une colonie de Vénitiens à Limoges, avant la fin du xe siècle, est un fait aussi curieux pour l'histoire générale de notre pays que pour l'histoire particulière de l'art. Il prouverait seul que, durant la période qui a précédé immédiatement l'an 1000, la sécurité, l'aisance et la prospérité de certaines provinces de la France centrale n'étaient pas ce que l'on croit communément. Mais les grandes chroniques monacales d'Adémard de Chabannais et de Geoffroy du Vigeois n'ont pas daigné en parler, et il est demeuré presque inconnu jusqu'à présent.

Au xe siècle, les Vénitiens étaient, on le sait, en possession du commerce du Levant, et la puissance de leur république prenait de rapides développements. Pour apporter à l'Europe occidentale les épiceries et toutes les précieuses denrées que produit l'Orient, le détroit de Gibraltar ne leur était pas ouvert, non pas sans doute, comme le disent d'ignorants

chroniqueurs, « a cause des rochers faisant empeschement au dit destroit »,
mais parce que les Arabes en gardaient les deux rives. D'ailleurs, après
avoir péniblement doublé la péninsule espagnole, ils auraient risqué de rencontrer les Normands devant les ports de l'Océan. Ils déposaient donc vers
Montpellier, et plus tard à Aigues-Mortes, les marchandises, toutes d'aussi
grand prix que de peu de volume, qui faisaient l'objet de leur négoce, et les
transportaient à Limoges, dont le commerce a toujours été un commerce
d'entrepôt. De là, elles se répandaient dans tout le nord de la France ; et,
par La Rochelle, dans l'Angleterre, l'Écosse et l'Irlande.

Ces détails historiques nous sont révélés par le recueil manuscrit des « Antiquités de Limoges », compilation méthodique rédigée en 1638, sur des documents très-anciens, mais perdus aujourd'hui. C'est entre les années 988 et
989, que l'auteur anonyme des « Antiquités de Limoges » place l'arrivée des
Vénitiens dans cette ville. Selon le père Saint-Amable, qui écrivait également
dans le XVIIe siècle, elle aurait eu lieu dès 979. Au reste, il est probable
qu'avant d'installer définitivement leur comptoir, ils entretenaient déjà
quelques relations avec Limoges.

Nous allons transcrire l'article des « Antiquités de Limoges » qui se rapporte
à l'établissement des Vénitiens. Cité par M. Allou et par M. Ardant, il n'a
pas encore été publié.

« LES VÉNITIENS TIENNENT TRAFICT A LIMOGES. — Les vieux registres du pays
nous rapportent que, anciennement, les Vénitiens traffiquans des marchandises d'Orient, ne pouvant passer leurs navires et gallères, descendans de
l'Orient par la mer Méditerranée dans l'Océan par le destroit de Gibraltar
à cause de quelques rochers fesant empeschement audit destroit, pourquoy
vindrent demeurer à Lymoges, auquel lieu establirent la Bourse de Venise,
faisant apporter les espiceries et autres marchandises du Levant, descendre
à Aigues-Mortes, puis de là les faisoient conduire à Lymoges par mulets et
voitures, p. de là, à La Rochelle, Bretagne, Angleterre, Escosse et Irlande;
lesquels Vénitiens demeurèrent à Lymoges longuement et se tenoient près
l'abbaye de Sainct-Martin, qu'ils réédiffièrent sur les vieilles ruynes faittes
par les Danois, jusques à ce que le destroit fût ouvert, que pour faire fallut
rompre plusieurs rochers avec grandes dépences, lequel destroit estant
facille a passer, lesdits Vénitiens se retirèrent, qui porta grande perte à
Lymoges pour l'affluence qui donnoit de toute part pour avoir des espiceries
pour le grand débit qui s'y fesoit. Il s'y voit de présant des caves jusques à
l'église de Sainct-Pol et fondemens de maisons en divers endroits ». F. 129.

On lit dans la même compilation, à l'année 1012 : « Le susdit évesque

Hildouin fit beaucoup de bien. Il est dit qu'il restaura le monastère de Sainct-Martin de Lymoges qui avoit été destruit par les Normans où il y establit des religieux, les dotant de plusieurs rentes et revenus, puis y institua abbé un religieux de Tulle, extrait de la noble maison de Chanctem-lioulle, prieur d'Aza. Les Vénitiens y aidèrent beaucoup, lesquels demeuroient près du dict Sainct-Martin, comme il est cy devant dit, 1012 »

Les Vénitiens ont encore laissé à Limoges des traces matérielles de leur séjour. M. Maurice Ardant possédait une pièce trouvée dans les fouilles de l'abbaye de Saint-Martial, qui porte sur une face s. MARCUS, et sur l'autre ...OLO. C'est une monnaie des Orséolo ou des Dandolo, car la question n'est pas encore décidée. Mais qu'elle remonte aux premières années du XI⁰ siècle ou seulement au XIII⁰ siècle, cette monnaie prouve toujours l'ancienneté de l'établissement vénitien de Limoges.

C'est hors des murailles de la ville, entre l'église de Saint-Pierre-du-Queyroy et l'abbaye de Saint-Martin que les Vénitiens de Limoges s'étaient logés. Dans ce quartier, aujourd'hui presque désert, on voit une rue « des Vénitiens ». Avant que la Porte de Tourny eût été rebâtie par l'intendant de ce nom, on y voyait « la porte de Venise ». Un ouvrage avancé qui couvrait les murs s'appelait l' «Éperon de Venise ». Certes, il faut que le bourg de Venise ait été bien important pour que six siècles après sa destruction il laisse encore tant de souvenirs.

Dès la fin du XII⁰ siècle, les bourgeois du Château de Limoges, qui relevaient à la hâte leurs murailles renversées par Henri le Vieux, roi d'Angleterre, détruisirent les maisons des Vénitiens avec l'abbaye autour de laquelle elles étaient groupées. Pour assurer leur indépendance, ils n'avaient pas hésité à raser tous les faubourgs de leur ville. Les églises de Notre-Dame-des-Arènes, de Saint-Gérald, celle de Saint-Martin avec ses cloîtres et ses dortoirs, furent enveloppées dans le désastre [1]. Ils auraient rasé, dit-on, la Cité elle-même, sans la garnison anglaise qui la défendait.

En 1638, nous avons vu qu'on reconnaissait encore à de vastes substructions l'ancien bourg de Venise. Maintenant, tout a disparu. On ne sait pas l'époque précise où les Vénitiens se retirèrent de Limoges. La destruction de leurs premières habitations dut porter un coup funeste à leur établissement : pourtant, il est probable qu'ils n'ont définitivement abandonné leur ancien comptoir qu'au XVI⁰ siècle, après que le commerce de l'Orient se fut ouvert de nouvelles voies.

---

1. *Annales manuscrites de Limoges.*

Telles sont les traces qu'a laissées la colonie vénitienne de Limoges. Son existence d'abord, son importance ensuite et même son ancienneté, nous paraissent bien prouvées. On s'étonnera sans doute de l'assurance avec laquelle les deux auteurs que nous avons cités déterminent, chacun à sa manière, l'époque de la première arrivée des Vénitiens. Mais cette divergence s'expliquerait sans trop de difficultés, et, en tout cas, on ne peut guère s'empêcher de rejeter la date en question au delà de l'an 1000. Ainsi, M. l'abbé Texier[1] nous apprend qu'en 1012 les Vénitiens auraient donné à l'abbaye de Saint-Martin un reliquaire d'or contenant « le doigt que saint Thomas mit dans le côté de Notre-Seigneur ». Il nous apprend de même que dans la première moitié du XIe siècle Gérald de Tulle, abbé de Saint-Martin-les-Limoges, se serait obligé à fournir à perpétuité trois livres de poivre à Gérald, évêque d'Angoulême, ou à son clergé. Et ce fait ne porte-t-il pas avec lui la preuve de son exactitude?

Comme les Vénitiens s'établissaient à Limoges, on commençait, à vingt lieues de distance, et dans une ville située sur leur itinéraire naturel, un édifice que l'on peut justement appeler vénitien, une copie de la basilique de Saint-Marc. Nous avons dû nous demander s'il n'existait pas un lien, une relation, entre ces deux événements remarquables.

Mais, disons-le bien vite, on se tromperait doublement, si, mettant Saint-Front sur la même ligne que les autres monuments byzantins de la contrée, on y voyait tout simplement une œuvre de la colonie vénitienne de Limoges. Des marchands qui s'établissent dans un pays lointain n'y apportent point l'architecture de leur mère-patrie. S'ils bâtissent des maisons, s'ils s'associent à la construction d'un édifice religieux, c'est par leur argent et non point par le travail de leurs mains ; car ils sont marchands et non pas artistes[2]. Et en effet, Limoges était le séjour des marchands vénitiens ; le Limousin n'a pas d'édifices imités de Saint-Marc, d'édifices à coupoles. Il n'y en a pas maintenant ; il n'y en a très-probablement jamais eu. Les Vénitiens se sont réunis à l'évêque Hilduin, en 1012, pour relever de ses ruines

---

1. *Essai sur les émailleurs de Limoges*, p. 30-31, et Nadaud, *Hist. ms. de Saint-Martin-les-Limoges.*

2. Il est possible que les Vénitiens de Limoges y aient favorisé le développement de l'industrie des émaux, comme le veulent MM. Dusommerard et Texier, en important de bons modèles byzantins ; mais il n'est nullement prouvé qu'aucun Vénitien ni qu'aucun Grec ait jamais introduit ou seulement exercé en France l'art de la peinture sur émail. — L'émailleur Alpais, dont l'œuvre est conservée au Louvre, dans la Salle des Bijoux, ne portait point un nom grec. On parle, à une époque contemporaine, du bienheureux Alpais de Cudot, au diocèse de Sens. Hurter, *Institutions de l'Église*, t. III, p. 462.

l'abbaye de Saint-Martin-lès-Limoges : les chroniques le disent expressément. Quoique ce monument soit détruit depuis le XIIᵉ siècle, tout porte à
croire qu'il n'avait pas de coupoles. A Périgueux, ce n'est pas la seule
basilique de Saint-Front qui est de style byzantin. Tous les édifices contemporains de la ville et de sa banlieue sont tous à un moindre degré plus ou
moins empreints du même style. La coupole en est toujours, en un mot, le
principe générateur. A Limoges, en même temps que Saint-Martin, par les
soins du même évêque, s'élevaient deux autres grands édifices : l'abbaye de
Saint-Martial et la cathédrale ; l'un n'est détruit que depuis 89, l'autre
subsiste encore dans plusieurs de ses parties ; on connaît le plan de tous
les deux. Or, c'étaient des églises voûtées en berceau, à croix latine et à
trois nefs. Elles n'avaient rien de byzantin, et il n'en aurait certainement pas
été ainsi, si Saint-Martin eût été quelque chose comme Saint-Front.

Le reste du Limousin donne lieu aux mêmes observations. Nous n'y connaissons qu'un seul monument à coupoles, l'abbaye de Solignac. Encore
est-il assez voisin du Perigord et ne remonte-t-il qu'au XIIᵉ siècle.

Est-ce donc à dire que le rapprochement que nous avons fait n'ait aucune
valeur, aucune importance? Nous ne le pensons pas. Au contraire, en par-
courant les diverses chroniques du Limousin, nous avons noté plusieurs
faits qui n'ont de même avec la colonie vénitienne de Limoges aucun rapport
évident ou nécessaire, mais qui tous trouvent leur explication, jusqu'à un
certain point, dans l'existence de cet établissement.

Voici quelques-uns de ces faits :

L'an 1010, selon les « Antiquités de Limoges », au bruit des miracles de
saint Martial, plusieurs seigneurs d'Italie vinrent à Limoges en dévotion [1].

A la fin du XIᵉ siècle, deux nobles « Vénitiens » fondent près de Saint-
Léonard, à deux myriamètres de Limoges, le monastère et l'ordre religieux
de l'Artige.

« Primus prior et fundator ordinis Artigiæ in diocesi Lemovicensi, non
longe a S.-Leonardo, fuit venerabilis Pater Marcus cum Sebastiano nepote
suo, qui nobilibus orti natalibus extiterunt de Venetia civitate in mari
sita. » — « Chronicon Bernardi Guidonis », dans Labbe, T. II, p. 278.

En 1453, deux artistes, dont les noms sembleraient affecter une physionomie italienne, Laçarus de Franceschi et Franciscus Piloxus, sculptent
une statue de la Vierge dans l'église de Saint-Martial de Limoges [2].

Enfin, en 1421, et longtemps avant la renaissance, une dame nommée

1. *Antiquités de Limoges*, 1638, p. 129.
2. *Mél. d'antiquités de Legros*, p. 60. — Texier *Essai sur les arg. et émailleurs*, p. 36

Jeanne Aldier, de retour d'un voyage en Terre-Sainte, fait élever dans l'église de Saint-Pierre de Limoges « un saint sépulcre », œuvre d'un artiste « vénitien » [1].

Ce que l'on pourrait dire de chacun de ces faits, nous le dirons de la construction byzantine de Saint-Front : sans doute, elle n'est pas positivement expliquée par l'existence de la colonie vénitienne de Limoges, mais elle en paraît moins extraordinaire.

Au reste, il ne faudrait pas s'y tromper ; si les relations commerciales de Venise avec la région centrale de la France ont rendu possible ou du moins ont facilité l'arrivée d'un des architectes de Saint-Marc, c'est avant tout le hasard qui l'a conduit à Périgueux, comme c'est le hasard qui a conduit Marc et Sébastien à l'Artige. Réduite à ces termes, notre prétention d'expliquer Saint-Front par l'établissement vénitien de Limoges, n'a rien d'excessif, et nous espérons bien qu'on ne nous objectera pas que les Vénitiens ont eu des comptoirs ailleurs qu'à Limoges, tandis que Saint-Front est unique. Nous voyons surtout dans la colonie vénitienne de Limoges une preuve des relations qui existaient au Xe siècle entre Venise, ainsi que tout l'Orient, et la France centrale. Les monnaies grecques du temps, que l'on a trouvées à Périgueux même, ont précisément la même signification positive, non point une signification contraire. Ces relations avec l'Orient ont pu exister dans d'autres villes ; elles ont pu se continuer dans d'autres temps plus rapprochés de nous, alors que nous avions déjà un art national, sans qu'un résultat tout accidentel se produisît deux fois.

On comprendra mieux encore l'idée que nous nous faisons des circonstances inconnues [2] qui ont imprimé à la cathédrale de Périgueux le sceau

---

1. Bonaventure de Saint-Amable, III, 694. — Texier, p. 35.

2. Dans le troisième volume de son grand ouvrage (p. 142 et suiv.), M. Dusommerard s'est occupé incidemment de cette question.—Orséolo Ier, vingt-deuxième doge de Venise, pourrait, selon lui, avoir eu une grande part dans la fondation de la colonie vénitienne de Limoges, dans celle des premières fabriques d'émaux de cette ville, et même dans la construction de la cathédrale de Périgueux. On sait qu'Orséolo est réellement mort en France, et il n'est pas impossible qu'il soit allé à Périgueux et à Limoges, quoiqu'on s'accorde à ne rien dire de ce voyage. Mais comment croire, en l'absence de tout document historique, qu'il s'y soit appliqué à fonder des ateliers d'émailleurs et à bâtir des cathédrales ? Ne serait-il pas trop merveilleux qu'avec tous ces voyages et toutes ces fondations, il n'eût pas plus occupé les chroniqueurs contemporains (et ils ne manquent pas), que s'il fût resté tranquillement dans sa cellule de Cuzan ? Au surplus, à l'abbaye de Cuzan, dont Orséolo passe pour le bienfaiteur, et à Saint-Elne et à Alet, comme à Cuzan, on ne trouve pas trace d'édifices byzantins, ou, ce qui est la même chose pour nous, d'édifices à coupoles. On conçoit, en effet, qu'Orséolo, s'il a fait construire quelque monument religieux, n'ait pas eu sous la

de l'art byzantin en amenant la parfaite ressemblance de Saint-Front et de
Saint-Marc, quand nous aurons donné l'explication d'un phénomène analogue advenu dans la même région de la France et vers le même temps.

Il existait en Bourbonnais une tradition recueillie, au XVI⁰ siècle, par le
géographe Nicolaï, d'après laquelle la petite ville de Souvigny aurait reçu
de Venise des lois et des usages qu'on aurait longtemps conservés. Ces lois
ou « police », comme dit Nicolaï, étaient un gouvernement sénatorial ayant
pour chef un baron. Ces usages étaient surtout « une dévotion » singulière
à saint Marc, patron de Venise.

M. de Coiffier-Demoret, qui a écrit de nos jours une « Histoire du Bourbonnais » (1816. T. II p. 251 et suiv.), sans s'arrêter à l'absurdité des
événements qui avaient produit, disait-on, cette importation des lois et
des usages de Venise, jugea avec raison qu'une semblable tradition ne
s'était pas établie sans quelque fondement. En conséquence, il disait « qu'il
fallait en rapporter l'origine à un événement dont la trace s'est perdue,
dont on a seulement conservé de vagues souvenirs que chaque génération a
dénaturés et s'est plu à reculer le plus possible. On sait (continuait-il)
les rapports que les Vénitiens avaient avec les croisés ; on sait que deux
Bourbons se sont croisés et ont fait le voyage de la Terre-Sainte. On
pourrait donc conjecturer que l'un d'eux, ou les chevaliers qui les
suivirent, ont reçu quelque service des Vénitiens ou leur en ont rendu,
en ont peut-être ramené avec eux, se sont attachés à quelques-uns de leurs
usages et ont cherché à les établir dans leur patrie ».

Hé bien! M. de Coiffier approchait assez de la vérité. Nous croyons en
avoir trouvé la preuve, tout à fait par hasard, dans les œuvres de Pierre

main d'artistes vénitiens, et à défaut de ceux-là ait employé ceux du pays. Pour résumer cette
longue note, malgré tout notre respect pour les opinions de M. Dusommerard, il nous est impossible
d'accepter celle dont nous venons de parler. Jusqu'à ce que de nouveaux documents se produisent, elle ne doit rester au moins que comme une hypothèse ingénieuse, que rien ne motive suffisamment, et qui, après tout, n'est nullement nécessaire.

Un passage du Mémoire si intéressant et si complet que M. Texier a publié, il y a six ans, sur
les émailleurs de Limoges, demande aussi quelques observations. — « ... Une vieille tradition », dit
M. Texier, p. 29, « attribue la construction de Saint-Front au doge Orséolo, qui vint en France
en 978, et y mourut après un séjour de dix-neuf années. — Quelle que soit la valeur de cette
tradition, nous n'en sommes pas réduits à des conjectures pour établir l'infiltration byzantine par
Venise, etc.... »

La mémoire de M. Texier l'a trompé sur ce point comme sur quelques autres, qui ont encore
moins d'importance. Cette prétendue tradition n'a été invoquée ni par nous ni par M. Dusommerard, et elle n'existe pas ; mais, si elle existait, assurément elle aurait la plus grande valeur et
serait même décisive.

Damien[1]. On y lit que, lorsque saint Odilon visita pour la dernière fois les monastères de l'ordre de Cluny, vers 1048, il se trouvait à Souvigny (Silviniacum) un certain moine « Gregorius nomine, Iweneta natione » («forsan Venetus », dit une note marginale). Ainsi, qu'un moine vénitien ait habité, dans la première moitié du XI⁰ siècle, le monastère de Souvigny, et il n'en faut pas davantage pour expliquer la dévotion à saint Marc, singulière, en effet, d'une ville française. Qu'un autre moine de l'Orient, mais un moine architecte, comme beaucoup l'étaient alors, soit venu vers la même époque de Venise, ou, si l'on veut, de Constantinople, habiter le monastère de Saint-Front, et l'origine de la basilique de Périgueux, ainsi que de tous les monuments byzantins de l'Aquitaine, est clairement expliquée.

1. Petri Damiani *Opera*, p. 182, t. II, 4 vol. in-fol. S. Odilo a Cluniac., p. 265.

CHAPITRE VII

RESTAURATION DE SAINT-FRONT

RESTAURATION DE SAINT-FRONT

Dans le cours de la description de Saint-Front, nous avons souvent eu lieu d'exprimer nos regrets de ce que plusieurs parties de ce noble monument avaient été détruites et d'autres dénaturées. Faudrait-il relever ces ruines ? Serait-il bon de refaire ces restaurations désastreuses ? Nous allons répondre d'avance à ces questions si naturelles. Cela sera d'autant plus à propos, il faut en convenir, que certaines mesures, très-fâcheuses à notre sens, se préparent peut-être et semblent du moins réclamées par beaucoup de nos compatriotes. Mais nous avons toute confiance dans l'école d'où sort M. Abadie, le nouvel architecte de Saint-Front, et dans le mérite dont il a personnellement fait preuve. Nous avons appris de sa bouche, à notre dernier séjour à Paris, qu'il n'avait point encore arrêté ses idées sur les difficiles problèmes que présentera le projet de restauration qu'on lui demande. Quand même nos vues particulières se trouveraient parfois, à notre grand regret, en désaccord avec les siennes, il nous saurait gré certainement de lui avoir offert, dans ce livre, nos conseils désintéressés. Notre sollicitude d'antiquaire pour les vieux édifices, que nous avons étudiés avec amour et que nous nous plaisons à remettre en honneur aux yeux de nos contemporains, n'a rien qui puisse le blesser, ni qui doive surprendre personne. Alors même qu'elle s'égarerait, ce qui est sans doute plus qu'admissible, elle serait encore très-excusable. Qu'on y prenne garde cependant : tel manquement au style, à la réalité monumentale, si léger en apparence ; telle métamorphose plus ou moins motivée, qui ne frappe actuellement et ne chagrine que nous ; telle destruction partielle, enfin, qui paraît d'abord largement compensée, seront bientôt jugés plus sévèrement. L'opinion devient tous les jours plus exigeante à cet égard ; on en a eu assez d'exemples ; et nous représentons peut-être le public de demain.

Au surplus, que le gouvernement accordât ou non des fonds à la plus vieille, à la plus curieuse de nos cathédrales ; que l'architecte de Saint-Front s'appelât de tel ou tel nom et nourrît tel ou tel projet, nous nous proposions depuis longtemps d'exposer quelques idées générales puisées dans l'étude comparée d'un grand nombre d'églises byzantines, et qui nous semblent devoir régler la restauration et les embellissements de cette sorte de monuments. Plusieurs de ces idées sont inapplicables, nous l'accordons, ou du moins elles le seront longtemps. Il est toujours utile de les soumettre à un examen sérieux. L'avenir décidera si elles sont susceptibles de se traduire en faits.

La mesure la plus grave dont la basilique de Saint-Front puisse être l'objet, c'est celle, sans contredit, qui consisterait à dégager ses cinq coupoles. Nous l'avons sollicitée le premier, il y a neuf ans, et maintenant elle est populaire à Périgueux. Voyons donc s'il est urgent, s'il est utile, et surtout s'il est facile de la réaliser.

Que cela soit urgent, — non point peut-être, quoique la charpente actuelle de Saint-Front, avec les murs dont elle est étayée, constitue un second édifice qui pèse gauchement sur les voûtes du premier, le mal est produit aujourd'hui et ne paraît pas faire de progrès rapides. Dix années de plus n'augmenteront pas beaucoup le danger, si ce danger existe. — Que ce soit utile, — oui, nous le croyons, il serait utile de rendre à l'antique cathédrale de Périgueux la physionomie orientale qui la distinguait entre toutes. Sans doute les coupoles de Saint-Front existent pour l'antiquaire et pour l'architecte ; mais, pour le voyageur et même pour l'habitant de Périgueux, elles n'existent point. La ville est réellement privée de son plus beau, de son plus curieux monument.

Que ce soit facile, enfin, — c'est selon. Il est hors de doute, assurément, qu'il en coûterait peu pour enlever la toiture moderne et mettre au jour l'ancienne. Le prix des matériaux enlevés paierait une notable partie de la dépense, et, d'un autre côté, il n'y aurait aucune difficulté sérieuse à rendre aux frontons, ainsi qu'aux pyramides, leur première forme et leurs premiers ornements ; à remplacer avec sobriété, sans s'attaquer à la voûte intérieure, les pierres usées du tambour extérieur des coupoles aux assises alternées ; à emprunter à l'église de la Cité, ou, pour mieux dire, au clocher même de Saint-Front la lanterne d'un si charmant effet, qui devrait couronner de nouveau la coupole centrale, et à refaire les pyramidions imbriqués, d'un effet plus douteux, mais d'une authenticité incontestable, qui terminaient les quatre autres dômes. Tout cela, disons-nous, serait

facile, parce qu'il n'y aurait rien à inventer; et tout cela serait peu coûteux,
au moins en raison de la grandeur du résultat obtenu. Malheureusement, ce
n'est pas tout que d'opérer ces divers changements. Si le toit couvert en
ardoise, qui enveloppe les coupoles proprement dites, n'a répondu à aucun
besoin réel et n'est qu'un embellissement maladroit, il en est tout autrement du toit en tuiles qui, à une époque incertaine et probablement très-
reculée, vint couvrir la plus grande partie de l'édifice. Ce toit est laid,
sans prétention aucune; il a fallu lui sacrifier tous les frontons et toutes
les pyramides qui décoraient extérieurement la basilique. On ne peut
méconnaître, par conséquent, qu'il était nécessaire et qu'on l'a fait à contre-
cœur. — Or, si l'on enlève ce toit de tuiles, on se retrouvera évidemment
en présence des mêmes nécessités, et c'est là le point véritablement embar-
rassant. Les dalles disposées en échelons qui couvrent encore l'extrados
des grands arcs, sont dans un état déplorable, surtout dans les endroits
où couleraient les eaux descendant des coupoles. — Il faut donc refaire à
neuf ce système de toiture ou, peut-être, le remplacer.

Avec ce second parti, deux combinaisons se présentent : couvrir l'église
de feuilles de cuivre ou de plomb, comme est couvert Saint-Marc, ou la
couvrir simplement de tuiles. Mais l'emploi du plomb rendrait inconsé-
quentes plusieurs des dispositions architectoniques qui caractérisent Saint-
Front; par exemple le cône très-aigu de la calotte des coupoles, tout
comme les pentes qui dissimulent l'extrados arrondi des grands arcs. —
Pour notre part, nous préférerions encore les tuiles, d'abord parce qu'elles
sont infiniment plus économiques, et aussi parce qu'elles ont été déjà
employées, mais partiellement, à Saint-Front, comme le savent bien nos
lecteurs. Ce modeste revêtement de tuiles à la romaine, s'il était rétabli sur
les coupoles, après la suppression de la toiture actuelle, et établi pour la
première fois sur l'ensemble des grands arcs, ne manquerait point de style,
puisque beaucoup d'édifices byzantins de second ordre sont ainsi couverts
en Orient. Il ne manquerait pas non plus de quelque grâce. Dans les environs de Boulogne et dans plusieurs localités de l'Angleterre, des tuiles peu
différentes sont aujourd'hui d'un usage habituel, et nous avons eu occasion
de remarquer par nous-même l'excellent effet qu'elles produisent.

Cette combinaison est donc parfaitement praticable, mais on détruirait
trop de choses du vieux Saint-Front. Il vaut mieux, à tout prendre, suivre
scrupuleusement le plan primitif, et s'efforcer de vaincre les difficultés
devant lesquelles le premier architecte s'est trouvé impuissant. Aujourd'hui
la même tentative peut être faite, ce nous semble, avec toutes chances de

succès. Ne renonçons pas légèrement à ces terrasses dallées, en gradins, de notre basilique. Malgré le tassement de l'église, malgré l'inexpérience de l'artiste étranger, elles ont duré quelque temps : rétablies avec plus de précaution, avec des matériaux mieux choisis, elles dureront des siècles, pourvu qu'elles soient entretenues avec les soins qu'on donne maintenant aux cathédrales. Elles méritent vraiment d'être gardées, parce qu'elles constituent un des grands traits de la physionomie première de Saint-Front.

Les autres changements que Saint-Front devrait éprouver à titre de restauration sont très-restreints. Il est tout simple de rouvrir, en les vitrant convenablement, toutes les fenêtres qui ne sont pas ou ne seront plus masquées par des constructions étrangères à la basilique[1]. Il est tout simple de rouvrir également celles des arcades des piliers qui n'ont pas été fermées dans un but évident de consolidation. Il y a lieu aussi, pour améliorer l'aspect intérieur et extérieur de l'église, de rebâtir l'abside latérale du nord dont la décoration est parfaitement connue. Elle prendrait, il est vrai, une travée de l'église basse de Sainte-Anne; mais les ruines de l'ancienne paroisse sont destinées à une destruction plus ou moins prochaine, et leur conservation se concilierait au besoin avec la reconstruction de l'abside.

Il conviendrait encore de restaurer le porche qui terminait le transept septentrional. Ce serait sauver des restes importants et en même temps rendre une façade à Saint-Front du côté de la place du Greffe. Une moitié de ce porche appartient encore à la cathédrale et n'a subi aucune altération. Les piliers de l'autre existent aussi en grande partie encadrés par d'abominables échoppes. Il n'y aurait qu'à les surmonter d'une voûte d'arêtes.

D'ailleurs, point de ravalement. — Loin d'embellir la basilique, ce serait lui enlever son caractère, et cela sans compensation. Ce serait nuire aussi aux vrais embellissements dont elle pourra quelque jour être l'objet. Si l'on a laissé à l'intérieur les murs plus rugueux qu'à l'extérieur, c'est avec intention, puisqu'à la Cité, quand on a voulu faire des peintures dans la coupole, plus finement appareillée, du XII⁰ siècle, il a fallu « piquer » la pierre sur toute l'étendue des fresques; par exemple, au soubassement de

---

1. Celles des soubassements du chœur ont été bouchées d'un côté, en raison de l'existence de l'église Sainte-Anne; de l'autre, parce que le soleil traversant librement leurs vitraux modernes devenait incommode au clergé. A défaut de peintures sur verre ou de grisailles, de simples verres dépolis auraient avantageusement remplacé les moellons dans ces vastes fenêtres, si nécessaires à l'effet du monument. Autrefois, l'inconvénient n'existait pas. Quand même les ouvertures de Saint-Front auraient été vitrées de la manière la plus simple, le verre *blanc* était verdâtre alors et médiocrement transparent.

gauche. Il y reste quelques fragments d'enduits et quelques linéaments peints qui représentent la tête d'un monstre; mais on voit très-bien, à la manière dont le mur est dépoli, la dimension de ces tableaux à fresques qui dataient peut-être de Pierre de Minnet, comme la galerie des évêques à Saint-Front, et comme la coupole même de la Cité.

Donc, point de ravalement, quoiqu'on l'ait commencé sur deux ou trois points, il y a quelques années. Point d'ornements nouveaux non plus; là même où l'ornementation est évidemment restée incomplète, on ne pourrait pas se permettre de la compléter, à plus forte raison de la retoucher ou de la corriger. Il faut que l'œuvre demeure telle qu'elle est sortie des mains de son premier architecte, avec toutes ses petites imperfections, qui, oubliées ou acceptées dès l'origine, lui donnent un degré d'intérêt de plus, et qui d'ailleurs n'altèrent pas sensiblement l'effet général. Pour les consoles des grands frontons, tout au plus, il serait licite d'épaneler celles qu'on avait laissées brutes et qui sont réellement inintelligibles.

De travaux de consolidation, nous n'en recommanderons aucun, car ils ne sont guère de notre compétence. Il nous a semblé, du reste, que les entreprises de cette espèce n'avaient pas toujours les résultats qu'on en attendait et se trouvaient souvent inutiles, sinon nuisibles. Il ne faut point croire que l'on consolide un monument dont l'épiderme seul a souffert, en remplaçant soigneusement les pierres endommagées par la gelée. Tout ce qu'on peut espérer d'une semblable opération, c'est de rétablir dans sa pureté première le dessin architectonique de l'édifice restauré. Encore faut-il que ce dessin soit gravement altéré et tende à devenir méconnaissable, comme au tambour des coupoles de Saint-Front; car, assurément, il y a telles dégradations légères, respectable empreinte des siècles écoulés, que nous préférerons toujours de beaucoup à cette indigne marqueterie dont on salit tant de nobles façades.

Nous avons remarqué, comme tout le monde, les lézardes qui affligent de tous côtés les regards dans l'intérieur de la basilique. Mais, qu'on ne le perde pas de vue, la plupart d'entre elles ne font pas de progrès; elles résultent du premier tassement que subit, aussitôt après son achèvement, toute construction négligée. Le mal est ancien; il est irrémédiable et, du reste, ne paraît point de nature à entraîner jamais la chute de la masse du monument. Les trois coupoles du vaisseau principal surtout ne travaillent plus et ne donneront aucun sujet d'inquiétude. Celle de l'ouest, qui s'appuie au clocher, était en outre en contre-bas du sol extérieur. C'est la plus solide de toutes. — Celle du centre, contenue de tous les côtés, ne pouvait qu'écraser ses piliers, comme elle l'a fait autrefois avant qu'ils ne fussent renforcés. Celle de l'est, malgré sa situation hardie, a bien résisté aussi à cause des précautions particulières que les fondateurs de Saint-Front avaient prises pour la consolider. Voilà donc toute une nef dont on n'a pas à se préoccuper. On peut y faire tout ce qu'on voudra, même des peintures, sans crainte pour l'avenir. — Les deux coupoles du Touin et du Greffe sont plus compromises : elles tendent à se séparer du reste du monument et penchent sensiblement, l'une au sud, l'autre au nord. La trop grande hardiesse des piliers du transept, augmentée par leur mauvaise construction, a déterminé ce mouvement. Pour l'arrêter, on pourrait comme M. de Mourcin y avait songé, établir sur le dallage des galeries des tirants de fer ancrés dans les piliers du centre, et dont on dissimulerait l'autre extrémité en la recouvrant d'un placage en maçonnerie identique au reste de l'appareil. Le pendentif du nord-ouest, à la coupole du Greffe, fait mine de se détacher sous la pression de la toiture moderne dont les murs d'angle pèsent justement sur les pendentifs, en complet porte-à-faux. On a plusieurs fois fermé les lézardes sur le point dont il s'agit ; elles se représentent et s'élargissent toujours. Il ne suffira pas, sans doute, de faire disparaître la cause du mal ; on sera probablement contraint de reprendre en sous-œuvre le pendentif tout entier, ce qui ne présentera point d'insurmontables difficultés.

Nous ferons observer ici qu'au point de vue de la consolidation du monument, il n'y aurait aucun inconvénient à relever les pyramides qui terminaient autrefois les huit piliers des angles saillants de la croix, et même que ce serait plutôt une mesure avantageuse qu'une mesure nuisible. Ces pyramides, dont le poids est si faible par rapport à la masse de l'édifice, n'exerceraient sur les fondements aucun effet appréciable ; et, d'un autre côté, elles n'étaient point inutiles, parce qu'elles avaient pour but, ou du moins pour effet de charger les piliers au-dessus de la retombée des grands arcs. (Aussi ces piliers se décoiffent, selon l'expression de M. de Mourcin.) — C'est précisément de cette façon qu'agissent les clochetons qui surmontent les piliers butants de nos églises ogivales.

Le porche du nord, s'il était rétabli, rendrait de même à la façade contiguë l'appui de ses voûtes et de ses piliers d'angle si développés.

Pour le clocher, qui est dans un état de vétusté fort concevable après huit siècles et plus de durée, il a cependant besoin d'entretien plutôt que de consolidation. Il faudrait se hâter de rejointoyer les assises de sa coupole conique. Il faudrait mettre sa plate-forme supérieure à l'abri de l'infiltration des eaux. L'enlèvement de la balustrade a laissé voir toute l'étendue du dégât, et nous nous étonnons qu'on n'ait pas déjà entrepris quelques travaux dans cet endroit. Apparemment on attend que le projet complet de restauration soit fait pour se mettre à l'œuvre. Souhaitons-le, car il serait trop triste que la vieille tour de Périgueux fût abandonnée, comme on l'a dit, à son malheureux sort, en vue d'une reconstruction plus ou moins générale. Nous sommes sans doute défiant à l'excès; mais nous avons vu condamner tant de clochers plus solides en apparence que celui de Saint-Front [1], que nous nous inquiétons facilement. Les architectes se font un idéal de solidité auquel ils veulent trop souvent ramener, coûte que coûte, les monuments qu'on leur confie. Un siècle ou deux de santé chancelante ne sont rien pour eux: ils exigent une santé complète et robuste, et disent volontiers que « quand un homme est usé on en refait un autre ». Passe encore pour les hommes, quoiqu'un architecte tout neuf n'en vaille pas un bien expérimenté; mais pour les monuments, c'est autre chose. — D'abord, toute construction « déposée », c'est le mot, ne se repose pas. On l'a bien vu, même à Paris, par deux ou trois fois. Admettons pourtant que les fonds ne manquent jamais tout à coup, même en temps de révolution, et qu'on soit sûr de rebâtir ce qu'on aura démoli : nous prétendons, nous, qu'on ne l'aura pas pour cela remplacé. La question n'est pas toute dans la dépense, ni dans l'habileté de l'architecte; elle est aussi dans la nature du monument dont il s'agit et dans l'intérêt qu'il présente. Est-il surtout remarquable par sa beauté, par sa physionomie pittoresque et par la manière dont il décore une ville. Est-ce, par exemple, une œuvre du XIIIᵉ siècle, un spécimen de l'art ogival, si universellement répandu, si bien étudié déjà. On peut se flatter d'en donner, à force de zèle et de science, sinon un équivalent, du moins un parfait fac-similé. Assez d'autres constructions du même genre resteront pour l'étude. On se consolera d'autant plus aisément de la perte, à demi réparée, qu'on aura faite.

Mais c'est du clocher de Saint-Front qu'il s'agit, le plus ancien de toute la France et même, on peut le dire, le seul clocher byzantin qu'il y ait au monde. Combien donc ne faut-il pas tenir à la complète authenticité d'un tel monument? Son plus grand mérite est archéologique, et aussi bien n'est-il guère admiré que des antiquaires. Qu'on le rebâtisse au lieu de l'entretenir, qu'on le remanie librement au lieu de n'y toucher qu'avec respect : toute son importance disparaîtra. Il continuera bien à dominer le Puy-Saint-Front et à jouer son rôle dans le paysage; sa beauté survivra

---

1. Celui de Saint-Pierre d'Angoulême, entre autres.

sans doute aussi, mais non pas son prestige. A la place d'un tableau original,
on n'aura plus qu'une copie chèrement payée. Le clocher de Saint-Front
n'aura désormais d'autre valeur qu'un dessin d'architecte, auquel personne
n'est tenu de se fier. Ce ne sera plus enfin cette œuvre unique pour l'histoire de l'art que Périgueux possède aujourd'hui.

Et puis, comment être exact dans un travail tel que la reconstruction
totale ou partielle du clocher de Saint-Front? — Il a été restauré après
l'incendie de 1120. — Tiendrait-on cette restauration pour non avenue;
effacerait-on toutes les traces de travaux si importants? — On ne saura plus
au juste comment arranger ces fenêtres agrandies; comment refaire les
colonnes qui les ornaient primitivement? — Reproduirait-on scrupuleusement, au contraire, l'état actuel du monument? Cela vaudrait mieux; mais,
pourtant, quelle inconséquence! Ces doubles rangs de claveaux irréguliers;
ces cintres, qui ne se correspondent pas; ces pieds-droits, inégalement
renforcés; toutes ces modifications de l'appareil, curieuses dans un vieux
monument maintes fois remanié, seraient ridicules et inacceptables dans
une construction neuve. Quand même on ne toucherait qu'au couronnement,
copiera-t-on une à une ces cinquante-huit colonnes faites sur tant de
modèles opposés et produit de tant de restaurations successives? Osera-t-on,
d'un autre côté, les faire toutes corinthiennes et sur le même modèle,
lorsque celles-là même qui semblent appartenir à la première construction
diffèrent beaucoup entre elles? Impossible, par conséquent, de donner de
ce qui existe une passable reproduction.

Si nous insistons ainsi sur les difficultés insurmontables que présenterait
la reconstruction partielle du clocher de Saint-Front, c'est pour détourner,
au besoin, de l'entreprendre légèrement et sans nécessité absolue. Nous
n'en comprenons pas moins que cette mesure pourra devenir quelque jour
indispensable. De tous les moyens de conserver le souvenir des monuments
qui tombent sérieusement en ruine, le meilleur, assurément, c'est de les
rebâtir. Mais nous voudrions que la nécessité fût évidente aux yeux de
tous, même des antiquaires, et ne se produisît pas pour la première fois le
lendemain du jour où l'on appelle un architecte. En fait, jamais jusqu'à
présent le clocher de Saint-Front n'avait paru prêt à tomber sur la tête des
passants. Qu'on ne veuille pas répondre de le consolider à toujours; nous
le concevons; — les médecins ne se chargent pas de guérir tous les
malades, sans abandonner néanmoins ceux qui paraissent incurables. —
Mais autant il est difficile de le remettre à neuf sans reconstruction, autant
il nous semble aisé, par des soins intelligents, de prolonger son existence.

Quand ce ne serait que de cent ans, que de dix ans, la chose en vaudrait la peine, et nous espérons sincérement que M. Abadie en jugera comme nous.

En dehors de toute restauration, il nous paraîtrait urgent d'ensevelir de nouveau, non sans des cérémonies expiatoires, les ossements entassés à la surface des cryptes depuis l'époque où les Français fabriquaient si vertueusement du salpêtre avec la poussière des morts. Ces monceaux de débris humains présentent le spectacle le plus triste et le plus indécent, car les cryptes de Saint-Front servent en partie de bûcher et communiquent directement avec une écurie. On ne comprend pas tant d'insouciance. C'est comme pour les décombres qui obstruent les galeries hautes de l'église et qui auraient dû être enlevés depuis le rétablissement du culte.

La restauration de Saint-Front n'en comporte pas nécessairement le dégagement, hormis à la façade du greffe; mais ce sera pour elle un utile complément. L'église n'est nulle part bien en vue, si ce n'est à l'extérieur de la ville, d'où elle apparaît majestueusement au-dessus des maisons. Elle serait pourtant bonne à voir de près, et le sera bien davantage, il faut l'espérer, dans quelques années. Nous applaudissons donc de grand cœur aux démolitions par lesquelles on prélude à la grande restauration. Elles sont principalement dues à Mgr l'évêque de Périgueux, qui a usé de sa haute influence pour disposer le couvent des Dames religieuses à des échanges et à des cessions de terrains. L'État est intervenu aussi, et bientôt, sans doute, chacun pourra admirer, de la voie publique et avec une reculée convenable, la plus belle et la plus imposante partie de l'extérieur de l'édifice. C'est, sans contredit, l'angle rentrant du sud-est, où nulle construction parasite n'est venue souiller les assises romaines des soubassements et où les murailles de Saint-Front se dressent dans toute leur hauteur à près de trente mètres, sans les coupoles. Malgré l'obligeance des bonnes sœurs envers les curieux, il faut aujourd'hui qu'ils soient initiés à tous les secrets des antiquités périgourdines pour songer à demander l'entrée du couvent; et, une fois admis, toutes les difficultés ne sont pas levées, car c'est du haut d'un toit que nous avons vu et dessiné le charmant petit fronton à palmettes de notre septième planche.

Au lieu de déblayer les alentours de Saint-Front, il semblerait peut-être plus logique de se mettre immédiatement à démasquer les cinq coupoles. Avec la même dépense, on obtiendrait du moins des effets plus saisissants; mais les allocations dont on peut disposer sont encore trop faibles pour permettre d'aborder la restauration de la toiture qu'il faudrait rapidement terminer. D'ailleurs, les projets se mûriront en attendant, et c'est toujours un avantage.

A mesure que le budget en donnera les moyens, on continuera donc probablement d'enlever les maisons qui masquent Saint-Front du côté du levant jusqu'au greffe, en contournant l'abside gothique. Quoique les bicoques dont il s'agit soient malheureusement adhérentes à cette partie du monument, elle gagnera beaucoup aussi à être dégagée. On en sera quitte pour quelques empreintes désagréables à l'œil que l'on effacera tant bien que mal. Mais l'élévation de l'abside paraîtra doublée : elle deviendra plus élégante et plus pittoresque. La petite chapelle qui lui sert de transept sera vraiment remarquable sous ce rapport, car elle est supportée par un arc surbaissé jeté, comme un pont, d'un contrefort à l'autre.

De la place du Greffe à celle de la Clautre, se trouvent plusieurs maisons d'une grande valeur, parce qu'elles bordent une rue fréquentée, et appartiennent au quartier commerçant de la ville. En les démolissant de manière à dégager, sur ce point, et la nef latine et le pied de la croix grecque, on obtiendra peu de résultats, parce que les constructions masquées ont été mal soignées dès l'origine, et que leur parement en moellons, entamé et sali comme un simple mur mitoyen, sera pour ainsi dire à refaire. On se verra d'ailleurs aux prises avec des embarras imprévus, puisqu'il existe au milieu de ces maisons des restes très-intéressants, très-considérables, qu'on ne se propose point de restaurer et qu'on ne saurait non plus démolir. Nous voulons parler de l'édicule de style latin où M. de Mourcin reconnaissait, non sans fondement, la Confession de Saint-Agnan.

La restauration de Saint-Front se conçoit fort bien sans ces dernières démolitions, et il nous paraîtrait prudent de laisser provisoirement dans le « statu quo » tout ce qui enveloppe le pied de la croix grecque, y compris le monastère ou évêché. Il suffirait d'avoir l'œil ouvert sur les projets de réparations du boulanger et du vannier qui ont acquis des droits de propriété sur deux portions de la cathédrale, et, au besoin, on les exproprierait. En même temps on veillerait, un peu mieux que par le passé, à la conservation des dépendances actuelles de Saint-Front. Les voûtes du cloître notamment pourraient être mises d'ores et déjà à l'abri des infiltrations par une chape de bitume.

Cette marche-là n'aurait rien de grandiose ; son mérite serait de circonscrire dans des limites raisonnables la restauration de Saint-Front, tout en laissant le champ libre pour l'avenir à d'autres vastes entreprises. Mais on n'est pas content à Périgueux de cette cour humide qu'il faut traverser pour entrer dans la cathédrale par la Clautre. On connaît mal et on apprécie peu les antiques constructions qui se trouvent mêlées de ce côté aux habitations particulières. Et peut-être M. Abadie, qui n'a fait que passer parmi nous, n'est-il pas beaucoup mieux au courant que le commun des Périgourdins des curiosités cachées de Saint-Front. Aussi a-t-on pu songer un moment à faire le vide autour de la grande basilique byzantine, en rasant le monastère, le cloître, la Confession présumée de Saint-Front et celle de Saint-Agnan, toute l'église latine enfin, et cela pour établir une façade neuve sur la place agrandie et abaissée de la Clautre. Que la masse du public se soit laissé prendre aux avantages apparents de cette idée, on le comprend assez; mais, qu'un architecte archéologue, comme M. Abadie, s'y soit arrêté un seul instant, nous ne le croirions pas, si Monseigneur de Périgueux lui-même ne nous avait pas fait l'honneur de nous en entretenir. Retrancher de Saint-Front ce qu'il a de plus ancien et de plus vénérable, supprimer la moitié d'un monument pour faire valoir et pour embellir le reste, voilà comment la question se pose pour nous; et nous ne craignons guère, si jamais elle se représentait, surtout sous l'administration de M. de Contencin, qu'elle soit résolue contre tous les intérêts de l'art et de l'archéologie.

Si l'évêché de Périgueux est incommode et à peine habitable, ce que nous reconnaissons le premier, qu'on en bâtisse un autre à portée de la cathédrale : ce sera pour le mieux. Mais, pourquoi ne pas laisser vivre le vieux monastère? Si l'on veut absolument une entrée monumentale à l'occident de Saint-Front, au lieu de composer péniblement une façade byzantine parfaitement fausse et pour laquelle on ne saurait s'inspirer, par cette raison, des portails latéraux du même édifice, pourquoi ne pas se servir de celle qui existe? Aussi mutilée que soit cette antique façade latine, il serait encore moins difficile de la rétablir, avec le porche du même style dont elle est précédée et la coupole dont elle était suivie, que de créer une façade neuve pour la base du clocher; c'est-à-dire, précisément pour la triple nef de la vieille église. Notre huitième planche n'est bonne qu'à montrer approximativement ce qu'a été le frontispice de la cathédrale primitive, et ce qu'il pourrait être encore. Nous ne la recommandons nullement comme un modèle. Mais, en démolissant la maison du boulanger, on retrouverait sous les enduits l'appareil intact de la façade et des restes suffisants de chaque corniche droite ou brisée, de chaque moulure.

Puisque nous en sommes aux contre-projets, ne serait-il pas possible, une fois l'évêché déplacé, d'utiliser le monastère et le cloître? La ville de Périgueux n'a pas de musée de sculpture et d'architecture, ou plutôt elle en a trois, en comptant le jardin Chambon; tous incomplets et insuffisants. L'un d'eux se trouve déjà, avec la Bibliothèque publique, dans l'aile méridionale du monastère. En donnant à ces deux établissements les développements que comporte Périgueux, ils rempliraient presque, avec les sacristies et les magasins de Saint-Front, l'espace laissé libre par l'enlèvement de l'évêché. De tous les musées de sculpture, les meilleurs sont les anciens cloîtres, témoin Toulouse et bientôt Bordeaux. Les galeries déblayées et rajeunies de celui de Saint-Front se prêteraient admirablement à la destination que nous leur assignons. Quand même on n'y logerait que les fragments chrétiens ou du moyen âge que l'on possède déjà, et que chaque jour fera découvrir, avec ceux que toute restauration a pour effet de produire en grand nombre, elles seraient encore dignement occupées. Et quelle ne deviendrait pas alors l'importance de Saint-Front, à la fois cathédrale et abbaye, monument religieux et monument civil, l'église-mère entre celles qui se couvrent de coupoles, juxtaposée avec l'édifice le plus complet de tous ceux qui remontent au delà de l'an mille; œuvre de tous les temps et de tous les styles, depuis le dernier gothique jusqu'au roman, depuis le vrai byzantin de Byzance jusqu'au latin de Charlemagne ou de Clovis!

Avec l'un des deux systèmes de restauration que nous venons d'examiner, le plus restreint comme le plus large, la basilique de Saint-Front ne laisserait peut-être rien à désirer aux antiquaires; mais, à un autre point de vue, qui est celui du plus grand nombre, elle resterait encore tout à fait incomplète, parce qu'elle est triste et nue, parce qu'elle n'environne pas d'assez de luxe et d'assez de pompe les cérémonies du culte catholique. La religion est vivante et sûre de l'avenir; elle ne veut point habiter des ruines. Le clergé et les fidèles demanderont donc infailliblement à reprendre l'œuvre interrompue par nos pères et à décorer de nouveau, à embellir, en un mot, l'intérieur de la cathédrale. Comme nous ne saurions combattre, au nom de l'archéologie, ces légitimes tendances, nous nous contenterons de leur montrer un but et d'indiquer une voie que l'on puisse suivre sans inconvénients graves et sans dangers.

Tous les genres d'embellissements ne conviennent pas à tous les édifices. C'est une vérité qui semblerait vulgaire, si elle n'était pas tous les jours méconnue. Ainsi, les églises ogivales, offrant peu de surfaces lisses, ne comportent pas de peintures à grands personnages, mais seulement ces délicates enluminures dont la Sainte-Chapelle de Paris présente un si merveilleux spécimen. Dans nos rares monuments de style byzantin, les surfaces lisses sont multipliées, au contraire, et il y faut, en conséquence, des peintures à grands personnages, comme le prouve la coutume universelle et constante de l'Orient. Dans cette patrie de l'architecture byzantine, on donnait aux églises riches un revêtement de mosaïques; aux églises pauvres, un revêtement de peintures. Aujourd'hui, que toutes les églises sont pauvres, on ne se sert plus que de peintures; mais, partout, dans les temps anciens et dans les temps modernes, ce revêtement a été aussi complet que possible, et s'est étendu à toutes les parties des murs et des voûtes. Sans lui, une église byzantine, même une église de campagne, n'est pas considérée comme achevée. Les premiers architectes de Saint-Front avaient bien compris aussi qu'il fallait des peintures sur ces vastes piliers, sur ces grands arcs énormes, dans ces coupoles et dans ces absides; car, nous avons montré qu'à diverses époques on avait commencé et poursuivi un travail de cette nature, et que, par exemple, on avait décoré les murs de la basilique des portraits en pied de tous les évêques de Périgueux. A Cahors, au Puy, surtout, où la nécessité d'une décoration peinte se faisait sentir comme à Périgueux, nous signalerons d'autres faits de ce genre. Nous en concluons que le système de décoration qui nous occupe serait fondé sur nos propres traditions, aussi bien que sur celles de Venise et de Constantinople.

Maintenant, si l'on veut faire quelque chose pour la décoration, pour l'embellissement de Saint-Front, pourquoi donc ne songerait-on pas à ce complément magnifique, qui seul donnera à l'imposante basilique la vie et le mouvement qui lui manquent?

L'œuvre est immense, dira-t-on! Tant mieux, puisque nous pouvons compter sur l'avenir. — Elle est coûteuse! Qu'importe, si rien n'empêche de l'entreprendre partiellement, et d'obtenir immédiatement un effet partiel qui dédommagera des dépenses faites, en encourageant à en faire de nouvelles. Est-elle impossible enfin? Non, très-certainement; non, elle ne l'est pas, et nous nous efforcerons même de prouver qu'elle présente moins de difficultés que toute autre grande entreprise digne d'émouvoir et de passionner les populations. Mais elle n'a pas droit au concours de l'État; il faut qu'elle se fasse par les seuls efforts du clergé, de la fabrique et des fidèles. Aux yeux de bien des gens, cela lui donnera un mérite de plus.

Le choix et la disposition des sujets, le système général de la composition exigent sans doute de longues réflexions et des études étendues; mais il n'y a rien là qui soit au-dessus des forces du clergé diocésain. Saint-Marc[1], avec

---

1. A Saint-Marc, au-dessus du premier grand arc qui se présente aux regards en entrant dans l'église : — « Benedictus qui venit in nomine Domini. » — Des anges dans les pendentifs ; les évangélistes dans ceux de la coupole suivante ; dans la coupole de l'orient, la Pentecôte.

ses belles mosaïques, pourrait très-bien servir ici de modèle. D'ailleurs, il existe un livre antique, apporté du mont Athos par M. Didron, qui faciliterait singulièrement le travail, c'est LE GUIDE DE LA PEINTURE; tout s'y trouve, tout y est prévu, toutes les traditions y sont recueillies. On y voit comment chaque sujet doit être exprimé et même à quelle place il doit se trouver [1]; et rien n'est plus facile que de distinguer dans ces prescriptions ce qui doit rester propre à l'église grecque de ce qui appartient à l'église universelle.

Les sujets choisis et placés, il faudrait apparemment les rendre le mieux possible; mais, disons-le au risque de passer pour barbare, on devrait renoncer néanmoins aux procédés et à la plupart des perfectionnements de la peinture moderne. Sur ce point, comme sur quelques autres, le progrès consisterait à retourner en arrière et à rebrousser chemin vers les premiers âges de l'art.

Aujourd'hui, nos peintres sont accoutumés à donner à leurs créations le plus possible de vérité et de réalité. Ils usent sans mesure de toutes les ressources de la couleur ou de la perspective; ils s'étudient à créer des tableaux parfaitement indépendants de tout ce qui les environne, et qui, réclamant toute notre attention, nous ravissent en quelque sorte par la pensée. Cette tendance, qui date de loin et qui se justifie par l'exemple des plus grands génies, est excellente en un sens et a beaucoup contribué aux progrès de la peinture ainsi qu'à la popularité des maîtres. Aussi nous gardons-nous bien de la blâmer absolument. Mais elle a son mauvais côté; si elle remplit de bons tableaux nos expositions et nos musées, elle nuit parfois à l'effet général de nos monuments, parce que l'architecture, en exigeant le concours de la peinture ou de la sculpture, doit cependant restreindre dans de certaines limites le développement et l'importance de ces arts secondaires.

Que nos lecteurs veuillent se rappeler un moment ces tableaux gigantesques qui tapissent les parois de la nouvelle église de la Madeleine.—Est-ce que ces plans multipliés, cette agitation des personnages, ces paysages, cette exacte perspective, ne transportent pas l'esprit hors du monument? Est-ce que tous ces tableaux ne font pas des trous dans les murs? Y a-t-il

<hr>

1. *Guide de la peinture*, p. 447. — Le Jugement dernier à l'occident; l'Ancien Testament sur le côté gauche de l'église, ou au nord; et le Nouveau, sur le côté droit. S'il y a cinq coupoles, le Pantocrator ou le Créateur dans celle du milieu; Emmanuel, l'ange de la grande volonté, la Vierge et le Précurseur dans les autres. La Vierge au levant, le Précurseur à l'occident. Les évêques, si l'on voulait rétablir leurs effigies, au-dessous du Bon-Pasteur. (P. 427.) Du reste cet ordre n'est point observé à Saint-Marc et n'est pas rigoureux.

la cet accord, cette harmonie qui augmentent tant la puissance de nos belles cathédrales?

Du reste, si ces réflexions ont quelque chose de vrai quand il s'agit d'un édifice tout nouveau, comme la Madeleine; d'un édifice où tout est l'œuvre des mêmes hommes, et où tout brille de la même richesse, combien n'ont-elles pas plus de force quand elles s'appliquent à nos vieux monuments, où ces tableaux sont accrochés au hasard et toujours de manière à cacher ou à masquer quelque ornement; quand elles s'appliquent particulièrement à Saint-Front? Lors même qu'il serait matériellement possible de multiplier presque à l'infini ces productions de M. Hesse ou de M. Lafon, et d'en revêtir entièrement l'intérieur de la cathédrale, il n'y aurait pas d'ensemble dans cet immense travail, et l'effet obtenu ne serait pas réellement satisfaisant. L'œil, sollicité dans tous les sens, ne saurait où se fixer, et la vieille basilique disparaîtrait sous ces nombreux tableaux. On en aurait fait un mauvais musée, sans pour cela la bien décorer.

Mais on conçoit qu'un projet pareil, fût-il excellent de tous points, ne serait pas réalisable à Périgueux. La peinture moderne avec son cortége d'études, de cartons et de modèles, marche lentement au but et, partant, coûte cher. On ne peut donc l'employer en grand que dans les capitales. Que faire, cependant, s'il est bien reconnu que la cathédrale ne doit être décorée que de peintures? Peindre, non comme on peint de nos jours, mais comme on peignait chez nous au moyen âge et comme on peint encore au mont Athos.

M. Didron a vu tout récemment à l'œuvre ces ateliers de moines, derniers représentants de la peinture byzantine [1].

Un élève étendait soigneusement sur la muraille un enduit de chaux et de coton qui en recouvrait un autre plus grossier et plus adhérent à la pierre. Trois jours après, le maître traçait rapidement sur cette chaux humide l'esquisse au pinceau des personnages. Il dessinait de tête, sans carton, sans modèle, et très-passablement pourtant. Ensuite les élèves étendaient les fonds, faisaient les draperies et les ornements. Puis, le maître venait aux nus et aux visages. Enfin un écrivain mettait, le livre à la main, les inscriptions consacrées. — En cinq jours, le moine Joasaph, aidé de ses disciples, avait peint à fresque, sous les yeux du voyageur français, une « Conversion de saint Paul », tableau de trois mètres en largeur sur quatre de hauteur; et l'on assure que, sans être un chef-d'œuvre, cette peinture improvisée avait une valeur réelle.

1. *Manuel d'Iconographie chrétienne*, p. 66.

Il serait sans doute puéril de souhaiter qu'un de ces peintres grecs vînt enseigner aux nôtres cet art modeste et utile; mais pourquoi quelques-uns de nos artistes, renonçant à une partie de leur science, n'essaieraient-ils pas de cette peinture aisée et économique? Dans notre conviction, c'est la seule qui soit possible et convenable à Saint-Front, tout comme à Cahors, ou bien au Puy et à Angoulême. — Elle impose beaucoup de simplicité dans la composition, beaucoup de calme dans les attitudes; mais par cela même elle convient à un édifice où tout est antique et primitif, où tout est simple et presque grossier. Les grandes scènes de l'Ancien et du Nouveau Testament, ainsi rendues, n'auront pas de vraisemblance, de réalité? Les personnages n'auront pas de relief? Tant mieux, l'architecture sera décorée et non pas effacée par la peinture. On fera simplement des hiéroglyphes chrétiens? — C'est précisément ce qu'il faut. Il n'est point nécessaire de nous faire assister, en quelque sorte, aux événements de notre histoire religieuse; il suffit de nous les remettre en mémoire.

Il est bien entendu que nous ne voulons pas d'incorrections volontaires et que nous ne recommandons pas les fautes de dessin des peintures que nous offrons pour modèle. Nous voulons ce qu'elles ont de bon et non ce qu'elles ont de mauvais; ce qui est grave et digne, quoique simple, et non ce qui pourrait provoquer le rire. Nous n'aimerions pas que les figures dont on « historiera » la cathédrale fussent encadrées par des paysages ou des monuments; nous ne voudrions pas qu'on visât à leur donner trop de relief et de vérité; mais nous souhaitons qu'on les fasse aussi belles et aussi bien dessinées qu'il sera possible. — Peu importe qu'elles se détachent uniformément sur un fond blanc, parce que c'est peut-être le seul moyen de faire qu'elles s'accommodent de toutes les positions et qu'elles soient visibles par tous les jours. — Peu importe qu'elles soient mal finies, peu importe qu'elles soient de simples ébauches, puisqu'elles se trouveront presque toujours à une grande hauteur et que les détails se perdront dans le majestueux effet de l'ensemble [1].

Telles sont, réduites à leur expression la plus simple, les idées que nous voulions soumettre à l'examen de nos lecteurs. Nous les livrons sans crainte à la critique [2], et si une seule paraissait digne un jour d'être adoptée, nous

1. On peut voir au Puy et, plus près de nous, à Cadouin, ce que valent, au point de vue de la décoration, des peintures plus imparfaites encore que celles qu'il serait permis d'avoir à Saint-Front.

2. Il serait certainement regrettable de cacher sous un enduit l'appareil si curieux de l'intérieur de la cathédrale; mais, outre qu'on ne gratterait et qu'on ne détruirait rien, cela ne se ferait que

nous consolerions facilement d'avoir encouru quelque ridicule en prévoyant de si loin tant et de si singulières choses. — Nous ne désespérons pas qu'il ne se trouve un jour des peintres obscurs, mais habiles, pour se dévouer à la décoration de Saint-Front. — Nous ne désespérons pas non plus que la piété et le patriotisme des habitants de Périgueux ne fournissent assez d'argent pour réaliser successivement tous nos rêves.

bien lentement et même ne se ferait jamais partout, par exemple au dedans des piliers. D'ailleurs cet inconvénient nous paraîtrait largement compensé par l'avantage de décorer magnifiquement et d'achever la basilique.

L'ARCHITECTURE BYZANTINE

EN FRANCE

DEUXIÈME PARTIE

ÉGLISES A COUPOLES DE L'AQUITAINE

CHAPITRE PREMIER

CONSIDÉRATIONS GÉNÉRALES

CONSIDÉRATIONS GÉNÉRALES.

On sait qu'en dehors des grandes divisions fondées à la fois sur l'âge des monuments et sur leur situation géographique, il est des nuances, moins nettes et moins tranchées assurément, mais très-réelles, qui rattachent à certains édifices de premier ordre beaucoup de constructions secondaires; et qu'ainsi, pour ne citer qu'un exemple, la cathédrale de Reims se reflète dans Notre-Dame de l'Épine. La basilique de Saint-Front, bâtie vers l'an mille, alors que l'art national commençait à peine à se réveiller, et reproduisant, sinon dans toute sa richesse, au moins dans toute sa grandeur et sa majesté, un des principaux types de l'architecture byzantine, doit plus qu'aucun autre monument avoir excité des imitations. De plus, ces imitations doivent être, on le conçoit, singulièrement faciles à reconnaître. Aussi la cathédrale de Périgueux se présente-t-elle entourée d'une foule d'édifices tous empreints, à des degrés différents, du style byzantin, tous de la même famille.

C'est d'abord, dans la ville même de Périgueux, l'église de Saint-Étienne de la Cité, consacrée peu de temps après Saint-Front, et celle de Saint-Silain, récemment démolie. — Une fois naturalisé dans ce centre, le style byzantin a rayonné dans tous les sens. — Il a construit les églises de Saint-Astier (1013), de Brantôme, de Saint-Jean de Cole (1081-1099), de Saint-Avit-Sénieur (avant 1117), de Paunat, de Trémolac, de Boschaud, de Ligueux, abbayes plus ou moins importantes. Puis, parmi les simples paroisses, celles d'Agonac, de Bourdeille, de Paussac, de Saint-Martial de Viveyrol, des deux Mareuil, de Thiviers, et plusieurs autres que des recherches plus complètes feraient certainement connaître.

Hors du Périgord, le style byzantin se montre au sud, à Souillac et à

Cahors; au nord, à Solignac, le « Solempniacum » de saint Éloi; à l'ouest, dans la belle cathédrale d'Angoulême (1101 à 1120), et, en descendant le cours de la Charente, à Cognac et à Saintes (1117), édifices principaux, entourés souvent d'un cortège de petites églises à série de coupoles. Enfin, à des distances plus éloignées, mais dans la même région de la France, on trouve encore quelques rares monuments à coupoles ou avec des voûtes plus ou moins analogues à celles que l'on désigne sous ce nom. La cathédrale du Puy, Saint-Hilaire de Poitiers et Loches ont une filiation incertaine et sont d'un byzantin douteux. Il n'en est pas ainsi de l'abbaye fameuse de Fontevrault, consacrée par Calixte II, en 1119, tout comme la cathédrale de Cahors; elle est nettement byzantine et se rattache incontestablement à l'école du Périgord, malgré sa situation écartée. Ce dernier monument et ceux que nous avions d'abord énumérés sont empreints, à des degrés différents, du style byzantin. Mais aucun ne l'est au même degré que Saint-Front. La plupart, sinon tous, ne se rattachent, selon nous, à la grande souche byzantine que par ce seul édifice. — C'est ce que nous essaierons avant tout d'établir en nous fondant : 1° sur leur plan et leurs proportions; 2° sur leur système de toiture; 3° sur leur appareil et leur ornementation; 4° sur leur date et leur situation géographique.

I.

D'abord, la seule basilique de Saint-Front offre un plan réellement byzantin : cinq coupoles rangées en croix grecque. Partout ailleurs les coupoles sont disposées selon un ordre dont aucun édifice de l'Orient n'offre d'exemple. Jamais, notamment, elles ne sont *uniques*. A Saint-Étienne de la Cité, à Saint-Jean de Cole, à Saint-Avit, à Cahors, on les voit au nombre de deux ou de trois et rangées en file. Ordinairement, alors, leurs dimensions vont en décroissant de l'est à l'ouest, du chœur au portail. Ce parti singulier n'est ni byzantin ni roman. Il dénote, d'après nous, une rapide dégénérescence du type de Saint-Front, dont, à coup sûr, des artistes grecs n'eussent pas été capables. — A Souliac, à Angoulême, à Solignac et généralement dans les autres églises à coupoles, ce n'est plus, à proprement parler, un type byzantin dégénéré. Le style roman domine décidément. Le plan général en croix latine, les transepts, l'abside et les chapelles rayonnantes qui l'accompagnent, toute la décoration intérieure et extérieure sont d'un édifice purement roman. On a seulement couvert de voûtes sphériques la branche occidentale de la croix. Ce qui suffit, du reste, pour transformer le plan et l'architecture intérieure. Il a été dès lors permis, notamment, de créer un seul grand vaisseau, aussi vaste souvent qu'une nef centrale et ses deux bas-côtes.

Ce n'était pas le seul ou même le plus grand avantage de cette combinaison. — Les voûtes en berceau qui couvrent nos premières basiliques romanes poussent au vide et renversaient fréquemment les murs latéraux. Les voûtes d'arêtes n'étaient pas encore perfectionnées et présentaient aussi de graves inconvénients. Sans nul doute, une série de coupoles offrait plus de garanties de solidité que les autres genres de voûte alors connus. Dans ce système, les grands arcs parallèles à l'axe de l'édifice se contrebutent mutuellement et vont s'appuyer d'un côté aux massifs du portail, de l'autre à ceux de l'abside. Quant aux grands arcs qui coupent perpendiculairement la nef, ils vont retomber sur de gros piliers auxquels le poids énorme dont ils sont chargés latéralement donne une grande force de résistance. Il en résulte que les murs latéraux sont à peu près garantis de toute poussée. — Il n'est donc pas extraordinaire qu'une fois introduit sur un point de notre pays, un système de voûtes aussi avantageux, et d'ailleurs d'une exécution si facile, se soit répandu peu à peu dans les provinces limitrophes. Il faudrait plutôt s'étonner que, de proche en proche, il n'eût pas pénétré jusque par delà la Loire, si, vers le XIIe siècle, on n'avait pas adopté dans le nord de la France un autre système tout aussi solide et infiniment plus élégant. Nous voulons parler, on le comprend, de celui qui consiste à établir des voûtes d'arêtes sur un réseau de nervures, et à en diriger ainsi toute la poussée sur des arcs-boutants.

Nous étudierons en Anjou la lutte et la fusion des deux systèmes.

Après tant d'imitations successives, la coupole byzantine de Saint-Front est toujours demeurée une voûte sphérique, portée sur des pendentifs qui sont formés eux-mêmes d'une portion de sphère; ses grands arcs sont toujours restés sensiblement ogivaux, surtout dans les grands édifices; elle a même conservé la petite galerie, soutenue par une arcature qui rampe le long des murs latéraux en traversant les piliers; mais ses proportions se sont rapidement altérées. Les grands arcs auxquels l'architecte de Saint-Front avait donné, pour agrandir son plan, une largeur exagérée, se sont resserrés sans cesse, ce qui donnait incontestablement plus d'élégance à la fabrique, mais ne permettait plus d'évider les piliers à l'intérieur. En même temps, les murs extérieurs ont enveloppé les grands arcs, au lieu de fermer leur ouverture, quoiqu'il fût de principe, non pas seulement à Saint-Marc et à Saint-Front, mais dans la généralité des églises byzantines, de dessiner au dehors la charpente intérieure des édifices, de manière à ce que chaque grand arc des coupoles figurât extérieurement une immense arcade bouchée.

II.

Tous les monuments byzantins de l'Orient sont couverts de tuiles, de feuilles de plomb ou de dalles de pierre, qui reposent toujours directement sur l'extrados des voûtes. — Comme nous l'avons vu, l'architecte de Saint-Front se conforma rigoureusement à ce principe, quoique les bois de charpente abondassent en Périgord et que nos hivers fussent très-différents de ceux de la Grèce. Mais il était placé sous l'influence exclusive des idées et des usages de l'Orient.

L'ancienne cathédrale de Périgueux, Saint-Étienne, fut encore couverte de terrasses dallées; mais elles ne se modèlent plus sur la voûte intérieure, et l'extrados des grands arcs est nivelé tantôt par de petits berceaux, tantôt par des massifs qui ramènent tout le sommet de l'édifice à une masse carrée au-dessus de laquelle s'élèvent les coupoles, moins dégagées qu'à Saint-Front, quoique très-apparentes. Il en est encore ainsi à Saint-Jean de Cole et à Cahors. Mais après ces trois églises, premières filles de Saint-Front, le maximum de largeur des coupoles, de 15 mètres environ, revient à 10 mètres seulement, parce qu'on veut les englober sous un toit en charpente. On est désormais fixé sur les inconvénients d'un système de toiture qui demandait un climat plus doux ou des matériaux plus résistants et tout au moins un entretien difficile à donner au moyen âge.

A Souillac, à Angoulême, une seule coupole, celle du chalcidique, est encore apparente au dehors, moins par fidélité au système byzantin que par d'autres motifs. Les coupoles qui couvrent la nef s'abaissent et se cachent sous une charpente.

A Solignac, à Cognac, à Fontevrault, et dans tous les autres monuments dont nous nous occupons, rien ne révèle plus au dehors un monument byzantin. On perd jusqu'à la dernière trace de cette physionomie orientale qui distinguait si éminemment la basilique de Saint-Front.

III.

La cathédrale de Périgueux se distingue par son appareil et par son orne-mentation de nos autres églises à coupoles. — Tous les appareils romains, nous l'avons dit en détail, y sont représentés, y sont dominants. Au con-

traire, et sauf quelques exceptions qui se concentrent surtout dans l'église
de la Cité, on ne voit plus après Saint-Front de mélange de pierres de taille
et de blocage, plus d'assises de deux pieds, ni d'*opus pseudisodomum*, plus
de petits moellons carrés. Les autres églises à coupoles, particulièrement
celle de Cahors, n'offrent que l'appareil moyen des édifices purement
romans. Nous ajouterons qu'elles sont plus sagement, plus adroitement
bâties, et qu'elles ont éprouvé beaucoup moins de tassements que la basilique de Saint-Front. Cela viendrait principalement, selon nous, de ce que
cette basilique a été commencée à la fin du X⁰ siècle, dans un temps où l'art
de bâtir n'était pas encore renouvelé et conservait plusieurs procédés antiques, tandis que les autres églises à coupoles n'ont été entreprises qu'après
le commencement du XI⁰ siècle, alors que la révolution, la renaissance, si
l'on veut, était généralement accomplie. D'ailleurs, c'est bien aux temps,
non aux localités, que tiennent ces variations d'appareil, puisque l'église
de la Cité, et mieux encore, celle de Saint-Jean, diffèrent à ce point de vue
de Saint-Front, surtout des plus anciennes parties, et ne diffèrent point des
églises de Cahors ou de Souliac.

Même observation pour ce qui regarde l'ornementation. — Lorsque Saint-
Front fut fondé, l'architecture romane, telle que nous la connaissons, était
au moment d'être créée; mais elle n'existait pas. Jusque-là on avait peu
innové, peu inventé, et l'on s'était contenté de copier servilement les modèles
romains du Bas-Empire. L'ornementation surtout était restée *latine*. Or,
en Orient, il en était à peu près de même. L'architecture s'était renouvelée
plus tôt, il est vrai, mais l'ornementation sculptée était demeurée presque
stationnaire. On avait trouvé, pour certaines nécessités, un nouveau chapiteau, assez disgracieux d'ailleurs, le chapiteau cubique. Pourtant, dans les
grands édifices comme Sainte-Sophie et Saint-Marc, on reproduisait de préférence le type corinthien.

Les chapiteaux de Saint-Front sont donc corinthiens à bon droit et conservent généralement des détails qui s'effacent aux XI⁰ et XII⁰ siècles, comme
la rose, les volutes, les caulicoles. Les archivoltes, les entablements et la
plupart des moulures se rapprochent de même des types antiques. Malgré
son *corinthianisme* constant, cette sculpture est d'ailleurs assez imparfaite
ainsi que celle de Saint-Marc. Elle est surtout remarquable en ce qu'elle
exclut à peu près, conformément aux traditions byzantines, les représentations d'hommes et d'animaux.

On ne peut pas dire que cette ornementation, savante et barbare à la fois,
change après la construction de Saint-Front; mais elle disparaît tout à fait,

ce qui prouve qu'elle était exotique plutôt qu'indigène, sans doute. Par exemple, dans toutes les parties anciennes de l'église de la Cité, on ne trouve pas un feuillage sculpté, pas une moulure un peu soignée. Il en est ainsi à Saint-Astier, à Saint-Avit-Sénieur, et généralement dans la banlieue de Périgueux, où les sculpteurs paraissent avoir été singulièrement rares. — Lorsqu'on retrouve une ornementation quelconque, elle est purement romane. Prodigue de chapiteaux ou de modillons historiés, de figures d'hommes et d'animaux fantastiques, elle s'applique de préférence à l'extérieur des édifices. — A Cahors, à Souillac, c'est le style roman du Languedoc; à Saint-Jean de Cole et à Solignac, celui du Limousin; à Angoulême, à Cognac et à Fontevrault même, celui du Poitou, parce que les architectes et les sculpteurs, quoiqu'ils imitassent, en l'altérant de plus en plus, un type byzantin, étaient tous Français et de la province même où ils bâtissaient et sculptaient. — C'est ainsi que l'église de Saint-Antoine de Padoue, couverte aussi de coupoles à cause de l'influence et du voisinage de Saint-Marc, offre une ornementation purement ogivale, parce qu'elle fut bâtie en plein XIII° siècle et par des Italiens.

IV.

Arrivons maintenant aux dates et à la situation géographique des églises à coupoles dont nous venons d'analyser les traits généraux. En les énumérant rapidement, nous avons déjà donné l'époque de leur construction lorsque des documents authentiques nous autorisaient à la fixer. D'après la méthode ordinaire en pareil cas, il faut présumer que les autres monuments du même style sont aussi de même date, et qu'ils ne remontent pas au delà du XII° et du XI° siècles. En effet, nous verrons bientôt, lorsque nous les décrirons séparément, que, selon toute apparence, ils sont tous plus ou moins postérieurs à Saint-Front. — D'ailleurs, c'est autour de Saint-Front qu'ils sont presque tous rassemblés. Les plus éloignés, qui sont aussi les moins purs de style, ne dépassent pas eux-mêmes les limites de l'Aquitaine, ou, pour mieux préciser, de la région comprise entre la Loire et la Garonne. Nous en connaissons dix-huit dans la Dordogne, treize dans la Charente, trois dans la Charente-Inférieure, deux seulement dans le Lot, mais de premier rang, et qui devraient avoir des imitations dans les campagnes du Quercy. Dans la Haute-Vienne, il n'y en a qu'un, quoique ce soit la grande abbaye de Solignac. Dans la Gironde, il y en a un aussi, mais de second ordre, et situé en deçà de la Garonne. En dehors de ces cinq départements, tous contigus à celui de la Dordogne, nous avons encore à signaler dans le Maine-et-Loire un vrai monument à coupoles, Fontevrault, qui touche à la limite septentrionale de l'Aquitaine; mais pareil phénomène ne se reproduit pas au midi ni à l'est. Dans les nombreux départements placés au sud de la Garonne jusqu'aux Pyrénées et à la mer Méditerranée, il ne paraît pas qu'il existe rien d'analogue à Saint-Front.

Ces observations, qui se fortifient mutuellement, nous ont convaincu que l'église de Saint-Front était la seule de l'Aquitaine sur laquelle l'influence byzantine se fût exercée directement et immédiatement; la seule, si l'on veut, que l'on pût raisonnablement attribuer à un artiste grec. Elles nous ont également prouvé que de celle-là dérivaient toutes les autres. Ces derniers monuments n'ont en effet rien qui les relie directement à un des types nombreux de l'architecture néo-grecque. Ils n'offrent aucun trait, aucun détail du style byzantin qui ne se trouvât déjà à Saint-Front plus saillant et mieux caractérisé. Nos lecteurs peuvent donc entrevoir dès à présent comment a fructifié l'élément byzantin introduit dans notre pays par l'architecte de Saint-Front; comment et dans quelle proportion il s'est fondu dans l'art national; comment enfin il a abouti à la formation d'un style particulier d'architecture.

Les monuments de ce nouveau style sont tous couverts *d'une série de coupoles sphériques sur pendentifs.* Ainsi l'église de Loches, en Touraine, ne doit point leur être assimilée, parce qu'elle n'offre ni coupoles, ni pendentifs byzantins, mais seulement des pyramides à huit pans qui surmontent chaque travée de la nef, comme elles couronneraient un clocher. A plus forte raison en est-il de même de Saint-Hilaire de Poitiers, et surtout de la cathédrale du Puy. — Les pendentifs byzantins par excellence sont toujours engendrés par une sphère d'un diamètre égal à la diagonale des piliers, qui serait découpée par les grands arcs ainsi que par la calotte de la coupole, et dont il ne resterait, par conséquent, que quatre compartiments triangulaires, posés la pointe en bas, c'est-à-dire comme suspendus sur le vide. Selon l'opinion générale, ils ont pris naissance à Sainte-Sophie; mais à coup sûr, ils sont byzantins d'origine, et ne sauraient, par suite, avoir été connus en France à l'époque de la domination romaine.

Les monuments de ce nouveau style, avons-nous dit, sont tous couverts d'une série de coupoles sphériques sur pendentifs, et ce double caractère les distingue suffisamment des églises singulièrement multipliées dans le Périgord et dans l'Angoumois, où l'on trouve bien des coupoles à pendentifs byzantins, mais isolées, tantôt sous des clochers, tantôt à l'intersection des nefs. — Ils se distinguent plus nettement encore des édifices circulaires ou octogones dont quelques-uns avaient la prétention, assez mal justifiée, de reproduire le Saint-Sépulcre, et dont le type, après tout, était romain d'origine.

Nous allons maintenant décrire un à un tous les monuments à série de coupoles qui nous sont connus. Ce ne sont pas assurément les seuls qui existent en France, mais les plus considérables de beaucoup et les seuls qui puissent jeter quelque lumière sur l'importante question qui fait le sujet de ce livre.

CHAPITRE II

SAINT-ÉTIENNE ET SAINT-SILAIN

DE PÉRIGUEUX

SAINT-ÉTIENNE DE PÉRIGUEUX

L'ancienne cathédrale de Périgueux, telle que les ravages des protestants l'ont faite, n'est point un monument bien vaste, et néanmoins, il faut y distinguer deux constructions : l'une, presque contemporaine de Saint-Front; l'autre, du second tiers du XIIe siècle, mais toutes deux de style byzantin. Entre ces deux dates extrêmes se place toute l'école d'architecture qui fait le sujet de nos études. Nous allons donc décrire séparément, et l'une après l'autre, les deux moitiés de l'église de Saint-Étienne. — Primitivement, Saint-Étienne offrait au moins deux et probablement trois coupoles dont les dimensions décroissaient de l'orient à l'occident. La plus grande est intégralement conservée. Une autre a laissé des arrachements qui permettent de calculer toutes ses dimensions. Quant à la troisième, il n'en subsiste absolument rien à la vérité, mais elle devait naturellement relier au reste du bâtiment un grand clocher dont les derniers débris n'ont fini de disparaître que dans les premières années de ce siècle. — Ces coupoles, qui s'éloignent déjà tant du style byzantin par leur arrangement, ne s'en éloignent pas moins par leurs proportions. Ainsi, les piliers sont remarquablement courts, relativement aux grands arcs et aux coupoles. Ils sont moins développés qu'à Saint-Front; mais l'architecte, qui renonçait à les évider intérieurement, aurait dû réduire encore plus leurs dimensions, comme on s'est ensuite accoutumé à le faire dans notre pays. — L'arcature qui, à Saint-Marc et à Saint-Front, réunit les étages supérieurs des piliers, est conservée à Saint-Étienne; mais ses arcades sont trop multipliées, et ses pilastres n'ont plus, au lieu de chapiteaux, que des tailloirs grossiers. Au surplus, dans tout ce qui appartient à la construction primitive, on ne voit qu'une seule moulure digne de ce nom et pas un feuillage sculpté ; car les gens qui ont bâti Saint-Étienne simplifiaient fort l'architecture.

Le cercle des grands arcs est encore apparent au dehors, mais non pas de la même manière qu'à Saint-Front : le mur qui remplit ce cintre étant doublé à l'extérieur par deux arcades feintes. C'est un trait caractéristique du style byzantin qui s'efface et que nous ne retrouverons plus ; désormais, les murs extérieurs envelopperont entièrement les coupoles et ne laisseront plus apercevoir leur charpente osseuse. Par suite de la disposition transitoire que nous venons de décrire, l'architecte de Saint-Étienne n'a pas pu reproduire les trois fenêtres qui, à Saint-Front, sont percées au sommet de chaque grand arc. La place de l'une d'elles était prise par le pied-droit des arcades feintes. Il a donc remplacé cette fenêtre par trois œils de bœuf dont l'un est percé entre les arcades et les autres, de chaque côté de leur pied-droit. — On ne peut rien concevoir de plus bizarre.

La première toiture de Saint-Étienne était en terrasses ; mais d'ailleurs les dalles ne reposaient plus immédiatement sur l'extrados des voûtes. Au-dessus et dans le sens de chaque grand arc, l'architecte avait pratiqué une galerie voûtée en berceau, qui ramenait tout l'édifice à une masse carrée, par-dessus laquelle s'élevaient les coupoles. Cette galerie, interrompue sans cesse par le sommet des grands arcs, et totalement privée de lumière, était loin cependant d'être inutile. Nous avons dit que c'était une charpente en pierres. En effet, elle isolait le toit dallé des voûtes intérieures, qui se trouvaient ainsi bien mieux garanties. Considérons en outre que, dans les autres églises à coupoles du pays, on a été conduit à renoncer complétement au système de toiture de Saint-Front, et nous reconnaîtrons aisément que l'on sentait déjà la nécessité de le modifier lors de la construction de Saint-Étienne. Du reste, cette combinaison dissimulait au dehors les proportions disgracieuses de l'église ; elle dispensait de décorer les façades de frontons et d'entablements ; enfin elle donnait la faculté de charger les piliers au-dessus de la retombée des grands arcs, comme on l'avait fait à Saint-Front au moyen des pyramides, et comme on le fit dans les églises gothiques, pour les piliers butants, au moyen des clochetons.

Les coupoles, à en juger par celle qui existe encore, dépassaient de beaucoup les terrasses qui se trouvaient à peu près au niveau de la clef des grands arcs. Elles avaient, à l'extérieur, un tambour parfaitement perpendiculaire et, par conséquent, très-bas ; puis un toit conique en dalles ou en tuiles, couronné par une petite lanterne assez élégante.

Le clocher était placé en avant de l'extrémité occidentale de l'église. On

voit, dans une mauvaise gravure de Belleforest [1], qu'il avait à peu près la
même élévation que celui de Saint-Front, dont il s'était visiblement inspiré.
C'était donc une tour carrée dont les étages supérieurs, fortement en retraite
l'un sur l'autre, offraient chacun *vingt-quatre* fenêtres, disposées sur deux
rangs et groupées trois à trois. Le dessin de Belleforest n'indique point,
comme il le fait pour Saint-Front, qu'elles fussent séparées par des pilastres.
— Au-dessus, l'on passait brusquement d'un plan carré à un plan circulaire ; mais, au lieu d'une sorte de coupole, on avait construit une pyramide
renflée très-allongée et percée de nombreuses ouvertures.

Telle était dans le principe l'église de Saint-Étienne, car nous verrons
qu'elle reçut plus tard un agrandissement considérable. Examinons d'abord
comment il se fait que, dans Périgueux, la cathédrale soit si fort inférieure
à l'abbaye : inférieure par les dimensions, inférieure surtout par le style.
C'est un phénomène qui se produit quelquefois, sans doute, mais qui toujours demande explication [2].

Rappelons-nous avant tout ce que nous savons des dates de Saint-Front.
— Cette grande abbaye, si importante qu'elle allait de pair avec Saint-
Sernin de Toulouse [3], avait été commencée dès avant 991 par les soins de

1. *Cosmographie universelle.*

2. Ces lignes étaient écrites lorsque M. le comte de Montalembert, répondant à M. de Surigny
dans le dernier congrès scientifique du Luxembourg, a soutenu, qu'en principe, l'influence des
abbayes était nulle sur les cathédrales. Il nous en coûte de ne pas être tout à fait du même avis
que l'illustre et savant orateur. Pourtant, malgré les apparences, c'est bien Saint-Front qui est
l'abbaye et le modèle ; c'est bien Saint-Étienne qui fut la cathédrale et la copie. Nous avons même
trois autres églises cathédrales, celles d'Angoulême, de Cahors et de Saintes, qui dérivent du
grand monument byzantin de Périgueux. C'est une exception marquée à la règle soutenue par
M. de Montalembert, mais ce n'est qu'une exception. En thèse générale, nous n'admettons pas
l'influence que M. de Surigny attribue aux ordres religieux. Nous croyons, au contraire, avec le
savant orateur, que l'impulsion artistique est toujours venue des cathédrales, où les ressources et
les lumières se centralisaient, où les grandes dimensions étaient généralement plus utiles, et le
luxe de l'ornementation mieux motivé. Il en a été ainsi certainement, surtout à l'époque ogivale.
Mais dans des temps plus reculés, quand il s'agissait, par exemple, de provoquer ou d'accueillir
une importation artistique, et de recevoir, comme à Saint-Front, un moine architecte venu de
l'étranger, on comprend que les abbayes aient parfois pris l'initiative, et que les cathédrales n'aient
eu ensuite qu'à imiter, sauf à servir elles-mêmes de modèles dans leur diocèse respectif.

D'ailleurs, il n'y a pas de théorie *a priori*, aussi juste qu'elle soit, qui puisse empêcher de voir
et de reconnaître des faits évidents. La cathédrale actuelle de Périgueux est colossale à côté de
l'ancienne et la prime à tous égards. C'est par ce monument que la coupole byzantine a été inau-
gurée dans notre pays. C'est là que les cathédrales du voisinage ont pris ce principe nouveau, acci-
dentellement introduit dans l'art national. — Et au moment où il produisait ses dernières conséquences, c'est encore par l'intermédiaire d'une abbaye, celle de Fontevrault, qu'il se reflétait sur
la cathédrale d'Angers.

3. Les deux monastères s'unirent au XIe siècle. « Inter se confederati sunt ».

Frotaire de Gourdon. Les deux successeurs de cet évêque, qui, ainsi que lui, y avaient choisi leur sépulture, avaient vigoureusement poussé les travaux; et l'un d'eux, fils et frère des comtes de Périgord, avait été puissamment aidé par sa mère, qui prit à sa charge une partie essentielle de l'édifice. Enfin, vers 1013, lorsque Raoul de Couhé partit pour la Palestine, on en était déjà à la construction des voûtes. Supposons qu'alors, et cette supposition n'a rien de forcé, puisque Saint-Front ne fut consacré qu'en 1047, supposons, disons-nous, que les ressources des évêques se soient trouvées épuisées par le pèlerinage de Raoul, par les guerres longues et malheureuses d'Arnaud de Vitabre et de Géraud de Gourdon. — D'une part, l'abbaye de Saint-Front s'achève lentement et imparfaitement; et de l'autre, si le chapitre de Saint-Étienne et la Cité entreprennent de rebâtir leur église, c'est sur un plan restreint et sur de modestes proportions. — L'architecte de Saint-Front est mort à la peine, sans avoir pu se former de bons élèves parmi les moines de l'abbaye. Il n'est plus là pour donner le profil d'une moulure ou le dessin d'un chapiteau, pour varier le type de l'œuvre nouvelle et pour lui conserver cependant une certaine pureté de style. — On n'a plus d'autre ressource que de copier, tant bien que mal, la basilique de Saint-Front. Mais, comme on la copie en la rapetissant singulièrement, en lui retranchant toute son ornementation [1], en évitant soigneusement tout ce qui est d'une construction difficile et tout ce qui a nécessité des reprises en sous-œuvre, par exemple l'évidement des piliers; comme, au surplus, on bâtit sur d'autres fonds et avec d'autres revenus, on peut aller vite en besogne et gagner beaucoup de temps.

S'il était donc vrai, comme on peut le conclure d'une note de Dupuy [2], que l'église de Saint-Étienne eût été consacrée précisément le même jour que Saint-Front, nous ne nous en étonnerions pas du tout [3]. Ce qui est bien certain pour nous, c'est que l'ancienne cathédrale de Périgueux est un monument du *onzième siècle*, comme Saint-Jean de Cole et Saint-Avit,

---

1. La porte murée de Saint-Étienne que nous avons donnée dans la description de Saint-Front comme spécimen de l'appareil à assises alternées (voyez page 65), est assurément ce qu'il y a de plus orné et de plus élégant dans l'édifice. La moulure de l'imposte et de l'archivolte est un ornement bien simple, mais plutôt latin que roman. L'ensemble est agréable et digne de Saint-Front. C'est un bon type de porte byzantine.

2. *Estat de l'église du Périgord*, page 12. « Je trouve qu'au même jour du sacre de l'église Saint-Front se rencontre le sacre de l'église cathédrale de Sainct-Étienne. Je ne scay pourtant s'il fut faict en mesme année et par le mesme ».

3. Il n'est nullement besoin de recourir à Orséolo et à son voyage en France pour expliquer la grandeur de Saint-Front. « Nec Deus intersit..... ».

qui ont à peu près la même forme, le même style et le même appareil [1], mais en un degré de proximité de moins avec Saint-Front.

Dans la seconde moitié du XII° siècle, la faveur des évêques revint à Saint-Étienne, et ils s'y firent désormais ensevelir. Il faut peut-être attribuer à cette circonstance l'accroissement que reçut alors la cathédrale. Nous n'avons point parlé de son abside, et, en effet, il est vraisemblable qu'elle s'est toujours terminée carrément, comme tant d'églises de la même province. Quoi qu'il en soit, on résolut de démolir cette abside, si elle existait, et d'ajouter à l'orient de l'édifice une nouvelle coupole plus large, plus haute et surtout plus élégante qu'aucune des autres. — Les piliers de cette coupole, destinée à former le chœur de la cathédrale, sont, cette fois, dans une juste proportion avec son diamètre. Ils sont encore allégés par des colonnes accouplées, qui supportent des arcs doubleaux appliqués aux grands arcs. De semblables colonnes, aussi fines et aussi gracieuses, soutiennent les arcades de la *galerie* et concourent d'une manière efficace à la décoration de l'édifice. Les fenêtres sont percées trois à trois, sous les grands arcs, et encadrées extérieurement par des arcades feintes qui tiennent toute l'étendue des façades. Pour la toiture de cette partie des constructions, on l'avait mise en harmonie avec celle du reste de l'église, et c'était primitivement une plate-forme dallée, très-légèrement inclinée dans le sens de l'écoulement des eaux, au milieu de laquelle s'élevait la calotte de la coupole. Nous n'hésitons pas à affirmer, malgré cette disposition, que le chœur de Saint-Étienne n'a pas été bâti avant que le second tiers du XII° siècle ne fût expiré ou ne fût bien près d'expirer. Les empatements dont sont pourvues les bases de toutes les colonnes, l'ogive très-prononcée des grands arcs, et surtout les nombreuses colonnettes qui accompagnent les fenêtres, laissent peu de doute à cet égard. — On pressent déjà l'approche du style gothique.

Tandis que nous ne consacrions dans nos coupes comparées qu'un seul quart de planche contenant une seule travée à chacune des principales églises imitées de Saint-Front, nous avons pu réserver à Saint-Étienne de la Cité toute une moitié de gravure, et donner en coupe l'édifice entier. Cela nous dispensera d'une plus longue description et mettra suffisamment en lumière la différence de style résultant d'une différence de dates, qui distingue les deux coupoles.

---

1. Tout ce qu'il y a d'antique dans l'appareil de Saint-Front disparaît rapidement à Saint-Étienne. Par exemple, les moellons rangés par assises régulières, que l'on ne voit plus que sur une place très-circonscrite; il en est de même de l'appareil à assises alternées et surtout des matériaux d'un fort volume.

Ces considérations sont confirmées par quelques inscriptions dont l'une est par elle-même un monument des plus curieux. C'est une table pascale ainsi conçue :

> HOC : EST : PASCHA : SINE : TERMINO : ET :
> NVM O : CVM FINIERIT : A CAPITE : REINCIPE :

> MARCIVS : XXIIII | APRILIS : XII | AP : IIII | AP. XXIIII...

Suit l'indication de la fête de Pàques pour quatre-vingt-huit années. Ensuite les chiffres, qui sont à peu près effacés, étaient peints et non gravés. — Chaque case est surmontée d'un trou rond dans lequel on fichait une cheville ou un petit drapeau qui se déplaçait tous les ans.

Scaliger, l'abbé Lebeuf [1], et enfin M. de Taillefer [2], ont longuement traité toutes les questions que soulève cette précieuse inscription. Nous renverrons à leurs écrits ceux de nos lecteurs qui voudraient savoir quel est le cycle dont on pàraît s'être servi, ou rechercher pourquoi on semble s'être interrompu avant de l'avoir complété, quoiqu'on se fût engagé à le faire dans la première ligne. Il nous suffit de savoir que cette table pascale, si bien placée dans une cathédrale, et où les curés du diocèse auraient toujours trouvé l'indication des fêtes mobiles, commence, selon le savant abbé Lebeuf, à l'année 1163. Le chœur de Saint-Étienne existait donc à cette époque; et c'était en quelque sorte y mettre la dernière main que de lui donner cet utile complément.

En face de la table pascale, au côté gauche de l'église, on lit cette briève épitaphe, écrite avec des caractères très-analogues :

> PRESVL : PETRVS : ERAT : IACET : HIC : IN PVLVERE : PVLVIS :
> SIT : CELVM : REQVIES : SIT : SIBI : VITA : DEVS : OBIIT : DECIMA : DIE : APRILIS :

C'est celle de Pierre de Mimet, car aucun autre évêque du nom de Pierre n'a occupé le siége de Périgueux à l'époque romane. Il mourut en 1182. Si nous n'étions pas contredit, au moins en apparence, par cette table pascale que l'on fait commencer en 1163, nous lui attribuerions volontiers la coupole orientale de Saint-Étienne. Son prédécesseur, Jean d'Asside, est le premier évêque qu'on ait enseveli à la Cité, et ce fut, dit-on, « par violence » [3]. Mais, quoiqu'il ne soit mort qu'en 1169, six ans après l'époque

---

1. *Mém. de l'Académie des Inscriptions*, édit. in-4°, t. XXIII, p. 207.

2. *Antiquités de Vésonne*, t. II, p. 570.

3. « Sepultus est in civitate Petrægoricâ « per violentiam », unde inter clericos S.-Frontonis et S.-Stephani uno annò exstitit magna controversia, et plures expensæ in placitis exsequendis exinde factæ sunt. » C'est naturellement la «Chronique de Saint-Front» qui parle, et elle était partie au procès.

où l'on fait remonter la table pascale, son tombeau se trouve dans la vieille cathédrale. Il est vrai que c'est tout un petit monument qui aurait difficilement trouvé sa place dans la nouvelle construction, et qui relevait au contraire la nudité de l'ancienne.

Une description serait impuissante à faire connaître les jolies sculptures du tombeau de Jean d'Asside. Il a été dessiné par WILLEMIN dans ses *Monuments français*. Sculpté pour un Poitevin [1] et par un Poitevin, car Jarnac, comme le reste de l'Angoumois et de la Saintonge, appartient, au XIIᵉ siècle, à l'école du Poitou, surtout en fait d'ornementation architecturale. — C'est un type excellent du style sculptural du Poitou. Voici les inscriptions de ce tombeau Sur l'archivolte au côté :

CONSTANTIN : DE : IARNAC : FECIT : HOC : OP

Au-dessous et sur le pied-droit de l'arcade :

ANNO : AB : INCAR
NATIONE . DNI
M : C : LX : NONO
SCDA : DIE : MAII
OBIIT : DOMNVS
IOHS : HVIVS : EC
CLIE : EPS : SEDIT
AUTEM : IN : EPA
TV : NOVE : ANNIS
SEPTEM : DIEBVS
MINVS.
QVI : PRESENTES
LITTERAS : LEGIS
ET : CONSIDERAS
IN : DEFVNCTI : NO
MINE : DIC : ABSOL.
VE : DNE : VEL : DS
—VT : PROPRIVM
—VT : SALTEM
—IDELIVM.

<hr>

1. D'après la «Chronique de Saint-Front», cet évêque avait été d'abord « magister scholarum clesiæ Pictavensis ». Gérard, qui reconstruisit, au commencement du même siècle, la cathédrale d'Angoulême, avait aussi dirigé les écoles ecclésiastiques à Périgueux.

Dans l'intérieur de l'arcade et probablement au-dessous de la statue qui a disparu, on lisait encore ces lignes en vers léonins :

PICTAVIA NATVS HIC PAVSAT PRESVL HVMATVS
FILIVS ERGO DEI PROPITIETVR EI

Au XVIe siècle, les protestants, maîtres de la cité de Périgueux et du Puy-Saint-Front, avaient résolu de ruiner entièrement la cathédrale, et, en conséquence, ils en commencèrent la démolition par les deux bouts, vers le clocher et vers le chœur. Le milieu de l'édifice resta seul intact. Lorsque les catholiques reprirent possession de la ville et qu'ils trouvèrent tant de ruines à relever [1], ils furent forcés de sacrifier l'extrémité occidentale de la cathédrale, mais ils entreprirent, non sans de longues hésitations, de restaurer le chœur. — François de La Béraudière était alors évêque et s'acquitta de cette œuvre difficile de manière à contenter l'antiquaire le plus exigeant. Bien que dans quelques parties, les murs eussent été démolis presque jusqu'aux fondements, partout on suivit fidèlement l'ancien plan, l'ancien dessin. Les bases des colonnes, leurs chapiteaux qui, à la vérité, n'avaient pas de sculptures, furent exactement copiés. Il en fut de même des archivoltes en pointes de diamant qui ornent les fenêtres et généralement de toutes les moulures. Tout au plus se permit-on, dans cette restauration modèle, de placer en quelques endroits les armes de l'évêque et du chapitre; mais on aurait peine à distinguer nettement la ligne qui sépare la construction du XIIe et celle du XVIIIe siècle, si la plus ancienne n'offrait pas des signes de tailleurs de pierre. Quel plus bel éloge peut-on faire du bon goût de François de La Béraudière et de celui de son architecte ?

Sans doute c'est aussi sous cet évêque que la charpente qui couvre actuellement Saint Étienne fut faite ou plutôt rétablie. Elle est très-basse et masque à peine une partie du tambour des coupoles qui, grâce aux lau-

---

1. On lit dans l'*Estat de l'église du Périgord*, t. II, p. 208 : « L'Huguenot, demeurant paisible possesseur, employa l'année suivante, 1577, pour démolir totalement les couvents de Saint-François, Saint-Dominique, Saint-Augustin. L'église cathédrale, que les bourgeois avaient un peu gastée les années auparavant, maintenant est mise en un monceau de pierres; comme aussi, le chasteau épiscopal, qui estoit tout proche et d'une fabrique admirable, maintenant voit ses tours renversées. *Autant préparoient-ils de faire à l'église Saint-Front : mais ils craignent que les ruines de cette énorme masse de pierres n'accablent le tiers de la ville ainsi renduë inhabitable.* » — Les Normands n'auraient pas mieux fait dans leur meilleur temps. Quelle rage de vandalisme, et en quel danger s'est trouvé notre Saint-Front !

ternes dont elles sont surmontées, produisent encore un bel effet. — L'une
de ces lanternes a été nécessairement rebâtie, en 1615, avec la coupole dont
elle fait partie; mais l'autre semble remonter au moins au XIIIe siècle, si
l'on en juge par sa frise sculptée[1]. Au reste, nous croyons à l'authenticité
de ces couronnements, exposés sans doute à beaucoup de réparations, mais
que ni l'époque moderne ni le XIIIe siècle n'auraient jamais imaginés.

Nous n'avons rien à dire de la charmante chapelle, commencée le XIII avril
1521, qui fait, pour ainsi dire, partie de Saint-Étienne; mais il n'en est pas
de même du cloître, qui remonte au XIe siècle et qui peut très-bien donner
idée de ce qu'était le premier cloître de Saint-Front. Rien de plus pauvre et
de plus grossier que ces galeries larges de moins de trois mètres, et couvertes d'une voûte d'arêtes, en blocage sans nervures.

II. SAINT-SILAIN DE PÉRIGUEUX.

L'église conventuelle de Saint-Silain a été démolie pendant la révolution
et il n'en reste ni dessin, ni description. Mais les « Antiquités de Vésonne »
(t. II, p. 578) donnent les mesures de ce vieil édifice, et elles permettent
de conjecturer qu'il était couvert de deux coupoles. Saint-Silain, selon
M. de Taillefer, offrait la forme d'un parallélogramme rectangle d'environ
100 pieds de longueur sur 57 pieds de large, proportions qui ne sauraient
convenir à un édifice à trois nefs. Maintenant, si l'on consent à supposer,
en considération du voisinage de Saint-Front, que l'église de Saint-Silain
était couverte de deux coupoles, à peu près comme l'ancienne cathédrale
l'est actuellement, on peut faire le calcul suivant : — Deux coupoles, élevées sur un plan parfaitement carré, puisque les murs latéraux sont pris
sur l'épaisseur des grands arcs, et dont la largeur totale est de 57 pieds,
auraient ensemble 114 pieds de longueur. Mais comme deux de leurs grands
arcs se confondent pour n'en faire qu'un, pourvu qu'elles aient été bâties
en même temps, cette longueur est diminuée précisément de la grandeur
d'un de ces arcs, soit de 14 pieds. — Or, en admettant pour exact ce chiffre
qui n'est qu'approximatif, il reste pour le diamètre des coupoles propre-

---

[1]. Cette frise n'est pas complète, ce qui indique une simple réparation. Voici dans quelles circonstances curieuses elle eut lieu, selon toute probabilité. En 1247, le vénérable Pontius assiégeant
pour le roi, avec l'aide des habitants, le château comtal des Rolphies et le palais épiscopal. Des
dégâts furent faits à la cathédrale, malgré les ordres du sénéchal, et, plus tard, les habitants
furent condamnés à une amende envers l'église, « pour avoir, par leurs machines de batterie,
lancé des quarreaux contre l'église ». (Dupuy, t. II, p. 127.)

ment dites 29 ou 30 pieds, et, en effet, ce rapport se retrouve dans plusieurs églises byzantines.

Le clocher de Saint-Silain était placé, d'après M. de Taillefer, en dehors du plan, comme ceux de Saint-Front et de Saint-Étienne, et en avant de la face occidentale de l'église. — A l'autre extrémité, c'est-à-dire à l'orient, on avait pratiqué une petite crypte entièrement peinte à fresque, qui existe encore, à ce qu'il paraît, sous le pavé de la place. — Elle avait cela de remarquable que le mur qui la terminait au levant était légèrement arrondi à l'intérieur, quoique son parement extérieur fût droit. — Est-ce que l'église de Saint-Silain, avant d'être rebâtie sur un plan byzantin, avait une abside semi-circulaire? Apparemment. Toujours est-il que cette abbaye, élevée sur le tombeau d'un des disciples du premier apôtre du Périgord, était fort ancienne. N'oublions pas que c'est le grand livre de Saint-Silain qui faisait mention de la dédicace de Saint-Front (1047).

CHAPITRE III

MONUMENTS A COUPOLES
DU PÉRIGORD

ABBAYES, PRIEURÉS, ÉGLISES PAROISSIALES.

MONUMENTS A COUPOLES

DU PÉRIGORD

ABBAYES, PRIEURÉS, ÉGLISES PAROISSIALES.

Avant de savoir s'il existait en Périgord d'autres monuments à coupoles que Saint-Front et Saint-Étienne, nous supposions que le style byzantin, si bien naturalisé dans Périgueux, avait rayonné, auprès comme au loin, dans les abbayes et les paroisses du diocèse, comme dans les cathédrales voisines de Cahors et d'Angoulême, les premières églises à coupoles dont nous ayons d'abord reconnu l'existence. — A plus forte raison devait-il en être ainsi. — Nous avons donc procédé méthodiquement à la recherche des monuments de ce genre, en commençant par les abbayes les plus anciennes et les plus importantes, par celles dont la date était le plus authentiquement donnée par l'histoire de la province. Nous nous attendions presque toujours à trouver ce que nous avons effectivement trouvé. Pour avoir été pressentis, les résultats que nous avons obtenus, dans nos explorations successives, n'en sont pas meilleurs ni plus sûrs; c'est pour nous seul qu'ils ont une valeur particulière. Peu importe aux autres que la théorie soit venue avant les faits; et, pourtant, il y a telle région du Périgord que nous ne connaissons d'aucune manière, et où nous répondrions de découvrir, en visitant une à une toutes les paroisses, bon nombre d'édifices à série de coupoles. Par exemple, entre la Dronne et la Lizoune, des deux Mareuil à Saint-Martial de Viveyrol, de Bourdeille et Paussac au Peyrat de Lavalette, — dans ce cercle décrit par six églises romano-byzantines de troisième ordre, — il doit en exister trois ou quatre de plus ; car les communes étaient riches, les matériaux admirablement commodes, et tout y portait, le voisinage d'Angoulême autant que celui de Périgueux, à faire les voûtes exclusivement en coupoles. — Mais il serait plus amusant qu'utile de courir après ces petits monuments. — On est certain d'avance qu'ils seraient tout au plus de la seconde moitié du XIe siècle, comme leurs voisins ; qu'ils auraient peu d'ornementation ou qu'ils n'en auraient point ; qu'ils n'offriraient même aucune modification bien originale des plans déjà connus. Ils feraient nombre, voilà tout, et seraient d'ailleurs sans importance.

Nous allons donc, sans plus attendre, clore provisoirement notre statistique, et faire d'ores et déjà le compte des églises byzantines [1] du Périgord. Nous estimons qu'il peut y en avoir une trentaine en tout ; mais on n'en connaît encore que quinze, sans compter celles de Périgueux, bien entendu. La moitié seulement s'est conservée sans modifications ; les autres sont plus ou moins remaniées et défigurées. Sur ce nombre de quinze, huit sont des abbayes de second ordre ou des prieurés conventuels ; le reste, simples paroisses, remarquables cependant, en général, par le voisinage d'un grand château ou par quelque autre circonstance.

Au point de vue des plans, on peut les classer ainsi : Elles sont en croix latine, ou sans transepts bien prononcés ; ce dernier type est même dominant. — Elles ont une abside arrondie ou un chevet carré ; et, à cet égard, c'est encore la forme la plus excentrique qui l'emporte.

Nous laissons de côté les paroisses innombrables où la coupole est unique, mais reconnaissable encore à la forme de ses pendentifs. Il y en a plus de cent de cette espèce. Elles ont employé de préférence la voûte en berceau, souvent aussi solide que celle en coupoles, au moins quand on n'a à couvrir qu'un espace médiocrement large ; et toujours plus économique, puisqu'elle présente moins de surface, puisqu'elle est plus simple à tous égards.

Dans les autres parties de la France, quand on s'est servi de coupoles quelconques, c'est qu'on y était forcé. Il fallait parfois couvrir un carré parfait, où la voûte en berceau ne pouvait convenir, parce qu'on était, par exemple, au point d'intersection des deux branches de la croix, et où celle d'arêtes n'aurait eu ni assez de solidité pour se soutenir elle-même, ni assez de force pour servir de base à un clocher. On était alors naturellement conduit à la voûte en coupole. Mais comme il n'y avait pas de forme consacrée

1. On peut bien les appeler ainsi dans leur ensemble, car pour être byzantines de seconde main elles n'en sont pas moins byzantines. En Périgord, surtout, elles tiennent tout ou presque tout de Saint-Front, de sorte que le style byzantin l'emporte en somme sur le style roman.

pour les pendentifs, faute d'une bonne, on en créait plusieurs mauvaises, et l'on rachetait les angles du carré, soit par une suite d'arcs inégaux, soit par des assises en encorbellement, soit par des niches. Pour la calotte elle-même, en général on préférait l'octogone à la sphère. Le type byzantin était plus satisfaisant, plus rationnel, et aurait certes prévalu, s'il eût été connu, mais il n'était point facile de le retrouver à force de tâtonnements.

En Périgord, au contraire, où les modèles ne manquaient pas, les coupoles isolées sont constamment sphériques avec des pendentifs en portion de sphère. Elles sont très-petites, parce que les paroisses sont aussi exiguës que nulle part ailleurs ; quelquefois elles ne dépassent pas douze pieds de diamètre ; souvent elles ne sont pas surmontées de tours [1]. Enfin il n'était pas nécessaire d'en avoir et on n'en aurait pas eu, sans une prédilection marquée pour ce genre de voûtes. C'est par esprit d'imitation, c'est en raison de l'influence exercée par Saint-Front, que chaque église a sa coupole. Sans l'augmentation de la dépense, au lieu d'une, on en aurait fait une série. Du reste, nos églises rurales sont ordinairement si pauvres de plan et de style, que la seule présence d'une coupole est pour elles un embellissement. Cela interrompt le vaisseau sans doute, mais pour l'exhausser et pour lui donner quelque mouvement. Ce qui serait blâmable dans une longue nef, on l'accepte dans une petite.

Pour apprécier convenablement l'élément byzantin, dont sont empreintes, à un degré quelconque, presque toutes les constructions des XIe et XIIe siècles en Périgord, parfois les donjons eux-mêmes [2], il faut examiner celles qui ont été élevées sous l'influence limousine ; et, pour cela, il n'est pas nécessaire de sortir du département actuel de la Dordogne. — Il y a une vaste église à coupoles dans le diocèse de Limoges, Solignac : il s'y trouve de plus des coupoles isolées à pendentifs byzantins dans des églises romanes à trois nefs, notamment au Dorat. Mais cette forme n'a pu se répandre et s'acclimater dans le pays. Le type octogone à pendentifs variés se montre d'ailleurs sous tous les clochers, et il est encore ainsi dans une lisière de la Dordogne démembrée depuis plusieurs siècles de l'ancien Limousin.

---

1. Par exemple à Audrivaux, petite église des environs de Périgueux, qui a appartenu aux templiers.

2. Notamment celui de Vernaudes, près de Fayolles, tour carrée à contreforts plats, voûtée au moyen d'une véritable coupole sur pendentifs.

I. SAINT-ASTIER.

Nous avons commencé par Saint-Astier la recherche des imitations probables de Saint-Front. Le manuscrit des vicaires de Saint-Antoine nous apprenait que cette abbaye, longtemps abandonnée, avait été réédifiée par Raoul de Coulé ou de Scorailles (de Cohalia), évêque de Périgueux après Martin, jusqu'en 1013. Il nous disait même que l'évêque de Toulouse, venu pour négocier l'union des monastères de Saint-Sernin et de Saint-Front, « avait assisté à cette réédification ».

« Radulphus de Cohalia. 1001-1013.—Iste Episcopus ædificavit ecclesiam S. Asterii et in ea constituit canonicos regulares. In qua quondam monachæ habitaverant; sed a Normannis exstiterat desolata. Ædificationi hujus ecclesiæ episcopus tholosanus interfuit. Quo tempore monachi S. Saturnini et S. Frontonis inter se confederati sunt. »

Si la collégiale de Saint-Astier est la première en date des imitations de Saint-Front et de Saint-Étienne de Périgueux; c'est aussi, par malheur, la plus mal conservée et la plus douteuse. Elle a été remaniée deux fois, au XII° et au XV° siècle, mais le fond est encore byzantin. Il a existé à Saint-Astier au moins une coupole, dont les piliers servent en partie à soutenir le clocher actuel. Ils sont massifs comme ceux de Saint-Étienne et non évidés. Une galerie les réunit; mais elle n'est pas supportée par des pilastres corinthiens, comme à Saint-Front; par des pilastres bruts, comme à Saint-Étienne: elle résulte simplement d'une retraite des murs latéraux. Ce qui est plus concluant que tout le reste, c'est que ces piliers étaient construits en assises alternées avec des blocs imparfaitement polis. Or, cet usage excentrique est un reflet évident de la grande construction de Saint-Front, car c'est bien vers 1013 que l'on bâtissait le tambour des cinq coupoles et que l'on renforçait les piliers.

Le reste de l'église de Saint-Astier est informe. C'est une longue abside voûtée en berceau aujourd'hui, mais qui pouvait, avant ses remaniements, contenir une seconde coupole. L'abbaye est informe, disons-nous, et la construction primitive est d'une rudesse, d'une simplicité extraordinaires. C'est un édifice qu'on pourrait commencer et finir en quelques mois; et l'on serait vraiment tenté de prendre à la lettre l'expression de la « Chronique », qui nous dit formellement, comme on l'a vu, que l'évêque de Toulouse avait assisté à sa reconstruction, non pas seulement à sa dédicace.

L'église de Saint-Astier se recommande surtout aux touristes par son clocher; lourde, mais imposante construction du XV° siècle qui embellit la vallée de l'Ille et tromperait aisément sur l'importance réelle de l'abbaye. Nous avons remarqué à sa base des bas-reliefs romans, débris d'une grande composition du XII⁰ siècle, qui sont encastrés dans un mur crenelé bien plus moderne. Ce sont six figures d'apôtres de grandeur naturelle et une représentation du Christ assez curieuse.

II. BRANTOME.

La première église à date certaine après Saint-Astier, c'est Saint-Jean de Cole. Mais, quoique l'époque où l'abbaye de Brantôme fut construite ne soit pas aussi bien établie, quoique le style byzantin se montre plus dégénéré à quelques égards dans ce dernier monument, nous croyons qu'il est le plus ancien des deux, et nous nous occuperons d'abord de lui.

Les chroniques ne nous disent pas positivement que l'église de Brantôme fut réédifiée par Guillaume de Montbron. Elles nous apprennent seulement que cet évêque soumit Brantôme, en 1080, à l'abbaye mère de la Chaise-Dieu[1]. Mais les faits de ce genre se produisent ordinairement à la suite d'une fondation ou d'une réédification. Les bâtiments achevés ou restaurés, on réorganise le monastère; on s'occupe de le peupler et de l'assujettir à une discipline assurée. Ce que l'on trouve de plus ancien à Brantôme paraît bien, du reste, avoir été bâti un peu après 1050, un peu avant 1080. C'est une église à coupoles, remaniée au XIIIᵉ siècle, remaniée encore de nos jours, mais où le fond byzantin apparaît encore pour l'observateur attentif.

Le plan comportait au moins deux coupoles : la plus grande à l'occident, contre l'usage. Il y avait en outre un chœur, arrondi ou carré. Les piliers ne sont plus aussi massifs ni aussi nus qu'à Saint-Étienne et dans les autres églises les plus anciennes ou les plus grandes; ils ne sont pas encore cantonnés de colonnettes géminées, comme dans les derniers monuments de ce style. Ils se revêtent sur chaque face d'une grosse colonne à chapiteaux romans. Des entrelacs, des monstres, divers feuillages grossiers y prennent la place de la corbeille corinthienne. Du reste, toute l'ornementation de l'église, si ce n'est peut-être une archivolte de fenêtre en talon renversé, comme à la porte latérale de la Cité, n'a rien de byzantin ou de latin. Elle est romane, mais d'un roman peu régulier, qui commence à peine et qui s'essaie. Dans le clocher, il rencontrera par hasard le type cubique entre dix autres formes de chapiteaux.

La présence des colonnes engagées dans le plan des piliers conduit tou-

[1] *Auvergne au moyen âge*, par M. Dominique Branche, « Hist. de la Chaise-Dieu ».

jours, pour les grands arcs, à une sorte d'arc doubleau. Ils ont existé, jusqu'à ces derniers temps, au moins sur la première travée de l'église, et viennent d'être exactement reproduits après leur chute. Ils étaient en ogive à cause de leur grande portée, tous les autres arcs de l'édifice demeurant en plein cintre. Il restait peu de chose des pendentifs; quelques assises seulement. Leur forme ne donnait lieu à aucune observation particulière.

A part ces indications de coupoles, il ne restait guère de l'édifice du xie siècle que le clocher; mais il est absolument intact. Sa disposition, relativement au plan général, n'est pas moins originale que son style. Comme l'église avait succédé à la grotte de quelque solitaire, elle était contiguë à un rocher escarpé, et resserrée de l'autre côté par une rivière, la Dronne. En conséquence, le monastère proprement dit, au lieu de se trouver au midi et de se déployer latéralement à l'église, était disposé en avant du portail occidental.—Il est représenté aujourd'hui par un cloître du xve siècle, œuvre du cardinal de Bourdeille, et par de grands corps de logis du xviiie siècle, bâtis par les illustres bénédictins de Saint-Maur, qui les habitèrent jusqu'à la révolution. — On avait aussi placé le clocher à l'extrémité occidentale de l'édifice; mais à côté et non pas en avant de la façade. Il est au nord, autant que l'imparfaite orientation de l'église permet de le dire, et repose sur le rocher lui-même, à dix mètres au moins au-dessus du pavé, — incontestable économie de soubassements.

Extérieurement, la base du clocher n'a rien de curieux que l'appareil; mais il est en assises alternées, et c'est le dernier exemple de l'*opus pseudisodomum*, la dernière trace des appareils excentriques de Saint-Front. Peut-être cette partie de la construction serait-elle un peu antérieure au reste. A l'intérieur se trouve un caveau voûté en coupole, dont la destination avait sans doute quelque chose de particulier, puisqu'il est orné de colonnes de marbre. Cette coupole affecte, au surplus, une forme et des dispositions tout à fait nouvelles et très-bizarres. — Les piliers saillants qui reçoivent les retombées des grands arcs sont placés au milieu des côtés du carré, non dans les angles. Les grands arcs eux-mêmes, au lieu d'aller directement d'un pilier à l'autre, s'arrondissent selon le contour de la calotte et tiennent lieu de pendentifs. Enfin, une voûte plate complète cette étrange combinaison en couvrant l'angle compris entre la coupole et les quatre coins du carré des gros murs. Cette variété de coupoles, que nous n'avons retrouvée nulle part, n'était possible que sur une petite échelle. L'envie d'utiliser les colonnes dont nous avons parlé a pu amener cette création peu féconde. Quoi qu'il en soit, le seul pilier oriental est complet aujourd'hui. En avant d'une espèce de pilastre en pierre de taille, on voit encore une colonne antique en beau marbre rouge des Pyrénées. Le fût, fortement renflé à sa partie inférieure, n'a pas moins d'un mètre de circonférence à l'astragale, sur deux mètres à peine de hauteur; on croirait qu'il a été raccourci. Quant au chapiteau, il n'est pas romain, à coup sûr; il n'est pas roman non plus, ni de la construction du xi° siècle; c'est au style latin et à l'époque carlovingienne qu'il appartient évidemment. — D'abord, ce chapiteau est en pierre du pays et très-mutilé, quoique sa position actuelle le mette à l'abri de toute atteinte. Il est de plus corinthien, — et c'est le seul à Brantôme, — avec des roses, des volutes, des feuilles d'acanthe très-imparfaitement, mais très-servilement imitées. Plus grossier que ceux de Saint-Front, il n'est pas moins romain. Enfin, et c'est l'indice le plus remarquable, il est placé de travers et présente en face un de ses angles. Nous en concluons en toute certitude que ce chapiteau, ainsi que le fût en marbre qu'il surmonte, provient de la première abbaye de Brantôme, fondée et bâtie, dit-on, par Charlemagne, mais qui fut détruite par les Normands, et demeura depuis, comme tant d'autres, totalement abandonnée. Trouvées dans les décombres de l'ancienne église, ces deux portions de la même colonne, ou de deux colonnes jumelles, furent immédiatement utilisées et placées, sinon au hasard, du moins sans motif apparent, dans la base du clocher.

Deux autres piliers de la même coupole, non le quatrième en partie taillé dans le roc, ont été aussi ornés de colonnes de marbre; car, en avant du pilastre en pierre de taille, ils offrent une grossière maçonnerie moderne, qui supporte un tailloir très-saillant et entouré de filets sur toutes ses faces. On jugea sans doute que des matériaux si précieux devaient être mis mieux en vue, et deux des colonnes furent enlevées, soit pour un autel, soit pour tout autre usage. On ne sait ce qu'elles sont devenues.

Nous avons mis quelque importance à constater la présence d'un débris carlovingien dans l'église actuelle de Brantôme. C'est un peu à cause de l'origine illustre de l'abbaye que beaucoup de gens attribueraient volontiers, malgré son style, à son fondateur primitif. C'était surtout à cause de l'extrême rareté des monuments de la seconde race de nos rois. Notre système actuel d'archéologie, qui ramène en deçà de l'an mille tous les édifices romans sans exception, quelle que soit leur barbarie, demande nécessairement une sanction; et pour qu'elle lui soit donnée, il faut accumuler un certain nombre de faits qui tendent tous à montrer l'art carlovingien tel qu'il était, avec ses serviles imitations de l'antique, son goût puéril pour les matériaux précieux, sans progrès, sans initiative, presque sans avenir.

Les autres étages du clocher de Brantôme sont tous carrés, avec des retraites successives, très-marquées, que facilite l'inclinaison des murs à l'intérieur, et s'élèvent, sans voûte d'aucune espèce, jusqu'au toit en pierre, pyramide à quatre pans, fort peu aiguë, ornée de cordons en saillie. Le premier étage au-dessus de la base est percé sur chaque face de deux grandes fenêtres en plein cintre et géminées, ce que nous n'avions point vu encore, parce que ce trait, dans notre pays, appartient essentiellement au style roman. Trois colonnes soutiennent les retombées et forment la séparation de chaque fenêtre. Elles ont des chapiteaux du roman le plus sauvage, un ou deux cubiques, comme nous l'avons dit, avec des rosaces sculptées à plat ; les autres, revêtus de petites arcatures, ou d'indications de feuilles, ou tout à fait bruts. Un des fûts est composé d'un morceau de marbre gris allongé avec de la pierre, autre débris, carlovingien et romain à la fois.

Le troisième étage a des colonnes analogues et plusieurs petites baies sur chaque côté, mais sans arcade maîtresse. Elles sont interrompues par un pignon très-aigu qui surmonte la fenêtre unique de l'étage intermédiaire et atteint presque à la hauteur du toit. Dans le tympan de celui de ces pignons qui regarde la rivière et la ville, on remarque une petite tablette entourée d'un cercle de pierres saillantes qui ressemble de loin à une rosace. Comme le mur est percé à cet endroit, de façon à permettre de porter la main jusqu'à cette tablette, nous avons cru comprendre qu'elle recevait autrefois un fanal abrité par un auvent ; poétique et curieux usage inspiré sans doute par les lanternes des morts du Limousin et de l'Angoumois [1].

En somme, il n'y a rien de byzantin dans cette tour de Brantôme ; elle est purement romane. Pourtant, le type du clocher de Saint-Front, reproduit d'abord à la Cité, le fut encore à Saint-Avit en plein XIIe siècle. Mais, cette fois, on a préféré un type roman assez répandu dans le sud-ouest, notamment en Limousin, et qui ne manque pas de grâce ni de solidité.

Le corps de l'église de Brantôme avait été presque entièrement rebâti vers le milieu du XIIIe siècle, dans le style ogival, naturellement, mais en conservant à peu près le plan primitif et la disposition byzantine. On avait fait trois travées carrées, dont l'une utilisait les grands arcs anciens, l'autre les murs seulement ; la dernière, entièrement neuve. Elles étaient uniformément couvertes de voûtes d'arêtes, très-surhaussées, et, pour les

1. Autant les édicules de ce genre sont communs à l'ouest du Périgord, autant ils sont rares à l'est et au sud, ainsi que dans le Périgord même, nous n'y en connaissons qu'un, à Sarlat, assez grand pour tenir le milieu entre les vraies lanternes des morts et les chapelles funéraires.

caractériser d'un mot, à double croisée de nervures. Nous allons revoir à Saint-Avit cette intéressante modification de la voûte ogivale, remplaçant encore des coupoles. Nous la retrouverons, plus tard, en Anjou, pratiquée sur une grande échelle et dans des monuments d'un seul jet. Nous l'analyserons alors avec tout le soin qu'elle mérite. Bornons-nous ici à dire, sans le prouver, qu'elle provient d'une sorte de transaction ou de fusion entre le système ogival et le système byzantin.

A cela près, le style qu'on a suivi dans l'église de Brantôme se rapporte aux bons modèles du XIIIe siècle. L'ornementation surtout était irréprochable. En fait d'ogival primitif, c'est bien ce que nous avons de mieux dans la Dordogne. Il y a peu de provinces plus pauvres que la nôtre sous ce rapport. Mais les belles lancettes qui éclairent le chœur sont dignes de Bourges ou plutôt de Poitiers, car on n'est pas allé chercher plus loin l'art ogival.

On en peut juger encore aujourd'hui; malgré la ruine de l'église, qui semblait être demeurée solide, après cinquante années d'abandon, et qui s'est brusquement abattue au moment où l'on a voulu enfin lui rendre une toiture. Les quatre murs du chevet, ainsi qu'une travée de la voûte ont survécu au désastre, et le reste de l'édifice vient d'être rebâti fidèlement, sauf quelques innovations indispensables, par les soins de M. Abadie. On a respecté avec raison cette étrange fenêtre du chevet dont les meneaux dessinent une croix et qui frappe par-dessus tout quand on voit un dessin de Brantôme, ou le monument lui-même. Mais, dans le principe, la fenêtre n'offrait pas de divisions intérieures, et elle n'a pris sa forme actuelle qu'au XVIe siècle.

Parmi les petites curiosités que Brantôme offre en abondance[1], nous citerons deux « cariatides romanes », très-mutilées et très-singulières, qui furent utilisées quand on bâtissait le chœur et que l'on plaça, avec intention sans doute, à l'angle saillant du sud-est; comme si ces images grotesques, qui lèvent les bras pour soutenir un fardeau, fortifiaient réellement cette importante partie de la construction. Du moins, ne l'affaiblissaient-elles point, car elles sont en très-bas relief et taillées dans des blocs considérables. On trouve d'autres sculptures curieuses en arrière de l'église, au

---

1. L'abbaye de Brantôme, située dans la banlieue de Bourdeille, fut possédée en commende par le piquant écrivain qui réunit ces deux noms. On lui doit, s'il faut l'en croire, le *jardin de l'abbaye*, grand enclos carré, fermé d'un fossé et de murs en pierres de taille. Aux deux extrémités de la grande allée sont deux rotondes à colonnes corinthiennes dont le style se rapporte bien, en effet, à la fin du XVIe siècle.

pied de la colline escarpée qui monte, presque parallèlement au clocher, de la manière la plus pittoresque. Elles sont faites à même le rocher, et datent de différentes époques. Il en est de romanes qui consistent en un reste d'archivolte gaudronnée et bordée de pointes diamants. La décoration à laquelle elles appartenaient correspondait à une crypte creusée dans la craie et qui existe encore. Ermitage d'abord, avant la fondation de l'abbaye, puis église souterraine, ce n'est cependant, selon toute apparence, qu'une vieille carrière puisqu'elle est informe; mais, au XVI⁰ siècle, quelque moine entreprit de la couvrir de bas-reliefs. A l'est, au-dessus de l'autel, le patient sculpteur a figuré sur le rocher le Christ en croix et les saintes femmes : au nord, il a commencé, sans pouvoir l'achever complétement, un Jugement dernier.

L'image divine et celles des anges qui l'accompagnent sont conçues dans des proportions colossales, mais à peine ébauchées. Les autres figures, plus petites, sont aussi d'une exécution plus complète. L'une d'elles est une personnification de la mort des plus bizarres. Entre autres détails singuliers, les ressuscités de toute condition, évêques et moines, rois et chevaliers, sont indiqués par une rangée de simples têtes. Toute cette sculpture n'a guère de mérite ni de style; il faut voir quelques arcs en accolades, souvent cachés par des barriques ou par des fagots, pour lui assigner une date.

Dans l'église paroissiale, petit édifice du XV⁰ siècle, il y a encore des sculptures sur pierre et sur bois, qui se rattachent à l'abbaye, les unes par le sujet seulement, les autres par le sujet et l'origine. L'église abbatiale était dédiée à saint Sicaire, un des Saints Innocents, dont les reliques auraient été données par l'empereur Charlemagne. On représentait donc à Brantôme, avec une prédilection particulière, le massacre des Innocents. On a de plus figuré, sur une des moitiés d'un grand retable provenant de l'abbaye, la remise solennelle du corps de saint Sicaire. La boiserie est du XVI⁰ siècle aussi, mais d'une meilleure main que les sculptures de la crypte. On y reconnaît parfaitement l'église actuelle dominée par son clocher pittoresque. L'abbé en sort processionnellement à la tête de ses moines; et, de l'autre côté, s'avance un empereur armé de toutes pièces et coiffé d'une couronne fermée, qui tient sur les bras un enfant nouveau-né. — Les femmes qui craignent pour la santé de leurs petits enfants, ou qui se désespèrent de demeurer stériles, vont encore en pèlerinage à Brantôme, quelquefois de plus de dix lieues. On en plaisante beaucoup, et cependant, pour ceux qui savent et qui comprennent, il y a quelque chose de bien touchant dans cette dévotion à l'Enfant-Martyr.

III. SAINT-JEAN DE COLE.

L'abbaye de Saint-Jean de Cole est un monument à date certaine.

« Post hunc in eumdem episcopatum successit Raynaldus de Tiberio et rexit ecclesiam annos 17, menses 4. Obiit autem anno D. millesimo nonagesimo nono [1], octavo idus septembris, apud S. Georgium de Rama. Hic episcopus obsidioni Antiochiæ interfuit, sed dum die quadam divina celebraretur, a Sarracenis super altare decolatus est. *Hic ecclesiam S. Johannis de Cola ædificavit et in eadem constituit canonicos regulares...* »

L'abbaye de Saint-Jean [2] fut fondée, comme on voit, par l'évêque de Périgueux, Raynaud de Thiviers, et dans le voisinage de la petite ville qui porte ce nom. La chronique anonyme de Saint-Front, qui relate cette pieuse fondation, nous apprend en même temps que l'évêque Raynaud était parvenu au siège épiscopal, en 1081, et qu'il l'occupa jusqu'à la première croisade, où il fut massacré par les Sarrasins au moment même où il célébrait la messe. La date de l'église de Saint-Jean se trouvait donc admirablement déterminée, puisqu'elle est comprise dans un court intervalle de vingt années, que la durée des travaux remplit nécessairement en grande partie. Les auteurs de la « Gallia Christiana » diminuent encore ce laps de temps, et fixent à 1086 la fondation de l'abbaye. Ce n'était point une reconstruction dont il s'agissait, comme à Saint-Astier et à Brantôme, mais d'une création nouvelle ; et, d'un autre côté, nous pouvons le dire dès à présent, le style de l'église actuelle de Saint-Jean, qui admet encore, comme à Saint-Front et à la Cité, de grandes coupoles apparentes au dehors, ne permettait pas de supposer un seul instant qu'elle eût pu être rebâtie depuis Raynaud de Thiviers. Il serait tout au plus admissible que, sous les successeurs de cet évêque, on eût mis la dernière main à l'édifice. Mais, puisque Raynaud avait pu y établir de son vivant des chanoines réguliers, il fallait que l'œuvre différât peu déjà de ce qu'elle est aujourd'hui ; car, si elle a été réparée et consolidée postérieurement, elle n'était pas de nature à être entreprise en deux fois. En définitive, il n'y avait aucune chance sérieuse d'erreur, ni dans un sens ni dans l'autre ; et l'église de Saint-Jean devenait dans toute la force du mot un monument à date certaine. Construit à la fin du XIe siècle,

---

1. C'est une erreur évidente de la « Chronique de Saint-Front ». Raynaud périt bien dans les environs d'Antioche, mais seulement vers 1102. Il faisait partie de la malheureuse expédition conduite par le duc d'Aquitaine.

2. Saint-Jean de Cole n'était qu'un prieuré conventuel de l'ordre de Saint-Augustin. Nous lui avons conservé le titre d'abbaye, qu'on lui donne dans le pays et qu'il mérite, au moins par son importance.

et sous l'influence directe du clergé de Périgueux, ce monument devait offrir un précieux intermédiaire entre Saint-Front, Saint-Étienne, et leurs imitations du XIIe siècle : c'est ce qu'on observe en effet. L'élément byzantin, s'il n'est plus tout à fait sans mélange, y domine néanmoins, et se conserve autrement pur qu'à Souliac ou à Angoulême. La coupole, pour tout dire, y est apparente au dehors et garde ainsi toute son importance. Nous la retrouverons à Cahors avec ce caractère si tranché; mais ce sera pour la dernière fois. Partout ailleurs elle se cachera sous des toitures en charpente.

Avec son rôle primitif, la coupole a retenu ses proportions grandioses. Elle dépasse même le diamètre adopté pour Saint-Front, et s'égale presque aux dimensions qu'atteint l'église de la Cité. L'espacement des piliers y est justement de 13 mètres au lieu de 13^m65 ; celui des murs de 18^m85 au lieu de 19^m; [1] et le diamètre de la calotte de 14^m et plus, grâce à la galerie qui règne à sa base. Ce n'est point le hasard qui a produit cette concordance approximative de mesures, c'est l'émulation ; car, n'oublions pas que l'église de la Cité est la vraie cathédrale ancienne de Périgueux, et, qu'imitée elle-même de Saint-Front, elle s'offrait pourtant en première ligne à l'imitation des architectes du diocèse. Le plan de Saint-Front effrayait par son ampleur. On aimait mieux faire moins de coupoles, comme à la Cité, et modifier dans le même sens leurs proportions, en forçant le plus possible le diamètre de la calotte et en resserrant les grands arcs ainsi que les piliers qui n'étaient plus évidés.

Une seule coupole avait suffi, au moins provisoirement, pour le plan de l'abbaye de Saint-Jean. Mais, par une innovation des plus hardies et des plus originales, elle s'inscrit dans une abside semi-circulaire et s'agrandit de trois chapelles rayonnantes. A Cahors, nous verrons aussi cette abside munie de chapelles, chevet ordinaire des grandes églises romanes, mais elle s'applique simplement à l'ouverture d'un des grands arcs ; tandis qu'à Saint-Jean, elle enveloppe la coupole elle-même qui s'est fondue avec elle. Abside et coupole, en se combinant ainsi, ont éprouvé dans leur forme de graves modifications. On s'en apercevra en étudiant notre plan de Saint-Jean, qui est certainement le plus curieux, après celui de Saint-Front, de tous ceux que nous avons relevés. L'abside, par exemple, est démesurément large pour tout autre système de voûte que celui des coupoles, et la courbe qu'elle décrit tend au carré. D'un autre côté, la coupole étant serrée de

---

1. A Saint-Front, l'espacement des piliers n'atteint pas douze mètres, mais celui des murs opposés, dans le transept, est de vingt-deux mètres.

près à un de ses bouts, deux de ses piliers n'ont pas reçu tout leur développement. Ils semblent insuffisants, par parenthèse, quoique les murs des chapelles latérales s'arrangent de manière à les contrebuter. Par la même raison, les grands arcs du nord et du sud se rétrécissent progressivement depuis leur clef jusqu'à leur retombée sur ces piliers. Les murs latéraux suivent le même mouvement, et c'est dans leur partie oblique que s'ouvrent deux des chapelles absidales; la troisième est percée, entre deux longues fenêtres, au sommet de l'abside dont la courbe intérieure est à peine sensible, quoiqu'elle fasse renfler à sa clef le grand arc dont elle ferme l'ouverture.

La présence des absides latérales ne laissait pas place à cette galerie, portée sur une arcature, qui règne ordinairement à la région moyenne des coupoles. Les fenêtres hautes n'étaient pas possibles non plus; mais celles d'en bas y suppléaient largement. Il y en avait trois pour chaque abside; deux autres plus grandes encore, au-dessus de la porte actuelle et vis à vis, vers le cloître; enfin, celles dont nous venons de parler tantôt et qui ont 7ᵐ de hauteur, c'est-à-dire treize en tout pour une seule coupole, sans compter les quatre ouvertures de la calotte. Elles sont toutes indiquées sur le plan, parce qu'elles sont au rez-de-chaussée. Dans les autres monuments du même genre, elles ne se trouvent guère que dans la moitié supérieure de la fabrique, et sont par suite omises dans les plans.

La coupole de Saint-Jean était vraiment hardie, et paraissait d'autant plus large qu'elle était moins élevée : ses piliers sont un peu moins hauts que ceux de Saint-Étienne, c'est-à-dire beaucoup plus bas que ceux de Saint-Front. C'était surtout en vue de l'aspect extérieur de l'édifice, et afin de ne pas séparer, par un trop grand espace lisse, les absides latérales et l'entablement, au-dessus duquel commençait le tambour de la coupole. Comme à la Cité, il naissait sur une plate-forme qui fait le tour de l'édifice; mais on n'avait pas obtenu les terrasses et nivelé les retombées des grands arcs au moyen de petites voûtes : on ne semble s'être servi que d'une maçonnerie pleine.

De cette coupole, il ne reste aujourd'hui qu'une faible portion contiguë au clocher avec une fenêtre carrée haute de 1ᵐ60. Elle était toute en pierres de taille : voilà sans doute pourquoi elle s'est abattue tout à coup, tandis que celle de Saint-Étienne, étant en blocage à l'intérieur, est solide encore. Du reste, elle n'est tombée qu'en 1787, à la sortie de vêpres, et lorsque le dernier des assistants dépassait, dit-on, le seuil de la porte. Il résulte des traditions que nous avons recueillies qu'elle était conique à l'extérieur, ce qui n'a rien d'extraordinaire, et qu'elle avait conservé jusqu'au moment de sa chute sa toiture primitive en dalles. Le grès dont est bâtie l'église de Saint-Jean devait durer plus longtemps que la pierre calcaire de Saint-Front.

On n'avait pas mis à profit les deux années qui s'écoulèrent encore, jusqu'à la révolution, pour relever de ses ruines la coupole de Saint-Jean. L'église demeura donc sans voûte et sans toiture longtemps après le rétablissement du culte. Jusqu'en 1840, on y disait la messe en plein air. Le prêtre seul était à l'abri dans l'abside de l'est. Les fidèles se garantissaient, comme ils pouvaient, du mauvais temps sous les grands arcs et les pendentifs, car il ne manquait que la coupole proprement dite ou calotte. Tout le reste se maintient en assez bon état; ce qui montre que la calotte est tombée par la désagrégation de ses assises, non par le tassement ou l'écartement de ses supports. A voir l'affreux plancher qui s'adapte aujourd'hui au cercle de la coupole, on regrette presque que l'église de Saint-Jean ne soit plus une ruine.

L'ornementation de l'abbaye de Saint-Jean est devenue enfin exclusivement romane; mais c'est au dehors qu'il faut l'étudier. M. Jules de Verneilh a dessiné à cet effet, et gravé lui-même avec une heureuse facilité, une vue extérieure du monument. A part la largeur extrême du vaisseau, ne dirait-on pas le rond-point d'une église romane ordinaire? On remarquera cependant que l'abside n'est pas ronde, mais plutôt carrée avec des angles arrondis. C'est assez disgracieux, bien que peu apparent au premier aspect. Les trois chapelles rayonnantes sont pareilles, si ce n'est que l'une d'elles, du côté du cloître, n'a pas ses chapiteaux sculptés. Toutes sont pentagonales au dedans comme au dehors, avec des colonnes engagées à tous les angles saillants et des arcades feintes en ogive qui les unissent. Voilà l'exemple que nous avions annoncé de la facilité avec laquelle le xie siècle s'accoutumait à l'ogive. Rien n'était plus simple que de les remplacer par des pleins cintres, pour peu qu'on en eût eu l'envie; mais, à force d'employer l'ogive pour les voûtes d'une grande portée, telles que les grands arcs des coupoles et que leurs calottes, on se familiarisait insensiblement avec elle; on en venait à l'adopter encore, sans y être contraint, pour les voûtes plus resserrées des chapelles et même pour les arcs de décoration. Un pas de plus, et l'abbaye de Saint-Jean était une église ogivale. Il n'y a effectivement que les fenêtres qui demeurent en plein cintre; partout ailleurs, l'ogive se montre seule.

Les chapiteaux, admirablement conservés, sont conçus dans le plus vieux style roman; non dans celui du Périgord, qui s'essayait à peine alors, mais dans celui plus formé et très-reconnaissable du Limousin. On avait

avec ce pays de grandes relations dont le voisinage n'était pas la seule
cause. Par suite des infirmités de l'évêque de Limoges, Raynaud de Thiviers remplissait les fonctions épiscopales dans les deux diocèses à la fois :
en 1095, il présidait, à Limoges, à la dédicace de la cathédrale et de l'abbaye de Saint-Martial. Peu de temps après, au moment de suivre le duc
d'Aquitaine à la croisade, il consacrait encore la collégiale de Saint-Junien ;
puis il déposait dans une châsse magnifique le chef du patron de l'église, et
faisait faire sous ses yeux, pour les autres reliques, un sarcophage de pierre
orné d'une simple inscription, laissant au prévôt Ramnulphe le soin de préparer à loisir les admirables sculptures qui forment maintenant l'enveloppe
extérieure du tombeau. Ces circonstances, que M. l'abbé Arbellot avait révé-
lées en publiant la curieuse chronique de Maleu, nous sont revenues à la
mémoire quand nous avons remarqué la ressemblance de certaine arcature
à colonnes torses, figurée sur plusieurs chapiteaux de Saint-Jean de Cole,
avec celles du sépulcre de saint-Junien [1].

Nous imaginons que l'architecte de Saint-Jean aura appelé à son aide un
sculpteur de l'école limousine. Au moins trouve-t-on dans le Limousin en
général, et dans la cathédrale de Limoges en particulier, des chapiteaux
identiques à ceux de notre abbaye périgourdine. Nous voulons parler spécialement de ces chapiteaux sans tailloir, sans abaque, et reconnaissables à
ce seul caractère, qui soudent les colonnettes des fenêtres au tore de l'archivolte supérieure. Au lieu d'un vrai chapiteau, c'est plutôt un gracieux
anneau de feuillages ou d'animaux fantastiques. Il s'en trouve, comme nous
le disions, de tout pareils à la cathédrale de Limoges, dans les restes de la
construction romane du XIe siècle, attenants à la base du clocher ; et l'analogie se produit aussi bien dans le dessin des feuillages que dans le profil et
dans l'arrangement de l'archivolte. Nous citerions encore, pour leur analogie
avec les sculptures de Limoges, un grand chapiteau à palmettes rondes de six
lobes, et tous les chapiteaux historiés à sujets bibliques. Ils sont si rares en
Périgord, qu'on peut dire que notre art provincial ne les admet pas. A
Saint-Jean, ils dominent au contraire, et viennent d'un ciseau exercé. Parmi
les plus curieux, nous décrirons ceux qui sont indiqués dans notre gravure
et qui ornent l'extrémité de la chapelle centrale. D'un côté, c'est une créa-

1. Voir à ce sujet le « Compte-rendu du Congrès archéologique de 1847 », page 397, et les
jolies gravures de M. Léo Drouyn. Voir aussi la « Chronique de Maleu », page 14. On y trouve
cette note marginale ajoutée anciennement au texte et relative à la fondation de Saint-Jean de
Cole par Raynaud : « Qui prioratum S. Johannis de Cola, Petragoricensis diœcesis, dotavit, ædificavit et fundavit ; et ipsi prioratui plures redditus et ecclesias acquisivit ».

tion de l'homme très-curieuse et très-complète. Ainsi, l'on voit, dans trois encadrements ovales, Dieu qui crée, c'est-à-dire qui soutient et façonne des deux mains Adam s'éveillant à la vie ; puis, sur les retours du même chapiteau, Dieu qui bénit sa créature ; enfin l'ange qui assiste et concourt à la création [1]. En face, du côté gauche, le sculpteur a représenté, à ce qu'il semble, Noé dans son ivresse et son fils ; fantaisie originale et ingénieuse composition, car les deux personnages, l'un debout, l'autre couché, sont enlacés dans un réseau de pampres, tout chargé de raisins, qui court sur le fond du chapiteau. A droite, toujours pour la chapelle terminale, deux lions, d'un beau caractère, mordent les mains d'une figure humaine.

Ces trois chapelles avec leurs chapiteaux historiés, leurs modillons fantastiques et leurs arcatures, sont d'un beau style roman, à la fois simple et élégant. Elles produiraient plus d'effet encore, si leur base ne se cachait pas dans des terres rapportées, et surtout, si l'ensemble du rond-point était couronné de son entablement et de sa haute coupole conique. Elle s'élevait, dit-on, à la même hauteur que le clocher, c'est-à-dire à près de cent pieds. Nous avons dit, d'après la tradition, comment elle était couverte et comment elle avait disparu. Nous ne nous expliquons pas aussi bien pourquoi l'entablement manque en totalité. Il semble qu'on l'ait déposé, à l'occasion de la chute de la coupole, et, avec lui, tout ce qui avait été trop ébranlé ; ou que l'on ait, pendant la révolution, commencé à démolir l'église. Sur certains points il reste huit assises, au-dessus du toit des chapelles rayonnantes ; ailleurs, quatre seulement, de sorte que la toiture moderne repose sur un remplissage irrégulier de moellons.

L'ornementation intérieure est à peu près nulle. Il n'y a de chapiteaux ni de colonnettes qu'aux trois fenêtres de la chapelle terminale. Partout, au sommet des piliers, à la naissance de la coupole, on ne voit que les tailloirs de Saint-Front, avec un profil plus moderne pourtant et en quart de rond. La tradition byzantine explique cette rareté relative d'ornements sculptés, à l'intérieur de l'abbaye. En général, le style roman s'est ainsi emparé du dehors avant de s'attaquer aux masses des coupoles intérieures. Il faut tenir compte aussi de la dureté des matériaux. On a su se procurer pour les seuls chapiteaux un calcaire très-fin et très-résistant ; mais la commune de Saint-Jean de Cole est située sur les terrains de transition et son abbaye est presque entièrement construite en blocs de grès. — La hauteur des assises varie

----

1. Dans les « Annales Archéologiques » de mai-juin 1851, M. Didron a expliqué de nouveau, à propos des sculptures de Chartres, toutes ces particularités iconographiques.

peu, et se rapporte uniquement à l'appareil moyen des églises romanes. Les murs ne sont jamais mélangés de moellons; la grande coupole elle-même étant toute en pierres de taille. Mais, par une anomalie remarquable, les voûtes à cinq pans des absides sont en blocage.

Nous n'avons encore parlé que de la construction primitive de l'abbaye de Saint-Jean. Elle se composait, nous l'avons vu, d'une seule coupole flanquée de trois chapelles rayonnantes. Mais on ne comptait pas laisser toujours à l'édifice cette proportion ramassée et l'on se proposait évidemment, l'état du monument en fait foi, d'allonger la nef à l'occident, au moins d'une autre coupole. Malheureusement on tardait trop à la faire, et, comme les piliers de l'ouest, affaiblis par des escaliers intérieurs, étaient médiocrement développés, la fabrique penchait visiblement de ce côté. On avisa donc à consolider l'édifice plutôt qu'à l'agrandir. Pour cela, on enveloppa intérieurement les deux piliers menacés, d'une chemise de maçonnerie, épaisse d'un mètre environ, et qui finit en échelons à la naissance du grand arc. Extérieurement, on leur adossa des contreforts puissants qui les contiennent et les épaulent, mais qui leur sont seulement juxtaposés, de façon qu'une fente, où l'on passerait aisément la main, sépare aujourd'hui, jusqu'au sol, les deux constructions. Enfin, on réunit ces deux massifs énormes par une voûte longue et basse, qui n'a que six mètres de largeur au lieu de treize, et qui est loin d'atteindre à la hauteur de l'ancien grand arc, quoique le mur dont elle est surmontée ferme exactement son ouverture.

Avec tous ces travaux, qui défiguraient l'édifice, on se proposait d'abord de le consolider, puis de préparer une base pour un clocher. — Il existe encore, mais fort remanié, et repose sur ces massifs. — On voulait aussi se réserver la possibilité de continuer plus tard la nef. On commença donc une nouvelle coupole plus petite, que nous avons indiquée sur le plan. La voûte dont nous avons parlé devait lui servir de grand arc; on ménagea latéralement les naissances de deux arcs semblables, avec quelques assises des pendentifs au-dessus; enfin on laissa deux rangs de pierres d'attente pour les murs de remplissage. On dirait une coupole démolie comme à Saint-Étienne de Périgueux; mais elle n'a jamais existé et n'est que commencée.

Par suite des circonstances que nous avons exposées, l'église de Saint-Jean n'a point son entrée principale à l'occident. On ne voit de ce côté qu'un mur provisoire percé d'une petite ogive. La vraie porte fut alors transférée au flanc méridional de l'église, sous une grande fenêtre que l'on mura à cette occasion. Elle est en ogive aussi, mais très-ornée, dans le style roman de Périgueux, à moulures géométriques, que nous avons plusieurs fois signalé dans des constructions du xii° siècle. Elle reproduit notamment, en très-petit, quelques motifs des plus caractéristiques employés au cloître de Saint-Front et à la maison de la rue des Farges.

On parle d'une dédicace solennelle de l'église au xii° siècle; elle aurait vraisemblablement eu lieu après cette sorte de restauration générale.

Le cloître de Saint-Jean n'est point contemporain de l'église. Il a été entièrement rebâti vers le commencement du xvi° siècle. Mais il n'en mérite pas moins d'être attentivement examiné à cause de sa parfaite conservation, surtout au second étage. On l'a rebâti, sans doute, sur d'anciens fondements. Aussi dépasse-t-il beaucoup à l'ouest l'église qui devait, nous le savons, se continuer dans ce sens.

A l'intérieur de l'église, nous noterons un élégant bénitier de cuivre qui semblerait ancien, si l'on ne lisait pas la date de 1734 sur son support en pierre. Nous signalerons aussi un tombeau d'évêque avec une statue couchée. Ce n'est pas celui du fondateur de l'abbaye, puisque Raynaud de Thiviers est mort en Palestine; et d'ailleurs, statue et tombeau sont de la renaissance. Le personnage dont il s'agit est, à ce qu'il paraît, un évêque d'Amiens, du nom de La Martonye. Cette noble maison, qui a fourni onze prélats à l'église de France, était établie à Saint-Jean de Cole même, tout à côté de l'abbaye, dans un château qui porte encore son nom. Sa fortune date surtout de Jean de La Martonye, qui fut premier président des parlements de Bordeaux et de Paris sous François Ier, et qui s'est plu à bâtir, non loin du berceau de sa famille, le château le plus artistique de tout le Périgord, celui de Puy-Guilhem.

L'abbaye de Saint-Jean de Cole se recommande enfin par la belle boiserie et les gracieuses peintures du chœur. Il n'est pas besoin d'être antiquaire pour les apprécier. C'est une décoration fort riche, qui remplit toute l'abside de l'est, et qui date des premières années du xviii° siècle. Elle se compose de treize stalles sculptées, car il y avait douze religieux encore[1], et d'une haute boiserie entremêlée de tableaux. Tout y est excellent et vient d'artistes distingués. Mais, grâce aux abbayes, l'art de Paris pénétrait ainsi dans les solitudes les plus lointaines. — Au fond de l'abside, on a peint saint Jean-Baptiste, le patron de l'église; à droite, sainte Geneviève, en bergère, avec cette inscription : *Pascitur et pascit*; à gauche, saint Augustin. Indépendamment de ces trois grands tableaux, des panneaux sur toile, encadrés

---

1. A la révolution, il n'en restait plus que trois, y compris le prieur. Ce qui est triste à dire, presque toutes les abbayes se mouraient ainsi.

dans le soubassement, représentent des sujets connus : le martyre de saint Sébastien, par exemple; puis, une légende dont les circonstances ne sont pas bien présentes à notre esprit, mais où figure une reine de France au manteau fleurdelysé (ce serait Blanche de Castille, selon la tradition), et un jeune prince, de la maison royale aussi, qui paraît être saint Louis, peut-être saint Léonard.

A qui doit-on ces peintures importantes et l'admirable boiserie, toute en noyer sculpté, qui les encadre? Nous l'ignorons, mais elles sont l'œuvre d'artistes vraiment au-dessus du médiocre, et tels au moins que le Périgord n'en a jamais eu. Comme elles ont été exposées à l'air libre pendant vingt-trois ans, elles ont perdu leur éclat, comme la boiserie son vernis; mais leur coloris a toujours été aussi terne que leur dessin est simple et élégant. Elles sont de l'école de Lesueur plutôt que de celle de Lebrun.

On nous pardonnera d'être sorti un moment de notre sujet pour des objets que l'on dédaigne ordinairement, surtout dans les ouvrages de pure et sévère archéologie. Dans une église de campagne, ils frappent plus que dans une grande ville, et ils concourent d'ailleurs à faire de Saint-Jean de Cole le monument le plus important que compte le Périgord après Saint-Front et Saint-Étienne.

IV. SAINT–AVIT–SENIEUR.

Pour fixer la date de Saint–Avit–Sénieur, ou le Vieux, nous avons, au lieu de textes, deux inscriptions authentiques, l'une de 1117, l'autre de 1147. Elles ne se rapportent point précisément à la dédicace de l'église, mais à la consécration d'autels particuliers. La première est ainsi conçue :

A.M.C XVII : WM.EP.
PETROCVS DE AVBRVPE.
IN ONORE BEATI IOHIS
BPE ET SCI IOHIS EVGEE
V : KALENDAS IANVARII
HOC ALTARE SACRAT.

Elle signifie clairement, malgré des abréviations qui portent principalement sur le nom de l'évêque, que Guillaume d'Auberoche a consacré un autel, en 1117, le cinq des calendes de janvier, en l'honneur de saint Jean-Baptiste et de saint Jean l'évangéliste. Elle ne veut pas dire que la dédicace de l'église a eu lieu à cette époque; au contraire, puisqu'elle est gravée loin du maître-autel, au flanc méridional de la nef et sur la muraille même, au-dessus d'un ancien autel latéral qui a disparu. C'est à l'occasion d'une visite de l'évêque de Périgueux, que l'autel a été consacré et l'inscription tracée. Ce n'est pas au moment précis où le nouveau monument a été inauguré; car alors on aurait dû être plus explicite. — Cela est si vrai, que, trente ans plus tard, pendant la visite de l'archevêque de Bordeaux, Geoffroy, on a consacré un autre autel secondaire, et mis une autre inscription sur le dernier pilier de l'église, au sud-est. Elle est à une certaine élévation, environ trois mètres, et gravée à même le mur, en lettres de dix centimètres. Elle est très-incomplète aujourd'hui, et, par ce motif, nous n'en donnerons pas de fac-similé. Elle paraissait même si parfaitement illisible, que le vénérable curé de Saint-Avit l'avait fait couvrir d'un enduit, sans le moindre scrupule.

Il y a cependant peu de prêtres qui aient mieux mérité de leur église que ce bon curé de Saint-Avit, dont le souvenir nous sera toujours cher. Depuis quarante années il l'embellit du travail de ses mains : lui sculpte des autels et des statues; lui taille des cadres dorés et lui peint des tableaux en style Pompadour, malheureusement; mais c'est celui de sa jeunesse. A cela près, on reconnaît en lui le moine artiste du moyen âge. Il fallait le voir, malgré ses quatre-vingts ans, frapper à grands coups de marteau, du haut d'une échelle, le crépissage, si propre et si lustré, de son église, jusqu'à ce qu'il eût rencontré la malencontreuse inscription. Il fit certainement la moitié de la besogne et nous encouragea à faire le reste. La nuit vint sur ces entrefaites, et rappela dans un château voisin nos compagnons de voyage. Pour nous, nous reçûmes au presbytère l'hospitalité archéologique, et le matin nous reprîmes ensemble la suite de nos explorations. Si le curé de Saint-Avit avait commis une faute contre la science, il la répara bien.

Après tant d'efforts, l'inscription reparut donc; mais, hélas! nous n'avons pu y déchiffrer qu'une date, 1147, et un nom, Geoffroy, celui de l'archevêque de Bordeaux, qui occupait effectivement le siége métropolitain à cette époque. Cela suffit avec quelques autres mots pour donner le sens général de cette inscription mutilée. Elle s'applique à un autel, non point à l'ensemble de l'édifice ni même à la coupole du chœur, qui est parfaitement liée aux deux autres. Son importance, c'est de prouver incontestablement que l'église actuelle de Saint-Avit existait dans toute sa longueur en 1147. L'autre inscription prouve davantage et démontre que la construction de l'église doit être rejetée au delà de 1117, et en grande partie dans le xi⁰ siècle. L'église de Saint-Avit est si vaste, en effet, pour un monastère de second ordre, livré à ses seules ressources, qu'elle a exigé certainement beaucoup plus de quinze années de travaux.

Ce qui tendrait à faire présumer que la date de 1117 se rapproche beaucoup de celle de l'achèvement de l'édifice, c'est que la translation des
reliques du solitaire Avitus, le patron de l'abbaye, eut lieu l'année d'après,
en 1118, et qu'elle devait naturellement suivre de près l'inauguration
de l'édifice. Nous tenions ce fait de notre savant ami, M. Charles Des
Moulins, qui l'avait constaté, en préparant sur tout le Périgord un grand
travail de statistique monumentale, malheureusement abandonné ou ajourné.
Nous l'avons récemment vérifié dans Dupuy, qui donne cette autre inscription :

ANNO MILLENO CENTENO TER QUOQUE SENO
AD MONTEM SANCTI TRANSFERTUR CORPUS AVITI[1].

A ne considérer que le style de l'abbaye de Saint-Avit, on ne reculerait
pas sa date seulement jusqu'en 1117 ; on irait plus loin et l'on classerait
aisément le monument tout entier parmi ceux du XIe siècle, tant il se rapproche encore du plan, des proportions et de la simplicité grandiose des
coupoles de Périgueux. Saint-Avit n'a rien de roman, si ce n'est quelques
indications de contreforts et peut-être un grand chapiteau creusé en fonts
baptismaux, dont la provenance est incertaine. Tout s'y rapporte au style
byzantin plus ou moins dégénéré, depuis le plan général et la combinaison
des masses jusqu'aux détails d'architecture. L'ornementation est absente, il
est vrai, et manque totalement à l'édifice; mais quand on adopte un dessin
architectonique quelconque, comme pour le clocher, on ne s'inspire que de
Périgueux.

Le plan est celui de l'église de la Cité : trois coupoles en file, avec de
plus fortes dimensions pour celle du chœur. Mais, à Saint-Avit, le diamètre
des coupoles ne varie pas, ni leur élévation. Il n'y a d'accroissement que
pour les grands arcs, qui s'élargissent latéralement en guise de transepts et
repoussent les murs en arrière. Comme cette saillie n'est que d'un mètre,
on ne peut guère prétendre qu'il en résulte une croix. S'il n'y avait pas de
chevet à la Cité, il y en eut un à Saint-Avit. Il a été refait en presque totalité, comme l'indiquent les teintes du plan ; mais il semble qu'on l'ait rebâti,
sans modifier sa forme carrée. Tel est, à peu près, celui du Vieux-Mareuil,
ce diminutif du même plan que l'on recherchera sur la planche n° 11, où
Saint-Avit se trouve entouré de la foule des petites églises périgourdines.

Le diamètre des coupoles de Saint-Avit est encore de 12[m] au moins; il s'é-
loigne peu, par conséquent, des grandes dimensions consacrées par l'exemple

1. *Extat de l'église du Périgord*, t. 2, p. 32.

de Saint-Front et de Saint-Étienne. Leurs proportions et leur forme sont peu altérées aussi. Il y a une galerie, portée sur une arcature en plein cintre, à chapiteaux bruts, qui règne le long des murs latéraux et traverse les piliers. Les grands arcs n'ont pas pris d'arcs doubleaux ; ils restent nus et massifs comme les piliers. Il y a trois fenêtres pour chaque travée, ainsi qu'à Saint-Front ; mais celle du milieu n'est pas plus grande que les autres ; au contraire. Elle est seulement placée à un niveau plus élevé, comme l'œil-de-bœuf qui remplace la troisième fenêtre au mur méridional de la Cité. C'est pour garnir la pointe de l'ogive intérieure.

Du reste, nous avons mis la coupe partielle de Saint-Avit en regard de celle de la Cité : c'est le même monument, un peu plus en petit. La coupe d'une travée de Cahors, qui se trouve sur la même planche, n° 10, est plus grande au contraire, sans que l'analogie cesse d'exister. Entre l'ancienne cathédrale du Périgord et celle du Quercy, Saint-Avit se place comme une intermédiaire, non pas seulement en géographie, mais aussi pour le style et pour la succession des formes architecturales. Quoique Saint-Avit soit situé à l'extrémité méridionale du diocèse de Périgueux, justement à moitié chemin de Cahors, et plus près encore de Souliac, nous n'affirmons point que cette modeste abbaye ait exercé une influence directe sur les églises à coupoles du Quercy. Nous nous contentons de dire qu'elle est une des premières et des plus pures productions de l'école byzantine de Périgueux. Comme Cahors, comme Saint-Jean de Cole, elle appartient au type consacré d'abord par l'église de la Cité, et se rattache plus étroitement à ce dernier édifice qu'à Saint-Front même. Tous les membres de cette première branche, sortie de la grande souche byzantine, forment entre eux une famille particulière et sont unis par des analogies très-positives. Avec Saint-Avit-Sénieur et Saint-Jean de Cole on composerait, coupe et plan, tout l'édifice de Cahors.

Saint-Avit n'avait pas d'abord de clocher. Quand on voulut en faire deux, au-dessus des piliers qui terminaient l'église à l'occident, on s'inspira immédiatement, cette fois, de la basilique de Saint-Front. Dans quelques églises, notamment à Angoulême, ces piliers extrêmes avaient été assez développés dès l'origine pour servir de base à de petits clochers. Mais à Saint-Avit on les jugea insuffisants ; et, par une opération hardie, on leur en substitua d'autres qui empiètent beaucoup, des deux côtés, sur l'arcature des murs latéraux, sur celle de la façade. Ces nouveaux piliers, fort agrandis, mais évidés intérieurement comme ceux de Saint-Front, ne laissent rien subsister des anciens, et l'on ne conçoit guère comment la substitution a pu s'opérer, sans refaire la coupole dont on changeait ainsi les supports. Cependant, le

grand arc contigu à la façade est demeuré à sa première place avec ses
anciennes dimensions, comme le marque le plan. On ne voit pas non plus
que le diamètre de la coupole ait été réduit. Il n'était guère variable de sa
nature, puisque le cercle de la calotte devait toujours s'inscrire dans un
carré. Certainement, on a respecté tout le système de la voûte, en coupant
seulement les pendentifs, pour donner passage au coin des deux clochers, et
en interrompant trois des grands arcs pour leur faire d'autres retombées,
plus rapprochées de la clef, c'est-à-dire, placées à un niveau supérieur.
La vue de l'édifice ne laisse aucun doute sur la manière dont s'est effectué
ce périlleux changement. On a pu édifier les supports actuels des voûtes
avant de démolir les anciens qui correspondaient précisément au vide des
piliers.

Les deux clochers de Saint-Avit, en grande partie ruinés, ne ressemblent
pas seulement par leur base à Saint-Front. En élévation, la ressemblance
devenait plus sensible, malgré la différence des époques. Au XIIᵉ siècle, probablement dans la seconde moitié, on avait encore reproduit, comme à la
Cité, la disposition la plus caractéristique de la tour de Saint-Front. Celles
de Saint-Avit se composaient donc aussi de deux étages avec deux rangs de
fenêtres superposées pour chacun d'eux. Au reste, nous donnons la vue
extérieure de Saint-Avit, dessinée par M. Jules de Verneilh, et cela nous dis-
pense d'insister sur cette analogie irrécusable. On remarquera que tous les
arcs du clocher sont ogivaux, tandis que les fenêtres de la masse du monument sont en plein cintre. L'un des clochers de Saint-Avit n'est plus représenté, comme on voit, que par une modeste aiguille en charpente. De l'autre,
il ne reste guère qu'une de ses quatre faces. Elle ne s'en dresse pas moins à
une hauteur effrayante, et semble à chaque instant prête à tomber.

L'extérieur de Saint-Avit offre une simplicité exagérée. Il n'y a d'arcatures que pour la coupole du chœur; mais on ne peut, sur ce faible indice,
conjecturer qu'elle est plus récente que les autres. Le reste des murs, tout
en pierres de taille, car l'appareil en moellons disparaît totalement après
Saint-Front et Saint-Étienne, même dans les constructions les plus rustiques,
est coupé par quelques contreforts rares et peu saillants. Les uns correspondent au milieu des gros piliers; les autres partagent plus ou moins régulièrement chaque travée. On a évité d'y percer la petite fenêtre centrale qui
se trouve un peu à côté.

Nous avons donné à entendre que le système byzantin ne comportait pas
l'emploi, même restreint, des contreforts : expliquons-nous. Il n'y en a pas
du tout à Saint-Front, car on ne peut guère appeler de ce nom les sortes

de pilastres qui accompagnent les tambours des coupoles et l'abside latérale. Les grands murs, malgré leur hauteur énorme et leur vaste développement, sont parfaitement lisses. Avec des voûtes dont les supports étaient
tout intérieurs, il ne fallait point réellement de contreforts pour la solidité
et l'on s'en passait pour la décoration. C'est ce qu'on observe encore à la
Cité, à Saint-Jean de Cole ; et, en général, plus les églises à coupoles sont
anciennes, moins elles s'écartent de cette règle. Par opposition, plus les
constructeurs romans sont devenus habiles, plus ils ont multiplié les angles
et les ressauts.

Quoique l'église de Saint-Avit soit bien conservée dans son ensemble,
sa solidité n'était pas des plus grandes, et elle a éprouvé force restaurations. Il est curieux de les rechercher, une à une, sur le monument. Non-
seulement on a refait le mur du chevet et la porte d'entrée, ce qui peut avoir
été occasionné par les destructions systématiques des protestants ou des
grandes compagnies; mais on a fortifié deux des piliers à l'intérieur,
tandis qu'avant on en avait diminué d'autres. On a aussi ajouté des contreforts à l'intérieur. Une longue inscription, datée de 1525, a trait à un
travail de ce genre. Nous n'avons pas compris dans notre plan gravé le
contrefort qu'elle désigne sous le nom de « pilare », parce qu'il dérange
la symétrie de l'ensemble et se confond avec les bâtiments du monastère.
Nous nous sommes borné à l'église, en indiquant autant que possible,
par des différences de teinte, les diverses restaurations. Le trait séparatif
de la construction relativement moderne, dont le chevet a été l'objet, est
particulièrement exact. Il laisse d'un côté le pied-droit de l'arcade feinte,
et un morceau du mur; de l'autre, il entame le pilier et enlève, par
parenthèse, dans la grande inscription de 1147, la première lettre de
chaque ligne.

Le changement le plus grave qu'ait éprouvé Saint-Avit, consiste dans la
substitution de voûtes d'arêtes aux coupoles primitives. Elle a eu lieu, par
nécessité ou par embellissement, vers la fin du XIIIᵉ siècle. Nous l'avons,
jusqu'à présent, considérée comme non avenue, tant nous apercevions dis-
tinctement l'état ancien du monument sous l'état actuel. Nous avons toujours parlé des coupoles comme si elles existaient; et, vraiment, elles subsistent en très-grande partie. On a seulement abattu les pendentifs, non pas
même à partir des premières assises, et, dans le carré des grands arcs, on
a inscrit une voûte d'arêtes sur nervures, qui tient lieu de l'ancienne calotte
sphérique. On a donc beaucoup abaissé la nef; mais non au niveau des
grands arcs, comme cela aurait eu lieu dans le pur style ogival. La clé est

surélevée de deux ou trois mètres, et il en résulte une coupole d'arêtes, s'il nous est permis de créer cette expression.

Cette combinaison n'a été encore ni bien étudiée, ni bien comprise. Ce qui la caractérise surtout, ce sont les nervures qui sont au nombre de huit, au lieu de quatre, pour chaque travée, et présentent une double croix. Les unes sont les croix d'*augives* ordinaires; les autres occupent le sommet des berceaux; et, chose remarquable, toutes sont de même grosseur et de même importance. Comme la clé est très-surhaussée, tout le poids de la voûte ne porte pas sur les nervures diagonales. Les berceaux, si fortement inclinés, et, même, arqués dans leur ensemble, s'appuient aussi sur les arcs doubleaux ainsi que sur les formerets et les murs latéraux, ce qui n'a point lieu quand ils conservent une position horizontale : ils forment voûte dans les deux sens. Il y a donc quelque chose de la coupole dans la façon dont est réparti le poids de la voûte ainsi que sa poussée; cela est si vrai, qu'on a successivement réduit dans ce système la force des nervures diagonales. Elles finissent par n'avoir plus qu'un tore au lieu de trois. Quant aux nervures supplémentaires, elles peuvent être motivées, indépendamment de toute idée de décoration, par l'inclinaison des berceaux dont le sommet aurait besoin d'être maintenu. Ce qui est certain, c'est qu'elles sont rarement oubliées dans ce genre mixte de voûtes.

Nous avons déjà signalé les coupoles d'arêtes à Brantôme. Nous les retrouverons dans l'Anjou, où elles paraissent avoir pris naissance autour de Fontevrault. Ce sera le moment de les analyser plus complétement. Mais, à Saint-Avit, on pressent déjà leur origine à demi byzantine, en voyant avec quelle facilité elles s'adaptent aux grands arcs faits pour de vraies coupoles.

Toute la voûte du XIII⁰ siècle, à Saint-Avit, est couverte de peintures anciennes. C'est à vrai dire un simple réseau de filets peints, comme on en a mis, au XV⁰ siècle, dans la Confession de Saint-Front, mais d'un dessin gracieux et qui rend plus horrible le badigeon répandu sur les autres parties de l'édifice.

Entre nos églises secondaires du Périgord, celle de Saint-Avit mérite parfaitement une visite, au moins après Saint-Jean de Cole. Sa grandeur, son ancienneté, ses inscriptions authentiques, ses nombreux remaniements intéressent. Sa position au haut d'une colline désolée, parmi les ruines d'un vaste monastère fortifié, saisit au dernier point. Si l'abbaye voisine de Cadouin est remarquable par son église romane à trois nefs, par son cloître historié du XV⁰ siècle, celle de Saint-Avit devrait, à d'autres titres, attirer non moins puissamment les amis de l'art et de l'archéologie.

V. PAUNAT ET TRÉMOLAC [1].

Il y a eu à Paunat un petit monastère fondé par un habitant du pays, David, et par sa femme, Bénédictine, en 804. Cinquante ans après, l'abbé Adalgise l'abandonnait à l'approche des Normands, et allait, suivi de ses dix religieux, fonder dans le Rouergue la fameuse abbaye de Vabres. Plus tard, vers 990, Paunat a été relevé de ses ruines par l'évêque Frotaire de Gourdon; mais nous ne pensons pas qu'il subsiste rien aujourd'hui de ces deux époques et de ces deux constructions. On observe seulement, non pas dans l'abbaye elle-même, mais sur une colline voisine, un lieu de refuge qui peut être rapporté à toutes les époques, sans que l'extrême grossièreté de l'appareil en caractérise nettement aucune. C'est un carré de 34^m dans tous les sens, sur 10^m de hauteur moyenne, sans ouvertures apparentes. Quoi qu'il en soit de cette ruine étrange, où l'on a vu, même un temple romain, l'abbaye proprement dite, ou l'église de Paunat, a dû être rebâtie encore vers la fin du xie siècle. Telle qu'elle est, avec l'usage qu'on y a fait de la coupole, nous ne pensons pas qu'elle puisse être attribuée au fondateur de Saint-Front. Une si prompte dégénérescence, une si radicale déviation du style byzantin, un changement si marqué des procédés de construction employés dans le grand monument de Périgueux, seraient inconcevables.

Ce n'est pas que l'église de Paunat ne soit bien directement imitée de Saint-Front. — Quand il n'y aurait que son clocher, dont nous avons donné le plan particulier sur notre onzième planche, nous n'en douterions pas. C'est, comme on voit, une masse carrée évidée intérieurement en rotonde, ainsi que les deux piliers du Greffe à Saint-Front, et disposée à l'extrémité occidentale de la nef, de manière à présenter un porche. Quatre pleins cintres égaux, dont cette base est percée sur ses quatre faces, demeurent sans archivolte et sans impostes et complètent la ressemblance avec les piliers de Saint-Front. Il n'est pas jusqu'au diamètre de cette coupole intérieure, élevée tout à fait par exception sur un plan circulaire, qui ne reproduise, à peu de chose près, la dimension adoptée à Périgueux. C'est six mètres au lieu de cinq. Tout Paunat est petit à côté de Saint-Front. Un simple pilier de coupole dans la colossale basilique de Frotaire a paru presque suffisant pour devenir un porche et une base de tour. A peine

____

[1]. « Monasterium Palnatense ». — « Monasterium Themolatense ».

l'a-t-on agrandi ; mais on a un peu modifié sa forme et déguisé sa nudité en le revêtant, selon le goût nouveau, de six petits contreforts plats, ayant 0ᵐ 80 de face et 0ᵐ 30 de saillie.

Il y a des inscriptions funéraires assez anciennes, mais sans date, sur les murs du porche. Ils sont d'ailleurs remarquables par leur appareil. Les pierres de taille dont ils sont faits sont assez grandes, non pas toutefois comme à Saint-Front. Elles sont séparées par des joints en saillie ; mais, malgré ce second caractère, l'appareil est plutôt roman que latin.

Indépendamment de la coupole en rotonde du porche, il y en avait quatre autres à Paunat, assez petites aussi, car leur diamètre n'atteignait pas huit mètres, et surtout très resserrées dans leurs grands arcs. Il n'en reste qu'une aujourd'hui ; mais, en mesurant l'édifice, on calcule que les trois autres couvraient le pied de la croix aussi bien que l'intersection des transepts. Les deux bras de la croix avaient des voûtes en berceau, qui subsistent intégralement ; sur le chœur, elles ont été refaites, au xiiiᵉ siècle, avec des nervures à double croisée. La reconstruction de la nef est plus récente encore et appartient au dernier gothique.

Pour se faire une juste idée du plan anormal de Paunat, il faut recourir à celui de Trémolac, dont la conservation est parfaite. C'est identiquement la même chose. Cette autre petite abbaye, située aussi sur les bords de la Dordogne, remonte, par son origine, à l'époque carlovingienne, peut-être plus haut encore, car elle a été fondée sur le domaine et le lieu de naissance d'Éparchius, petit-fils du premier comte de Périgord sous Clovis. Son histoire est fort obscure. Elle a dépendu d'abord de Saint-Eparche ou Saint-Cybard, la grande abbaye d'Angoulême créée par Eparchius, et qui hérita de son patrimoine. Mais, en 982, l'évêque-abbé, Grimoard de Mucidan, en disposa en faveur de son frère Aymeric (Dupuy, t. I, p. 219) ; et l'on ne sait à quelle époque précise, ni dans quelles circonstances elle fut restaurée. Toujours est-il que Trémolac, dans sa forme actuelle, est une copie diminuée de Paunat, et semble dater presque du même temps.

Le plan de Trémolac est donc une croix latine, assez allongée pour que son pied soit quatre fois plus grand qu'aucune des autres branches. Le chœur se termine carrément comme les transepts, et il est couvert d'une voûte en berceau interrompue par un seul arc-doubleau. Des deux petites travées qui en résultent, une seule est ornée de quatre colonnes soutenant des arcades feintes. Les transepts sont voûtés de la même manière, mais sans arcs-doubleaux et sans arcature. Au point de jonction des quatre bras se trouve une petite coupole semblable à celle qui subsiste à Paunat. On aurait pu en établir d'autres sur le chœur et les deux transepts sans guère modifier leur plan et leurs dimensions; on ne l'a pas fait, par économie. Mais, sur la nef, les coupoles ont été multipliées. Il y en a trois, dont la dernière prend, par exception, des colonnes engagées sur la face principale de ses piliers. Par leur forme, toutes ces coupoles diffèrent peu de celles de Saint-Front. Les angles de leurs piliers sont pourtant abattus et leurs grands arcs se resserrent à la clef, au lieu de suivre une ligne parfaitement droite. On les retrouve ailleurs ainsi creusés et infléchis, ce qui constitue une difficulté de construction assez sérieuse, sans autre utilité que d'élargir un peu le cercle de la calotte. — Mais ce qui distingue surtout ces coupoles de Trémolac, c'est leur petitesse, et partant leur inutilité.—Le grand avantage du système byzantin, c'était de permettre un seul vaisseau aussi large qu'une nef romane ordinaire avec ses deux bas-côtés, et, jusqu'à présent, on avait toujours usé de cette facilité. Mais, quand les coupoles n'ont que 5^m de diamètre ainsi qu'à Trémolac, autant vaudraient des voûtes en berceau qu'il serait bien plus aisé de construire et qui ne renverseraient certes point les murs latéraux. Si l'on a préféré les coupoles, c'est par goût et par imitation, mais l'imitation est irréfléchie et inconséquente. Lorsque l'on considère isolément chaque travée, il y a plus de mouvement, de richesse et d'effet dans une coupole, si petite soit-elle, que dans un simple berceau. Mais, si l'on prend toute une longue nef dans son ensemble, la perspective est interrompue par chaque grand arc transversal, ce qui abaisse et rapetisse le vaisseau. La raison d'être des coupoles, nous la voyons avant tout dans la grandeur des dimensions. Elle subsiste encore dans son intégrité à Saint-Avit, où il y a 16^m d'un mur à l'autre. A Paunat elle est déjà fort atteinte, et à Trémolac elle n'existe plus.

Par suite du rapetissement des coupoles de Trémolac, les grands arcs redeviennent des pleins-cintres comme les fenêtres. Ils ne cessent ainsi d'être ogivaux que dans les monuments les plus exigus, ce qui complète une importante démonstration. Les ogives de Saint-Front étaient donc bien indispensables. Mais si, sur certains points, on les remplace dès qu'on le peut, sur d'autres, et par exemple à Saint-Jean de Cole, on les multiplie sans nécessité absolue. A force d'en faire, sans les aimer, on a fini par y prendre goût.

Il était fort inutile à Trémolac de fortifier, par des contreforts, les piliers intérieurs des coupoles; on n'en a mis qu'aux angles des murs et au milieu des travées. Mais, comme il n'y avait qu'une fenêtre pour chaque travée et qu'elle en occupait aussi le centre, elle est toujours percée justement dans

le contrefort, ce que l'on n'avait point osé faire à Saint-Avit. Cette bizarrerie est commune, comme tout le reste, à l'église de Paunat, où les contreforts n'ont d'ailleurs, ainsi que nous l'avons dit, que $0^m 30$ de saillie.

A part l'inégalité des dimensions, les deux plans de Trémolac et de Paunat diffèrent surtout par la forme et l'arrangement du clocher. Au lieu d'un
porche en rotonde, qui se serait trouvé trop petit, on a préféré, à Trémolac,
prolonger la nef avec toute sa largeur. Mais, pour cette nouvelle travée, on
n'a point conservé les coupoles sur pendentifs du reste de la nef. On a fait
une simple voûte en berceau, en renforçant les murs au delà de ce qu'exigeait la solidité.

Il n'y a plus du tout d'ornementation à Paunat, s'il y en a jamais eu. On
trouve à Trémolac, au contraire, six ou huit chapiteaux assez curieux et
quelques modillons sculptés. Tel de ces chapiteaux est corinthien avec la
rose et les volutes, et plutôt latin que roman dans sa rusticité. Tel autre, en
face, est carré avec deux rangs de fleurs de tournesol, qui décroissent de
l'abaque au fût, et de petites têtes plates dans les intervalles. Cette fantaisie
se répète en petit au portail, tout roman, de l'église paroissiale, et fait vis
à vis à un chapiteau historié. L'un et l'autre supportent une archivolte à
zigzags perlés et à feuilles de nénuphar. L'ornementation romane a eu peine
à s'introduire dans l'intérieur du Périgord ; de là ces oppositions et ces
excentricités. Saint-Jean de Cole, à la même date, est plus byzantin par l'architecture, plus roman par l'ornementation.

VI. ABBAYE DE BOSCHAUD.

Il y a peu de localités plus ignorées que Boschaud ; ce n'est pas même
une paroisse. Les ruines de l'abbaye et le petit village qui les entoure dépendent de la commune de Villars, arrondissement de Nontron. A l'époque de
la fondation de Boschaud, qui remonte au milieu du XII° siècle, il n'y avait
guère plus pour les nouveaux monastères de sites riants et de riches vallées.
Une forêt à défricher leur suffisait, aussi ingrat que fût le sol, aussi sauvage que paraît la contrée, tant l'ordre de Cîteaux avait d'ardeur pour le
travail agricole. De la plaine de Champagnac ou de Brantôme aux plateaux
supérieurs du Limousin, entre la Dronne et son affluent le Trincou, s'étend,
sur une longueur de six à sept lieues, un faîte boisé dont Peyrouse, autre
abbaye du même ordre et du même temps, occupe l'extrémité. Boschaud
s'y trouve caché, et les voyageurs qui vont de Quinsac à Villars passent
tout auprès sans se douter de son existence. Malgré l'élévation du lieu,

malgré l'importance des ruines, elles ne sont en vue d'aucun côté, parce qu'elles sont placées au fond d'un petit bassin dominé de toutes parts. De là le nom latin de l'abbaye de Bosco-Cavo ou du Bois-Creux. Aujourd'hui encore, des landes stériles et de maigres taillis environnent partout les défrichements des premiers moines de Boschaud.

« L'estat de l'église du Périgord » donne des détails intéressants sur la fondation de Boschaud. « Nous apprenons », dit le père Dupuy, page 53 [1], « par la table imprimée au pied de saint Bernard, à la dernière impression, comme dès son vivant et l'an 1153, l'abbaye de Petrosa de Peyrouse fût fondée le 29 mars et se trouve la 69ᵉ en rang de l'ordre de Clervaux, qui est la troisième fille de Cîteaux. C'est merveille de l'autorité que ce sainct patriarche avoit acquis dans ce peu de temps depuis sa réformation dans la chrestienté pour l'establissement de son ordre, pour lequel tous contribuoient par une saincte œmulation. L'abbaye de Peyrouse dans peu fût splendide en grands revenus desquels elle dota l'abbaye de Boschaud (de Bosco-Cavo), qui reçut pour son establissement une partie de ses revenus de sa libéralité. Mais le sacré trésor du corps d'un sainct martyr estoit le plus riche gage de l'abbaye de Boschaud, lequel on voit encore aujourd'hui dans les ruines déplorables de cet ancien édifice, sous le grand autel, sans qu'on sache son nom. Ce grand ami de Dieu, S. Bernard, mourût la mesme année de la fondation de Peyrouse, le vingtième d'août, etc. »

Quoique Boschaud soit une succursale de l'abbaye de Peyrouse, dont elle a reçu le trop plein, elle n'en a pas moins porté jusqu'à la révolution le nom et le titre d'abbaye, comme les autres monastères cisterciens. Elle n'était point d'ailleurs à comparer, pour la grandeur de l'église et des bâtiments claustraux, à Cadouin, ni surtout à Saint-Amand de Coly, qui a compté, dit-on, jusqu'à quatre cents moines.

Ces abbayes cisterciennes du Périgord, qui se sont conservées intactes, ne sont point des églises à coupoles, quoiqu'elles en aient une à pendentifs byzantins au point d'intersection de la nef principale et des transepts. Cela s'explique par leur date, relativement récente, et mieux encore par leur origine, qui les rend moins provinciales que les autres. La forte discipline des Bernardins, la centralisation qui caractérise leur ordre, avait souvent pour effet de les soustraire, jusqu'à un certain point, aux influences locales.

Nos abbayes de Cîteaux ne sont pas non plus conformes au type si nette-

---

1. N'oublions pas de dire que cet ouvrage, aussi rare qu'utile, a été décalqué sur pierre et réédité par le procédé Dupont. M. l'abbé Audierne y a ajouté des notes étendues.

ment défini par M. le comte de Montalembert. Elles sont bien cisterciennes par la simplicité, par le puritanisme de leur architecture; mais elles n'ont point un « chevet carré avec quatre chapelles sur le transept. » (Bull. Mon., XVIIe vol., p. 130.) Cette forme originale, que les disciples de saint Bernard finirent en effet par adopter, ne se rencontre guère dans notre pays que dans des abbayes indépendantes de l'ordre de Cîteaux, à la Règle (le séminaire actuel de Limoges) et à la Couronne, près Angoulême. La Règle, cette grande et célèbre abbaye de femmes, remonte à Pepin le Bref par sa fondation; mais, par sa construction, elle paraîtrait du XIIe siècle et de la seconde moitié plutôt que de la première. Pour la Couronne, elle est de 1171 à 1201. De ces deux édifices, l'un est entièrement détruit, mais on en possède le plan; l'autre est seulement ruiné et présente des restes magnifiques dans le premier style ogival. — Aux trois exceptions signalées par l'illustre historien de l'ordre de Saint-Bernard, il faut positivement ajouter ces deux-là; mais elles sont aussi motivées « par le désir d'éviter la décoration et la construction difficile des absides ordinaires », et pourraient, d'après leur date, passer pour des imitations d'églises cisterciennes.

Donc, l'abbaye de Boschaud, qui offre une série de coupoles, est doublement exceptionnelle. — Il y a une coupole très-bien conservée à l'intersection des transepts; une autre, sur la première travée de la nef, à laquelle il manque un de ses piliers du côté méridional, et dont la calotte reste néanmoins suspendue de la manière la plus pittoresque[1]. Au pilier correspondant du côté nord, on reconnaît les retombées et les arrachements d'une troisième coupole. Enfin, par l'étendue des substructions, on se convainc qu'il y en avait quatre en tout. Mais les deux dernières sont détruites dès le temps des protestants, comme le dit Dupuy et comme l'attestent de mesquines réparations du XVIIe siècle.

Ces coupoles de Boschaud sont remarquablement petites; l'espacement des piliers n'est que de 5^m 25; encore y a-t-il, dans leur partie supérieure, des encorbellements pour soutenir les arcs-doubleaux. Le plus grand écartement des murs est de 6^m 60 seulement, et le diamètre de la coupole n'atteint pas 6^m, malgré l'existence d'une retraite destinée à faciliter la pose des cintres. L'unique coupole de l'église voisine de Saint-Jean de Cole est plus grande à elle seule que toute l'abbaye de Boschaud, y compris ses transepts et ses absides.

---

1. On y lit à grande peine quelques mots d'une inscription de dédicace, tracée à l'encre rouge, en lettres cursives.

La coupole qui s'élève en avant du chœur, à Boschaud, est surmontée non pas d'un clocher, — ils étaient interdits par les statuts cisterciens, — mais d'un massif carré supportant un toit comme à Cadouin, tout juste ce qu'il fallait pour loger des cloches. Vers l'orient, il y a un œil-de-bœuf éclairant l'intérieur de la coupole, qui appartient certainement à la construction primitive, puisque les jets d'eau du toit de l'abside se redressent carrément pour l'encadrer. M. l'abbé Michon a observé des œils-de-bœuf de ce genre dans plusieurs petites églises de son diocèse, et ce n'est pas le seul rapport qu'ait Boschaud avec les monuments à coupoles de l'Angoumois. Par ses transepts voûtés en berceau, par les coupoles multipliées dans la nef, par sa triple abside, cette abbaye se rapproche des édifices byzantins situés hors du Périgord, et en particulier de ceux des environs de Cognac, beaucoup plus que des nôtres. C'est un type nouveau pour nous et qui complète la collection de ceux que nous avons réunis sur la planche onzième. Nous le retrouverons, ou à peu près, sans sortir du Périgord, à Thiviers.

La construction de l'église de Boschaud est excellente et n'admet que des pierres de taille d'appareil moyen et régulier, même pour les murs de remplissage et pour la calotte des coupoles. Ce qu'elle offre de plus singulier, c'est la retombée des arcs-doubleaux qui fortifient chaque grand arc transversal. Régulièrement, il aurait fallu, pour les supporter, des pilastres en avant des piliers; mais, comme la nef était déjà trop étroite, on les a arrêtés à la cinquième assise au-dessous des chapiteaux ou du tailloir qui en tient lieu. Dans nombre d'églises, cet arrangement résulte d'une restauration; mais, à Boschaud, les encorbellements sont nécessairement anciens et leurs moulures se montrent identiques sur d'autres points de l'édifice. On comprendra qu'il fallait, sur le plan, indiquer par des lignes ponctuées les arcs-doubleaux, en omettant leurs supports. — Il n'y a de pilastres qu'à l'entrée du chœur. On avait commencé par l'abside; mais après l'avoir élevée à cinq mètres de hauteur, on modifia la disposition projetée pour les grands arcs, et l'on déplaça légèrement le pilastre, qui repose en partie sur un encorbellement.

La décoration a toute la simplicité voulue. Les tailloirs sont arrondis et modernes de profil, mais sans moulures. Il n'y a d'arcatures qu'à l'extérieur de l'abside principale; et de colonnes, qu'à la fenêtre centrale de cette abside; encore n'ont-elles pas de chapiteau sculpté. Les piscines, dont chaque abside est pourvue, ont aussi des colonnettes sans sculptures. Les seuls modillons du transept nord sont historiés, mais avec tant de maladresse et d'inexpérience, que le constructeur n'a pas eu grand mérite à renoncer aux sculptures. Pour l'architecture proprement dite, il était plus habile. Le plan est incontestablement bien tracé. La hauteur relative des piliers, l'ogive aiguë des grands arcs, les grandes arcades feintes qui accompagnent intérieurement et extérieurement chaque travée, enfin les encorbellements des piliers, donnent à l'ensemble une certaine élégance pittoresque. — On en jugera par la gravure que nous devons au concours fraternel de M. Jules de Verneilh, et qui représente les ruines de Boschaud dans leur état actuel, avec leurs coupoles éventrées et leurs murailles couvertes de lierre. A gauche du dessin, c'est-à-dire au sud-ouest, sont les bâtiments claustraux percés d'une série d'ogives romanes. Le cloître se trouvait là. On remarque dans le mur les trous des poutres, et au-dessus les lancettes étroites du dortoir. A l'opposé, vers le sud-est, régnait une autre cour, mais sans galeries intérieures, et c'était toute l'abbaye.

Il ne subsiste point d'autels anciens dans l'église; mais, au-dessus de celui de l'abside principale, on avait incrusté dans la muraille un simulacre de tombeau, creusé en auge, et orné d'une petite arcature à ogives trilobées. Il était évidemment destiné à contenir les reliques du martyr inconnu dont parle le père Dupuy. Cette sorte de rétable, qui date de la fin du XIIIe siècle, a survécu à l'enlèvement de l'autel. — Un tombeau du même temps a été conservé, mais relevé contre la muraille. C'est une dalle, sculptée d'un grand écusson losangé et d'autres ornements, parmi lesquels quelques écussons beaucoup plus petits; le tout un peu en relief, et rappelant de loin les dalles tumulaires du nord de la France.

VII. ABBAYE DE LIGUEUX.

Ligueux, abbaye de Bénédictines des environs de Périgueux, a une série de coupoles sur la nef comme Boschaud, mais sans transept. Nous venons de recevoir ce renseignement, grâce à l'obligeance de M. Bouillon, architecte du département. Nous renonçons d'ailleurs à voir et à décrire en détail cette abbaye. Elle ne date guère que de la seconde moitié du XIIe siècle, et la première mention que nous en trouvions dans nos notes n'est pas antérieure à 1188.

VIII. AGONAC.

Nous en avons fini avec les abbayes ou les prieurés conventuels. Il ne nous reste plus en Périgord que des archiprêtrés, des prieurés simples et des églises paroissiales. Ces édifices de troisième ordre sont curieux encore,

parce qu'ils témoignent à quel point le style byzantin était enraciné dans le
pays. Pourtant, ils n'apprennent rien de plus que les grandes églises, dont
ils sont les diminutifs. On admire leur belle conservation, ordinairement due
à leurs dimensions modestes ; mais on n'a pas la peine ou le plaisir de rechercher des restaurations qui heureusement ne furent presque jamais nécessaires. Nulle hésitation sur l'époque approximative de leur construction,
mais aussi nulle date positive. Ces églises inférieures n'ont point d'histoire,
et leur description sera bientôt faite.

S'il n'est pas question dans les chroniques de l'église d'Agonac, au moins
parlent-elles beaucoup du château de ce nom. C'est un de ceux que le fondateur de Saint-Front avait opposés aux dernières invasions des Normands.
Aussi demeura-t-il longtemps en la possession des évêques, qui l'inféodè-
rent ensuite aux barons de Bourdeille, origine, disaient ces derniers, de
leur droit de préséance à l'entrée de chaque nouveau prélat. La « Chronique
de Saint-Front rapporte, sans autres détails, que le château d'Agonac et
celui d'Auberoche furent aliénés par l'évêque Géraud de Gourdon pour une
guerre qu'il soutenait contre le comte Audebert II, dont il rejetait la monnaie.
Le château d'Agonac appartint aussi à une ancienne famille de chevalerie
du nom de Flamenc, mais toujours à charge d'hommage envers les évêques.

Nous avons dû rechercher à Agonac s'il subsistait quelque chose des fortifications de Frotaire, afin d'en comparer l'appareil à celui de Saint-Front,
et nous avons en effet découvert un fragment de la porte d'entrée et du mur
d'enceinte de ce château primitif. Le mur était en forts moellons, comme le
soubassement méridional de Saint-Front ; la porte en longs et minces voussoirs extradossés. Ce qui atteste si nettement l'origine de ces débris, c'est la
façon dont ils sont employés dans la construction du château actuel, grand
et curieux donjon du XIIe siècle. La façade méridionale, bâtie de pierres de
taille, repose en majeure partie sur le mur en moellons de Frotaire, et l'angle du sud-ouest tombe précisément sur le sommet de la porte, dont on n'a
conservé qu'une moitié, en soutenant par une solide maçonnerie les claveaux interrompus. Pourquoi cette singularité ? Peut-être pour attirer les
assaillants sur un point plus fort en réalité qu'en apparence. Mais cela regarde
ceux qui voudront décrire en détail le château, et il en vaut certes la peine,
car c'est un de ces donjons d'habitation, si rares dans le Midi, avec un plan
en carré long flanqué de petits contreforts plats. Chose plus rare encore, il
est toujours habitable et habité, et ses étages voûtés à deux nefs, son escalier en pierre à double montée, sa porte au niveau du sol extérieur, sont
admirablement conservés.

Mais, nous le répétons, tout ce que nous voulons dire, c'est que ce donjon paraît être de la seconde moitié du XIIe siècle, et que l'église appartient
probablement à la même époque. Ce petit monument, situé en dehors et à
quelque distance des murs d'enceinte, a sur le chœur deux coupoles contiguës. Sur la nef, il n'en a point et n'en a jamais eu ; mais sa voûte en berceau s'est modifiée au contact du système byzantin. Quoique ses travées ne
soient point exactement carrées, et qu'elle soit coupée d'arcs-doubleaux
comme dans le style roman, elle est large et unique. De plus, ses supports
sont intérieurs, et ses piliers, réunis et maintenus par des arcs latéraux,
s'avancent loin des murs, qui sont déchargés de toute poussée directe. Il n'y
a pas de sculptures dans l'église d'Agonac, et les détails de l'architecture
n'ont rien de soigné. Il faut mentionner cependant la façade qui termine carrément le chœur, à l'orient, pour ses élégantes arcades feintes en ogive, et
pour sa fenêtre unique percée entre les retombées des deux arcs, un peu
au-dessous des modillons de l'entablement.

IX. BOURDEILLE.

L'église paroissiale de Bourdeille, autrefois desservie par un prieur, est
tout à fait indépendante du château ou des châteaux de ce nom. Elle est
située assez loin des remparts et à portée des habitants du bourg. Aussi
a-t-elle échappé aux sièges et aux reconstructions. Elle est du XIIe siècle,
tandis que le château-fort n'est que du XIVe, et le château d'habitation
du XVIe. Par suite, elle ne participe en rien de la magnificence des deux
constructions féodales.

Rien de simple et de joli comme le plan de cette église. Nous n'avons pas
voulu le gâter en y comprenant une chapelle de la Renaissance contenant les
sépultures et autrefois les tombeaux de la maison de Bourdeille. Au lieu
d'une fenêtre, au côté gauche du chœur, on peut supposer une arcade ; puis,
en dehors de la nef, une salle carrée. Sauf cette adjonction, l'église n'a
point été altérée ni remaniée. Elle est toute du même temps et de la même
construction. Il manque seulement les assises supérieures de quelques coupoles ; mais leur solidité n'en souffre pas. Ces coupoles sont au nombre de
trois, la dernière à l'orient se resserrant un peu pour soutenir un clocher.
Elles sont assez hautes relativement à leur faible largeur, et cela leur donne
de l'élégance. Leurs piliers n'ont de colonnes engagées, et leurs grands arcs,
d'arcs-doubleaux, que sur la face principale.

L'abside est en hémicycle et revêtue extérieurement d'arcades feintes. La façade occidentale n'a pour ornement que la porte d'entrée, précédée d'une voussure profonde, avec des colonnettes aux pieds-droits et des tores correspondants dans l'archivolte, signe d'une date récente. Mais ces colonnettes n'ont point de chapiteaux sculptés, et il n'y a d'ailleurs, dans le petit édifice, des sculptures d'aucune espèce.

X. PEAUSSAC.

L'église paroissiale de Peaussac est située à cinq kilomètres de celle de Bourdeille et lui ressemble beaucoup. (Voir le plan de ces deux églises sur la planche onzième.) Ses trois coupoles ont aussi entre cinq et six mètres de large seulement. La troisième, celle du clocher, n'est pas augmentée d'une abside et se termine carrément. Elle est d'ailleurs plus moderne que les deux autres, et si la construction principale est du milieu du XIIe siècle, elle n'en serait que de la fin. A la même époque, on refit le remplissage des grands arcs, du côté du midi, afin de donner plus de jour à l'édifice dans sa partie supérieure. On revêtit les nouveaux murs de nombreuses colonnes engagées supportant des arcades feintes, et on les enrichit d'une décoration romane assez soignée.

XI. SAINT-MARTIAL DE VIVEYROLS.

Cette église, bâtie dans les environs de Ribeyrac et sur les bords de la Dronne, a deux coupoles. Nous ne la connaissons point. Son existence nous a été signalée par M. Léonce de Lamothe dans le « Bulletin du comité des arts et monuments ».

XII. MAREUIL.

L'église de Mareuil conserve une coupole intacte sous son clocher. A l'ouest, il reste les pendentifs d'une autre coupole pareille. Il y en avait donc une série, au moins deux, probablement trois. Mais, vers la fin du XVe siècle, cette nef byzantine fut détruite ou abandonnée, et l'on construisit à côté du clocher une large salle ogivale orientée du sud au nord, qui est aujourd'hui toute l'église. Elle n'a de remarquable que sa porte d'entrée, charmant portique de la Renaissance.

XIII. LE VIEUX-MAREUIL.

A peu de distance de Mareuil, il existe une autre localité du même nom, que l'on désigne par l'épithète de Vieux ; nous ne savons pas précisément pourquoi ; car le château des barons de Mareuil, rebâti presque en entier sous le règne de Louis XII, a néanmoins occupé de tout temps le même emplacement qu'aujourd'hui. Avant la féodalité, le Vieux-Mareuil avait sans doute acquis déjà quelque importance, et son église montrerait qu'au XII⁰ siècle il égalait au moins le nouveau. Elle avait, du reste, le titre d'archiprêtré. Celle de Mareuil, inférieure dans la hiérarchie ecclésiastique, mais au-dessus des simples paroisses, était desservie par un prieur.

Nous avons relevé sur notre planche onzième le plan du Vieux-Mareuil ; c'est un des monuments qu'il faut voir pour comprendre combien nos plus petites églises à coupoles diffèrent du type roman, et à quel point elles sont byzantines. Beaucoup de nos lecteurs auront occasion de le visiter, car il se trouve à cent pas de la grande route de Périgueux à Angoulême. Sa conservation ne laisse rien à désirer. Tout petit qu'il semble, à côté de la vaste abbaye de Saint-Avit, il est encore grand pour une paroisse. Les coupoles ont un peu plus de six mètres de largeur. Avec l'épaisseur des grands arcs, cela fait 8ᵐ50, dimension très-suffisante, en définitive. En hauteur, les proportions ne sont pas moins bonnes et ne manquent pas de grâce. Du reste, toute la décoration de l'église à l'intérieur consiste dans les ressauts multipliés des piliers et des grands arcs. Les tailloirs en quart de rond, comme à Saint-Jean de Cole et à Boschaud, n'en sont pas beaucoup plus riches pour cela. Les fenêtres n'ont point d'archivolte ni de colonnettes. Elles sont en plein cintre tout sec. On en voit de carrées aux coupoles, qui n'ont jamais eu d'autre objet que d'établir des communications avec le dessous de la charpente. Elles rappellent cependant les vraies fenêtres des coupoles de Saint-Front et produisent par cela même un bon effet.

La troisième coupole se rapetisse un peu, comme à Bourdeille et à Peaussac, toujours à cause du clocher ; mais, comme à Saint-Avit-Sénieur, ses grands arcs s'élargissent en guise de transepts. Une ogive large et basse forme une tribune dans l'espace qu'on a ainsi gagné, et, en conséquence, au lieu d'une seule grande fenêtre, on en a fait deux, l'une au-dessus de l'autre. A l'extérieur, une rangée de corbeaux, fort simples de profil, soutient un entablement continu. Au-dessous sont de grandes arcades feintes qui réunissent les contreforts. Au portail, il y a pour tout ornement cinq colonnettes de chaque côté et autant de tores à la voussure ; mais les chapiteaux ne sont point sculptés. C'est presque un porche que la profonde embrasure de cette porte. Le dernier arc de la voussure s'est trouvé assez large pour qu'on ait employé un cintre légèrement ogivé.

La construction est excellente et toute en pierres de taille, comme dans ces autres petites églises au surplus. Elle ne s'est démentie au Vieux-Mareuil que sur un seul point, à l'angle méridional du chœur, où l'on a appliqué un contrefort du XVIᵉ siècle. Il n'y avait point là de coupole, et la voûte en berceau compromettait apparemment, par sa poussée, la solidité de cette partie des murs extérieurs.

Comme tant d'autres, l'église du Vieux-Mareuil a été fortifiée. Non-seulement à l'intérieur, mais, entre ses voûtes et sa toiture, elle offrait un refuge aux habitants de la commune, comme l'attestent quelques machicoulis placés symétriquement aux quatre coins de l'édifice.

XIV. THIVIERS.

Thiviers, simple chef-lieu de canton de l'arrondissement de Nontron, a eu dès le moyen âge une certaine importance. C'était dès lors une petite ville et elle était entourée de murs. Son église, qui porte d'ailleurs le titre d'archiprêtré, est donc plus considérable que celles que nous venons de passer en revue. Elle a été maintes fois remaniée, mais c'est encore une église à coupoles. Il y en avait deux pareilles, l'une entre les transepts, l'autre sur le pied de la croix. Elles avaient huit mètres de largeur, et la nef entière onze à douze mètres. Elles sont aujourd'hui dans le même état que celles de Saint-Avit. On a conservé les grands arcs, au moins en partie, les piliers et la galerie de service qui les unit, les murs intérieurs et extérieurs, enfin l'ensemble de chaque coupole, moins les pendentifs et les calottes, qui sont remplacés par une voûte sur nervures. Pourquoi cette substitution? Nous avons peine à croire que ce soit uniquement pour plus de solidité. Quoique la voûte gothique pèse moins que celle des byzantins, elle pousse bien plus au vide et peut avoir des inconvénients sérieux, quand on ne change rien aux supports primitifs des coupoles. Ce qui est certain, c'est que les murs latéraux font mine de se renverser. Il est vrai qu'ils sont très-élevés et que leur propre poids les entraîne. Au transept méridional, où la voûte est en berceau et sans poussée vers la façade, ils sont plus en surplomb que nulle part. — Comme la nouvelle voûte est pourvue de riches moulures, de clefs saillantes et de tout le réseau de nervures en étoile que comporte le dernier gothique, elle est peut-être un embellissement occasionné, plutôt que nécessité, par des dégradations légères.

Les piliers étant cantonnés de colonnes ou de pilastres, chaque grand arc était double, par suite, et revêtu d'un arc-doubleau. On n'a conservé que ce second cintre indépendant de l'autre. Le grand arc, dans son ensemble,

paraissait trop lourd; on l'a ainsi réduit, pour étendre le plus possible le
carré de la voûte d'arêtes; mais on n'a pas songé, toutefois, à refaire à
neuf des arcs-doubleaux ni des formerets et à les enrichir comme les autres
nervures.

Mais laissons ces observations, qui avaient surtout pour but de bien constater la présence d'une série de coupoles à Thiviers. Il est impossible de
s'y tromper. La galerie, portée sur deux arcades feintes en ogive, comme
à Souillac, qui réunit et traverse les piliers de la nef, est caractéristique,
ainsi que le plan exactement carré des travées. Seulement, ce n'est plus
la forme ordinaire des églises à coupoles du Périgord. Ainsi qu'à Boschaud,
le plan est plus avancé, plus roman, et se rapproche du type que nous trou-
verons presque invariablement consacré en Angoumois.

Les absidioles des transepts sont conservées; mais l'abside principale a
été refaite et agrandie au XIIIe siècle; elle se compose maintenant d'une travée en croix d'ogives fort simple et d'un hémicycle resserré entre d'énormes
contreforts. Vers le même temps, quoique un peu plus tard, on a aussi
agrandi la nef. On l'a prolongée de deux travées, plus étroites naturellement,
c'est-à-dire moins longues que larges. L'une d'elles était destinée à supporter le clocher. Sauf la proportion, qui est très-différente, elles reproduisent
l'une et l'autre, à peu de chose près, l'arc-doubleau latéral et la galerie appliquée de l'ancienne travée en coupoles.

A la seule coupole du centre, il y avait à Thiviers huit chapiteaux historiés, plus grossièrement exécutés, mais plus modernes que ceux de Saint-
Jean de Côle. Nous les rapportons, comme ces derniers, à l'influence de
l'art roman du Limousin.

XV.   VERTEILLAC ET BRASSAC-LE-GRAND.

Depuis le moment où nous terminions ce chapitre, et lorsqu'il était déjà
en partie imprimé, nous avons eu connaissance de deux nouvelles églises à
séries de coupoles, situées l'une et l'autre entre Périgueux et Angoulême,
dans l'arrondissement de Ribérac. — Verteillac offre, sur la nef, trois coupoles dont les calottes sont démolies, mais non les pendentifs. Il n'existe
point de transepts, mais seulement une abside arrondie. Cette église paroissiale rappelle exactement celle de Bourdeille par ses dimensions, par sa
forme, par la pauvreté de son ornementation. Elle a de plus, à l'extérieur,
de grandes arcades feintes qui correspondent à chaque travée en coupole.

L'église du Grand-Brassac est au contraire assez ornée pour un monu-

ment périgourdin; mais c'est peut-être la dernière en date de nos églises à
série de coupoles. Les chapiteaux, par leurs indications de crochets, font
déjà pressentir le style ogival et annoncent tout au moins la fin du XIIe siècle,
si ce n'est le commencement du siècle suivant. Il faut du reste distinguer
deux constructions dans l'édifice. La première, et la plus ancienne, se compose d'un sanctuaire de forme carrée, mais voûté en berceau, quoiqu'il
soit assez développé; elle comprend aussi les soubassements extérieurs et
peut-être tout le dedans d'une coupole moins élevée que les autres. Deux
coupoles contiguës, très-élancées, très-élégantes, constituent la seconde
construction et agrandissent ou remplacent la nef primitive.

Rien de plus solide et de mieux conservé que cette église de Brassac. On
peut, sous ce rapport, la citer au premier rang. Elle est toute en belles
pierres de taille et produit intérieurement beaucoup d'effet par la pureté de
ses lignes. Les coupoles n'ont guère que six mètres de large, comme dans
la plupart de ces églises paroissiales, mais elles ont une hauteur trois fois
plus grande, proportion digne des temps gothiques. Ainsi qu'à Bourdeille
et à Verteillac, il n'y a de colonnes engagées que sur la face principale des
piliers, et elles ne sont pas accouplées.

A l'extérieur, l'église de Brassac est informe et n'aurait de remarquable
que sa hauteur, si la libéralité de quelque curé ou de quelque seigneur ne
l'avait pas pourvue après coup d'une magnifique décoration sculptée. Au-
dessus de la porte latérale du nord, qui est très-simple et sans autre ornement qu'une bordure de pointes de diamants, on a engagé dans le mur sept
fortes consoles; puis, on a soutenu par ce moyen une archivolte appliquée
qui est en plein cintre, tandis que celle de la porte inférieure est en ogive
romane. Enfin, dans le tympan et sur l'extrados de cet arc, très-richement
sculpté lui-même, on a logé force statues. Comme elles sont protégées par
un « auvent » de pierre, aussi hardi qu'original, elles sont admirablement
conservées et gardent jusqu'aux vives couleurs dont elles furent enluminées
selon l'usage. On reconnaît aisément le Christ assis et bénissant, avec de
petits anges qui voltigent autour de son nimbe croisé; à droite, la Vierge
agenouillée; à gauche, saint Jean; aux deux côtés, saint Pierre et saint
Paul. Dans le tympan, se trouvent une autre sainte Vierge assise et probablement des donateurs; à l'intrados et sur l'archivolte de l'arc, sont de nombreux bas-reliefs.

Cette sculpture date de 1300 à peu près; elle est si exceptionnellement belle,
qu'il faut l'attribuer à quelque artiste de passage, venu sans doute du nord
de la France. Nulle part, dans tout le Périgord, on ne rencontre rien de

pareil. Ce qui est singulier, c'est que, dans cet ensemble pittoresque, on semble avoir utilisé des fragments plus anciens, et presque romans de style, mais très-beaux aussi et qui n'appartenaient nullement à la construction principale. — Quand on voudra étudier à fond l'art ogival dans nos provinces méridionales, on trouvera à Brassac de curieuses observations et un superbe sujet de gravure. Un mot suffisait ici pour enregistrer ce trésor inattendu.

SCEAU DE SAINT-FRONT ET MONNAIE DE PÉRIGUEUX.

Nous avons retrouvé l'influence de Saint-Front dans la cathédrale et les églises de Périgueux; puis, dans toutes les sortes de monuments religieux que puisse compter un diocèse : dans les abbayes, même les cisterciennes; dans les collégiales, les prieurés conventuels, les archiprêtrés, les prieurés simples et les paroisses. Il est singulier que, dans un tout autre ordre d'idées et de faits, cette influence se soit fait sentir aussi sur les monnaies.

Sceau et monnaie.

Quelquefois, au moyen âge, un monument remarquable, le pont de Cahors, par exemple, figurait sur les armoiries d'une ville. Antérieurement et dès l'époque carlovingienne, une façade d'église symbolisait chaque cité et prenait place à ce titre sur ses monnaies. — A Périgueux, les cinq coupoles de Saint-Front apparaissent clairement sur le sceau de l'abbaye et sur toutes les monnaies du pays. Il s'agit simplement de cinq ronds disposés en croix grecque; mais ce n'est pas par hasard que ces monnaies et surtout ce sceau reproduisent le trait le plus saillant de l'extérieur de Saint-Front. M. de Mourcin l'avait bien compris.

Comme les deniers périgourdins ont gardé jusqu'au XIVᵉ siècle une vieille légende carlovingienne, « LODOICUS EGOLISSIME », d'abord commune à tous les domaines des Taillefer, on a été longtemps à les distinguer des véritables monnaies d'Angoulême. Une savante dissertation de M. le comte de Gourgues [1] a enfin tranché la question aux yeux des numismates les plus compétents. (Voir la *Revue numismatique*, mai et juin 1841, page 187.) Il est certain que les deniers découverts en Périgord ont constamment les cinq ronds, tandis que ceux trouvés en Angoumois n'en ont communément que quatre. Il est certain encore, d'après des traités authentiques, que toutes les pièces frappées à Périgueux au profit des comtes, mais sous la surveillance des consuls, portaient cinq yeux ou cinq ronds et demeuraient invariables de tout point. « Et quod sint denarii Petrag. cum quinque oculis, ex utraque parte denarii, et forma et litteris consimiles..... ». D'un autre côté, notre « Chronique de Saint-Front » nous dit expressément que l'évêque Géraud de Gourdon, celui qui consacra la grande abbaye, soutint une guerre acharnée au sujet de la fameuse monnaie du comte Hélie, devenue presque introuvable, grâce à cette opposition. Puisque la monnaie du pays n'était pas précisément comtale, ni épiscopale, encore moins municipale, mais plutôt royale, on comprend que, pour lui conserver ce caractère neutre et en même temps pour en faire une monnaie vraiment périgourdine, on ait créé ou complété le type aux cinq coupoles, vers le commencement du XIᵉ siècle. A la légende « Lodoicus Egolissime », on ajouta aussi deux lettres, S et V, placées entre les bras de la croix, qui peuvent sans doute signifier « Signum Vitæ », ou dériver des lettres grecques symboliques α et ω, mais qui conviennent parfaitement, il faut en convenir, à une ville dont le nom latin est Vésonne. Plus tard, comme les monnaies se copient entre elles, à l'exemple des monuments, les annelets ou ronds auraient passé, au nombre de deux, de trois et de quatre, sur les deniers de Turenne, de Bordeaux et d'Angoulême,

1. Voir aussi l'excellente notice de M. Castaigne dans la « Statistique monumentale de la Charente », page 124.

quoique certains produits de ces divers monnayages semblent antérieurs
aux plus anciens spécimens connus de la monnaie de Périgueux.

Seulement, nous ne pouvons croire, avec M. de Gourgues, que les annelets des monnaies aient rapport, ailleurs qu'à Périgueux, avec les coupoles
des monuments. Il n'y en avait d'aucune espèce, ni à Bordeaux, ni à
Turenne. S'il s'en trouve justement quatre sur la nef d'Angoulême, elles sont
disposées en file. M. de Gourgues conserve aussi des doutes sur l'attribution, à l'abbaye de Saint-Front plutôt qu'à la ville, du sceau possédé par
M. de Mourcin. Pour nous, nous ne saurions hésiter sur ce point. Il nous
suffit de relire ce passage du père Dupuy, dont on n'a point parlé dans
toute cette discussion, et qui, malgré quelques erreurs évidentes, nous
paraît très-concluant à beaucoup d'égards :

« ..... Voici le sujet de la combustion. L'évêque (Géraud de Gourdon,
année 1037), voyant que le comte Hélie, durant son vivant, avoit faict
battre de la monnoye qui avoit eu mise, peut-être parce qu'il avoit usurpé le
pouvoir de l'abbé de Saint-Front, qui pouvoit faire battre monnoye comme
j'ai vu en des pièces d'argent où, d'un côté, il y a *les armoiries du chapitre,
qui sont cinq ronds*, et de l'autre, une croix portant autour *Ludovicus*. Tant
y a que l'évêque descria le cours de la monnoye d'Hélie..... » (DUPUY,
« Estat de l'église du Périgord », t. II, p. 9.)

L'abbé Leydet était plus explicite dans le siècle suivant, et il écrivait
sans hésitation que : *l'évêque Géraud de Gourdon décria les monnaies qui
n'étaient pas au sceau de l'abbaye de Saint-Front*. Dans sa forme actuelle et
tel que nous l'avons donné, ce sceau ne remonte guère qu'aux premières
années du XVI° siècle. Mais ce sont évidemment les anciennes armoiries de
l'abbaye.

CHAPITRE IV

ÉGLISES A COUPOLES

DE

L'ANGOUMOIS ET DE LA SAINTONGE

ÉGLISES A COUPOLES

DE

L'ANGOUMOIS ET DE LA SAINTONGE.

M. l'abbé Michon nous a facilité notre tâche, en ce qui concerne les églises secondaires à séries de coupoles de sa province. Quoiqu'il se fût mis à l'œuvre après nous, il a publié, de 1844 à 1848, sa « Statistique monumentale de la Charente », et nous profitons de sa diligence. Après la cathédrale d'Angoulême et l'abbaye de Cognac, que nous avions reconnues pour nôtres et réclamées dès l'origine; après l'église du Roulet, signalée d'abord, si nous ne nous trompons, par M. Ramée, grâce à sa situation sur une grande route, nous n'aurions probablement à compter en Angoumois, sans le livre de M. Michon, que deux monuments byzantins de plus : la petite abbaye de Beaulieu, qui a fait place depuis au collége de la ville, et celle du Peyrat, que nous avons rencontrée par hasard dans une de nos excursions. Tout en pressentant *à priori* l'existence d'autres constructions du même style, nous n'aurions guère eu le loisir de les rechercher dans les campagnes de la Charente, comme nous l'avons fait dans celles de la Dordogne. Au lieu de cinq, nous savons, par M. Michon, qu'il en existe douze ou treize, et c'est un résultat important. Nous n'avons pas jugé nécessaire de revoir celles que notre savant confrère avait découvertes et étudiées. Nous en parlerons d'après lui avec des détails suffisants.

Mais, commençons par les principaux de ces édifices, par Angoulême et par Cognac. Ils ont servi de type au reste, car ils se présentent l'un et l'autre

entourés d'un groupe d'églises à séries de coupoles. Cognac règne, pour sa
part, sur Chastres, Gensac, Cherves, Mesnac et Bourg-Charente, toutes éloignées de moins de trois lieues, situées toutes dans cette partie du département qui provient du diocèse de Saintes. Autour d'Angoulême, nous trouvons Fléac, le Roulet, Péreuil et le Peyrat. Mais nous avons beau chercher,
le livre de M. Michon à la main, sur la carte où nous faisons ces remarques,
dans tout ce qui est démembré du diocèse de Poitiers et surtout de celui
de Limoges, même dans la partie du diocèse ancien d'Angoulême qui avoisine Bordeaux, nous n'avons à noter aucune église à série de coupoles.

I. SAINT-PIERRE D'ANGOULÊME.

En 1013, l'évêque d'Angoulême, Grimoard, originaire de Mucidan, en
Périgord, assistait avec l'évêque de Saintes et le fondateur, Raoul de Couhé,
à la dédicace de Saint-Astier. Vers la même époque, en 1010, selon la
« Gallia Christiana », mais réellement en 1017, il revenait de Limoges avec
l'évêque de Périgueux, Arnaud, et l'archevêque de Bordeaux, Seguin, et
consacrait à cette occasion sa cathédrale d'Angoulême : « Lemovicam usque
cum Arnaldo Petracoricensi comitatus est. Exinde majorem ecclesiam apud
Engolismam cum Siguino dedicavit. » — Y avait-il des coupoles dans cette
église primitive d'Angoulême? La première coupole de la nef de Saint-
Pierre est-elle antérieure au reste? Voilà deux questions qui n'en font guère
qu'une. Comme l'abbaye de Saint-Front était alors en construction depuis
trente ans, il ne nous paraît pas convenable de les résoudre négativement.
C'est tout à fait la même chose que pour l'église de la Cité, car la première
coupole d'Angoulême altère au même degré et rapetisse davantage le type
de la grande abbaye. Elle est aussi sans aucune ornementation, et cela est
d'autant plus remarquable à Angoulême.

Dans son état actuel, Saint-Pierre offre la forme d'une croix latine, dont
la longueur hors d'œuvre est de 74^m, et la largeur, à la croisée, de 50^m.
Mais l'espacement des piliers n'est que de 10^m 60, et l'écartement des murs
latéraux au fond des arcades feintes ne dépasse pas 14^m 70. Le pied de la
croix, très-allongé, se couvre de trois coupoles. La première, à l'occident,
et la plus ancienne, selon toute apparence, est large et basse, nue et mas-
sive comme l'une de celles de Saint-Étienne à Périgueux. Les deux autres,
en conservant par symétrie les mêmes proportions, prennent de riches ornements. Des arcs-doubleaux se détachent de la masse des grands arcs et
retombent sur des colonnettes accouplées très-élégantes. Les chapiteaux, qui

sont généralement corinthiens, sont réunis par une frise de feuilles d'acanthe qui sert de couronnement à l'ensemble du pilier. D'autres petites colonnes à chapiteaux variés décorent intérieurement et extérieurement l'embrasure des fenêtres. Enfin la galerie qui rampe le long des murs latéraux, dans les intervalles des piliers, n'est plus portée sur de grossiers pieds-droits, mais sur des colonnes engagées, placées en avant d'un large pilastre. Comme pour les grands piliers, le chapiteau de chaque colonne se continue à plat sur chaque côté, et, tandis qu'il soutient l'archivolte principale, dont le bandeau est sculpté, une autre archivolte intérieure retombe sur ce prolongement. Cette combinaison, assez difficile à décrire, sera parfaitement comprise si l'on veut bien recourir en même temps au plan et à la coupe partielle de Saint-Pierre. Nous avons choisi la seconde coupole de la nef, de manière à donner aussi en partie la première coupole du XIe siècle. On verra que le contraste est complet et qu'il ne se peut raisonnablement expliquer que par une différence d'époque. Comment y aurait-il notamment une double corniche à l'un des piliers?

Extérieurement, les indices ne sont pas moins forts. Les fenêtres n'ont pas de colonnettes; les arcades feintes qui les encadrent sont simplement appliquées au mur, comme à la Cité. Indépendamment de l'ornementation, qui manque tout à fait, toute la construction de cette coupole est autre: et, par exemple, il n'y a qu'une assise, au lieu de trois, entre la clef des grands arcs et la corniche qui marque la naissance de la voûte sphérique. Au reste, ni dans cette coupole ancienne, ni dans les deux qui suivent, il n'y a de galerie à la base de la calotte.

Une quatrième coupole s'élève à l'intersection des deux branches de la croix, mais elle s'écarte singulièrement du type ordinaire. Elle est plutôt carrée que ronde; seulement, ses angles sont abattus au dehors et arrondis au dedans. Son tambour, très-développé, est éclairé par de grandes fenêtres bien décorées. On en compte douze aujourd'hui: d'abord, il n'y en avait que quatre; les huit autres étaient des fenêtres feintes, comme le prouvent les jets d'eau de la toiture ancienne. Elle était plus aiguë en effet que celle qui existe actuellement, et, au lieu de démasquer le dôme central, elle s'appliquait en pignon aux quatre grandes faces de l'octogone. Dans la restauration du XVIIe siècle, on a franchement modifié et amélioré cette partie de l'édifice. On s'aperçoit à peine du changement, tant il était convenable.

Le chœur, en hémicycle allongé, est voûté en berceau. Il a été défiguré par l'adjonction de deux bas-côtés du plus mauvais style ogival. Mais des indications parfaitement sûres permettent de se rendre compte de son ancienne et très-originale disposition. Neuf arcades, percées maintenant pour la plupart jusqu'au bas-côté gothique, découpent intérieurement ses murailles. Cinq d'entre elles, irrégulièrement élargies, conservent, vers l'un ou l'autre de leurs pieds-droits, ces petites colonnes qui décorent toutes les fenêtres de l'édifice; elles n'ont donc jamais contenu que des fenêtres. Les quatre autres, au contraire, montrent vers le bas-côté gothique des arrachements de voûte et jusqu'aux filets saillants sous lesquels de petits toits venaient s'appliquer. Elles débouchaient dans autant de petites chapelles rayonnantes. On sait que l'abside de Notre-Dame du Port, à Clermont, n'a de même que quatre chapelles. A Angoulême, soit que le palais de l'évêque gênât le développement de l'abside de Saint-Pierre, soit que l'architecte eût librement choisi cette disposition, il n'y avait à l'orient, dans l'axe de l'édifice, qu'une simple fenêtre, vaste d'ailleurs et d'un bel effet.

Les transepts, tels qu'on les voit aujourd'hui, n'offrent rien d'intéressant. Trop peu étendus pour recevoir des coupoles, une voûte en berceau les couvre. Vers l'orient, deux arcades en plein cintre donnent maintenant dans les bas-côtés du chœur; elles formaient primitivement l'entrée de deux chapelles plus grandes que celles de l'abside. Quant aux passages obliques, qui établissent derrière les piliers de la coupole centrale une communication directe entre les bras et le pied de la croix, ils ne remontent qu'à l'époque ogivale.

C'est là tout ce qui reste aux transepts à l'intérieur de l'église; et, au surplus, dans la plupart des monuments à coupoles en croix latine, ils sont conçus sur ce modèle, quoique un peu moins resserrés. Mais, dans le prolongement de ces transepts, s'élevaient, par exception, deux tours immenses dont le premier étage, terminé à une grande hauteur par une petite coupole octogone, agrandissait le vaisseau de la cathédrale.

C'était même, pour la hardiesse et l'habileté de la construction, pour l'originalité du plan, pour l'arrangement et le goût des sculptures, la partie la plus remarquable de tout l'édifice. La plus élevée de ces tours, celle qui passait, au dire des cosmographes, « pour une des plus hautes aiguilles de la France » (on voit dans de vieux dessins qu'elle avait été surélevée à l'époque ogivale), avait été rasée au niveau des toits par les protestants. L'arcade qui reliait son intérieur au reste de la cathédrale fut dès lors murée, et, à la fin du dernier siècle, on a fait une sacristie de ce tronçon de l'édifice. Pour la tour du transept du nord, elle n'a point souffert du vandalisme des protestants; c'est par esprit de symétrie et pour la commodité des sonneurs qu'on l'a traitée de la même manière. En attendant que l'on se décide à rendre ce transept au public, nous le recommandons aux visiteurs comme ce qu'il y a de plus beau et de moins connu dans la cathédrale, en fait d'architecture. Ils remarqueront que l'intérieur de ce clocher était directement imité de celui de Saint-Front. Au lieu de deux coupoles contiguës, on n'en avait qu'une, mais exhaussée de même au-dessus des grands arcs sans pendentifs, avec un tambour à huit pans. Il faudrait des coupes comparées pour bien faire comprendre cette ressemblance, qui n'est point accidentelle. Nous nous contenterons de la constater en quelques mots. Les grands arcs s'arrangent comme s'ils devaient supporter une coupole ordinaire; mais ils n'ont pas de pendentifs : un plancher carré les réunit, ainsi qu'à Saint-Front. Primitivement, il est très-probable qu'il n'y en avait pas du tout, ni à Angoulême, ni à Périgueux. Les coupoles, avec leurs belles arcatures, leurs grandes fenêtres et leurs sculptures abondantes, étaient bonnes à voir d'en bas et faites pour être vues. L'absence des planchers n'aurait pas empêché absolument la circulation de ce niveau, qui est celui des terrasses extérieures, car le tambour à huit pans était établi fort en arrière des grands arcs, de manière à laisser facilement une sorte de galerie de service. Du reste, il ne paraît pas que cette galerie de service ait existé. A l'exemple de M. Michon, nous donnons le plan d'Angoulême sans les constructions gothiques qui le défigurent; mais nous omettons les fenêtres hautes de la nef, que la « Statistique monumentale de la Charente », page 279, accuse en même temps que les galeries inférieures. C'est à notre coupe partielle d'en faire connaître la disposition. Comme tous nos autres plans, hormis celui de Saint-Front, le plan de Saint-Pierre d'Angoulême est réduit à l'échelle de 0^m 0015 [1]. Celui qu'a publié M. Michon serait, d'après le texte, à 0^m 002. Mais c'est une évidente faute d'impression. Il est en réalité à l'échelle de trois millimètres pour mètre, justement le double de celle que nous avons adoptée. Loin de le contredire, nous le confirmons et nous l'avons même suivi en beaucoup de points.

Nous avons rapproché sur les mêmes planches, par des motifs que nous développerons plus tard, la cathédrale d'Angoulême et l'abbaye de Fontevrault. En nous occupant de ce dernier édifice, nous reviendrons sur plusieurs détails importants du plan et de la coupe de Saint-Pierre. Passons à l'iconographie, puis à l'histoire de la cathédrale.

La façade de Saint-Pierre, une des productions les plus considérables du

---

[1] La coupe partielle est à 5 millimètres pour mètre, comme Fontevrault et Angers, à cause des détails qu'il fallait accuser dans ces édifices et qui ne se trouvent pas dans nos premières églises à coupoles.

style roman du Poitou, est supérieure peut-être, par la richesse et la beauté
des sculptures, au portail lui-même de Notre-Dame de Poitiers. Mais les
grandes lignes architecturales y manquent, parce qu'on n'a pas jugé à propos de traduire au dehors la forme intérieure de la coupole. De plus, le fronton et les deux clochetons, qui donnaient du mouvement au sommet de la
façade, ont disparu dans une restauration de la renaissance. Le portail de
Saint-Pierre n'est aujourd'hui qu'un immense bas-relief tout massif, tout
carré, mais admirable par sa chaude couleur, par sa merveilleuse conservation. — Toutes les sculptures encadrées par un système d'arcades feintes,
se rattachent à peu près à une seule action. — Le Christ, debout et entouré
des symboles des quatre Évangélistes, occupe le sommet de la façade. Sur sa
tête, deux anges se penchent du milieu des nuages ; d'autres, en adoration,
l'entourent de tous côtés. A la même hauteur, des « médaillons », presque
uniques dans le style roman, sont répandus en grand nombre sur le portail ;
ils encadrent uniformément de petits personnages sans attributs qui, le genou
ployé et une main sur la poitrine, tendent l'autre vers le Tout-Puissant. Au-
dessous, et des deux côtés de la seule fenêtre qui éclaire l'édifice à l'occident,
la foule des élus remplit les arcades feintes dont se couvre la façade ; tous sont
debout, les regards levés vers le Christ. Les réprouvés sont peu nombreux,
au contraire. Au lieu d'être rejetés, selon l'usage, à la gauche du Christ, ils
sont symétriquement disposés aux deux extrémités de la façade. Deux de
ces figures sont assises, les traits contractés par la douleur. L'une d'elles
lutte contre un serpent qui paraît lui dévorer la langue. Les deux autres sont
nues, les cheveux hérissés, au milieu des flammes ; elles tiennent des ser-
pents dans leurs mains. Enfin, les douze apôtres sont groupés, trois à trois,
dans les arcades feintes de la partie basse de la façade. Il n'y avait point de
trumeau ni de statue du Christ à la porte d'entrée ; ils se rapportent à celle
du tympan d'en haut.

C'est le jugement dernier qui forme le sujet de cette grande page de sculpture. La scène terrible, que nous voyons concentrée dans le tympan et les
voussures de la porte principale des cathédrales ogivales, n'a pas eu trop de
la façade entière de Saint-Pierre pour se développer dans toute sa majesté.
Mais elle a perdu de sa précision et de sa clarté à n'être rendue que par des
statues isolées.

Nous n'avons encore rien dit de deux curieuses statues équestres qui ornaient jadis le portail de Saint-Pierre, et semblaient indépendantes du grand
ensemble de sculptures que nous venons de décrire. L'une de ces figures surtout a laissé, quoique martelée, son empreinte et comme sa silhouette sur

la muraille, à la gauche de la porte d'entrée. Son bras était levé et tenait une épée. Sa tête nue, sa longue barbe, ses vêtements larges et flottants, annonçaient l'image idéale d'un saint plutôt que le portrait d'un personnage contemporain. En effet, c'était saint Martin partageant son manteau avec un mendiant à la porte d'Amiens. — Une autre figure, qui accompagne toujours les innombrables représentations de l'acte de charité du saint chevalier, s'est conservée, ou du moins on n'en a mutilé que la tête : c'est le Christ revêtu du manteau de saint Martin. — Nous trouverions dans ce fait, s'il était incontestable, une forte objection contre l'explication « historique » donnée souvent aux autres statues équestres du Poitou.

M. Michon voit, comme nous, saint Martin dans l'une de ces silhouettes, mais non dans la même ; dans l'autre, il voit saint Georges. Quant à la figure, plus petite et accessoire qui nous avait paru être celle du Christ, c'est pour lui l'Espérance, les vêtements éployés, « qui ne tient à la terre, petite boule imperceptible, que du bout du pied. » Il découvre ainsi les trois Vertus théologales : la Charité, symbolisée par saint Martin ; la Foi, symbolisée par saint Georges, et l'Espérance, qui est seulement personnifiée. Nous convenons que la figure dont il s'agit ne garde pas d'indication de nimbe croisé ni de nimbe d'aucune espèce, et que les détails de son costume sont singuliers ; mais cette remarque ne nous a pas convaincu. Les fautes contre les règles de l'iconographie sont communes dans la façade. Puis cette figure est assise sur un trône, et, si son manteau ne tient pas aux épaules, il semble que ce soit une façon de le mettre en évidence. Il n'est pas besoin de répéter que l'entablement qui couronne le portail de Saint-Pierre et les deux campaniles qui le surmontent datent de la renaissance. Le fronton roman, dont on voit très bien les naissances, commençait un peu plus bas et était accompagné latéralement de deux petites tours carrées dont le premier étage, audessus des massifs de la façade, a servi de base aux clochetons modernes. En examinant sous la toiture actuelle le revers de ces tours romanes, nous avons acquis la preuve certaine que, dès la première construction, les coupoles qui couvrent la nef furent cachées sous une charpente. L'empreinte de cette toiture primitive est évidente ; on voit les corbeaux qui contribuaient à la soutenir, et les sculpteurs n'ont décoré que ce qu'elle ne cachait pas. Si l'on a exhaussé les murs latéraux de la nef, pour poser le toit moderne, c'est qu'on le faisait moins aigu.

A Angoulême comme à Périgueux, il était d'usage que, lorsqu'un évêque mourait, un des chanoines fût chargé d'écrire le récit de ses actions. — On a donc l'histoire très-complète et très-authentique du prélat auquel on doit la cathédrale de Saint-Pierre [1]. Nous ne résistons pas au plaisir de raconter cette glorieuse vie.

Gérard de Blaye était né de parents pauvres, à Bayeux, en Normandie. Dès sa première jeunesse, il partit de sa ville natale pour se vouer à l'étude et ensuite à l'enseignement des sciences mondaines. Placé à la tête de toute une petite université, il dirigea à la fois les écoles de Périgueux, d'Angoulème et des châteaux qui servaient de centres principaux à la population des campagnes dans les deux diocèses [2]. Parvenu à un âge plus avancé [3], il avait abandonné ses premières études pour se livrer uniquement aux lettres sacrées, à la théologie et au droit ecclésiastique. Les chanoines de Périgueux se l'adjoignirent en récompense de ses services et pour le lustre qu'il devait répandre sur leur communauté [4]. Dès lors Gérard s'éleva rapidement. L'évêché d'Angoulème étant devenu vacant, il y fut promu pour sa science insigne, sa vie exemplaire, et sur la demande expresse du peuple [5]. C'est en 1101 qu'il parvint au siége épiscopal; il l'occupa pendant trente-cinq ans.

Bientôt le pape Pascal II, visitant les Gaules, fut frappé des grands talents de Gérard, et le créa légat pour les utiliser. En cette qualité, l'évêque d'Angoulème, qui, sous quatre papes différents, a conservé le même crédit [6], prit part à la guerre des investitures et y joua un grand rôle. L'auteur de sa vie raconte ainsi son ambassade auprès de l'empereur Henri V : « Après que Gérard, à qui le chancelier de l'Empire servait d'interprète, eut prononcé, en présence de l'Empereur, son éloquent discours, un violent tumulte s'éleva dans l'assemblée. Alors l'archevêque de Cologne, qui lui avait solennellement donné l'hospitalité (*car dans les Gaules il avait été disciple de Gérard*), craignit pour ses jours, et lui dit : « Maître, tu as engendré un « grand scandale dans notre assemblée. »—« Gérard, indigne, répondit :« Que « le scandale soit avec toi : avec moi est l'Évangile. »—« Cependant l'Empereur le combla de présents [7]. »

---

1. « Hist. Pontif. Eng. » Dans la « Bibliothèque des manuscrits » de LABBE, t. II, p. 258.

2. « ..... Qui cum in civitate Engolisme et Petragorice et in quibusdam castellis circum adjacentibus regimina scholarum habuisset. »

3. « Primum ad humanitatis studia animum appulit ; ætate vero provectior se totum sacris litteris, theologiæ ac juri canonico dedit... »

4. « ..... Ipsum vero canonici Petragoricenses in socium honoris coaptarunt. »

5. « .....Ob insignem ejus scientiam et honestam vitam in Eng. episc. promotus est petitione populi, electione cleri, honoratorum assensu. »

6. Orderic Vital parle ainsi de Gérard : « Vir eruditissimus, qui magni nominis et potestatis in Romano senatu tempore Paschalis papæ et Gelasii et Calixti et Honorii fuit. »

7. « Ita quod Coloniensis archiepiscopus, qui eum solemniter in hospitio suo susceperat (*in Gallis*

Lorsque arriva le grand schisme occasionné par la double élection d'Innocent et d'Anaclet, Gérard, que l'on a accusé d'avoir d'abord pris parti pour le premier, soutint obstinément le second comme Guillaume, duc d'Aquitaine, son souverain. Adversaire de saint Bernard, il fut ardemment poursuivi par lui, et la mort même ne put pas le soustraire à sa sévérité. Accusé de tous les crimes, depuis qu'il était devenu schismatique, et renversé de son siége épiscopal, il venait de mourir en demandant pardon à Dieu de ses erreurs et avait été enseveli dans la basilique d'Angoulême; Geofroy, évêque de Chartres, le chassa de ce dernier asile et fit jeter ses restes hors du monument qu'il avait bâti.

Certes, et malgré les fautes qui en obscurcissent la fin, c'est une existence noblement remplie que celle de ce maître d'école de Périgueux, sous qui avait étudié un archevêque de Cologne. Nous n'avons pu nous résoudre à en entremêler le récit, comme le biographe, d'une aride nomenclature de constructions et de donations pieuses. Nous en extrairons maintenant les passages qui se rapportent à Saint-Pierre d'Angoulême.

« Gerardus..... Engolismensem ecclesiam *a primo lapide* ædificavit; in qua reædificatione supradictus Itherius Archambauldi in constructione parietum expensarum medietatem de proprio suo ministrabat..... De proprio suo ædificavit dormitorium, refectorium, cellarium, presbyterium, januas ferreas..... Gerardus itaque Engolismensis episcopus aulam pontificibus construxit et ecclesiæ quam, ut diximus, ædificavit hæc munera contulit..... Novem dalmaticas, quadraginta cappas, etc..... et illud magnificum sidus quod claritate sua partes occiduas illustraverat, proh dolor! extra ecclesiam quam ædificavit sub vili latet lapide. »

C'est donc Gérard qui, avec l'aide du doyen Ithier[1], a bâti la cathédrale d'Angoulême. Il n'est pas tout à fait exact de dire qu'il l'a rebâtie « dès la première pierre »; mais, comme il l'a refaite aux neuf dixièmes, une semblable expression est bien permise dans un panégyrique. En quoi consiste

---

namque discipulus Geraldi fuerat), de vita illius dubitans dixit : « Magister maximum scandalum tulisti in curia nostra. »—« Indignans autem Gerardus respondit : « Tibi sit scandalum, mihi est « Evangelium. »—« Dedit tamen Gerardo pontifici imperator multa munera. »

1. Un autre doyen du chapitre, J. Mesneau, répara la même église après les ravages des Protestants. Voici, d'après la notice intéressante de M. Castaigne, les derniers vers de son épitaphe, qui rappellent un peu la fameuse inscription gravée sur la tombe de Christophe Wren, l'architecte de Saint-Paul de Londres :

> Altis verberibus subjectos undique muros,
> Surgentes aras, laquearia, lumina, tecta,
> Respice : Menelli sunt hæc monumenta decani !

au juste ce fragment conservé? Dans la première coupole d'abord, et dans
une partie quelconque, non pas de l'ornementation, bien entendu, mais des
massifs de la façade. Le raccordement de la construction ancienne et de la
moderne a été fait avec le plus grand soin, car il n'est pas bien évident, au
moins de ce côté. A l'opposé, vers l'orient, on a moins de peine à le
reconnaître.

Si le style byzantin était déjà introduit en Angoumois depuis le temps de
Grimoard, comme nous le croyons, le long séjour de Gérard de Blaye à
Périgueux le portait aussi à en imiter l'architecture. C'est ce qu'il a fait,
notamment pour l'intérieur du clocher. Gérard avait voyagé en Allemagne;
la forme originale de la coupole qui s'élève à l'intersection des deux branches
de la croix s'expliquerait peut-être par une réminiscence, car ces dômes
bâtards sont fréquents sur les bords du Rhin. Mais la ressemblance n'est pas
assez forte pour nous sembler décisive; elle doit être accidentelle. Nous en
dirons autant, mais avec moins d'assurance, de l'analogie que certains chapiteaux de la nef et du chœur semblent offrir avec ceux de Saint-Front. Non-
seulement ils sont corinthiens, mais ils montrent parfois les mêmes transformations originales de la corbeille corinthienne. Au lieu de copier directement
l'antique, il se pourrait rigoureusement que Gérard et ses artistes se fussent
inspirés de Saint-Front, qu'ils n'ont point, en tout cas, surpassé. S'il n'y a
que huit ou dix chapiteaux de première grandeur dans ce dernier édifice,
pour la tournure, pour le style, même pour l'exécution, ils valent bien
ceux d'Angoulême. Quand il ne s'agissait que de reproduire un type consacré par la tradition, les sculpteurs de Saint-Front s'en tiraient à merveille.
Ces quelques chapiteaux exceptés, l'ornementation de Saint-Pierre, il n'est
pas besoin de le dire, est infiniment supérieure par la grâce, par l'originalité, par l'abondance inépuisable. Le style poitevin, auquel elle appartient, l'emporte sur tous nos styles romans provinciaux, à plus forte raison
sur le style byzantin de Saint-Front. Aucun document positif ne nous autorise, nous devons le confesser, à attribuer ainsi à un évêque le rôle d'un
architecte. Mais on sait que dans la période romane les dignitaires ecclésiastiques, qui seuls décidaient, et le plus souvent payaient seuls la construction des monuments religieux, retenaient généralement une bonne
partie des attributions de nos architectes modernes. Alors même qu'ils
n'étaient pas, à proprement parler, des *artistes*, ils réglaient le plan, les
dimensions et les proportions des édifices. Ils en calculaient les devis, en
choisissaient les ouvriers et les décorateurs; les surveillaient et les dirigeaient dans leurs travaux. Ils n'étaient pas, si l'on veut, des architectes,

mais très-souvent il n'y en avait pas d'autres qu'eux. Il faut lire, pour s'en
convaincre, le livre de Suger, « de Administratione sua ».

La part que Gérard de Blaye aurait prise aux travaux d'art faits sous
son épiscopat, n'expliquerait-elle pas leur importance, hors de proportion,
certainement, avec les ressources dont il disposait? Indépendamment de
l'église de Saint-Pierre et des vastes dépendances qui accompagnaient alors
les cathédrales, Gérard, en effet, bâtissait un palais épiscopal à Angoulème,
un hôtel et une chapelle à Poitiers, un château-fort à Montignac-sur-Cha-
rente, et quatre monastères [1]. Il enrichissait, de plus, son église, d'une
quantité considérable de meubles et de vases précieux, d'habits sacerdotaux
tissés d'or et d'argent; autre luxe non moins ruineux que celui de l'architecture dont il était le complément nécessaire. Aussi fut-il accusé de simonie
à l'époque de ses malheurs; et comme l'évêque d'Auxerre, Hugues de
Noyers, fit-il dire, peut-être, de ses somptueuses constructions [2]: « Magni-
fica quidem opera et admiratione digna et commendatione, nisi ibi
hominum suæ commissorum custodiæ substantias in ligna convertisset et
lapides! »

II. SAINT-LIGUAIRE DE COGNAC.

L'église de Cognac est la seconde de l'Angoumois. C'était un ancien
prieuré dépendant de l'abbaye d'Ébreuil, en Auvergne, qui est devenue le
noyau de la ville. Il avait été fondé, en 1041, par l'évêque de Périgueux,
Arnaud de Vitabre, et par ses neveux, Armand et Itier, seigneurs de Cognac.
On l'avait dédié à saint Liguaire (sanctus Leodegarius). Il fut rebâti et
agrandi depuis, vers 1130; mais il ne resta rien de la première construction; sans cela, l'église de Cognac aurait la même histoire exactement que
la cathédrale d'Angoulème. On ne s'en demande pas moins si, en raison
de l'origine du fondateur, l'un des évêques qui ont bâti Saint-Front, le
prieuré de Saint-Liguaire n'était pas déjà une église à coupoles. Ce qui est
sûr, c'est que, dans sa forme actuelle, il ressemble trop à Saint-Pierre
d'Angoulème pour n'en être pas directement imité. La nef, ou pied de la
croix, est couverte de coupoles avec tous les détails de construction parti-

---

1. « Tempore hujus, et beneficio et auxilio ecclesia de Corona (Les magnifiques ruines de la
Couronne annoncent que cette abbaye avait été reconstruite vers la fin du XIII° siècle.), Borneten-
sis ecclesia, et ecclesia de Grossobosco et de Aulavillá ædificari cœperunt. Aulam pontificibus et
capellam et cameram Pictavi ædificavit. » (LABBE, t. II, p. 258.)

2. « Hist. pont. Autissio. In Bibliotheca manus. Lib. Labbæi », t. II.—HUGO DE NOERIIS, 1183.

culiers au monument d'Angoulême. La galerie, le long des murs latéraux,
est tout à fait la même; les piliers ont deux colonnes sur la face principale,
une colonne seulement sur chaque face latérale. Les dimensions en largeur
sont d'ailleurs peu différentes entre les deux édifices; mais celui de Cognac
nous a semblé un peu plus léger et plus élégant dans ses proportions.

Quoique ces coupoles de Cognac soient encore très-reconnaissables, elles
ont beaucoup souffert et sont aujourd'hui remaniées en plusieurs styles. Il
semble que, dès la fin du moyen âge, l'église a été violemment ruinée, et
que le chœur surtout a été rasé. On a cependant respecté la grande porte,
autre magnifique production du style poitevin qui s'est étendu, comme on
sait, jusqu'à la Dordogne. Nos lecteurs en trouveront une lithographie
dans la « Statistique monumentale de la Charente », page 295, ainsi
qu'une description détaillée. La dernière archivolte, au lieu de feuillages
ou de monstres enroulés, porte les signes du Zodiaque, accompagnés des
travaux de chaque mois; sujet plus rare dans le style roman que dans le
style ogival, et rendu déjà à peu près comme il le fut dans la suite. A Castel-
Viel, dans l'entre-deux mers, notre ami, M. Léo Drouyn, a signalé la même
composition, disposée de la même manière. Au mois de décembre, en
regard du Capricorne, on a mis, à Cognac et à Castel-Viel, l'homme assis
et dinant, comme l'ont fait les sculpteurs du xiiie siècle.

Quoique le prieuré de Cognac appartienne, ainsi que tous les environs,
à l'ancien diocèse de Saintes, nous pensons que l'église doit être un reflet
presque contemporain des grandes et magnifiques constructions de l'évêque
Gérard. En général, sans doute, les imitations se font de cathédrale à cathédrale, pour se multiplier après dans le diocèse. L'art byzantin de Périgueux
a ordinairement procédé ainsi. Mais Cognac a toujours dépendu d'Angoulême en politique, sinon en religion, et en est plus rapproché que de tout
autre centre artistique. L'église de Saint-Liguaire est elle-même devenue un
centre d'où le style à coupoles a rayonné dans une banlieue peu étendue.
— Avant de revenir aux autres édifices, immédiatement imités de Saint-
Pierre d'Angoulême, nous étudierons ce groupe très-serré, très-curieux,
qui relève de Cognac.

III. BOURG-CHARENTE.

L'église de Bourg-Charente a un caractère de simplicité remarquable en
Angoumois. Elle a trois coupoles : l'une au milieu des transepts, les deux
autres sur la nef. Point de colonnes engagées sur les faces des piliers, mais

seulement des pilastres doubles, ou, plutôt, des retraites successives comme
au Vieux-Mareuil, car il n'y a pas de chapiteaux. En multipliant ainsi les ressauts ; en détaillant, pour ainsi dire, les piles carrées et le large grand arc
des premières coupoles byzantines, on leur donnait à peu de frais du mouvement, de la légèreté, en leur conservant toute leur force. Les arcs d'une
grande portée sont en ogive plus ou moins accusée ; les fenêtres et les arcs
de décoration en plein cintre, comme à l'ordinaire. L'ornementation sculptée
est peu abondante et se porte de préférence sur l'abside. Au portail, on a
laissé les chapiteaux nus : raison de plus pour les remplacer à l'intérieur par
des corniches. Elles sont du reste d'un profil élégant, et celle qui règne à la
naissance de la coupole est même ornée de petits losanges.

IV. CHERVES DE COGNAC.

« Très-jolie église à coupoles » dit M. Michon, page 296. « Elle a trois
coupoles et une abside. Au lieu de piles pour soutenir les grands arcs, trois
colonnes groupées. Les grands arcs sont très-légèrement ogivés ; les coupoles sont des demi-sphères régulières. La corniche de la première n'a que
des moulures ; celle de la seconde est en damier ; celle de la troisième a un
rang d'étoiles et deux rangs de dents de scie. — L'abside a sa corniche ornée
d'un damier... L'abside est décorée en dehors de six colonnes. Les modillons qui soutiennent l'entablement sont d'une grande finesse d'exécution :
le bœuf, le taureau, un animal musclé, le joueur de harpe etc..... A côté de
la première coupole est le clocher, dont la base est du temps de l'église :
elle a aussi sa coupole. Le clocher a une abside et forme ainsi une petite
chapelle. Le dessous est un ossuaire. »

Nous n'avons qu'une chose à ajouter à ce signalement en forme, c'est que
les corniches des coupoles ne sont jamais sculptées en Périgord, même au
XIIe siècle.

V. GENSAC [1].

« L'église de Gensac a deux époques ou plutôt présente deux églises sou-
dées l'une à l'autre. La nef est une église romane à quatre coupoles. Le
sanctuaire est ogival, en deux travées à nervures, beaucoup plus large
que la nef. — La nef à coupoles est ornée d'une galerie au moyen de laquelle
on passe d'une coupole à l'autre. Ces coupoles, détruites ou endommagées
pendant les guerres religieuses, furent relevées successivement ou res-

---

1. « Statistique monumentale de la Charente », page 390.

taurées en 1724, 1738, 1739, 1740. — La façade romane est fort remarquable. Elle a un rez-de-chaussée composé de trois arcades, un premier étage
de cinq arcades, un second étage de six arcades. Cet étage est couronné
par un entablement orné de modillons, au-dessus duquel s'élève un fronton
triangulaire. Le tympan du fronton est décoré d'une croix en relief, dont
chaque bras forme une seconde croix. »

VI. [1] MESNAC.

« Nef à deux coupoles dans le genre de celle de Cherves, le reste de l'église
« est lambrissé. »

VII. CHASTRES [2].

« L'abbatiale de Chastres a la forme d'une croix latine. Elle se compose
de quatre parties qui rayonnent autour d'une coupole centrale : la nef,
qui a trois coupoles, les transepts voûtés en ogive romane, l'abside primitivement circulaire et remplacée maintenant par un sanctuaire carré long,
de style ogival. »

Le tout sert de grange, à l'honneur de l'Angoumois. Simple paroisse comme
les précédentes, elle serait probablement encore à l'état d'église. Ce titre d'abbaye n'empêche pas que Chastres ne dérive du prieuré de Cognac, plus ancien
et non moins important. M. Michon a donné une eau-forte assez soignée sur
la façade de Chastres. C'est comme tant d'autres en Angoumois, à commencer par Cognac, une imitation de celle de Saint-Pierre, moins riche, quoiqu'elle le soit encore beaucoup, mais parfaitement belle. Seulement toute
la décoration est en feuillages, sans statues, sans bas-reliefs, sans figures
d'animaux. Il n'y a qu'une chose à reprendre dans cette gracieuse composition, c'est l'emploi simultané, dans la même arcature, de l'ogive pour l'arc
intérieur et du plein cintre pour l'archivolte. Malgré ces ogives de pure décoration, qui l'emportent en nombre sur les pleins cintres, l'ornementation de
la façade est toujours romane. Conformément à un principe particulier à
l'art de l'Angoumois, tous les chapiteaux des arcatures sont réunis par une
frise sculptée, et cela est d'autant plus remarquable que les archivoltes sont
lisses, à l'exception de leur bandeau supérieur.

Les églises que nous venons de passer en revue se trouvaient dans l'ancien Angoumois, mais non dans l'ancien diocèse d'Angoulême. Elles dépen-

----

1. « Statistique monumentale, » p. 315.
2. « Statistique monumentale, » p. 299.

daient, comme Cognac, de l'évêché de Saintes. Il n'en est plus de même de Péreuil, du Roulet et de Fléac, églises complétement angoumoisines. Mais le Peyrat appartient au diocèse primitif de Périgueux, en même temps qu'à l'Angoumois.

VIII. PÉREUIL [1].

« Péreuil (de Petrolio), à six lieues au sud d'Angoulême, a cinq coupoles et une abside. Les deux coupoles qui touchent la façade n'ont jamais été terminées. Les deux autres sont d'un très-bon travail ; elles forment des demi-sphères régulières. Les arcs qui les supportent sont légèrement ogivés. Les fenêtres sont en plein cintre, peu larges et nues. La porte est en plein cintre, ornée d'une simple archivolte et de deux colonnettes. Les bases des colonnes sont garnies, aux angles du socle, de pattes végétales. »

IX. LE ROULET [2].

« Le Roulet (à quatre lieues sud-ouest d'Angoulême, sur la route de Bordeaux) est une des jolies églises à coupoles de l'Angoumois. — Il y a dans la façade une imitation évidente de celle de la cathédrale. La corniche qui s'élève au-dessus du rez-de-chaussée se profile sur les fûts des colonnes. — La nef a trois coupoles supportées par des grands arcs et des arcs-doubleaux légèrement ogivés. Remarquons l'art avec lequel on a dissimulé les piles intérieures au moyen de colonnes d'ornementation. Elles sont groupées par chaque pile au nombre de cinq ; elles ne sont engagées que d'un quart, et leurs chapiteaux à enroulements de feuillages perlés sont sculptés avec une extrême délicatesse. — Les contreforts extérieurs ont très-peu de saillie, et les voûtes n'ont exercé sur les murs aucune pression qui paraisse les avoir fatigués, tant le système des voûtes à coupole offre de solidité. Les bases des colonnes sont travaillées avec le plus grand soin : elles sont ornées de pattes végétales [3]. »

X. FLÉAC [4].

« Petite église à coupoles, à six kilomètres d'Angoulême. Elle est des premières années du XIIe siècle, et n'a reçu aucun changement dans son archi-

1. « Statistique monumentale », p. 307.
2. « St. mon. », p. 309.
3. Signe d'une date récente, comme à Péreuil.
4. « St. mon. », p. 299.

tecture. Le plan est une nef à trois coupoles, terminées par une abside. — La coupole qui précède l'abside est sous le clocher; elle est plus basse que les autres, et, au lieu d'être séparée comme elles des grands arcs et des pendentifs par une corniche, ce qui donne beaucoup de grâce, elle se trouve ne faire qu'un avec les pendentifs et les arcs... »

Prenons note de cette première modification de la coupole; nous la reverrons ailleurs. Jusqu'à présent, toutes les coupoles de l'Angoumois et toutes celles du Périgord sans exception, grandes ou petites, anciennes ou récentes, avaient gardé la même forme invariablement.

XI. BEAULIEU.

Petite abbaye de femmes, dans l'enceinte même d'Angoulême. Nous avons vu avant leur démolition les restes de cette église, qui ont dû faire place au collége. Elle n'avait point de coupoles sur la nef; mais il s'en trouvait une sur l'un des transepts, et elle faisait suite à celle qui précédait l'abside; d'où il résultait une série de coupoles.

XII. LE PEYRAT.

Nous avons vu aussi le Peyrat, à huit lieues d'Angoulême, et presque sur la frontière de la Dordogne. Ce prieuré conventuel appartient à demi, par son style comme par sa situation géographique, au Périgord et à l'Angoumois. Jusqu'à la révolution, il a dépendu du diocèse de Périgueux, et, dans la nouvelle province ecclésiastique à laquelle il a été réuni, il rappelle l'origine des églises à série de coupoles.

M. l'abbé Michon ne donne que deux coupoles à l'église ruinée du Peyrat; et, en effet, il n'y en a que deux qui aient laissé des traces positives. Mais, en mesurant le reste de la nef jusqu'à l'abside et aux transepts, qui sont de la construction primitive, on voit clairement qu'il y avait cinq coupoles en tout, comme à Péreuil. Au XVe siècle, on en a rebâti trois depuis les fondements, en les remplaçant par des voûtes d'arêtes. Elles étaient fort petites et n'avaient que 5^{m}60 de diamètre. Les piliers, carrés et massifs, sans colonnes, sans ressauts, avaient 1^{m}50 de face. La même simplicité s'observe dans le reste de l'église. — Malgré cette exiguité de proportions, l'église du Peyrat n'en avait pas moins, grâce au nombre de ses coupoles, une longueur totale d'environ 45^m. Dans l'abside ancienne du transept méridional, M. Michon a constaté l'existence d'une inscription de dédicace comprise dans une décoration peinte. Nous ne l'avons point vue, parce que

nous n'étions pas prévenu sans doute. Du reste, elle est aux trois quarts
effacée et ne contient pas de date.

Indépendamment de ces églises à série de coupoles, il en est d'autres en
Angoumois qui paraissent avoir été voûtées de la même manière, mais sans
qu'il reste aucune indication positive de grands arcs et de pendentifs. Telle
est l'église conventuelle de Lanville, monument remarquable d'ailleurs, que
nous avons l'avantage de connaître par nous-même. Il subsiste une coupole à pendentifs byzantins, en avant de l'abside principale, et les dimensions de la nef permettent de supposer qu'elle en offrait trois autres avant
sa reconstruction. Cela est d'autant plus probable que sa largeur est assez
grande et que la façade à laquelle elle aboutit est visiblement copiée de celle
de Saint-Pierre d'Angoulême. Toutefois il n'y a aucune certitude dans ce
sens, parce que l'on voit d'autres édifices avec une coupole de huit mètres
au milieu des transepts et des voûtes en berceau sur la nef. L'église conventuelle de Grosbos, fondée par Gérard de Blaye lui-même, peu de temps
après la cathédrale, est de ce nombre et n'a déjà plus de série de coupoles.

Quelques églises du même diocèse, la chapelle du château de Montmoreau et le curieux Saint-Michel d'Entraygues, sont en rotonde. Mais ce genre
de monuments se retrouve partout et n'a aucun rapport nécessaire avec
l'école byzantine du Périgord.

Dans la belle abbaye de Saint-Amand de Boixe, il se trouve une variété
nouvelle de coupoles sur pendentifs. Elles sont en demi-sphère comme les
autres, mais avec des nervures appliquées. Saint-Amand a été consacré en
1170. Quelques années après, à la Couronne, on faisait encore, dans un
monument ogival aussi pur que la cathédrale de Poitiers, une vraie coupole
sans nervures à l'intersection des transepts. Plus tard, à Bassac, il faut
signaler la dernière transformation de nos coupoles byzantines ; d'immenses
travées carrées à double croix de nervures, la clef surhaussée et le sommet
des berceaux renforcé comme à Brantôme.

Nous noterons enfin nombre de clochers élevés dans l'Angoumois, au
xII[e] siècle, sur le modèle de celui de Saint-Front. L'imitation ne porte que
sur le couronnement, mais elle nous paraît peu douteuse. Ils offrent tous,
sur une tour carrée, un cône plus ou moins aigu et revêtu d'imbrications
renversées en pomme de pin. On en trouve au Roulet, à Plassac, à La
Palud, à Saint-Estèphe, à Bassac et à Segonzac, tous les uns à côté des
autres, ce qui annonce au moins qu'ils sont parents entre eux, s'ils ne le sont
pas du grand monument de Périgueux. A Blanzac et à Pérignac, les clochers,
comme le remarque M. Michon («Statistique monum.», p. 293), ressem-

blent à celui de Brantôme par les pignons aigus de leur troisième étage ; mais s'il y a imitation du grand par les petits, nous n'avons pas, cette fois, à nous en occuper : ils sont, les uns et les autres, de style purement roman.

Après avoir classé ces onze monuments de Saint-Pierre d'Angoulême, de Saint-Liguaire de Cognac, de Bourg-Charente, de Cherves, de Gensac, de Mesnac, de Chastres, de Péreuil, du Roulet, de Fléac et du Peyrat ; après avoir constaté avec un soin tout particulier qu'ils étaient à série de coupoles, M. l'abbé Michon s'est fait un scrupule de les tenir pour byzantins comme nous l'avions proposé. ——Il venait d'écrire, à propos des coupoles octogones que l'on rencontre surtout dans la région limousine du département de la Charente : « Elles n'ont aucun rapport avec les coupoles byzantines dont Saint-Front de Périgueux est le type dans nos contrées (« St. mon. », p. 264). » —— Précédemment, dans la préface, il avait mis ces phrases plus élégantes que vraies, d'ailleurs : « L'Angoumois est surtout la terre classique des églises à coupoles et des façades à sculptures symboliques. La longue traînée orientale, qui nous a porté sa lumière au moyen âge, ne s'est arrêtée qu'à l'Océan. Elle a tracé au milieu de la France comme une zone archéologique dont on ne retrouve plus les types ni au nord, ni au midi : singulier phénomène de l'art qui jette les monuments à tel degré de latitude, de même que la nature sème sur la terre des fleurs qui ont besoin de soleils différents pour éclore ! »

M. Michon a craint d'être allé trop loin, et voici dans quels termes il rectifie son opinion et la nôtre :

« Je terminerai, par une réflexion sur le style byzantin, ce que je viens de dire sur la cathédrale d'Angoulême. —— Des hommes, dont j'apprécie le talent et les profondes études, ont voulu voir dans nos églises à coupoles du xiie siècle des monuments byzantins. Je n'ai pas partagé cette opinion, malgré la voix imposante de ceux qui tiennent un haut rang dans la science. En Angoumois, nous avons beaucoup de coupoles, soit seules au centre de la croix des églises, soit placées au nombre de deux ou de trois dans les nefs. Mais ces dernières ne diffèrent des autres que par leur nombre. Si tout édifice qui a une coupole ou des coupoles est byzantin, si la coupole est le caractère du style byzantin, alors toutes nos églises seraient byzantines. Mais si ce mot, le style byzantin, pour avoir une signification, doit indiquer un style à part, une imitation des édifices de l'Orient, non-seulement pour le plan et la disposition des coupoles, mais encore pour l'ornementation, les sculptures, les peintures, je déclare formellement que notre Angoumois n'a aucun de ces édifices, tels que Saint-

Marc de Venise, Saint-Front de Périgueux, etc. Notre première coupole
de la nef est une imitation de celles de Périgueux; mais il n'y a qu'elle.
Dans tout le reste, on a voulu simplement faire des voûtes avec des coupoles, parce qu'on avait reconnu l'extrême solidité de ce genre de construction. Mais d'un art oriental transporté, copié chez nous, rien. Prenez
tous les détails de la cathédrale d'Angoulême, corniches, archivoltes, chapiteaux, bases, frises des entre-colonnements, etc.; transportez-vous dans
le voisinage à vingt édifices romans sans coupoles de ce XIIe siècle, et vous
retrouverez le même style, le même coup de ciseau, le même art indigène,
latin et non byzantin, occidental, aquitain, et nullement oriental; vous
avez des œuvres avec toute l'originalité que chaque artiste sait donner aux
formes qu'il adopte, et non pas cette imitation de plagiat qui étouffe le
génie et ne produit jamais que des édifices médiocres et sans valeur.

« Si j'ai bien étudié le style byzantin, il aime à procéder par grandes
masses. Ses larges piliers, les arcs, destinés à supporter les coupoles considérablement développés, se présentent lisses et nus, parce qu'ils doivent
recevoir des peintures ou des mosaïques. Chez nous, à part la première
coupole de la nef de la cathédrale, travaillée avec l'imitation byzantine,
on cherche constamment à amoindrir les piliers, à les orner de doubles
colonnes, à les enrichir de corniches festonnées, de chapiteaux à feuillages. On rétrécit les grands arcs. Pour en dissimuler la nudité, on y met
des arcs-doubleaux. Ne sont-ce pas là de notables différences? Nos églises
n'aspirent ni à la mosaïque, ni aux fresques; elles s'embellissent de colonnes
et d'arcades qu'elles montrent partout, aux piles, aux fenêtres, aux murs
latéraux. La mosaïque, au XIIe siècle, était un art dont on ignorait le nom
en Aquitaine; et, quant à la peinture, nos plus vieilles fresques, comme à
la chapelle du château de Montmoreau, à l'abbaye de la Couronne, à la crypte
récemment découverte de l'église Saint-Jean, à Aubeterre, ne sont pas
antérieures au XIIIe siècle.

« Je tenais à éclaircir cette question par des faits qui peuvent contrarier
bien des systèmes, mais dont il est impossible de ne pas accepter les données irrécusables. » (« Stat. mon. de la Charente, » pages 291 et 292.)

Nous ne saurions en douter, ce qui précède s'adresse particulièrement à
nous. Quelques lignes seulement regardent M. de Caumont ou M. Didron,
peut-être tous les deux ensemble. Nous voudrions éviter toute polémique et
nous ne relevons pas ordinairement les opinions plus ou moins contraires
aux nôtres qui ont pu se produire en dernier lieu. Mais M. Michon a étudié
avec tant de soin cette question; il a apporté pour sa part un contingent de

faits si considérable, que nous ne pouvons négliger ses observations. Nous justifierons donc de notre mieux, en nous défendant, l'approbation que d'autres savants nous ont donnée.

Oui, sans doute, nous avons un « système », et nous croyons qu'il en faut un pour bien voir, pour bien classer les faits. Le tout est de ne pas l'adopter à la légère et de savoir le modifier à propos quand il est « contrarié » de quelque façon par des observations nouvelles ; mais « contrarié » sérieusement. — Dans le cas dont il s'agit, par exemple, nous ne pensons pas que notre système soit atteint le moins du monde.

Nous n'avons jamais prétendu que tous les édifices à série de coupoles de l'Aquitaine fussent byzantins au même degré ; bien au contraire, puisque nous les rattachons tous à Saint-Front, qui seul est purement byzantin ; tandis que les autres ne seraient, selon nous, que des imitations plus ou moins éloignées du type primitif. Nous n'avons pas varié sur ce point ; car, en 1840, dans notre notice au Comité des arts et monuments, nous disions expressément vouloir rechercher « comment l'élément byzantin, introduit sur un point de notre pays, avait fructifié ; comment, et dans quelle mesure restreinte, il s'était fondu dans notre art national. » Cela signifiait incontestablement que beaucoup d'édifices à série de coupoles étaient mélangés de style roman, étaient romano-byzantins, si l'on veut. Aussi bien, le caractère purement roman, purement national de l'ornementation à Angoulême, et à Solignac, et à Souillac, ne nous a pas échappé un seul moment. Le peu que nous avions écrit sur cette matière suffisait à le prouver.

Ainsi, M. l'abbé Michon a conservé un souvenir inexact de ce que nous avons eu l'honneur de dire en sa présence au congrès d'Angoulême. Si, pour abréger, le mot de byzantin a été prononcé seul devant lui, à propos de Saint-Pierre ou de tel autre édifice angoumoisin, on ne prétend nullement pour cela que leurs façades, symboliques ou non, appartiennent à l'art de l'Orient. Elles ont été sculptées par des artistes de la grande famille romane et de l'école du Poitou. Il en est de même pour les peintres, car parfois on peignait jusqu'aux façades[1] au xii° siècle, à plus forte raison les intérieurs. — Voilà qui est bien entendu.

Mais si les sculpteurs d'Angoulême se sont ainsi gardés, pour bien des raisons, d'imiter l'ornementation byzantine[2], fort inférieure d'ailleurs à celle

---

1. Le fond des arcades a été peint, au soubassement de la façade de Saint-Pierre, et, en Angoumois, les peintures du xii° siècle sont loin d'être introuvables.

2. S'ils ont par hasard étudié d'après Saint-Front le chapiteau corinthien, c'est un fait exceptionnel et dont nous ne prétendons tirer aucune conséquence. Ils ne sont pas pour cela devenus byzan-

du XII siècle français, — les architectes ont-ils agi de même, et les emprunts qu'ils ont faits sont-ils donc de si peu d'importance?

C'est ce que nous demandons à M. l'abbé Michon, et sa réponse est déjà faite en partie. — Il nous accorde que Saint-Front est byzantin au même degré que Saint-Marc; puis, que la première coupole de la nef d'Angoulême est imitée de celles de Périgueux; enfin, apparemment, que les deux autres coupoles de la même nef sont imitées de la première, avec quelques ornements de plus. — Il ajoute, il est vrai, qu'on a voulu simplement faire des voûtes avec des coupoles, parce qu'on avait reconnu l'extrême solidité de ce genre de construction. Soit; mais, pour ce simple changement, que n'a-t-il pas fallu changer? — Prenez le plan de la cathédrale d'Angoulême et comparez-le à ceux des églises qui s'élevaient vers le même temps à Poitiers. Pour le chœur et les transepts, rien ne se ressemble complètement et, pour la nef, tout est absolument opposé : la largeur, la longueur des travées, la disposition et la forme des piliers. Au lieu de trois nefs, vous ne trouvez qu'un seul vaisseau, aussi large, si ce n'est plus. En élévation, même divergence. Toutes les combinaisons architecturales sont nécessairement changées, jusqu'à la manière de percer les fenêtres. Il ne reste vraiment d'analogie que dans l'ornementation, et encore dans la façon dont elle est dessinée et exécutée plutôt que dans celle dont elle est répartie.

A la rigueur, on concevrait une église romane où l'on aurait voulu simplement introduire la voûte en coupoles, sans toucher au plan habituel, ni guère à l'élévation. Il suffirait que les travées de la nef centrale fussent, contre l'usage, aussi longues que larges. Les arcs-doubleaux et les formerets ordinaires feraient, à peu de chose près, l'office de grands arcs, pourvu que l'on se contentât de très-petites coupoles. On aurait alors quelque chose comme la cathédrale du Puy ou comme l'ancien Saint-Hilaire de Poitiers, avec les pendentifs byzantins de plus. On n'approcherait pas de Saint-Pierre d'Angoulême ni d'aucune de nos églises à série de coupoles, car toutes se ressemblent en plan et en élévation autant qu'elles diffèrent des autres édifices romans.

Quoi qu'il en soit, en adoptant la coupole, à Angoulême comme ailleurs, on a voulu en tirer parti, et l'on a gardé, en la perfectionnant ou en l'altérant, comme on voudra, l'architecture byzantine de Périgueux. Elle ne pouvait rester stationnaire, et il était naturel qu'elle tendit de plus en plus à se

tins, d'autant mieux que les corbeilles corinthiennes abondent dans le style poitevin et le disputent au XII siècle, aux chapiteaux historiés de toutes les sortes. Notamment à Saintes et à Poitiers, où sans doute, ne manquaient pas les modèles antiques.

rapprocher de l'architecture romane. Mais l'élément byzantin, d'abord tout à fait dominant, a balancé jusqu'au bout son rival, tant qu'on a bâti des églises à série de coupoles. Les plus récentes de toutes, y compris celles de l'Angoumois, qui sont la plupart du XIIe siècle, ont encore droit au nom de romano-byzantines.

Les églises qui n'ont qu'une coupole sont byzantines aussi, tant qu'elles conservent les pendentifs de Sainte-Sophie ; mais elles le sont beaucoup moins. Leur plan peut, d'ailleurs, rester roman comme leur architecture, ce qui n'est pas avec les séries de coupoles. Pour étudier à fond l'école byzantine, dont le Périgord est le centre, nous avons dû logiquement nous attacher à ce dernier caractère. Au reste, les coupoles isolées, mais à pendentifs byzantins, ne s'éloignent guère géographiquement des séries de coupoles dont elles sont le reflet effacé. M. l'abbé Michon pouvait le constater, même dans la Charente, puisque l'arrondissement limousin de Confolens n'offre que des coupoles octogones.

XIII. CATHÉDRALE DE SAINTES.

La cathédrale de Saintes ne passera point facilement pour une église à coupoles. Elle a tout l'air d'un édifice ogival fondé au XVe siècle, et il faut quelque bonne volonté ou plutôt quelque habitude du style byzantin pour voir dans l'église gothique actuelle l'église à coupoles du XIIe siècle. C'est surtout dans le transept méridional qu'abondent les restes de la construction byzantine. On y retrouve, on y reconnaît facilement toute une coupole médiocrement large, mais très-élancée, très-élégante. Elle différait, sous ce rapport, de celles d'Angoulême, dont elle est d'ailleurs presque contemporaine. Elle n'avait aussi qu'une colonne engagée, au lieu de deux, sur chaque face des piliers, à peu près comme à Brantôme. Ses pendentifs et sa calotte hémisphérique, car elle a été remaniée plutôt que reconstruite à l'époque gothique, se rapportaient évidemment et sans modifications importantes aux modèles du Périgord ou de l'Angoumois.

Il n'est pas ordinaire de rencontrer des coupoles sur les bras de la croix. Les influences latines ainsi que les exigences d'une bonne distribution détournaient d'attribuer tant d'importance aux transepts. Avec la croix grecque de Saint-Front il avait fallu placer l'autel presqu'au milieu de l'édifice et, aujourd'hui qu'on l'a reporté plus à l'orient, il n'est point visible pour les coupoles latérales. En conséquence, nous ne les avons vu reproduire qu'une seule fois, à Beaulieu, et tout à fait par exception. A Soliguac nous verrons encore une coupole latérale, parce que certaines convenances locales ont aussi amené l'architecte à développer outre mesure un seul des deux bras de la croix. La disposition du plan de Saintes n'en est pas moins nouvelle et très-originale. Non-seulement le transept méridional, mais le transept opposé, qui offre les mêmes dimensions, et naturellement l'intersection des deux branches de la croix, étaient voûtés en coupoles. Il y en avait aussi sur le pied de la croix, et elles étaient au nombre de trois, si l'on en juge par les massifs anciens qui sont conservés dans la façade. Le plan était donc, malgré tout, une croix latine très-prononcée.

Nous n'avons pas de renseignements bien positifs sur la date de cette église à coupoles, de Saintes. Il est certain qu'elle était du xii° siècle; mais le style du monument nous a paru bien avancé pour la date de 1117, qui ne serait d'ailleurs que celle du commencement des travaux. En définitive, on ne se trompera guère en disant que l'ancienne cathédrale de Saintes appartenait au second tiers du xii° siècle, et c'est assez préciser sa date.

En 997, la cathédrale de Saintes avait été brûlée, et plus tard, en 1017, elle fut consacrée en même temps que celle d'Angoulême. Nous ne savons s'il reste quelque chose de cette construction, et à plus forte raison si elle était en style byzantin, comme c'est rigoureusement possible. Nous nous contenterons de constater l'existence au soubassement de la façade occidentale, d'un pan de mur tout rougi par le feu, et où se montre une arcade bouchée, en mitre, c'est-à-dire de forme triangulaire. Ce fragment est évidemment très-ancien, et peut être latin de style.

XIV. SABLANCEAUX. — SAINT-ROMAIN DE BENÈT.

L'abbaye ruinée de Sablanceaux, à trois lieues sud-ouest de Saintes, avait une série de coupoles sur la nef. A cela près, c'est une église romane par l'ornementation et par les détails du plan. Nous ne l'avons point vue, mais M. l'abbé Lacurie, par qui nous la connaissons, fixe sa date à 1136.

Saint-Romain de Benèt, aussi dans la banlieue de Saintes, est une église du même temps. Elle a deux coupoles contiguës, aujourd'hui sans calottes, mais avec des corniches sculptées de palmettes et de têtes de cloux au-dessus des pendentifs [1]. Son ornementation romane est très-riche et très-avancée.

Il doit exister dans la Saintonge quelques autres édifices du même genre,

1. « Bulletin monumental », tome X, page 547 — LESSON, « Fastes historiques de la Charente-Inférieure », page 77

qui n'ont pas encore été signalés : on en compterait déjà neuf pour l'ancien diocèse de Saintes, en y comprenant le groupe de Cognac. — N'oublions pas de remarquer qu'il y a dans les ruines de l'abbaye de Moustierneuf [1] un exemple de coupoles à nervures, comme celle de Fléac, et que le clocher de Sainte-Marie-de-Saintes, antérieur à la cathédrale à coupoles, a un clocher roman, terminé comme celui de Saint-Front, comme ceux de Ségonzac, de Bassac, de Saint-Estèphe et du Roulet, en Angoumois, par un cône obtus, à imbrications renversées, surmontant une tour carrée.

1. LESSON, planche 76.

CHAPITRE V

CAHORS, SOUILLAC, SOLIGNAC
SAINT-ÉMILION

LE PUY EN VELAY, SAINT-HILAIRE DE POITIERS
LOCHES

CAHORS, SOUILLAC, SOLIGNAC
SAINT-ÉMILION

LE PUY EN VELAY, SAINT-HILAIRE DE POITIERS
LOCHES

Jusqu'à ce moment, les églises à coupoles que nous avons étudiées se présentaient en groupes. Elles vont maintenant s'offrir une à une. Nous ne sommes pas encore plus éloignés de Saint-Front et du foyer byzantin que nous ne l'étions en Angoumois, ni surtout en Saintonge, au moins pour les quatre édifices que nous avons d'abord énumérés et qui sont seuls vraiment à coupoles, vraiment byzantins. — Nous restons dans les autres diocèses contigus à celui de Périgueux; mais ils n'ont pas accepté aussi franchement l'architecture à coupoles; c'est par exception, c'est isolément qu'elle s'y produit. En ce qui concerne les diocèses de Limoges et de Bordeaux, nous pouvons en répondre. Nous connaissons personnellement ou par M. Texier l'une de ces provinces, et nous sommes parfaitement renseigné sur l'autre, grâce à nos amis de Bordeaux, MM. Des Moulins et Drouyn. — Solignac et Saint-Émilion sont décidément leurs seuls monuments à série de coupoles.

Pour le Quercy, nous n'affirmerons rien; il n'a point été suffisamment exploré à ce point de vue. D'ailleurs, au lieu d'une abbaye comme Solignac, d'une simple collégiale comme Saint-Émilion, c'est la cathédrale qui se voûte en coupoles, et cela dès le XIᵉ siècle. A cette influence toute-puissante est venue se joindre, dans le siècle suivant, celle de la grande abbaye de Souillac. Il y avait donc dans le diocèse de Cahors les mêmes raisons de multiplier les églises à coupoles qu'en Angoumois, par exemple, et il est peu probable, à tout prendre, que l'architecture byzantine n'y ait pas trouvé d'autres imitateurs. Mais nous laissons à nos confrères du Quercy le soin de

confirmer ou de démentir nos prévisions. Les recherches qu'il faudrait faire
dans ce but leur seront plus faciles qu'à nous. Il n'est pas indispensable, au
surplus, de compléter immédiatement sur ce point la statistique que nous
avons faite ; car nous ne prétendons nullement à clore irrévocablement la liste
des églises à coupoles de l'Aquitaine. Nous avons déjà, outre tous les monuments byzantins de premier rang, de première importance, une série assez
complète de monuments secondaires ; mais il ne sera pas sans intérêt d'en
accroître le nombre. Plus il sera grand, en définitive, plus l'école byzantine
du Périgord aura de droits à figurer parmi les grands styles régionaux, à
prendre place sur la carte monumentale de la France.

I. CATHÉDRALE DE CAHORS.

Nous avons dit que la cathédrale de Cahors datait du XIe siècle ; elle n'a
pourtant été consacrée qu'en 1119 ; mais, mise en regard d'Angoulême et
de Fontevrault, dont la date est la même, elle paraît, nos coupes comparées
le feront voir, bien moins avancée comme style roman, bien moins dége-
nérée comme style byzantin. L'ornementation de cet édifice semble avoir
été accrue postérieurement à la construction principale, sans avoir, toutefois, changé de caractère. Ainsi la richesse de la porte latérale du nord
paraît plus grande que ne le comportait la simplicité de la décoration générale. Si l'on a retardé par des travaux supplémentaires, en dehors du projet
primitif, la consécration de l'édifice ; si l'on a attendu, pour faire ou pour
renouveler cette dédicace, une occasion aussi solennelle que le voyage en
France de Calixte II, les ornements anciens et les ornements nouveaux n'en
appartiennent pas moins au pur style roman. Ce qui nous autorise surtout à
mettre Saint-Étienne de Cahors au même rang, pour le moins, que Saint-
Avit et que Saint-Jean de Cole, immédiatement après Saint-Étienne de Périgueux, c'est le rôle qu'y joue encore la coupole. Elle y est sensiblement
plus développée qu'à Saint-Front[1] ; elle a même plus de diamètre qu'à la
Cité de Périgueux, et apparaît majestueusement à l'extérieur de l'édifice.

Nous pensons que le plan de la cathédrale de Cahors, quelque temps
qu'on ait mis à le réaliser, a été conçu et tracé vers le milieu du XIe siècle,
peut-être plus tôt, mais en tout cas lorsque Saint-Front existait déjà. C'est
la plus importante des imitations de cette église mère : ce n'en est pas la
moins évidente.

---

1. Ce n'est point la hauteur sous clef, qui est plus grande à Cahors, ni l'espacement des murs
latéraux, au contraire ; mais le carré des piliers est de 15 mètres en moyenne, et le diamètre de la
calotte de près de 16 mètres.

Nous avons fait ressortir en passant les analogies particulières du plan de Cahors [1] avec celui de Saint-Avit, de Saint-Jean et surtout de Saint-Étienne de Périgueux. Le type purement byzantin de Saint-Front était destiné à s'altérer rapidement. La première copie faite, à la Cité, on semble s'être attaché à la copier de nouveau, au lieu de recourir à l'original. La coupole dégénérée de Saint-Étienne valait mieux, au moins pour la solidité, que celle de Saint-Front; elle s'adaptait mieux aux convenances et aux usages de l'Occident. On voulait un grand vaisseau terminé par un maître-autel parfaitement en vue de tous les côtés. Qu'avait-on à faire des transepts démesurés de la basilique aux cinq coupoles? Pourquoi aussi des piliers évidés, si difficiles à bâtir solidement et si pesants à l'œil? Ne valait-il pas mieux les resserrer contre les murs latéraux, en augmentant le plus possible leur espacement, ainsi que le diamètre de la calotte? Ce qui est pour nous une dégénérescence évidente, pouvait très-bien passer pour un perfectionnement aux yeux des contemporains. Comme constructeurs, les artistes de Saint-Front n'étaient pas de bien bons maîtres, on s'en souvient. C'est par l'invention et par le dessin, c'est par le style qu'ils se distinguaient, et sous ce dernier rapport ils ont paru tout à fait inimitables; car d'abord on a renoncé à toute ornementation, et, quand est venu l'art roman, moins savant et plus grossier dans l'origine que le vrai byzantin de Saint-Front, on s'est hâté d'en profiter. Or, en Quercy comme en Limousin, le style roman est apparu plus tôt qu'en Périgord.

Comme Saint-Étienne de Périgueux, l'autre Saint-Étienne de Cahors, car la plupart des cathédrales de l'Aquitaine sont dédiées au premier martyr, depuis le temps de saint Martial probablement [2]; la cathédrale de Cahors, disons-nous, offre une file de coupoles; mais il n'y en a cette fois que deux, aussi grandes l'une que l'autre. Leurs piliers ont été établis avec tant de négligence que chaque côté des carrés intérieurs a une mesure différente; l'espacement varie de 14^m 90 à 15^m 07. Pour les calottes, l'un des diamètres

1. Nous le rétablissons dans nos planches comparées, tel qu'il a dû être primitivement, sans les chapelles et les autres constructions relativement récentes qui le défigurent.

2. Dominici disait dans son histoire du Quercy, page 229 : « C'est la croyance commune que saint Martial, un des soixante-douze disciples de Jésus-Christ, fust le premier qui annonça la parole de son maître dans la ville de Caors, et dédia l'église principale à saint Étienne. Elle n'est pas seulement fondée sur la seconde épître de ce saint apôtre, que quelques-uns estiment suspecte, mais encore sur l'ancienne tradition et anciennes chartes de plusieurs églises, comme celle de Limoges, où les actes de sa vie se trouvent, le légendaire de l'église de Caors, qui le déclare aussi, et plus particulièrement les mémoires de l'église Notre-Dame de Rhodez, qui marquent qu'il fût présent du sang du premier martyr à Tholose, Bourges, Caors, Limoges et Agen, etc. »

est de même de 15^m 89; l'autre de 15^m 98 : il y a en somme moins de ces irrégularités de détail qu'à Saint-Front, et la construction en est certainement meilleure. La solidité ne s'est nulle part trouvée en défaut, au moins pour ce qui regarde les deux coupoles. A ce vaisseau, déjà considérable, s'ajuste une abside demi-circulaire, avec trois chapelles rayonnantes, comme à Saint-Jean de Cole. Ce chœur n'avait rien que de roman, sauf sa largeur tout à fait inusitée et l'énorme portée de sa voûte, 18^m environ. La haute œuvre entière et l'absidiole du sud ont été rebâties à l'époque ogivale. La chapelle opposée est de la construction primitive, ainsi que celle de l'est, et se fait remarquer par un *oculus* ou petite rose romane, sa seule fenêtre. Les murs extérieurs des chapelles sont simplement arrondis sans pans coupés, sans colonnes engagées, ce qui est un signe d'ancienneté. Elles ont du reste des modillons historiés à leur entablement et des billettes ou d'autres moulures romanes à l'archivolte de leurs ouvertures.

A l'intérieur, des colonnes engagées accompagnent l'entrée de chaque chapelle. D'autres, dans les intervalles, supportent de hautes arcades feintes ; à peu près comme à Angoulême, mais dans un style plus ancien. De pareilles arcades feintes se continuent sur la face antérieure des deux gros piliers les plus rapprochés, et rappellent un peu les piliers évidés de Saint-Front. Les quatre autres piliers, aussi bien que les grands arcs, sont absolument nus.

M. Calvet, à qui l'on doit une notice intéressante sur la cathédrale de Cahors, avait conclu de cette absence d'ornements que la masse des coupoles était de beaucoup antérieure à l'an mille, tandis que les murs latéraux et le chœur, évidemment romans, auraient été refaits. Mais jamais semblable restauration n'a été nécessaire dans les autres monuments de ce genre, et elle n'a certes point eu lieu à Cahors. Le même contraste, qui étonnait M. Calvet, se voit dans dix autres églises, à commencer par Saint-Front et à finir par Souliac ou Solignac. Les ornements se sont d'abord portés de préférence aux fenêtres, aux arcades feintes, aux chapelles, et l'on n'a imaginé qu'ensuite le moyen de décorer l'ensemble des coupoles par l'architecture, à défaut des peintures. Aussi bien l'appareil est moyen et régulier, c'est-à-dire roman, dans toutes les parties de l'édifice, et l'on ne trouve pas trace de raccordements.

Les seules modifications qui aient été apportées à la conception primitive sont l'œuvre de temps plus rapprochés de nous. Pour agrandir la nef, on a crevé les murs latéraux, de manière à faire place à des chapelles qui s'étendent dans toute l'épaisseur des piliers et des contreforts. Aujourd'hui, la galerie qui contourne l'édifice et le sommet des murs de remplissage sont donc supportés par des ogives géminées, comme à Souliac, mais plus modernes. On voit au revers de la porte méridionale qu'il y aurait eu d'abord trois arcades en plein cintre, au lieu de deux ogives. La fenêtre centrale a été élargie et exhaussée dans chaque travée pour recevoir une verrière et des meneaux. Il ne reste intact que les deux fenêtres latérales et l'entablement.

Par tout ce qui subsiste d'ancien, les deux coupoles de Cahors ressemblent infiniment à celles de Périgueux, surtout à celles de la Cité. Elles en ont la vaste dimension, encore accrue, et toutes les dispositions particulières. Elles ont à la naissance des calottes une galerie, déterminée par un tailloir brut semblable à celui qui couronne les piliers. Elles ont quatre fenêtres aux points cardinaux. Elles en avaient trois autres dans chaque mur de remplissage, comme à Saint-Front ou à Saint-Avit ; car s'il n'y en avait eu primitivement que deux, elles seraient trop écartées, et il n'y a point d'ailleurs de contrefort intermédiaire. Extérieurement les coupoles sont apparentes, ce qui était indispensable à cause de leur grandeur. Elles avaient, comme à la Cité, un tambour parfaitement perpendiculaire, déterminé par un entablement à modillons bruts en biseau et couronné par une toiture conique. Aujourd'hui une charpente, relativement moderne, les englobe en partie, à peu près comme à Saint-Front, et laisse voir que le sommet du cône était aplati. Enfin les calottes des coupoles sont construites en blocage et cintrées en ogive émoussée, toujours comme à Périgueux [1].

Ce qui n'a point eu lieu dans cette dernière ville et qui n'en est pas moins conforme à la tradition byzantine, les coupoles de Cahors avaient reçu des fresques sur enduit, témoin Maleville, écrivain du XVIe siècle, qui dit dans sa *troisième centeine*, an 200 : « Saint Gaubert feut évesque de Cahors après saint Génulphe. Tous les deux, avec saint Urcisse et saint Ambroise, aussi par après évesques dudit Caors, se voyent peints *dès plusieurs siècles* en l'une de ces belles coupes de la vouste de l'église cathédrale, avec le nom sous chaque peinture (Calvet, « cathédrale de Cahors », page 6). » Cette galerie d'évêques en vieilles peintures constitue une analogie nouvelle avec

---

[1]. M. Ficat, ingénieur à Cahors, qui a bien voulu vérifier pour nous à la cathédrale, dont il prépare la monographie, certaines mesures et certains faits douteux, nous apprend une dernière et très-importante analogie entre les coupoles de Cahors et celles de Périgueux. « Une particularité qui n'a point encore été remarquée », écrit M. Ficat, « c'est l'existence, au sommet de la seconde coupole, des restes d'un clocher ou d'une lanterne qui le couronnait. Cette lanterne, dont il ne reste plus que la base enveloppée d'un cordon et les premières assises interrompues par quatre petites baies, n'a plus aujourd'hui que 2 mètres 69 cent. de hauteur, et sert de point d'appui au faîtage de la charpente actuelle. Un examen fort attentif de sa construction et de son agencement m'ont convaincu qu'elle devait être contemporaine des coupoles. »

Saint-Front, quoique dans le monument de Périgueux elle occupât une autre place.

En résumé, nous n'admettons nullement qu'un architecte grec ait pu concourir directement à la construction de la cathédrale de Cahors. Elle est tout entière l'œuvre d'Occidentaux formés à l'école de Périgueux. Plus nous avançons dans ce travail, plus il nous semble assuré que les artistes étrangers de Saint-Front ne sont pas sortis de ce grand monastère, leur nouvelle patrie.

M. Calvet aurait une opinion très-différente, s'il croyait encore que la cathédrale de Cahors est du VIIe siècle. Mais nous comptons bien ne plus l'avoir pour adversaire. Après dix ans de nouvelles études, ce savant magistrat s'est certainement accoutumé, comme nous tous, à préférer en toute circonstance les indications archéologiques aux textes et aux traditions. Quand même l'évêque Desiderius aurait rebâti une première fois son église du temps de Dagobert, ce qui n'a certes rien d'extraordinaire ; quand même il l'aurait édifiée « more Romanorum »[1], ou tout simplement peut-être en pierres de taille, elle a été encore rebâtie depuis ; voilà qui est convenu. Jamais aujourd'hui on ne rapportera au VIIe siècle, ni à aucune date antérieure à l'an mille, un édifice dont l'appareil et l'ornementation n'ont rien de latin ou de byzantin, c'est-à-dire de romain. La différence des procédés et du goût classiques avec la renaissance romane est trop tranchée pour qu'on s'y trompe, et cette renaissance, à quelques années près, concorde décidément partout avec le commencement du XIe siècle.

La vraie date de Saint-Étienne est avant tout indiquée par le rang que tient cet édifice dans l'école byzantine du Périgord. Nombre de donations pieuses qui furent faites à la cathédrale, vers l'an 1100, concourent à préciser l'époque de sa reconstruction. Guillaume de Gourdon, par exemple, donne aux chanoines le droit de prendre sur sa terre tous les bois néces

---

1. Nous allons au-devant d'une objection qui n'a point été faite, mais qui se présentera peut-être à l'esprit de nos lecteurs. Si les Byzantins se qualifiaient chez eux de Romains, on ne les désignait pas ainsi en Occident. Outre cette expression, « selon l'usage des Romains », le bréviaire de Cahors en emploie d'autres qui conviennent mieux à l'édifice actuel. — « Desiderius, priscam structuram imitatus, suffecit basilicam, *mole ædificii insignem*, *fornicato opere*, non Gallicano sed more Romanorum, et varia volutione constructam, etc. »—Mais ce texte, qui d'ailleurs n'a rien de bien positif, a été sans doute écrit au moyen âge et pourrait avoir été inspiré par la cathédrale du XIe siècle, dont on avait déjà oublié l'origine. Des documents plus anciens et plus authentiques, cités aussi par M. Calvet, expliquent que l'usage général des Gallo-Francs, au VIIe siècle, était de bâtir en bois ou en moellons, de sorte que le luxe des pierres de taille semblait digne des vieux Romains : « Non quidem nostro Gallicano more, sed sicut murorum ambitus, magnis quod usque saxis. » (Vie de S. Didier.)

saires « à la reconstruction et réparation de l'église et du cloître ». Il en
fallait peu, de ces bois de construction, pour une église sans charpente ; mais
le cloître et les logements des chanoines, que l'on faisait en même temps, en
employaient beaucoup. « Une solennité remarquable », continue M. Calvet,
page 16, « vient enfin consacrer le souvenir des réparations faites à cette
époque. Le pape Calixte II, revenant de Toulouse, consacra l'autel de Saint-
Étienne de Cahors et celui du Saint-Suaire, ainsi que le constatait l'inscription suivante gravée sur ce dernier autel :

$$\overline{\text{D}} \text{ . AL . } \overline{\text{SED}} \text{ . CAP . } \overline{\text{KRI}} \text{ . CAL . II . P . M.}$$
$$\text{A . DD . C . XIX . VI . KAL . AUG.}$$

« Dicavit altare Sudarii capitis Christi Calixtus Secundus, pontifex ma-
ximus, anno 1119, 6 calendas augusti. »

Tous deux étaient de marbre ; ils furent enlevés en 1580 par le vicomte
de Gourdon, seigneur de Cénevières, etc. »

Nulle contestation possible sur les constructions en style ogival secondaire de la cathédrale de Cahors. Elles se composent de deux tours, formant
une façade, à l'occident de la nef et de toute la haute œuvre du chœur.
Raymond de Cornil les commença en 1285 [1]. Hugues Geraldi les interrompit
en 1312, avant leur complet achèvement. Elles ont, comme l'ancienne voûte
en demi-rotonde, le mérite de la hardiesse ; mais les détails sont d'un goût
provincial et bien au-dessous même des bons édifices du Midi.

II. SOUILLAC.

A une époque où l'on analysait peu les styles architectoniques, et où les
ressemblances particulières entre certains édifices étaient rarement saisies,
les annalistes du Quercy ont très-bien vu que l'abbaye de Souillac ressemblait à celle de Solignac. L'analogie est positive, en effet ; mais la tradition,
qui rapporte au même saint la fondation des deux abbayes, a beaucoup aidé
au rapprochement.

« Ce fut du temps de saint Géry (par corruption de saint Didier, « sancti
Desiderii ») que saint Éloi fit bâtir l'église de Souillac en Quercy. Elle est
conforme en effet pour l'architecture à l'église de Solomiac en Limousin,
bâtie par le même évêque, et à l'église cathédrale de Caors. Au reste,
comme le monastère de Souillac fut ruiné par les Sarrazins et par les Nor-

1. CALVET, « Cath. de Cahors », p. 21.

mands, les preuves de cette origine ont disparu, et la tradition seule est venue nous l'apprendre ». —Fouilhac, « Ann. », page 69, et Calvet, page 31, aux notes.

L'abbé de Fouilhac et Dominici, qui a dit la même chose dans son « Histoire du Quercy », écrivaient au XVIIe siècle. Avant de connaître leurs écrits nous avions, pour notre compte, constaté le même fait, mais en l'interprétant autrement.

Voici ce que nous trouvons à ce sujet dans nos premières notes : « L'édifice que j'ai vu (Souillac) n'était pas nouveau pour moi; j'en avais observé à Solignac le plan et les dispositions essentielles. Ici seulement les transepts sont uniformément voûtés en berceau. D'ailleurs, même croix latine avec deux coupoles au pied de la croix; même abside à trois chapelles rayonnantes, mêmes absidioles au mur oriental des transepts; enfin, même ornementation romane sur un édifice byzantin. —Je remarque, entre deux églises de même plan et de même style, de singuliers contrastes. A Souillac, l'ornementation est rare, l'appareil peu soigné; l'extérieur de l'édifice est sacrifié à l'intérieur. Le contraire est vrai à Solignac. L'un des deux édifices est bien décoré, bien bâti, et en même temps il est lourd et sans grâce : l'autre est pauvre d'ornementation, mal appareillé, et ses proportions sont d'une extrême élégance. Ce que je dis de l'élégance de l'église de Souillac doit s'entendre principalement de l'intérieur. Les piliers sont très-minces et d'une grande élévation. La galerie qui les unit est portée sur trois arcades ogivales très-élancées. Les grands arcs sont franchement en ogive aussi. Quatre fenêtres percées aux quatre points cardinaux éclairent l'intérieur des coupoles, au moins de celle du chalcidique, et une rangée de consoles, d'un excellent effet, porte les galeries qui règnent à leur base. »

Nous apercevions déjà, il y a dix ans, plus de dissemblances entre Solignac et Souillac, que n'en avait vu Fouilhac ou Dominici. A mesure que nous avons découvert d'autres édifices à coupoles en croix latine, l'analogie des deux monuments nous a semblé moins grande et surtout moins significative. Il n'est pourtant pas impossible que l'abbaye du Quercy n'ait inspiré celle du Limousin; car elles conservent entre elles certains traits particuliers de ressemblance qui peuvent s'expliquer, sinon par la parenté originaire des deux édifices, du moins par les relations qui en ont été la suite. Ainsi, le nombre des coupoles de la nef, la disposition du porche en avant de la façade, la nudité des piliers qui n'ont pas de colonnes engagées comme dans tous les les autres monuments de même plan, etc. —Il n'est guère douteux, en tout cas, que l'église des bénédictins de Souillac ne soit la plus ancienne.

Quoiqu'il ne reste aucun renseignement historique sur l'époque de sa dernière reconstruction, nous la croyons du commencement du XIIe siècle, si ce n'est de la fin du siècle précédent. Elle peut très-bien passer pour la première des églises à coupoles en croix latine.

Nous n'avons pu revoir Souillac, pour nous assurer de la forme extérieure des coupoles. Nous conjecturons maintenant, d'après certains indices, qu'elles étaient toutes apparentes au dehors et non point seulement celle de l'intersection des transepts. Elles n'avaient pas cependant les dimensions des coupoles de Cahors, de Saint-Étienne et de Saint-Jean, si elles en ont jamais eu la physionomie. Leur diamètre est de dix à onze mètres à peine, comme à Angoulême, mais plus grand qu'à Solignac. Ni dans ce dernier édifice, ni dans aucune autre église en croix latine, on ne retrouve de coupoles extérieures ou de toitures à la byzantine.

Les chapelles absidales de Souillac sont construites exactement comme celles de Saint-Jean-de-Cole, sur le principe de l'octogone, avec une voûte en blocage à cinq pans inégaux. La seule absidiole terminale est décorée aussi richement avec des colonnes aux angles extérieurs. A Solignac, les chapelles de l'abside sont demi-circulaires, excepté celle de l'extrémité du chœur qui est, au dehors, à cinq pans, mais arrondie au dedans.

Malgré ce que nous avons dit de la pauvreté générale de l'ornementation, à Souillac, il s'y trouve une composition sculptée des plus remarquables. Elle appartient à ce style roman du Languedoc qui s'est développé si vite à Saint-Sernin et à Moissac, et qui brille surtout par la statuaire. Ces sculptures ornent la porte principale de l'église, mais intérieurement et vers la nef. Le jugement dernier, conçu d'une manière inusitée, en est le sujet. Dans le tympan, des anges précipitent les damnés qu'entraînent des démons. De chaque côté de l'entrée, la chute se continue sur deux énormes piliers carrés, sorte d'obélisques sculptés jusqu'au sol, qui montrent un terrible pêle-mêle d'hommes, de monstres et de démons. Sur la muraille, et encadrant la scène, se dressent les figures colossales d'Isaïe et de Jérémie, les grands prophètes. Plus haut, saint Pierre et saint Paul président à la séparation des élus. Telle est, si nos souvenirs ne nous trompent pas, cette étrange composition. Nous n'en avons jamais rencontré de plus sévère et de plus saisissante dans nos églises romanes.

Au reste, les « Voyages dans l'ancienne France », province du Languedoc, planche 74, donnent cette porte intérieure, et de plus le plan, la coupe, les vues de l'abside et de la nef de Souillac. Le « Manuel d'Architecture », par M. Ramée, en donne aussi le plan et les mesures. Il n'est pas d'église à coupoles plus connue, ni mieux étudiée déjà. Nous passerons donc, sans plus de détails, à l'église de Solignac, qui n'a pas eu la même bonne fortune et dont nous offrons à nos lecteurs une vue intérieure. Les plans et les coupes n'accusent pas pour tout le monde la physionomie et l'aspect des édifices. Ce genre de dessin a toujours besoin d'être traduit en quelque sorte. Il faudrait y joindre des vues perspectives, et nous regrettons de n'avoir pu le faire plus souvent.

III. SOLIGNAC.

On reconnaîtra aisément Saint-Front, aussi bien que Souillac, dans cette vue intérieure de Solignac; mais qu'on n'y cherche pas l'abbaye de Saint-Éloy. Malgré son antique et illustre origine, ce n'est qu'une église à coupoles comme les autres. Quelques briques épaisses employées çà et là dans la construction et parfois servant de claveaux; quelques morceaux de serpentine utilisés, en petits tronçons, pour les colonnettes du portail. Voilà tout ce qui rappelle qu'il a existé autrefois à Solignac un édifice bâti dans un temps où l'usage des terres cuites était encore général, et où l'architecture recherchait les matériaux précieux. D'ailleurs l'église est de style purement roman par son ornementation et toute son architecture extérieure. Mais, à l'imitation de Souillac ou des monuments byzantins du Périgord, elle est voûtée en coupoles, et c'est la seule de tout le Limousin.

Sur la nef, il y a trois coupoles; il n'y en a point sur le transept méridional, lequel est voûté en berceau : on en trouve une quatrième sur le transept du nord qui, destiné à servir de paroisse, avait reçu un développement anormal et s'ouvrait à l'ouest par une porte particulière, ornée des figures du Christ et des apôtres.

L'abside, arrondie à l'intérieur, est polygonale extérieurement; il en est de même de la principale chapelle du rond-point avec laquelle le cloître était directement en communication au moyen d'un corridor voûté. Les quatre autres chapelles rayonnantes sont semi-circulaires au dehors, aussi bien qu'au dedans.

Les coupoles sont très-basses et ont toujours été cachées par le toit. Un clocher énorme s'élevait primitivement au-dessus de celle du transept septentrional; mais, sur une base ainsi évidée, sa solidité devait laisser beaucoup à désirer, et, comme les grands arcs sur les reins desquels reposaient ses murs écrasaient et découronnaient les piliers, on se vit obligé, à une époque très-reculée, sans doute, de le démolir presque en entier. — Une autre clocher,

dont il ne subsiste que les deux premiers étages surmontés d'un fronton
moderne, termine la nef à l'occident; mais il paraît postérieur d'un demi-
siècle au corps de l'édifice dont il n'a point conservé l'axe.

Les colonnes et les arcatures, qui revêtent tout l'extérieur du monument,
forment un ensemble assez élégant, surtout à l'abside qui, exhaussée sur une
crypte à cause de la déclivité du terrain, a de bien meilleures proportions
que la nef. Les arcades feintes de cette dernière partie de l'église ont quelquefois des trèfles pour amortissement, ce qui se voit rarement. A l'intérieur
elles sont appliquées le long des murs de manière à former une galerie de
service, et sont soutenues par des colonnes ou par des pilastres carrés alternant toujours avec des consoles. On remarque une particularité curieuse, si
l'on observe attentivement ces chapiteaux de l'intérieur de l'église : bien que
très-variés et très-capricieux dans leur forme, ils se ressemblent tous, deux
à deux, ainsi que les consoles intermédiaires, et se correspondent exactement depuis le portail jusqu'au fond de l'abside. C'est une étrange symétrie ;
c'est aussi une preuve que l'édifice entier est d'un seul jet. Les sculptures,
tantôt en granit, tantôt en pierres calcaires, offrent naturellement une exécution fort inégale. Il en est que Beauménil tenait pour gauloises, et qui ne
sont que grossières : quel que soit le motif qui les a fait admettre dans un
monument religieux, on ne peut s'empêcher de les trouver inconvenantes.

Il n'est point douteux que la construction de l'abbaye actuelle de Solignac
ne doive se placer dans le XIIᵉ siècle ; mais on pourrait préciser cette date
au moyen d'une note qui nous a été communiquée par M. Nivet, au congrès
archéologique de Limoges. Elle avait été prise par M. Lingaud, secrétaire
général de la mairie de cette ville, sur un ancien manuscrit aujourd'hui perdu,
et constate que la dédicace de l'église fut faite en 1143. En 1178, un incendie, dont parle la «Gallia christiana», dévora les bâtiments du monastère
et la toiture de l'église, ce qui donna lieu, en l'an 1200, à une nouvelle dédicace. Enfin, en 1479, l'abbé de Bony renouvela les stalles et les vitraux.

On dit qu'avant la révolution [1] le cloître de Solignac était rond. Le plan
anormal de cette partie de l'abbaye, non la construction elle-même, datait
sans doute de saint Éloi. Avant de connaître cette tradition recueillie par
M. l'abbé Texier, nous nous demandions si ce que les premières descrip-
tions de l'abbaye disent de sa forme ronde ne s'appliquait pas simplement à
son emplacement, à son enceinte, qui est aujourd'hui celle du bourg.

Répétons, en finissant, qu'en Limousin, Solignac est la seule église à série

1. Voir à ce sujet la notice de M. Arbellot sur Chalusset et Solignac.

de coupoles. Nous en avons pour garant M. l'abbé Texier, qui connaît parfaitement cette province. Nous avons remarqué nous-même à quel point les coupoles simples, mais à pendentifs byzantins, y sont rares. Elles n'y sont pas tout à fait inconnues; car on en trouve deux sous les clochers de la belle église du Dorat; mais nos souvenirs nous permettraient difficilement de citer un autre exemple. Dans une portion du Périgord et de l'arrondissement de Nontron, qui a été démembrée du vaste diocèse de Limoges, on ne rencontre assurément aucune coupole de cette sorte, et c'est d'autant plus frappant, que dans le reste du même arrondissement il y a au moins cinq églises à série de coupoles, sans parler d'une foule de paroisses à coupole byzantine unique.

IV. SAINT-ÉMILION.

Le diocèse de Bordeaux ne s'est pas mieux ouvert que celui de Limoges aux influences byzantines, et leur a fait même une part plus restreinte. La collégiale de Saint-Émilion, unique église à série de coupoles de la Guyenne bordelaise, ne vaut pas l'abbaye de Solignac, et, quant au style, elle diffère peu des églises en croix latine de l'Angoumois, dont elle est presque aussi voisine que de celles du Périgord. Elle n'est point la seule église de la ville de Saint-Émilion, si riche en monuments de tout genre; elle est cependant restée sans imitateurs.

V. LE PUY EN VELAY.

Les constructeurs romans éprouvaient de grandes difficultés à voûter solidement des édifices un peu vastes. De là des tentatives pour trouver autre chose que la voûte en berceau, ou que la voûte d'arêtes sans nervures, qui renversaient si souvent les murs latéraux. Il n'en est pas résulté des coupoles; car, s'il était facile de concevoir une voûte sphérique et, en quelque façon, sans poussée oblique, il était comme impossible de découvrir une seconde fois les pendentifs si savants, si ingénieux de Sainte-Sophie, nécessaires pour racheter les angles du carré. Cette autre sphère idéale, établie sur la diagonale des piliers, et dont il ne fallait conserver que quatre portions triangulaires, pouvait bien être comprise et imitée par ceux qui l'étudiaient sur des monuments byzantins d'origine; mais elle était au-dessus de la science des architectes nationaux réduits à leurs seules ressources. Donc, au lieu de vraies coupoles sur pendentifs, on a obtenu seulement des équivalents grossiers, sorte de coupole indigène et barbare, dont nous avons eu déjà occasion de parler à propos du Limousin, mais qui se montrait alors isolée, tandis qu'elle est cette fois à l'état de série.

Il faudrait un mot particulier pour désigner une chose au fond si différente ; faute de mieux, nous nous servons de celui que nous avons appliqué aux dômes byzantins.

On a dit souvent, sans faire cette distinction, que la cathédrale du Puy était voûtée en coupoles, et nous l'avons dit nous-même avant de bien connaître l'édifice. Voici ce que sont ces coupoles. Il y a trois nefs assez étroites, puisqu'à elles toutes elles n'atteignent pas la largeur du vaisseau de Saint-Front. Celle du centre n'a que 6ᵐ 80, de colonne à colonne, 8ᵐ 22 entre les murs. Chaque travée n'est pas en carré parfait comme à l'ordinaire, mais en carré très-allongé. Il n'y a point de grands arcs, mais seulement des ouvertures d'inégale hauteur, pour unir les travées entre elles, et pour les faire communiquer avec les bas-côtés. Au-dessus s'élèvent quatre murs, ornés d'arcades feintes, et percés de fenêtres vers les latéraux, absolument nus sur les autres faces. Pour couvrir cette tour carrée, on n'a point fait de voûte sphérique : c'était impossible. On n'a pas fait non plus de pendentifs. D'un mur à l'autre, on a jeté de petits arcs sur les angles et, par ce moyen, on a assis une voûte à huit pans inégaux.

Quoique le Puy soit compris dans l'Aquitaine, et que cette ville ne soit pas plus éloignée de Périgueux et de Cahors que ne l'est Fontevrault, par exemple, nous ne saurions voir dans le type que nous venons d'analyser, ni une imitation de Saint-Front, aussi vague, aussi effacée qu'on la suppose, ni une réminiscence quelconque d'un autre monument byzantin de l'Orient. La parenté n'existe à aucun degré, et l'analogie même est trop incomplète pour ne pas être accidentelle. Nous avons eu lieu de dire que les nefs latérales de l'église latine de Périgueux et celles de plusieurs autres vieux édifices des provinces voisines étaient couvertes d'une série de berceaux portés, non par les murs, mais uniquement par les arcades transversales. A une moindre distance, mais à l'opposé, c'est-à-dire à Tournus, la même voûte se montre sur une nef principale [1]. C'est sans doute le principe qui aura été

1. Voir à ce sujet, dans le « Bulletin » des congrès archéologiques, 1850, p. 91, une description de Tournus, très-précise et très-détaillée, par M. Marcel Canat. Nous n'y ferons qu'une réserve. Parmi les dates proposées par l'auteur de cet excellent travail, nous choisirions celle de 1006-1049. On parle, à cette époque, d'une reconstruction. Inutile de remonter plus haut, car, malgré son originalité profonde, Tournus est une église romane par l'appareil et par l'ornementation. Sans remonter au delà des premières années du XIᵉ siècle, elle peut encore être plus ancienne que la cathédrale du Puy.

développé au Puy, en corrigeant ce qu'il avait de trop disgracieux par l'adjonction d'autres berceaux latéraux, ou placés dans les angles, qui se découpent mutuellement et se réunissent en coupole ; la plus grande partie du poids de toute cette voûte continuant à porter sur les arcades transversales.

Il paraît que l'église du Puy a fait école, ce qui n'a rien d'étonnant pour une cathédrale, et que la voûte dont nous avons défini la forme est commune dans le pays. Nous tenons ce fait de M. Henri Parker, qui l'a récemment constaté et qui a bien voulu nous le communiquer. Du reste, il est pour nous sans beaucoup d'importance, parce que nous ne croyons pas à l'origine byzantine des voûtes du Puy.

D'après cette opinion, il devient superflu de rechercher la véritable date de la cathédrale du Velay. Nous nous contenterons d'une simple observation. On n'a tant vieilli l'édifice, qu'en raison des trois ou quatre constructions successives dont il est évidemment composé. Comme la dernière est encore de style roman, « ce n'est pas trop hasarder », a-t-on dit, « que de prendre le IXe siècle pour la limite la plus éloignée, lorsque, de l'aveu général, le XIIe siècle est la plus rapprochée de nous ». Peut-être, mais rien ne force à hasarder cela. Aux quatre travées en coupoles qu'avait primitivement la cathédrale, on en a ajouté deux, puis trois encore revêtues d'une ornementation de plus en plus riche. Deux siècles ne suffisent-ils pas pour la première entreprise et pour ces deux accroissements successifs ? On citerait plusieurs édifices de style roman et de style gothique dont le plan a éprouvé autant de modifications, dans un espace de temps au moins aussi court.

La vraie raison qui portait M. Mérimée, notamment, à reconnaître à la cathédrale du Puy une date aussi reculée n'a point été dissimulée par lui. C'est que la nef de cet édifice est couverte de coupoles, et que « cette disposition, d'ailleurs très-rare, ne se rencontre que dans des monuments fort anciens, tels que les églises de Cahors, de Périgueux, etc... (« Notes d'un Voyage en Auvergne », page 217) ». Or, nous avons montré que les églises à coupoles sont très-communes dans une certaine région de la France, et qu'elles sont contemporaines, à une exception près, de nos édifices purement romans.

Il n'y a pour nous d'édifice antérieur à l'an mille que celui dont l'appareil est *romain*, dont l'ornementation est *latine* : et ce n'est point le cas au Puy.

Donc, la cathédrale du Puy pourrait parfaitement être imitée de Saint-Front. Elle ne l'est pas ; voilà tout. M. Parker pense, comme nous, qu'elle est absolument indépendante de l'école du Périgord et qu'elle n'a rien d'anté-

rieur à l'an mille, si ce n'est un fragment romain, utilisé dans la construction
primitive, au fond du chœur. La cathédrale du Puy n'en est pas moins un
monument des plus curieux et, sans nous intéresser particulièrement à
lui, nous attendons avec impatience la monographie que doit en donner
M. Aymard. Déjà ce savant a fait sur Notre-Dame du Puy et livré au public
des découvertes du plus haut intérêt. Nous voulons parler, on le devine, de
ces boiseries, sculptées positivement à l'imitation du style arabe [1], et de
cette *bénédiction grecque*, dont il a été question dans les publications archéologiques.

Voudrait-on nous opposer ce détail iconographique? nous avons une
réponse toute prête.

D'abord les fresques où figure cette main bénissant à la grecque sont
placées de telle sorte, qu'elles sont incontestablement postérieures à la construction principale; et cela seul nous dispenserait de nous en préoccuper
davantage. Mais nous allons plus loin, et nous disons qu'il n'est nullement
démontré qu'un peintre grec ait travaillé à aucune époque dans la cathédrale
du Puy.

Notre Église a été grecque avant d'être latine. Tel usage, qui paraît propre
aux Grecs, a été primitivement commun aux Latins, et, au lieu de se perdre
promptement, a survécu à la séparation définitive des deux Églises. Sur les
sarcophages latins des premiers siècles, et sur divers monuments purement
français du moyen âge, jusqu'au XIIe siècle, le nom du Christ n'est-il pas
écrit en lettres grecques? La bénédiction byzantine n'est pas autre chose
qu'une façon d'écrire, avec la disposition des doigts de la main, ce même
monogramme.

Écoutons M. Didron, qui a le premier posé cette question. « La bénédiction latine se faisait avec les trois premiers doigts ouverts, pour symboliser
la Trinité. Pour la bénédiction grecque, l'index est entièrement ouvert, le
grand doigt légèrement courbé, le pouce croisé sur l'annulaire, et le petit
doigt courbé, de manière à figurer le monogramme du Christ, IC . XC. » (« Iconographie chrétienne », page 391). Après avoir donné cette curieuse explication, M. Didron ajoutait : « Il ne serait pas impossible de rencontrer chez
nous, dans nos monuments d'iconographie occidentale, une bénédiction
grecque. Il faudrait constater avec le plus grand soin un pareil fait; car il
démontrerait invinciblement une influence byzantine indirecte ou directe.
Un fait de ce genre, si on parvenait à le signaler dans les monuments de

[1] « Bulletin monumental », 1851, mars-avril.

notre pays, que nous appelons byzantins fort gratuitement, trancherait la
discussion et vaudrait mieux que toutes les dissertations qu'on a déjà écrites
là dessus ». M. Didron disait enfin, page 483 : « Une bénédiction grecque
sur une image latine, et réciproquement, offrirait donc un grand intérêt historique ». Toutes ces hypothèses se sont successivement réalisées de point en
point, et nous ne croyons pas néanmoins que la discussion soit tranchée, au
moins en ce sens, que toute bénédiction grecque est l'œuvre d'un artiste grec
et toute bénédiction latine l'œuvre d'un artiste latin. M. Didron lui-même ne
l'entendait pas ainsi, puisqu'il parlait d'influence « indirecte ou directe ».
Selon nous, c'est un indice important, mais rien de plus.

M. l'abbé Texier a découvert des bénédictions latines sur des diptyques
byzantins ou russes et couverts d'inscriptions grecques [1], dont la provenance
en un mot n'était nullement douteuse. Ces diptyques avaient sans doute été
faits par des Orientaux qui songeaient, pour le symbolisme, à la Sainte-Trinité plutôt qu'au monogramme du Christ. La bénédiction grecque signalée
par M. Aymard, celles qu'on a trouvées depuis jusque sur des vitraux, ont,
ce nous semble, une signification analogue et indiqueraient tout au plus une
influence byzantine *indirecte*.

Si les peintures du Puy étaient réellement l'œuvre d'un peintre grec, la
bénédiction grecque ne serait pas la seule preuve de leur origine exotique.
Les armures à la romaine, les couronnes des rois, les vêtements drapés à
l'antique et, mieux encore, ce caractère indéfinissable, soit du dessin, soit
de la composition, soit des procédés techniques, auquel les savants vraiment familiers avec l'art byzantin, ne se trompent guère ; tout concourrait
à révéler leur provenance positive.

VI. SAINT-HILAIRE DE POITIERS.

Saint-Hilaire de Poitiers est une abbaye illustre et un curieux monument,
mais bien mutile. Le chœur, relativement mieux conservé, ne diffère pas
sensiblement des autres églises du Poitou. La nef, plus ancienne, au moins
dans quelques-unes de ses parties, est étrange et se comprend assez mal.

1. Texier, « Essai sur les émailleurs de Limoges », p. 457. — « Je dois dire cependant qu'on
trouve quelquefois des personnages bénissant à la latine sur des monuments grecs, par exemple sur
un diptyque que je possède. Les reliefs des figures qui le décorent, sur un fond d'émail bleu, représentent la Panagia ou la sainte Vierge et l'enfant Jésus. Une inscription grecque se lit au-dessus des
personnages, et leur titre est écrit en abrégé sur leurs nimbes : μ. θ. υ. σ. pour μητηρ θεου, υιος
σωτηρ. Saint Pierre et l'enfant Jésus y bénissent à la latine ; la même singularité existe sur un diptyque russe pris à la bataille d'Austerlitz. »

Elle a de doubles bas-côtés, comme Notre-Dame de Paris ; ce qui se rencontre à toutes les époques dans les grands édifices, depuis certaines basiliques latines. La plupart des travées sont détruites ; il en est de même des
voûtes du vaisseau principal. On dit, et cela paraît démontré, qu'elles
étaient en coupoles. Nous n'avons eu qu'à rechercher si ces coupoles appartenaient au style byzantin.

Dans l'état actuel du monument, on reconnaît sans peine que l'arrangement des piliers de la nef a quelque chose de très-anormal. Une seule travée
correspondait dans le vaisseau central à deux travées des bas-côtés ; et l'on
était arrivé ainsi à un carré parfait propre à recevoir une coupole. D'ailleurs il n'en subsiste rien et l'on ne sait nullement si c'était une voûte sphérique sur des pendentifs en portion de sphère. Ce qui nous porte à croire le
contraire, c'est qu'il reste une petite coupole sur les transepts, pourvus
aussi de bas-côtés, et que cette coupole est à huit pans, avec des arcades
sur les angles, au lieu de pendentifs ; un peu dans le genre de celles du Puy,
mais moins surhaussée. Or, si le pied de la croix avait offert un modèle
byzantin, on l'aurait suivi sans doute, et, de même, dans tout Poitiers, les
coupoles isolées sur pendentifs en portion de sphère ne seraient pas inconnues ; elles ne seraient pas si rares dans l'ensemble de la province.

On place à la fin du X⁵ siècle, environ dix ans plus tard que pour
Saint-Front, la date des premiers travaux de Saint-Hilaire ; et, réellement,
certains fragments, fondus dans la nef, semblent encore presque latins par
l'ornementation. Mais, malgré ces circonstances, malgré le voisinage, nous
ne pouvons croire que les coupoles de Périgueux aient inspiré, de près ou
de loin, le système de voûte adopté à Saint-Hilaire. Si l'on avait pris quelque
chose à Saint-Front, on aurait fait des emprunts plus importants. On aurait
bâti de vraies et de grandes coupoles ; tandis que celles de Saint-Hilaire
n'augmentaient en rien la largeur du vaisseau. Il faut les ranger dans la caté-
gorie des coupoles romanes nées, çà et là, de l'embarras des constructeurs
et substituées partout, comme plus solides, à des voûtes d'arêtes de quelque
portée.

VII. LOCHES

La collégiale de Loches, admirablement conservée, n'est pas plus byzantine que l'abbaye de Saint-Hilaire et que Notre-Dame du Puy. Elle diffère
même beaucoup de l'un ou l'autre de ces deux édifices, tandis que les quarante églises à série de coupoles que nous avons passées en revue se ressemblent étroitement. — La nef de Loches est unique et pourrait avoir des con-

poles : mais on a dit mal à propos qu'elle en avait. Elle est plutôt couverte d'une série de clochers. Il y en a d'abord aux deux extrémités de l'édifice : l'un précédé d'un porche, l'autre suivi d'une abside. Ce sont de vrais clochers comme on en faisait dans la seconde moitié du XII° siècle. Dans l'intervalle, sur les deux travées carrées qui composent toute la nef, s'élèvent à une grande hauteur deux flèches octogones, assez semblables aux autres, mais non pas exhaussées sur une tour. Ces pyramides sont si aigües, qu'il était complétement impossible de les englober dans un toit. Elles sont apparentes encore aujourd'hui et forment une décoration des plus singulières. A l'intérieur, les pendentifs sont soutenus par une colonne placée dans l'angle, comme à la petite coupole de Fontevrault, mais ils se composent d'un plan incliné couvert d'imbrications et de deux petits arcs. C'est par cette combinaison capricieuse et bizarre que l'on passe du carré à l'octogone. Vraiment tout cela ne ressemble guère, ni par la date ni par le style, aux coupoles coniques de Périgueux et de Cahors.

FONTEVRAULT, SAINT-MAURICE D'ANGERS

STYLE PLANTAGENET

FONTEVRAULT, SAINT-MAURICE D'ANGERS

STYLE PLANTAGENET

I. FONTEVRAULT.

Malgré sa situation aux dernières limites de l'Aquitaine, la célèbre abbaye de Fontevrault est un monument byzantin des mieux caractérisés. Nous avons rejeté Saint-Hilaire de Poitiers dans notre classement des églises à série de coupoles, parce que nous ne retrouvions pas dans cet édifice les traits distinctifs auxquels nous nous sommes constamment attaché. Maintenant, nous ne craindrons pas de traverser tout le Poitou, pour aller revendiquer une des plus notables et des plus authentiques productions de l'école byzantine du Périgord.

La partie la plus ancienne de l'église de Fontevrault, celle qui nous intéressera surtout, est malheureusement la plus mal conservée. Le chœur, tout entier, et les transepts, dont les voûtes abritent les sépultures désolées des Plantagenets, sont encore consacrés au culte. Mais les quatre coupoles de la nef, morcelées par des cloisons, interrompues par des planchers, offrent un réfectoire au rez-de-chaussée, un dortoir à la hauteur des pendentifs, et de nombreuses cellules dans l'étage intermédiaire. Ces dégradations sont d'autant plus affligeantes, que le reste de l'abbaye a mieux échappé au vandalisme. Le cloître, magnifique et immense, la salle capitulaire, revêtue de peintures historiques, les grands corps de logis de la renaissance sont intacts ; et, si jamais la France rougissait de voir ses plus illustres monastères souillés du nom de maison centrale, un mot du ministre suffirait pour faire de Fontevrault autre chose qu'une prison. Même, dans la nef, il n'y aurait guère qu'à démolir pour remettre les choses dans leur état primitif. Mais, en attendant que tout le monde sache ce qui honore réellement et ce qui rehausse une nation, l'accès de la nef de Fontevrault est difficile aux antiquaires, et, une fois admis, ils se rendent compte à grand'peine des combinaisons architecturales qui doivent seules nous préoccuper.

M. le baron de Guilhermy nous a renseigné le premier sur la valeur que Fontevrault avait pour nous. Dans une précédente excursion, nous avions eu le plaisir de lui montrer Périgueux et Saint-Front; il ne put voir Fontevrault sans être frappé d'une ressemblance très-intéressante à notre point de vue, et sans reconnaître de vraies coupoles byzantines. Sur l'avis empressé et sur le conseil de notre ami, nous avons fait à notre tour le pèlerinage de Fontevrault. Nous avons étudié avec soin et mesuré de notre mieux le monument. Des prisonniers politiques occupaient momentanément l'étage intermédiaire de la nef de Fontevrault, et, faute d'une autorisation spéciale, le directeur de la prison n'avait pu, à son grand regret, nous permettre de compléter nos recherches. Mais, les cotes que nous n'avions pu prendre, M. Godard-Faultrier et M. E. Dainville d'Angers ont bien voulu nous les procurer. Avec ce concours, nous avons, comme nous le désirions, restauré complétement, par la pensée et par le dessin, les coupoles de Fontevrault, pour les mettre en regard de celles de Saint-Pierre d'Angoulême.

Indépendamment des analogies générales avec toutes les imitations de Saint-Front, Fontevrault en avait, en effet, de très-particulières avec la cathédrale de l'Angoumois : par la proportion et par le dessin, par l'ornementation même. Quand nous avons voulu réduire les deux monuments à la même échelle de 0ᵐ 005 [1], nous avons reconnu et constaté avec le plus grand soin, en revoyant tout exprès Angoulême, que les dimensions diverses de leurs coupoles, en plan et en élévation, concordaient exactement, à dix centimètres près. Pour seconder l'effet de nos dessins, nous aborderons immédiatement le parallèle de Fontevrault et d'Angoulême, aussi concluant, si ce n'est plus, que celui de Saint-Front et de Saint-Marc; mais, à coup sûr, moins extraordinaire. — Robert d'Arbrisselles, dans sa vie de prédicateur, avait vu l'Angoumois et le Périgord; il avait même prêché devant les moines de Saint-Front qui lui donnèrent des terrains pour fonder notre monastère de Cadouin. Le premier siége de l'ordre de Fontevrault était d'ailleurs, dit-on, à l'usson, localité de l'Angoumois. (« Statistique monumentale de la Charente », page 318.) Mais les disciples arrivaient de tous côtés à

______

1. Les autres coupes, si ce n'est celle d'Angers, sont à l'échelle de 0ᵐ 0025, il ne faut pas le perdre de vue. En réalité, les coupoles sont plus grandes; mais, comme elles avaient moins de détails, on pouvait, sans inconvénient, les réduire davantage.

Robert d'Arbrisselles ; et il est tout simple que son architecte se soit trouvé appartenir à Angoulême, ville assez voisine, après tout.

Quoi qu'il en soit, le carré des coupoles, ou l'espacement des piliers, sans tenir compte des colonnes engagées, est de 10ᵐ 60 à Fontevrault ; vérification faite, nous l'avons trouvé de 10ᵐ 61 à Angoulême. Ce serait identiquement la même chose, si les édifices de cette époque n'étaient pas mesurés assez irrégulièrement, par l'incurie des architectes romans ou gothiques. Les piliers ont, sur la face principale, 2ᵐ 50 à Fontevrault, 2ᵐ 40 à Angoulême ; sur les retours, jusqu'aux murs latéraux, 2ᵐ 10 et 2ᵐ 03. — Les supports des coupoles de Fontevrault sont donc légèrement fortifiés. Il en est de même des contreforts qui correspondent aux piliers et dont la saillie est augmentée, comme il arrive ordinairement, au surplus, à mesure que les dates deviennent plus modernes. — Les colonnes appliquées aux piliers ont 0ᵐ 60 de diamètre, et sont engagées aux deux tiers. Leur hauteur et la proportion de leurs diverses parties sont sensiblement les mêmes dans les deux édifices. Bases et chapiteaux se rapportent au corinthien-roman, et, comme nous l'avons fait remarquer à Angoulême, les feuilles d'acanthe, très-librement agencées, se continuent sur l'ensemble du pilier, de manière à lui faire une sorte de grand chapiteau : — couronnement original et du meilleur effet.

Sur la face principale des piliers, les colonnes se présentent toujours deux à deux : car, à Angoulême, si l'on ne voit, d'un côté, qu'une seule colonne, c'est que le pilier appartient à la construction du XIᵉ siècle, et qu'il était dans l'origine entièrement nu sur toutes ses faces. Il a fallu l'entailler pour cette décoration supplémentaire que les arcs-doubleaux et tout l'arrangement des riches coupoles du XIIᵉ siècle rendaient indispensable. Nous tenions à placer sous les yeux de nos lecteurs les deux constructions si différentes de la nef d'Angoulême et leur raccordement. Sans cela, nous aurions pris la troisième coupole au lieu de la seconde, et la ressemblance avec Fontevrault serait complète.

Latéralement, les piliers d'Angoulême n'ont qu'une colonne engagée, quoique les arcs-doubleaux soient peu réduits ; ils en prennent deux à Fontevrault, mais cela ne se voit pas en coupe. La galerie appliquée, qui se montre constamment, depuis Saint-Front, dans les grands monuments à coupoles, et rampe le long des murs latéraux, n'avait que trois entre-colonnements à Angoulême. Elle en a quatre à Fontevrault, et devient ainsi plus élégante et plus riche. D'ailleurs tous les détails demeurent identiques : la colonne, en avant d'un large pilastre pour les pieds-droits, le double cintre pour l'arcature, et jusqu'au petit bandeau sculpté encadrant l'archivolte.

Malheureusement toute cette galerie est fort mutilée à Fontevrault, encore plus qu'à Angoulême. A la hauteur où elle se trouve, on a fait, nous l'avons dit, un étage de cellules; il fallait nécessairement que le monument en souffrît beaucoup. Entre autres changements, on a dû murer le passage qui traversait les piliers; mais, quand on connaît les autres édifices du même style, surtout Angoulême, on n'en parvient pas moins à se rendre compte de tout.

A Fontevrault, comme à Angoulême, les fenêtres sont au nombre de deux pour chaque travée et se montrent trop écartées l'une de l'autre. C'est parce qu'il existe à l'extérieur, dans les deux édifices, un contrefort intermédiaire qui partage chaque pan de mur en deux parties égales, au milieu desquelles sont percées les fenêtres. Toujours est-il, qu'en coupe, elles sont un peu masquées par le grand arc; mais, dans la réalité, et vues d'en bas, elles ne le sont nullement. La forme et la dimension de ces fenêtres n'offrent pas moins d'analogie que leur disposition. Seulement, celles de Fontevrault n'ont plus de petites colonnes dans l'angle. Il est possible qu'elles en aient eu avant les derniers aménagements, car elles en sont pourvues au dehors; et c'était, au XIIe siècle, une chose habituelle.

Les grands arcs sont à peine en ogive, si bien qu'à Fontevrault on les a pris souvent pour des pleins-cintres. Ce sont des pleins-cintres, en effet, mais dont on aurait retranché près de la clé quelques claveaux, ceux qui s'affaissent le plus facilement et qui exercent le plus de poussée, à cause de leur position horizontale. Au reste, chaque grand arc n'en a pas moins deux centres, aussi rapprochés qu'ils soient; et, dès lors, il faut les appeler des ogives.

Le sommet des grands arcs, et par suite celui des coupoles, est beaucoup moins élevé qu'à Perigueux ou à Cahors. A Fontevrault, la nef, mesurée sous la clé des arcs-doubleaux, n'a que 12[m] 35; mais le pavé paraît avoir été relevé depuis peu, d'autant mieux que les bases affleurent aujourd'hui le sol. Primitivement, la nef était sans doute tout à fait de même hauteur qu'à Angoulême, ou, s'il y avait une différence, elle était trop faible pour être accusée dans un dessin.

Les pendentifs existent en entier à Fontevrault et ressemblent, par leurs plus petits détails, à ceux d'Angoulême. Ainsi, ils ne commencent réellement qu'à deux ou trois assises au-dessus du couronnement des piliers, ce qui n'a point lieu à Saint-Front, ni dans la vieille coupole d'Angoulême, où l'arête qui sépare les deux grands arcs est abattue dès la corniche. De l'existence et de la forme des pendentifs on peut conclure, avec certitude, que la calotte des coupoles était la même qu'à Angoulême. On a rasé tous ces dômes pour établir de nouveaux logements au-dessus du grand dortoir; mais on a gardé la toiture ancienne assez large et assez haute pour englober aisément des coupoles. Nous avons complété, par un simple trait, ces travées de Fontevrault, afin que leur physionomie fût plus facile à saisir; mais les indications d'appareil cessent là où s'interrompt la construction existante. — Une dernière analogie entre Fontevrault et Angoulême, c'est que cet appareil est moyen et tout en pierres de taille.

À Angoulême il n'y a que deux coupoles semblables à celle que nous avons dessinée; la troisième, à l'occident, étant plus ancienne et plus simple. La nef est plus allongée à Fontevrault et se compose de quatre coupoles parfaitement symétriques. Les transepts viennent ensuite, mais ils n'appartiennent pas, ainsi qu'à Angoulême, à la construction primitive. Leur style est si différent, qu'il n'est besoin d'aucun texte pour décider hardiment qu'ils ne remontent guère au delà du milieu du XIIe siècle. Soit que les quatre coupoles de la nef aient abouti d'abord à un chœur plus ancien qui pouvait provenir des premiers travaux de Robert d'Arbrisselles, soit que l'on ait voulu se restreindre, en commençant, à une moitié d'édifice, il est parfaitement certain que ni les transepts actuels ni le chœur n'existaient lors de la première dédicace.

Nous donnons néanmoins le plan complet du monument, en nous contentant d'avertir, par une différence de teinte, qu'il n'est pas d'un seul jet. Nous aurons à étudier certaines choses dans cette portion plus récente; mais d'abord fixons bien la date de la plus ancienne.

L'abbaye de Fontevrault a été bâtie presque en même temps que la cathédrale d'Angoulême; mais il ne nous paraît pas difficile de déterminer quel est celui des deux monuments qui a inspiré l'autre. Ce n'est pas uniquement parce que Saint-Pierre d'Angoulême touche à Saint-Front et fait corps avec le groupe principal des églises à coupoles; c'est encore que le type commun aux deux constructions est, à quelques égards, plus avancé, plus perfectionné à Fontevrault. Quand il y a dissemblance, il y a progrès incontestable pour l'œuvre de Robert d'Arbrisselles. Par exemple, sur les retours des piliers, il valait certes mieux mettre deux colonnes accouplées qu'une seule. Puis, le style du Poitou, qui se montre aussi évidemment dans la nef de Fontevrault que dans tout le monument d'Angoulême, est à sa place en Angoumois, où toutes les constructions, grandes et petites, en sont empreintes, tandis qu'il est exceptionnel en Anjou. Dans cette dernière province, l'ornementation est souvent très-riche, sans doute, mais elle l'est

généralement moins qu'en Poitou, en Angoumois et en Saintonge. Elle est
en outre moins corinthienne, et se rattache ordinairement à la grande école
ligérienne. On le voit bien dans le chœur et dans les transepts de Fontevrault, élégante architecture d'ailleurs, mais pauvre d'ornements, et où les
chapiteaux, en particulier, sont tous faits sur le même modèle, avec huit
feuilles plates et lisses, sans plis, sans enroulements, sans détails d'aucune
espèce, comme si le sculpteur avait voulu laisser au peintre le soin de les
finir.

Comme Saint-Pierre d'Angoulême, Fontevrault a été bâti de 1101 à 1120,
puisque l'abbaye fut consacrée pour la première fois, en 1119, par le pape
Calixte II. Mais, malgré ce prompt achèvement, il est positif que les premières années du XIIe siècle ne purent être consacrées à aucune partie de
l'église actuelle. Fontevrault, — on peut le voir dans le bel ouvrage de
M. Godard-Faultrier l' « Anjou et ses monuments », si complet comme histoire, — Fontevrault fut d'abord un camp où trois mille personnes, hommes
et femmes, se réunirent à la voix de Robert d'Arbrisselles. Il fallait se hâter
de loger, tant bien que mal, cette foule immense; et la première église,
comme le premier cloître, dut avoir quelque chose d'éminemment provisoire.
D'ailleurs, comme les richesses arrivèrent vite à l'abbaye avec des protecteurs tels que la reine Bertrade et les comtes d'Anjou, on se vit promptement
en mesure d'entreprendre une église monumentale; et, réduite à une nef de
quatre coupoles, comme elle le fut dans le principe, elle pouvait s'achever
plus rapidement que la cathédrale d'Angoulême.

Au reste, et nous répéterions ici la réflexion par laquelle nous avons terminé le parallèle de Saint-Front et de Saint-Marc, si l'on ne veut pas
que les coupoles de Fontevrault soient directement imitées de celles d'Angoulême, cela importe peu vraiment. L'essentiel, et c'est incontestable, c'est
que les unes et les autres se ressemblent absolument et qu'elles dérivent,
par conséquent, de la même source.

Revenons maintenant aux transepts et au chœur de Fontevrault. Il s'y
trouve aussi une coupole, mais non plus semblable à celles d'Angoulême et
de Périgueux. Cette forme byzantine, si longtemps invariable, s'altère et se
modifie enfin, non pas seulement à Fontevrault, mais dans tout l'Anjou. En
Angoumois même, nous avions remarqué, en passant, qu'à Fléac, les pendentifs se confondaient avec la coupole proprement dite ou calotte. C'est ce
qui arrive aussi sous le clocher de Fontevrault. — En définissant géométriquement les pendentifs byzantins, nous disions qu'ils étaient engendrés par
une sphère d'un diamètre égal à la diagonale des piliers, qui serait décou-

pée latéralement par les quatre grands arcs, découronnée, au sommet, par le cercle de la calotte, et dont il ne resterait précisément que quatre portions triangulaires. L'idée de laisser se continuer cette première sphère, sans l'interrompre pour en commencer une autre d'un diamètre plus petit, cette idée devait se présenter à la fin comme un progrès. En Périgord, où la tradition byzantine régnait dans toute sa force, on n'y songea point. Mais en Angoumois et en Saintonge, en Anjou, surtout, on prit ce parti; et peut-être y eut-il deux ou trois inventeurs au lieu d'un, tant l'invention était simple, on le répète.

Il y avait progrès, en effet, au moins pour la simplicité. Du moment où l'on renonçait à éclairer directement les coupoles, il était logique, sinon gracieux, d'abaisser le plus possible ces hautes calottes. Mais on rencontrait des inconvénients et des difficultés graves. En prenant pour rayon de toute la coupole la demi-diagonale des piliers, et non plus la moitié du carré seulement, la voûte devenait aussitôt beaucoup plus surbaissée, c'est-à-dire plus hardie. Telle coupole, qui n'aurait dû avoir que dix mètres environ de diamètre, se trouvait bien près, par le fait, d'en avoir quinze et, comme sa calotte était plus découpée en même temps que plus aplatie, les conditions de solidité n'étaient plus du tout les mêmes.

En continuant l'église de Fontevrault, on avait voulu entourer le chœur de bas-côtés marqués par un cercle de belles colonnes monocylindriques, ainsi que dans les plus récentes églises romanes. Il fallait, en conséquence, rétrécir le vaisseau principal, de sorte que le diamètre de la coupole placée sous le clocher n'avait encore rien d'exorbitant. Ses piliers, en forme d'équerre, terminés aux deux bouts par de grosses colonnes engagées, supportaient des grands arcs très-resserrés; et, dans l'angle rentrant, s'élevait une colonnette dépassant les autres chapiteaux pour aller recevoir l'extrémité, un peu tronquée, des pendentifs. — Nous insistons sur ces détails, non point à cause de l'intérêt que pourrait présenter une simple dégénérescence, évidente au surplus, de la coupole byzantine du Périgord; mais parce que cette première modification a eu des conséquences étendues et a servi de base à toute une branche de l'art ogival, celle qu'on appelle le style plantagenet ou style angevin. Voici comment.

Avant de se modifier de nouveau, la coupole sans pendentifs distincts, telle qu'on la voit au transept de Fontevrault, se répand d'abord dans l'Anjou. A Saint-Martin d'Angers, par exemple, on la retrouve identique. La masse de l'édifice est carlovingienne; mais l'église d'Hildegarde n'avait primitivement ni coupole ni voûtes. Il y avait seulement des arcs à claveaux alternatifs de pierre et de brique pour réunir les piliers. Les nefs étaient d'ailleurs lambrissées. On a respecté cette disposition dans le pied de la croix; mais, au point d'intersection des transepts, on voulut un dôme comme celui de Fontevrault. Aux angles du carré, entre les retombées des arcades, vraiment romaines, qui marquent l'entrée des quatre branches de la croix, on éleva de grosses colonnes, sans liaison avec le reste de la construction, et d'un appareil tout différent; puis, sur les chapiteaux, en dedans et au-dessus des arceaux primitifs, on en établit d'autres destinés à servir de grands arcs à la coupole. On ménagea même, à ce niveau, des colonnettes pour recevoir la retombée des pendentifs. Enfin, on reproduisit exactement la petite coupole de Fontevrault.

En dehors de l'Anjou, à Saint-Laumer de Blois, on fit aussi, vers la même époque, une coupole sans pendentifs distincts dans une église, purement romane d'ailleurs. Pour toute innovation, on creusa des niches garnies de statues d'évêques à l'extrémité inférieure de ces pendentifs. Mais le principe de construction est tout à fait le même qu'à Saint-Martin ou à Fontevrault. Il est difficile d'admettre qu'on ait inventé une seconde fois, à Blois, ce que l'on trouvait assez près de soi tout inventé. Donc, quand nous disons que les coupoles n'ont pas dépassé la Loire, nous ne l'entendons que des vraies coupoles, à pendentifs distincts, à forme byzantine, conservant leur rôle primitif et leur importance; de celles que la nef de Fontevrault offrait dans toute leur pureté. Pour les imitations, de plus en plus effacées, de la coupole byzantine, il est certain qu'elles se sont fort multipliées au delà de la Loire; qu'elles y ont eu de profondes et de durables conséquences.

Le défaut de la nouvelle coupole sans pendentifs distincts était, on le sait, de manquer de solidité. Bientôt, comme la voûte d'arêtes sur nervures arrivait du nord de la France, où on en tirait déjà le plus grand parti, on imagina de renforcer les voûtes sphériques avec des nervures du même genre. On en eut donc qui réunissaient diagonalement les piliers, comme dans la voûte d'arêtes, et qui *doublaient* seulement, on le conçoit, la voûte sphérique, tandis qu'elles supportent l'autre. Il n'y avait pas de raisons pour ne pas les multiplier; on en fit immédiatement deux fois plus qu'à l'ordinaire; et ces dernières nervures se croisèrent dans les intervalles des autres en s'arrêtant au sommet de chaque grand arc. Elles étaient beaucoup plus courtes, mais décrites avec le même rayon.

Cette coupole sphérique à double croisée de nervures, nous l'avons observée à Saint-Pierre de Saumur, à trois lieues de Fontevrault. Elle se trouve, au milieu des transepts, dans un curieux édifice de la seconde moitié du

xiiᵉ siècle. (La nef est plus moderne, et seulement du xiiiᵉ siècle.) La même
coupole à nervures était connue, nous l'avons dit, en Angoumois et en Saintonge; elle existe indubitablement sur d'autres points de l'Anjou. A Saint-
Martin d'Angers, nous avons remarqué qu'on l'avait obtenue par la peinture, en figurant une double croisée de nervures sur la voûte sphérique des
transepts que nous venons de décrire. Mais cet essai de décoration ne date
guère que des premières années du xiiiᵉ siècle, époque où l'on rebâtit le
chœur de Saint-Martin.

II. SAINT-MAURICE D'ANGERS.

Un pas de plus nous conduit à la cathédrale d'Angers, monument capital, à notre point de vue. On lui a assigné des dates trop anciennes, comme
il arrive souvent. Nous attachons, pour notre part, plus d'autorité à la succession naturelle des styles, à la filiation des types, qu'à des textes toujours
incertains, parce qu'ils sont incomplets, et qui, cette fois, sont antérieurs
d'un demi-siècle à la reconstruction probable du monument.

La partie la plus ancienne de Saint-Maurice, qui est incontestablement la
nef, est encore romane, même par ses vitraux; mais elle offre la voûte
d'arêtes dans toute sa hardiesse et toute sa perfection. Elle a 16ᵐ 40 entre les
murs opposés; 14ᵐ, et plus, de colonne à colonne; et, pour couvrir ce vaste
espace avec des piliers si minces, si éloignés les uns des autres dans tous
les sens, on ne pouvait compter que sur la voûte, qui a été effectivement
employée. Il n'y a donc pas lieu de distinguer, comme le propose M. Godard-Faultrier, entre les soubassements et la haute œuvre de la nef. Tout se
tient; tout est coordonné parfaitement. Le vaisseau entier a été bâti d'un
seul jet. Si, dans le silence des chroniques, on veut savoir à quelle époque
précise, le mieux sera de comparer les sculptures du portail d'Angers à celles
de la façade occidentale de Chartres. C'est la même richesse, la même perfection, la même nuance entre le dernier style roman et le premier style
ogival. Or, personne ne doute que le portail de Chartres ne remonte de 1145
à 1165.

Quoique le style de la cathédrale d'Angers nous semble digne de Chartres
à beaucoup d'égards, nous y voyons clairement et dans une proportion
considérable l'élément byzantin, transmis par Fontevrault, perpétué par
Saint-Pierre de Saumur et par les autres monuments à coupoles renforcées
de nervures.

Une œuvre d'art, qu'on nous permette cette digression, ne se crée point

de toutes pièces. Elle imite toujours ou perfectionne quelque chose. Aujour-
d'hui, que les écoles sont moins morcelées, que d'ailleurs les horizons sont
agrandis, et que les moyens d'instruction viennent de tous côtés, se puisent
on ne sait où, — il est parfois difficile de dire quel est l'idéal de certain
architecte, quel est son type le plus familier, son modèle de prédilection.
Tel cependant, en y regardant de près, bâtit avec la cathédrale de Chartres;
tel autre, avec celle de Reims; tel, enfin, combine ces deux monuments ou
en consulte un plus grand nombre. Mais toujours on a, même à son insu,
une habitude, une préférence, une manière, dont l'origine pourrait être
constatée. Nous parlons en ce moment, on le conçoit, des architectes qui
ont renouvelé de nos jours l'art ogival. Mais cela est vrai de toutes les
époques, surtout du moyen âge, et nous prétendons l'appliquer aux hommes
qui bâtissaient la cathédrale d'Angers au xiie et au xiiie siècles. Ils étaient de
leur temps; mais le siècle immédiatement antérieur était présent à leur
esprit. Ils étaient de la grande école ogivale dont Paris formait déjà le
centre; mais ils étaient aussi de leur pays, de l'Anjou. En un mot, ils bâtissaient encore avec Fontevrault, et savaient, au moyen de ce vieil édifice, se
faire dans le style ogival un style particulier, non pas meilleur en somme,
il s'en faut de beaucoup, mais plus commode, plus économique, plus dura-
ble même, et, en définitive, préférable à quelques égards; un style provincial, approprié aux nécessités du moment, aux convenances locales.

Nous avons donné le plan tout entier de Saint-Maurice, à côté de ceux de
Fontevrault et d'Angoulème. Est-ce là un plan ogival, une cathédrale
comme les autres? Sous ce rapport, Saint-Maurice ressemble à nos édifices
byzantins à série de coupoles, à Fontevrault, notamment, bien plus qu'aux
Notre-Dame de Chartres et de Paris. Point de bas-côtés : un seul vaisseau
large et bas. Point de travées plus larges que longues, et par suite indéfi-
niment multipliées. Il n'y en a que trois pour la nef et sept pour tout l'édifice. Toutes sont parfaitement carrées, comme si elles devaient se couvrir
de coupoles. Ce n'est pas tout. Leurs piliers sont en grande partie intérieurs,
réunis latéralement et transversalement par de robustes grands arcs. Il ne
manque qu'une calotte sphérique; et, à la rigueur, on pourrait la faire aujourd'hui, sans rien changer à l'économie de l'édifice, sans même exhausser
la toiture.

Mais on a mieux que la coupole pure et simple, c'est la voûte d'arêtes
en manière de dôme, ou *domicale*, pour emprunter une expression anglaise
qui rend parfaitement la fusion des deux systèmes. — Chaque compartiment
de la voûte est bien formé, comme à l'ordinaire, de deux berceaux qui se

pénètrent et qui retombent sur des nervures diagonales; mais la clef de cette *croisée d'ogives* est très-surhaussée; de sorte que les berceaux, suivant un double mouvement, se déversent et s'arc-boutent, sur les arcs-doubleaux d'un côté, de l'autre sur les formerets et les murs latéraux, en même temps qu'ils s'appuient sur les nervures.

Nous ne continuerons pas la description détaillée de cette nef de Saint-Maurice. Dans les autres parties du monument, nous trouvons la même combinaison plus mûrie. C'est là que nous l'étudierons de préférence. — Dans notre dernière planche figure la coupe, en travers, du transept nord que nous devons à M. E. Dainville, architecte à Angers. Elle est accompagnée de deux croquis pris à Fontevrault et à Saumur, par nous-même, et par suite un peu insuffisants, quoique exacts. — On voit donc à la fois le terme et les modifications intermédiaires de cette métamorphose de la coupole byzantine.

D'après une charte publiée par M. Godard-Faultrier, le transept nord de Saint-Maurice est postérieur à 1236; et véritablement, l'architecture de cette partie du monument est trop avancée, trop pure dans ses détails et dans son ornementation, pour ne pas appartenir au règne de saint Louis. Vers la fin du même règne, le même style se montre encore à l'église ruinée de Toussaints, dans de plus modestes proportions, mais avec des progrès nouveaux.

Au premier aspect, la coupe de Saint-Maurice rappellerait, en grand, celle de beaucoup de chapelles gothiques; elle ressemblerait assez également à la coupe de Saint-Pierre de Saumur. Mais, en y regardant de près, des deux côtés la différence est grande. Malgré les nervures, toutes les assises de la coupole de Saumur décrivent des cercles horizontaux et concentriques; elles se modèlent sur une demi-sphère. A Angers, au contraire, la voûte est composée de quatre berceaux ogivaux indépendants les uns des autres, comme dans le style des XIIe et XIIIe siècles. Mais ces berceaux ont cela de particulier, que leur sommet n'est point horizontal, ni simplement incliné de la clé centrale aux murs; il est arqué, et tous les rangs de pierres sont aussi plus ou moins arqués. Il en résulte, on le comprend, que la poussée n'est pas répartie comme à l'ordinaire. Les nervures diagonales ou arcs-ogives en sont déchargés en partie aux dépens des arcs-doubleaux et des formerets. Voilà la part faite au système byzantin.

On remarquera combien ces arcs-ogives sont amincis; ils n'offrent qu'un tore unique au lieu de trois. On a pu les affaiblir ainsi parce qu'on leur ôtait la moitié de leur charge. — D'autres nervures, inusitées dans le pur

style ogival, qui occupent le sommet des berceaux, sont tout juste aussi
fortes. On pourrait croire que ces dernières ont été ajoutées pour la symétrie, pour la décoration. Mais il nous semble qu'elles ont pour effet et pour
utilité de régler, de contenir les assises supérieures des berceaux qui risque-
raient de se disloquer à cause de leur double mouvement. Ce qui est certain, c'est que ces nervures supplémentaires reparaissent constamment dans
le style plantagenet dont elles sont un des caractères distinctifs. Elles prennent naissance apparemment à Saint-Pierre de Saumur. On les omet dans
la nef de Saint-Maurice. Mais, dans le chœur, dans les transepts et dans une
multitude d'édifices postérieurs à cette moitié de la cathédrale, l'usage en
est définitivement consacré.

Indépendamment de l'arrangement des voûtes, plusieurs autres combinaisons du style byzantin survivent dans la coupe de Saint-Maurice. Les
murs sont épais, parce qu'ils épaulent les grands arcs latéraux ou formerets.
A leur base règne une galerie appliquée qui traverse les piliers et qui décore
le soubassement de l'édifice, en rejetant dans la haute-œuvre toutes les ouvertures. Les fenêtres sont régulièrement au nombre de deux pour chaque
travée, comme à Fontevrault; mais, à l'extrémité des transepts, elles sont
remplacées par une rosace très-belle et très-pure. Quant au dessin un peu
bizarre de l'arcature, nous pourrions, au besoin, en constater l'origine, au
moyen de la cathédrale de Poitiers, monument à peu près contemporain de
Saint-Maurice, et qui lui a donné certaines choses, en en recevant d'autres.
— A Poitiers, c'est par le chœur que la construction avait commencé, vers
1160. On y voit des voûtes surhaussées, à double croisée de nervures,
remarquables dans une église à trois nefs; on y voit aussi la galerie du
transept de Saint-Maurice, avec ses petites colonnes dans le tympan des
arcs, et trois modillons historiés dans chaque entrecolonnement. La nef de
Poitiers s'évase de l'est à l'ouest, comme celle de l'église angevine de Cu-
nault; et, quand même cette disposition serait en partie accidentelle au lieu
d'être complétement symétrique, cette autre analogie n'en est pas moins
positive et curieuse.

Le mérite et la raison d'être de cette architecture semi-byzantine des Plantagenets se manifestent d'une manière éclatante à Saint-Maurice. La hardiesse
du monument est égale à sa solidité. Ces voûtes, qui s'élèvent à 26^m de hauteur et dont les nervures diagonales n'ont pas moins de 20^m de portée,
seraient sans nul doute impraticables dans le système ordinaire. Cependant
rien n'a faibli, rien ne menace ruine dans l'antique édifice. Nous ne l'aimons pas, nous ne le comparons nullement aux cathédrales à trois ou à

cinq nefs du style parisien. Il n'en approche pas pour l'étendue, pour la
beauté. Mais, relativement à la dépense qu'on a faite, l'effet obtenu est très-
grand, et Saint-Maurice promet de durer plus longtemps que tant d'autres
brillants édifices.

Les académiciens se plaisent à critiquer les arcs-boutants. Cette cause de
ruine ou, pour mieux dire, cette source d'incessantes réparations, n'existe
pas à Saint-Maurice. Il n'y a pas non plus d'arcs-boutants dans les églises
à trois nefs inégales de la Flandre, où on les a remplacés tant bien que mal.
Mais, à Saint-Maurice, il n'y avait pas lieu de les remplacer : ils n'étaient
nullement nécessaires. — Du reste, nous trouvons, pour notre part, que les
arcs-boutants ont plus d'avantages que d'inconvénients. Nous voulions simplement expliquer, par des raisons de solidité et d'économie, pourquoi le
style particulier de Saint-Maurice s'est perpétué si longtemps et s'est répandu si loin.

Réellement, en Anjou, le style plantagenet, d'abord roman puis gothique,
est presque exclusivement employé jusqu'à la fin du XIIIe siècle. Dans la
même période, et jusqu'au XVIe siècle, on le rencontre çà et là, sur beaucoup de points des provinces de l'ouest. Nous avons nommé, en Périgord,
Brantôme et Saint-Avit-Sénieur, pour leurs restaurations du XIIIe siècle.
Nous citerons, en Poitou, Notre-Dame de Poitiers et surtout Sainte-Rade-
gonde; en Angoumois, l'abbaye de Bassac. En Limousin, nous voyons,
principalement dans le dernier gothique, beaucoup de voûtes à double
croisée de nervures, mais elles ne sont plus surhaussées en coupole; et si
on les a faites ainsi, c'est par imitation irréfléchie ou bien comme décoration. A Saint-Étienne de Limoges, édifice complétement pur, complétement
parisien pour l'architecture, le style provincial de l'ouest influence les peintures des voûtes où des nervures feintes occupent le sommet des berceaux.

Dans la basse Normandie, les exemples de voûtes surhaussées, à double
croisée de nervures, sont plus rares mais assez anciens. Les rapports de
cette province avec l'Anjou rendent très-probable[1] que ce petit nombre d'exceptions, admis seulement par des églises de village, provient de la grande
source que nous avons montrée se répandant dans le sud-ouest. Le style
ogival, transformé en Anjou, devait naturellement descendre au midi plutôt
que de remonter au nord.

Comme le style dont il s'agit coïncide, par son apparition, avec le règne
de Henri II, et ne se montre guère que dans les pays soumis jadis à la domi-

1. C'est l'opinion de M. de Caumont, « Statistique monumentale du Calvados », T. 2, p. 448.

nation des Plantagenets ; comme il a d'ailleurs pour foyer principal le centre
de cette domination, il convient de le nommer style plantagenet ou style
angevin, si l'on veut. — De quelque façon qu'on le juge et avec quelque
sévérité qu'on l'apprécie, il tient à coup sûr une grande place dans l'art
national, et double l'importance de l'école byzantine du Périgord. En lui
conservant le nom particulier qu'on lui a donné et qu'il mérite à tous
égards, nous devions, pour être complet, révéler, en détail, l'origine vraiment curieuse que nous croyons lui avoir trouvée. — Nous craignons d'autant moins de nous égarer en ce point, que des savants, dignes de toute
notre confiance, — sans être guidés par Saint-Front, par Angoulême, par
Fontevrault, sans avoir ce fil conducteur que nous sommes parvenu à renouer, — définissaient presque comme nous l'art ogival de l'Anjou, et se
voyaient invinciblement portés à le comparer au style byzantin. — M. Parker, par exemple, écrivait dans son introduction à l' « Étude de l'art gothique » [1] :

« Les variations entre les différentes provinces de la France sont presque
aussi grandes que celles entre la France et l'Angleterre; et aussi bien,
chaque province a été en quelque sorte un royaume indépendant au temps
où ces constructions ont été élevées. La différence est presque aussi grande
pour les édifices romans du xiiᵉ siècle que dans les édifices gothiques de
la période suivante. Ils sont dissemblables par les détails comme par le
plan. Par exemple, dans l'Anjou, les églises romanes n'ont pas habituellement de bas-côtés. La nef et le chœur sont extrêmement larges et divisés
en travées carrées par des arcs-doubleaux, très-massifs, qui sont carrés
en section, d'autres fois en demi-cercle ou en segment de cercle. Pour
résister à la poussée de ces arches, il y a, au lieu de piliers-butants ordinaires, de solides masses carrées de maçonnerie qui sont, en fait, des
prolongements du mur, conduits à angles droits, et conservant autour
d'eux leur corniche, leurs cordons, ainsi que leurs autres ornements. Les
voûtes, au lieu des berceaux usuels, sont en manière de dôme (*domical*)
sur chaque compartiment. Mais ces dômes sont bas et ne sont point
exhaussés en coupoles, *comme dans le style byzantin*; ils n'apparaissent
point dans la toiture extérieure, excepté dans quelques cas, à l'intersection des transepts, où l'on a introduit une lanterne en coupole. Ce plan
remarquable prévaut dans toutes les vieilles églises de la ville d'Angers et
de la province d'Anjou. »

----

[1]. « Introduction to the study of gothic architecture », page 202.

Pour voir clair dans l'architecture d'un pays, les étrangers ont un avantage particulier, parce qu'ils l'envisagent tout d'un coup, dans son ensemble, sans vieilles habitudes et, sinon sans préjugés, du moins avec des préjugés nouveaux. Seulement, ce que M. Parker appelle encore roman, nous le nommerions tous ogival de transition. Cela tient aux règles adoptées par nos voisins pour la classification des monuments. Ils font durer le style normand et, par suite, le style roman, tant que les tailloirs des chapiteaux sont carrés. Or, chez nous, ils ne cessent de l'être que pour devenir octogones vers 1250. Chez eux, au contraire, l'abaque s'arrondit invariablement vers 1200, et le changement coïncide en réalité avec la naissance ou l'introduction du style *early english*.

Donc les églises d'Angers sont ogivales à bon droit. A cela près, cette page de M. Parker résume très-nettement ce que nous avons dit du style angevin. La définition est parfaite; il n'y manquait que l'explication, et nous l'avons donnée. On sait maintenant que l'influence byzantine s'est fait sentir en Anjou, même au XIII* siècle. On voit aussi que c'est par exception, et dès lors on ne conclura pas, de cette curieuse métamorphose du style ogival, à de semblables ni à d'aussi fortes modifications, dans les autres grandes divisions de notre France.

CHAPITRE VII

CONCLUSION

CONCLUSION

En arrivant au terme de notre travail, après cette recherche longue et patiente de tous les monuments à série de coupoles de l'Aquitaine ; après avoir suivi dans toutes ses phases et dans ses dernières transformations l' « Architecture byzantine en France », il convient d'exposer brièvement les principaux résultats que nous croyons acquis à l'archéologie.

Et d'abord, nous n'avons trouvé en France qu'un seul édifice byzantin dans toute la force du mot, c'est-à-dire, bâti par des artistes nés ou entièrement formés dans l'Orient. C'est Saint-Front de Périgueux, la plus ancienne et la plus curieuse des cathédrales de France ; l'édifice le plus mystérieux et le plus extraordinaire dont l'archéologie chrétienne ait à s'occuper. Les faits sont là, qui ne laissent aucune place au doute, et cependant on ne peut s'empêcher de trouver surprenant que, Saint-Front excepté, jamais artiste grec n'ait été appelé en France ; jamais édifice réellement byzantin ne se soit élevé dans notre pays. — Au Xe siècle surtout, lorsque les relations de l'Orient avec la France ou de la France avec l'Orient étaient déjà grandes ; lorsque Zimiscès donnait l'exemple des croisades ; lorsque l'impératrice Théophanie était assise sur le trône d'Allemagne ; au moment enfin où se bâtissait Saint-Front, comment le même phénomène ne s'est-il pas produit ailleurs, malgré tant de circonstances favorables ?

Les circonstances étaient éminemment favorables en effet. — Les Occidentaux sortaient d'une crise violente et prolongée, où l'art de bâtir s'était perdu presque totalement. Ils commençaient néanmoins à avoir besoin de constructions nouvelles, et il était naturel alors qu'ils s'adressassent à Byzance, qui représentait encore dans le monde la glorieuse tradition de l'empire, et qui avait continué, non sans transformation, mais sans interruption, l'art des derniers Romains. — Au lieu de former péniblement des artistes, n'était-on pas trop heureux d'en emprunter ailleurs de tout faits ? Constantinople en offrait de vraiment supérieurs à tout ce que l'on avait alors ; car, après les révolutions de palais, les séditions incessantes et les guerres désastreuses des VIIIe et IXe siècles, le pouvoir s'était raffermi, les armées s'étaient régénérées ; et l'art, qui suit toujours de près les progrès des sociétés politiques, présentait, vers la fin du Xe siècle, une éphémère mais évidente renaissance.

Eh bien ! l'influence de Constantinople n'en a pas moins été nulle, on peut le dire, non pas seulement sur l'art français, mais sur l'art occidental dans son ensemble. Elle l'a altéré exceptionnellement sur des points déterminés : elle ne l'a pas fait et n'a pas même aidé à le faire. Pour croire à l'influence byzantine, il faut d'abord l'avoir constatée, totale ou partielle, pure ou mitigée. Là où elle existe réellement on peut la *prouver*, ainsi que nous l'avons fait, au lieu de l'*affirmer*, comme cela se pratique. On la reconnaîtrait partout aussi bien qu'à Périgueux et, si on ne la distingue pas nettement, c'est qu'elle n'existe point.

Dans des pays plus exposés que la France à recevoir les influences orientales, dans l'Italie supérieure et dans l'Allemagne, les importations de l'art byzantin ne sont guère moins rares que chez nous. Elles ont des conséquences fort restreintes et sont souvent attestées par les textes plutôt que par les monuments existants. Nous ne parlons pas, on le conçoit, de la Sicile, ni de l'extrémité méridionale de la péninsule italienne : jusqu'à la seconde moitié du XIe siècle, cette région relevait encore en partie de Constantinople, qui l'avait défendue, tant bien que mal, contre les Sarrazins ; ses relations de voisinage, de commerce et de civilisation étaient en grande partie de ce côté. L'abbaye du mont Cassin avait sans doute envoyé plus d'une fois louer des artistes à Constantinople. Plus d'une fois, ses environs avaient été sillonnés par des associations artistiques, telles que celle de l'architecte Aldo, du sculpteur Œlintus et du peintre Baîeus [1], si capables de produire en tout pays un monument capital comme Saint-Front. Il n'est donc pas étonnant que, même sous les rois Normands, l'art des deux Siciles se montre à demi byzantin, au moins par l'ornementation.

Pour tout le reste de l'Italie, l'art n'a pas été atteint ni modifié essentiellement par les influences grecques. On voit, à trois siècles d'intervalle et plus, s'élever deux édifices byzantins, très-purs l'un et l'autre : Saint-Vital de Ravenne et Saint-Marc de Venise. Mais ils sont bâtis dans des cir-

---

1. Voir plus haut, page 127, le séjour de ces trois artistes à Constantinople et leur retour.

constances bien connues et tout à fait exceptionnelles, pour des villes
maritimes étroitement unies à l'empire d'Orient. Dans l'intérieur du pays,
on ne les connaît, on ne les imite guère ; soit faute d'artistes grecs, soit
préférence pour l'art national. Sous ce rapport, Saint-Vital et Saint-Marc
n'ont point l'importance de Saint-Front.

En Allemagne, un passage de la vie de saint Meinwere rendrait assez
probable l'existence de quelques édifices plus ou moins analogues à Saint-
Front. Ce texte a été cité et commenté par feu M. Dusommerard [1], à qui la
science doit tant d'observations intéressantes, et nous, personnellement,
tant d'utiles conseils. Il prouve qu'à Paderbornn, dans la Germanie occidentale, vers 1015, on a bâti, ou décoré seulement, une chapelle, noyau d'un
petit monastère, avec le concours d'artistes grecs, « per operarios græcos ».
Saint Meinwere, l'évêque fondateur, n'accompagna l'empereur Henri II dans
l'Italie méridionale qu'en 1019 ; mais déjà peut-être était parvenue jusqu'à
lui la réputation des mosaïques byzantines de ce pays. Dans des circonstances analogues, on parle, à Cologne, de peintres grecs sous l'archevêque
Brunon. Quoi qu'il en soit de ces textes et de leur véritable signification,
nous n'avons encore connaissance en Allemagne que d'un seul édifice d'*architecture* byzantine : c'est le Dôme ou chapelle impériale d'Aix-la-Chapelle.

Nous avons vu ce monument, où la construction primitive de Charlemagne se distingue aisément des restaurations insignifiantes de l'empereur
Othon III. Nous le reconnaissons sans difficulté pour byzantin, car il ressemble nettement à Saint-Vital de Ravenne ; mais nous inclinons à croire
qu'il n'est pas l'œuvre d'un architecte grec. Charlemagne avait séjourné à
Ravenne et admiré les vieux édifices de cette capitale. Quand il voulut pour
Aix-la-Chapelle, non pas un vaste monument, non pas une cathédrale, mais
une chapelle palatine, il dut se souvenir de Saint-Vital, comme d'un excellent modèle à suivre. Son architecte, qui était sans doute quelque clerc de
sa cour, s'il ne connaissait pas encore Ravenne, eut bientôt occasion de
visiter cette ville, puisque les colonnes de marbre, nécessaires pour la nouvelle construction, furent empruntées, on le sait formellement, à la cité de
Placidie, de Théodose, et des Exarques, aussi bien qu'à Rome ou à Trèves [2].
La reproduction de Saint-Vital, tout exacte qu'on la trouve, s'explique
donc parfaitement sans qu'on fasse intervenir un artiste grec. Pour qu'une

---

1. « Les Arts au moyen âge », page 474 et 442. — Voyez aussi, page 212, le séjour en France
de quelques Grecs, et notamment du moine Siméon du mont Sinaï, qui mourut à Trèves en 1035.

2. Dusommerard, tome III, page 99 : « ... ad cujus structuram, cum columnas et marmora
aliunde habere non posset, Roma, Ravenna ac Treveri devehenda curavit, etc. »

semblable hypothèse devînt admissible, il faudrait des analogies d'ornementation et de détails architectoniques qui ne semblent pas exister dans l'état où notre vandalisme moderne a mis le Dôme d'Aix-la-Chapelle.

Le type de Saint-Vital et d'Aix-la-Chapelle est un des premiers que l'art byzantin ait créés. Il dérive, comme M. Albert Lenoir l'a prouvé [1], de l'église Saint-Serge de Constantinople, et se rattache même, par les constructions circulaires et octogones de Constantin, décrites par Eusèbe, aux rotondes païennes, telles que le Panthéon d'Agrippa auxquelles il ajoute seulement des bas-côtés. Précisément à cause de cette ancienneté, il a deux formes : l'une latine, par exemple, à Sainte-Constance de Rome ; l'autre byzantine et reconnaissable surtout à l'ampleur du dôme central, soutenu par de robustes piliers au lieu de colonnes. Ce type des rotondes a été introduit en France à diverses reprises. Le plus souvent, c'est sous l'influence du Saint-Sépulcre de Jérusalem que les templiers ont généralement imité dans leurs églises, à toutes les époques, mais avec peu d'exactitude. D'autres fois, on s'est évidemment inspiré d'Aix-la-Chapelle. Dans les limites de la France actuelle, en Alsace, on peut citer l'église d'Ottmarsheim, signalée par M. de Caumont [2], et qui conserve encore intactes les colonnades enlevées par Napoléon aux galeries hautes du Dôme de Charlemagne.

Malgré les faits de ce genre, le monument d'Aix-la-Chapelle n'a nullement naturalisé le style byzantin sur les bords du Rhin. Il en reste, à coup sûr, peu de chose dans les édifices romans de ce pays, dont l'originalité incontestable doit être décidément attribuée à d'autres causes. Nous y avons vainement cherché la coupole de Sainte-Sophie et du Périgord, si différente des rotondes ; l'élément le plus fécond et le caractère le plus sûr de l'architecture ordinaire des Byzantins. Croyons que cette coupole à pendentifs sphériques s'y serait perpétuée comme en Aquitaine, si elle y avait jamais été introduite.

Par une étrange coïncidence, les deux principaux monuments byzantins de l'Italie avaient chacun leur contre-épreuve dans les Gaules. Nous devions dire ici que ces deux faits, si analogues, n'étaient pas complétement identiques ; qu'ils s'étaient produits dans des circonstances différentes et n'avaient point, à beaucoup près, la même importance.

Dans la France proprement dite, une seule et unique importation de l'art de Constantinople a suffi pour qu'il s'établît en Périgord, dans les diocèses limitrophes et jusqu'en Anjou, une école gallo-byzantine très-caractérisée.

1. « Revue d'architecture », tome I, page 8.
2. « Bulletin monumental », XVIIe volume, page 292.

On connaît en Aquitaine, et l'on n'en connaît que là, quarante monuments à
série de coupoles. Il en a existé; il en existe davantage. Une statistique bien
complète arriverait peut-être à un chiffre deux fois plus élevé. Il faut classer
à part cette sorte d'édifices, plus byzantins que les autres, et qui seuls ont
droit en France au nom de byzantins ou de romano-byzantins. Il faut tenir
compte aussi des églises romanes à coupoles isolées, des églises ogivales à
voûtes surhaussées, qui en sont plus ou moins imitées. Toutes ces églises à
série de coupoles se concentrent, disons-nous, en Aquitaine, et seulement
dans une moitié de cette vaste région, entre la Loire et la Garonne, entre la
Vienne et le Tarn; mais les imitations en style ogival de l'abbaye de Fontevrault débordent dans tout l'Anjou.

En Périgord, le style byzantin est d'abord exclusif de tout autre style et,
après l'introduction partielle de l'art roman, il y reste encore le style dominant. En Angoumois, en Quercy, il lutte avantageusement contre son rival.
En Saintonge, en Anjou, il obtient une bonne part d'influence. On ne peut
considérer plus longtemps ces faits de statistique comme des exceptions
sans gravité. Elles sont trop nombreuses pour ne pas constituer la règle.
On ne peut davantage continuer à ne voir dans tout le sud-ouest qu'un seul
style d'architecture aux xiᵉ et xiiᵉ siècles. Ce serait plus commode, sans
doute, et nous comprenons tout le prix des classifications nettes, des divisions peu nombreuses, dans la géographie des styles; mais ne faut-il pas se
rendre, quand on a réuni sous un même nom des choses radicalement oppo-
sées? Or, en admettant que le style roman de Bordeaux et de la Gascogne
ressemble très-étroitement à celui du Poitou, ils sont séparés, l'un de l'autre,
par un troisième style, byzantin et romano-byzantin, qui est celui du
Périgord.

Si l'on a fait une distinction en faveur du style roman de l'Auvergne, qui
se recommande surtout par ses oppositions de matériaux à couleurs tranchées, le style du Périgord en exige une à plus forte raison; ses caractères
sont plus nets, ses différences plus marquées; et son origine exotique lui
donne certes une valeur toute particulière. Sur la carte, il occuperait au
moins autant de terrain; car, pour le délimiter, il faut prendre le Périgord,
comme centre; à l'ouest, l'Angoumois et le diocèse de Saintes se terminant
en pointe à la mer; à l'opposé, au levant, le Quercy; puis, arrondir cette
zône allongée, en englobant Solignac dans le Limousin, Saint-Émilion dans
le Bordelais. Il ne resterait en dehors de cette région des coupoles que le seul
Fontevrault, qui deviendrait un centre particulier, au moins quand il s'agirait
de la géographie du style ogival.

On objectera peut-être que tous les monuments à série de coupoles ne sont pas byzantins au même degré, et qu'ils ne sont pas partout aussi nombreux, aussi dominants qu'en Périgord. — Mais c'est le même cas pour tous les styles. — Ils ont un centre commun, un foyer principal, et diminuent d'intensité, ainsi que de pureté, à mesure qu'on s'en éloigne. On comprend qu'en réalité ils ne sont pas bornés par un trait purement idéal, mais par une zône de transition et de fusion. Sans doute, les églises à série de coupoles sont, par l'ornementation, poitevines à l'ouest, languedociennes à l'autre extrémité; mais pourquoi ne tenir jamais compte des différences d'architecture? la présence des coupoles, avec toutes les conséquences qu'elle entraîne, vaut bien quelques moulures, quelques feuillages, quelques essais de mosaïque, en un mot, quelques nuances d'ornementation auxquelles on s'est, ce nous semble, trop exclusivement attaché.

Avec le système proposé par M. Drouyn pour exprimer, non-seulement les grandes divisions des styles, mais les mélanges, les fusions et jusqu'aux influences individuelles de tel ou tel monument, il serait facile de rendre sur une carte monumentale toute la physionomie de la région des coupoles. De même que des pierres, jetées dans une nappe d'eau, à la fois ou successivement, déterminent une série d'ondulations concentriques, qui s'étendent ou se resserrent, se partagent ou se disputent l'espace; ainsi, chaque groupe de monuments similaires, et, si on voulait, chaque grand édifice isolément, aurait sur la carte sa zône d'influence, tantôt exclusive et tantôt mitigée.

De quelque façon qu'il se manifeste sur les cartes monumentales, il y a eu décidément en France « un style byzantin ». On le voyait partout; au moins est-il quelque part. Aujourd'hui, on ne prodigue plus, comme autrefois, cette dénomination. Mais, quoique les théories anti-nationales aient perdu beaucoup de terrain, par la force des choses et à mesure qu'on connaissait mieux nos antiquités, on peut encore combattre celle dont il s'agit, comme si elle était entière, car elle n'a pas été formellement retirée par ceux des maîtres de la science qui l'avaient d'abord accréditée. Faisons-le donc en peu de mots, et ne négligeons pas un dernier effort pour atteindre le but principal de cet ouvrage.

Constater une évidente importation de l'art de l'Orient, et montrer ensuite de quelle manière et dans quel sens l'architecture nationale en a été influencée, c'était le meilleur moyen de prouver combien on a abusé du nom de byzantin. Chose singulière, il fallait trouver chez nous quelques monuments exotiques, pour démontrer que notre architecture des premiers siècles du moyen âge est vraiment nationale, et que les chefs-d'œuvre dont nous étions tentés de faire honneur aux étrangers — Saint-Gilles, Saint-Trophime d'Arles, Moissac, et jusqu'au portail royal de Chartres, — étaient dus à des hommes de notre pays.

C'est tout au plus pour l'ornementation qu'il y aurait quelque rapport entre la foule de nos monuments français du XII⁰ siècle, et ceux de l'empire grec ; car, pour l'architecture proprement dite, il est trop clair qu'il n'y en a aucun. Plans, proportions, arrangement des masses architecturales, tout est parfaitement différent ; on vient d'en avoir la certitude. Analysons seulement les caractères généraux de l'ornementation en usage dans les deux pays.

Chez les Grecs, l'ornementation est peinte ; chez nous, elle est sculptée. Ici, elle est tout intérieure ; là, elle est surtout appliquée à l'extérieur des édifices. D'un côté, par une sorte de transaction avec les doctrines des iconoclastes, elle repousse les représentations *sculptées* d'hommes et d'animaux, comme ayant sans doute trop de réalité[1] ; de l'autre, elle les prodigue. Où donc est la ressemblance ? où est l'analogie ? Les mêmes artistes se seraient-ils montrés si différents à Périgueux et dans tout le reste de notre pays ? Les peintres grecs seraient-ils devenus des sculpteurs en mettant le pied en France ?

On ne saurait trop le répéter, l'architecture romane des Occidentaux ne doit guère rien à celle des Byzantins. Il en est ainsi, en fait d'ornementation sculptée, de celle qui ne se confond pas avec l'architecture proprement dite, de la sculpture de sujet, de la statuaire. Pour la peinture, c'est plus douteux, puisque les vieux maîtres italiens avouaient des influences byzantines. Mais, dans notre pénurie de peintures murales anciennes, il est bien difficile de sortir des suppositions. Nous ne pensons pas, pour notre part, qu'on ait encore trouvé en France, ni à Saint-Savin en Poitou, ni à Clermont en Auvergne, ni au Puy en Velay, ni à plus forte raison à Lyon, « où il s'agit de vitraux », une seule composition peinte qui soit l'œuvre d'un Grec. A défaut de faits plus positifs, on pourra constater des analogies de procédés techniques, comme M. Canat[2] s'occupe de le faire ; mais, malgré les nouvelles découvertes que nous réservent les textes et les monuments, il est à croire que cette branche de l'art restera aussi française que les autres.

En Allemagne, il y a eu des pièces d'orfévrerie et de sculpture en ivoire exécutées par des Grecs pour les empereurs. Tel est ce curieux « mariage » d'Othon et de Théophanie, décrit par M. Dusommerard et qui orne encore

1. Voyez M. TEXIER, « Essai sur les émailleurs », page 156.

2. Voyez dans le compte-rendu du congrès de Clermont, page 160, une discussion sur les influences byzantines en peinture.

le musée de Cluny. Tel est le reliquaire du Louvre, destiné par Frédéric Barberousse à recevoir le bras de Charlemagne. Ces deux œuvres d'art ne viennent pas sans doute de Constantinople et n'en sont pas moins évidemment byzantines. Mais en France nous ne connaissons rien d'analogue.

En dehors de l'école architecturale du Périgord, l'influence byzantine ne porte que sur des détails infiniment petits. Il est certain que l'usage des mosaïques a été généralement perpétué par les Grecs, et que, lorsqu'on parle en Occident de décorations de cette espèce, on leur supposerait volontiers une origine exotique indirecte ou directe. Il est certain que les manuscrits byzantins, les reliquaires ciselés ou émaillés, les étoffes et les tapisseries [1] de même provenance parvenaient en France sans beaucoup de difficultés, comme objets de commerce et essentiellement portatifs. Mais, en admettant que les importations de ce genre aient influé sensiblement sur le goût national, qu'en restait-il donc dans l'art français, même en matière d'iconographie, non pas au XIII° siècle, mais au XII° et au XI° ? — S'il était possible, ainsi qu'en une analyse chimique, d'évaluer en quelle proportion l'élément byzantin s'est mêlé dans l'art occidental, un dixième, un vingtième seraient encore une trop belle part ; à peu près, en vérité, comme s'il s'agissait de l'élément arabe.

Veut-on un exemple ? Nous dirons ce que nous avons observé de plus concluant et de plus net dans cet ordre de faits. — On sait que dans les manuscrits et les reliquaires byzantins, des encadrements d'architecture fantastique couronnent les principaux personnages. C'est comme un dais que terminent une ou plusieurs coupoles, monuments impossibles mais de pur style byzantin. Or, dans le nord de la France, ce type s'est conservé, sur les manuscrits, et pour les édifices eux-mêmes, jusqu'à la fin, du XII° siècle. A ce portail de Notre-Dame de Paris, où sont représentés un évêque et un roi plus anciens que Maurice de Sully et Philippe-Auguste, la figure de saint Marcel et surtout celle de la Vierge sont placées sous des coupoles, larges et aplaties comme celle de Sainte-Sophie. Rien n'y manque, pas même le cordon de petites fenêtres qui isole la coupole de ses supports. Est-ce à dire que l'on construisit de pareils monuments à cette époque, ou qu'il en existât d'antérieurs, dont toutes les autres traces se seraient perdues par miracle ? Est-ce à dire, encore, que les sculpteurs fussent grecs ? non, sans doute. Ils copiaient

---

1. De 918 à 933, sous Gaudry, évêque d'Auxerre, il y avait à la cathédrale une tapisserie sur laquelle étaient représentés des lions avec cette inscription : εν λεοντι χριστος δεδοται. — L'évêque n'eut pas de repos qu'il n'eût trouvé une tapisserie du même dessin pour l'autre côté de l'église. — LEBEUF, « Histoire d'Auxerre ».

ces monuments de fantaisie, parce qu'ils convenaient mieux à l'usage auquel on les destinait, à la place où on les logeait, que les monuments réels du pays avec leurs longues nefs, leurs pignons aigus et leurs grandes tours. Ce n'est que peu à peu, et par suite du complet renouvellement de l'art, que les sculpteurs remplacèrent ces types surannés et exotiques par d'autres types nationaux.

Ce que l'on a pris si souvent pour le goût byzantin, le travail recherché et minutieux, l'amour des broderies et des riches habits, cet emploi constant de types de convention qui n'exclut pas le talent ni parfois le génie, — tous ces caractères sont communs à beaucoup de styles et à beaucoup d'époques. Que l'on consulte, sur les diptyques les plus anciens, ces figures de consuls romains à la mine raide et disgracieuse, aux tuniques chargées d'arabesques et de pierreries, tout cela n'est-il pas déjà et roman et byzantin? La tendance à la richesse est générale, on peut le dire, dans l'histoire de l'art. Elle est quelquefois combattue par l'extrême barbarie; mais elle reparaît bien vite. La sobriété, la mesure, le naturel, la noble simplicité se voient par exception et seulement en des temps de grands et rapides progrès. C'est ainsi que les portails latéraux de Chartres, sculptés au XIII° siècle, peuvent différer si profondément du portail royal. La grandeur des entreprises monumentales forçait alors les artistes à se hâter, tandis qu'antérieurement ils s'étaient complu dans des détails infinis et merveilleusement riches.

Après tout, le temps où il était naturel, où il eût été réellement utile de recourir aux artistes de Byzance, n'a pas duré beaucoup, ce nous semble. Dans les premiers siècles du moyen âge, malgré la supériorité marquée des Byzantins, on avait, en France, un art, tel quel, qui suffisait presque à tous les besoins, et détournait au moins d'emprunter un art étranger. Ce n'est pas comme en Russie, où, trop sauvages encore pour créer, les peuples convertis au christianisme ne purent chercher des modèles architectoniques que dans la Constantinople du X° siècle. Au moment du plus grand éclat de l'architecture byzantine, la conquête franque, qui précède immédiatement le règne de Justinien, isolait les Gaules de l'Orient. Elles demeurèrent donc avec la seule tradition romaine, qui, aussi affaiblie qu'elle paraisse, n'en est pas moins la source féconde et unique, d'où est sorti l'art national, si misérable à ses débuts, si splendide à son apogée. Plus tard et dès le XI° siècle, surtout dans la seconde moitié, il n'était plus guère à propos d'aller chercher au loin l'art de Byzance. Sans parler du schisme des Orientaux, qui contribuait certes à les éloigner de nous, mais qui n'aurait pas toujours empêché de leur emprunter des procédés et des régles de pure construction, indépendants de tout dogme , nous commencions à avoir aussi bien chez nous, dans notre architecture romane. A défaut de résultats acquis aussi sûrs, on avait une puissante initiative, plus de hardiesse, plus d'avenir et, bientôt, on l'emporta complétement sur le monde de Byzance. — Quoique les croisés de 1204, après avoir fait, en passant, la conquête de Constantinople, se soient grandement émerveillés aux splendeurs de cette capitale, ils se laissaient prendre, dans leur naïveté d'enfants, à la richesse des matériaux, à l'abondance des métaux précieux. Mais, malgré les monuments accumulés par tant de siècles, ils avaient dans leur propre pays de meilleures constructions. Si nulle ville, en France, n'était comparable à Constantinople, bien des cathédrales, n'y aurait-il que les Notre-Dame de Chartres et de Paris, pouvaient dès lors lutter de grandeur et de génie avec Sainte-Sophie elle-même. L'art qu'ils laissaient derrière eux, et qui fut celui du xiiie siècle, pour être éminemment national, n'en était pas moins le plus parfait que le monde ait vu naître, et c'est encore le plus digne d'être imité, en attendant qu'on le perfectionne.

FIN

TABLE ANALYTIQUE

TABLE ANALYTIQUE

INTRODUCTION.

PREMIÈRE PARTIE.

MONOGRAPHIE DE SAINT-FRONT.

CHAPITRE PREMIER.

CHAPITRE II.

CHAPITRE III.

Clocher et grand porche de Saint-Front, page 49.

CHAPITRE IV.

Construction et décoration de Saint-Front. — Ornementation sculptée, peintures. Sépulcre de saint Front, page 60.

CHAPITRE V.

ÉGLISE LATINE OU VIEILLE ÉGLISE DE SAINT-FRONT. — CLOÎTRE ET MONASTÈRE, page 90.

CHAPITRE VI

ANCIENNETÉ DE SAINT-FRONT ET COLONIE VÉNITIENNE DE LIMOGES, page 115.

CHAPITRE VII.

Restauration de Saint-Front, page 139.

DEUXIÈME PARTIE.

ÉGLISES A COUPOLES DE L'AQUITAINE.

CHAPITRE PREMIER.

CONSIDÉRATIONS GÉNÉRALES, page 460.

L'église de Saint-Front, comme tous les autres grands monuments, a provoqué un certain nombre d'imitations, plus exclusives seulement et plus évidentes. — Énumération des édifices à série de coupoles qui composent cette famille byzantine dans le Périgord et dans l'Aquitaine. — Indication de leurs dates, quand elles sont authentiques, p. 462. — Tous ne se rattachent à la grande souche byzantine que par Saint-Front, ainsi que le prouvent :

1° Les plans d'abord en carré long, puis en croix latine, jamais en croix grecque ni en carré parfait; les proportions de chaque coupole de plus en plus dégénérées mais toujours reconnaissables.

2° Le système de toiture, qui admet bientôt le secours des charpentes, après trois essais seulement de terrasses et de coupoles apparentes à l'extérieur.

3° L'appareil, moyen et régulier, c'est-à-dire roman, au lieu de romain; l'ornementation, bientôt romane aussi, et variant selon les provinces, au lieu de rester corinthienne et byzantine.

4° Les dates de ces quarante monuments, toujours postérieures à celle de Saint-Front, et leur situation géographique qui les groupe autour de Périgueux.

CHAPITRE II.

SAINT-ÉTIENNE ET SAINT-SILAIN DE PÉRIGUEUX, page 470.

L'église Saint-Étienne est l'ancienne cathédrale de Périgueux. — Elle n'est plus composée que de deux coupoles, dont les calottes sont apparentes au dehors. — Ces deux moitiés de l'église actuelle ne sont cependant pas de même date, quoique leur forme générale soit byzantine au même degré. — Tous les détails d'architecture de la coupole de l'est annoncent qu'elle a été ajoutée dans la seconde moitié du XIIe siècle. — Description particulière de la coupole de l'ouest. Sa grandeur, sa ressemblance avec celles de Saint-Front; premières variations qui l'éloignent du style byzantin. — Simplification du type original, suppression de toute ornementation, p. 172. — Le plan de la cathédrale du XIe siècle se complétait par une file de coupoles plus petites, terminée par un clocher très-élevé, et qui paraît avoir été assez pareil à celui de Saint-Front, p. 173. — Même avant les ravages des protestants, la vraie cathédrale de Périgueux était inférieure de tout point à l'abbaye de Saint-Front. — Explication de cette anomalie. — Si cette église de Saint-Étienne a pu être consacrée le même jour que celle de Saint-Front? p. 474. — Description de la coupole de l'est. — Circonstances où elle a été bâtie. — Inscriptions qui contribuent à fixer sa date. — Table pascale unique en France, p. 176. — Épitaphe de Pierre de Minet. — Épitaphe et tombeau de Jean d'Asside. — Nom du sculpteur de ce dernier monument, p. 477. — Restauration du XVIIe siècle. — Toute la partie supérieure de la coupole de l'est avait été ruinée à l'époque de la prise de Périgueux; elle a été rebâtie, sans aucune modification, par l'évêque François de la Béraudière, p. 478. — Authenticité des lanternons qui surmontent le toit conique de cette coupole de l'est et de sa voisine, p. 179. — Restes du cloître de Saint-Étienne. — Description et mesures de l'église de Saint-Silain de Périgueux, détruite pendant la révolution; elle avait deux coupoles, p. 489.

CHAPITRE III.

MONUMENTS A COUPOLES DU PÉRIGORD — ABBAYES, PRIEURÉS, ÉGLISES PAROISSIALES, p. 181.

Les églises à série de coupoles sont ordinaires en Périgord. — Nombre et situation de celles qui ont été déjà signalées. — Ce sont à coup sûr les plus importantes. — Huit étaient des abbayes ou des prieurés conventuels. — Classification des plans, en croix latine ou sans transepts, avec ou sans chevet arrondi, p. 184. — Pourquoi il y avait lieu de négliger les églises à coupole unique. — Elles sont innombrables en Périgord. — Quoiqu'elles soient byzantines à un moindre degré, elles n'en sont pas moins byzantines ; et l'on n'en retrouve pas de semblables, loin des monuments à série de coupoles, p. 185. — Donjon à coupole byzantine à Vernaudes. — § I. *Saint-Astier*, p. 186. — La plus ancienne après Saint-Étienne, mais non pas la plus évidente des imitations de Saint-Front. — Date certaine de cette église. — L'évêque de Toulouse assiste à sa réédification. — Ce qu'il reste de cette construction. — Appareil en assises alternées. — § II. *Brantôme*, p. 187. — Circonstances qui permettent de préciser l'époque de la reconstruction de l'abbaye. — Description de ce monument. — Colonnes de marbre et débris carlovingiens utilisés dans la base du clocher. — Restauration du xiiiᵉ siècle ; restauration moderne. — Jardin de l'abbaye. — Église creusée dans le roc. — Sculptures qui s'y trouvent. — Autres sculptures de l'église paroissiale de Brantôme, relatives à Charlemagne, premier fondateur de l'abbaye, et à saint Sicaire son patron. — Dévotion à cet enfant-martyr. — § III. *Saint-Jean de Cole*, p. 193. — L'abbaye de Saint-Jean de Cole est un monument à date certaine. — Textes qui prouvent qu'elle a été bâtie de 1086 à 1099, sous l'influence directe du clergé de Périgueux. — L'élément byzantin s'y conserve remarquablement pur. — Coupole de 14 mètres, apparente au dehors. — Toit conique en pierres. — Originalité du plan. — La coupole, malgré sa grandeur, est inscrite dans une abside semi-circulaire accompagnée de trois chapelles rayonnantes. — Ornementation de ces chapelles, purement romane et d'origine limousine. — Chapiteaux historiés à sujets bibliques. — Création de l'homme ; ivresse de Noé. — L'édifice n'a jamais été complet. — Travaux de consolidation au xiiᵉ siècle. — Autre coupole plus petite, commencée à cette époque, p. 198. — Cloître de Saint-Jean, p. 200. — Tombeau d'un évêque d'Amiens. — Boiseries magnifiques en noyer, sculptées au commencement du xviiᵉ siècle. — Peintures importantes. — § IV. *Saint-Avit-Sénieur*, p. 204. — Inscriptions authentiques qui fixent la date de Saint-Avit. — Autre inscription constatant la translation des reliques du solitaire Avitus — Plan et style de l'église ; tout y est byzantin. — Description et rapprochements. — Pourquoi la coupe partielle de Saint-Avit est en regard de celle de Cahors, p. 205. — Clochers de Saint-Avit ; ils sont postérieurs à la construction primitive. — Changements singuliers qu'ils ont occasionnés dans le plan général ; en élévation, ils ressemblaient encore à celui de Saint-Front. — Remarques sur la vue extérieure de Saint-Avit. — Absence totale d'ornementation et même de détails architectoniques. — Rareté des contre-forts et des ressauts de tout genre à l'extérieur comme à l'intérieur. — Les constructeurs les ont multipliés à mesure qu'ils sont devenus plus habiles, p. 206. — Restaurations diverses. — Substitution de voûtes d'arêtes du xiiiᵉ siècle à la calotte des coupoles. — Forme particulière et surhaussement de ces voûtes ; leur décoration peinte. — § V. *Paunat et Trémolac*, p. 208. — Abbaye de Paunat fondée sous Charlemagne, relevée de ses ruines par Frotaire de Gourdon. — Il n'y reste rien de ces deux époques, si ce n'est peut-être un *lieu de refuge*. — Elle n'en est pas moins imitée de Saint-Front. — Coupoles de la nef primitive. — Porche évidé en rotonde, comme certains piliers de la cathédrale de Périgueux. — Le plan de Trémolac, parfaitement conservé, complète celui de Paunat. — Antique origine et relations de ce prieuré avec Saint-Éparche d'Angoulême. — Époque probable de sa dernière reconstruction. — Singularité du plan. — Grand nombre et petitesse extrême des coupoles. — Fenêtres dans les contre-forts ; essais d'ornementation. —

§ VI. *Abbaye de Boschaud*, p. 211. — Boschaud est une abbaye cistercienne, et elle se couvre néanmoins d'une série de coupoles. — Détails sur la date de ce petit monastère et sur sa filiation. — Renseignements sur les autres abbayes du même ordre que compte le Périgord ; elles n'ont qu'une coupole sur les transepts, mais elles ne sont pas non plus complétement conformes au type ordinaire des églises cisterciennes. — Proportions et dimensions de Boschaud. — Détails de la construction. — Arcs-doubleaux portés par des encorbellements. — L'église n'a pas de clocher, et sa décoration a toute la simplicité voulue. — Croquis des ruines de Boschaud. — Tombeau du xiiie siècle au-dessus de l'autel ; il contenait les reliques d'un martyr inconnu selon le père Dupuy. — § VII. *Abbaye de Ligueux*, p. 215. — Abbaye de femmes fondée au xiie siècle. — Elle a des coupoles sur la nef. — § VIII. *Agonac*, p. 215. — C'est une simple paroisse auprès d'un des châteaux créés par le fondateur de Saint-Front. Faibles restes des fortifications primitives englobés dans un donjon du xiie siècle. — L'église est petite et n'a que deux coupoles. — § IX. *Bourdeille*, p. 218. — Grande paroisse qui dépend d'un château fameux. — Elle a trois coupoles. — § X. *Peaussac*, p. 218. — Trois coupoles sans abside ; deux époques dans la construction. — § XI. *Saint-Martial de Viveyrols*, p. 218. — Deux coupoles. — § XII. *Mareuil*. — Série de coupoles. — § XIII. *Le Vieux-Mareuil*, p. 219. — Archiprêtré. — Église curieuse et admirablement conservée. — Trois coupoles, abside carrée. — Tribune seigneuriale. — Fortifications du xve siècle. — La construction de l'église est excellente ; elle n'a pas d'ornementation. § XIV. *Thiviers*, p. 220. — Archiprêtré dans une petite ville qui date du moyen âge. — Église considérable avec des coupoles sur la nef, mais fort remaniées. — § XV. *Verteillac et Brassac le Grand*, p. 221. — Deux églises à coupoles très-voisines l'une de l'autre, et situées dans la région du Périgord qui en compte le plus. — Belle conservation et proportions élégantes de celle de Brassac. — Magnifiques sculptures du xiiie siècle. — § XVI. Sceau de Saint-Front et monnaie de Périgueux, p. 223. — On y reconnaît le type aux cinq coupoles. — Circonstances historiques qui expliquent cette influence d'un nouveau genre.

CHAPITRE IV.

ÉGLISES A COUPOLES DE L'ANGOUMOIS ET DE LA SAINTONGE, page 229.

Nombre des églises à série de coupoles en Angoumois. — Groupes qu'elles forment autour d'Angoulême et de Cognac. — § I. *Saint-Pierre d'Angoulême*, p. 230. — Reconstruction de cette cathédrale au commencement du xiie siècle par un évêque originaire du Périgord. — S'il reste quelque chose de cet antique édifice ? — Il y a dans Saint-Pierre deux constructions, byzantines l'une et l'autre à des degrés différents. — Description détaillée de la cathédrale. — La première coupole à l'occident de la nef est sans ornementation et ressemble à celle de la cité de Périgueux. — Les trois autres coupoles ont une ornementation romane très-riche. — Quatre chapelles seulement à l'abside. — Transepts terminés par de grands clochers. — Belle construction de cette partie du monument. — Iconographie de la façade de Saint-Pierre, p. 234. — Statues équestres aux deux côtés de la porte. — Histoire de l'évêque Gérard, qui reconstruisit presque entièrement la cathédrale au xiie siècle, p. 236 ; sa naissance en Normandie ; son séjour à Périgueux, où il fut écolâtre ; son ambassade en Allemagne. — L'archevêque de Cologne, qui lui donna l'hospitalité, avait étudié sous lui dans les Gaules. — Ses luttes contre saint Bernard, à l'occasion de l'anti-pape Anaclet, et sa fin malheureuse ; son goût pour les constructions. — S'il a été, dans une certaine mesure, le véritable architecte de sa cathédrale. — § II. *Saint-Liguaire de Cognac*, p. 239. — Fondation du prieuré de Saint-Liguaire par l'évêque de Périgueux Arnaud de Vitabre et par ses neveux Artaud et Itier, seigneurs de Cognac. — L'église a été rebâtie au xiie siècle. — Son plan en coupoles ; sa ressemblance particulière avec Saint-Pierre d'Angoulême ; son élégante ornementation. — Signes du zodiaque représentés au portail. — § III. *Bourg-Charente*.

CHAPITRE V.

CAHORS, SOUILLAC, SOLIGNAC, SAINT-ÉMILION. — LE PUY EN VELAY, SAINT-HILAIRE
DE POITIERS, LOCHES, p. 253.

M. H. Parker à ce sujet. — Découvertes de M. Aymard. — Bénédiction grecque dans les peintures du Puy. — Il ne faut pas croire qu'elles soient l'œuvre d'un artiste byzantin, et, dans tous les cas, elles ne prouvent rien relativement à l'origine ni au style de l'édifice, car elles sont d'une époque postérieure. — § VI. *Saint-Hilaire de Poitiers*, p. 270. — Autre variété de coupole indigène. — L'édifice est à cinq nefs et ne semble pas dériver de Saint-Front, autant qu'on en peut juger dans son état actuel. — § VII. *Loches*, p. 271. — Belle conservation de cette église. — Elle se couvre de pyramides octogones comme celles des clochers du XIIe siècle, mais nullement de coupoles. — Si l'on devait s'occuper de ce monument ainsi que de Saint-Hilaire et de Notre-Dame-du-Puy, c'était afin de les rayer de la liste des églises byzantines de l'Aquitaine.

CHAPITRE VI.

Fontevrault, Saint-Maurice d'Angers, Style Plantagenet, page 273.

L'église de Fontevrault, malgré sa situation aux dernières limites de l'Aquitaine, est un monument byzantin des mieux caractérisés. — Il se rattache à l'école du Périgord par la cathédrale d'Angoulême. — Parallèle des deux monuments : explication des planches où ils sont rapprochés l'un de l'autre en plan et en coupe. — Concordances de mesures et de dessin, p. 277. — Date de la nef de Fontevrault. — Dédicace par Calixte II. — Construction des transepts et du chœur du même édifice. — Ils sont de style roman ; mais on y remarque une première transformation de la coupole byzantine, qui existe aussi dans plusieurs édifices angevins de la même période. — De la coupole sans pendentifs distincts, on passe, à Saumur, à la coupole renforcée de nervures ; puis, dans la cathédrale d'Angers, à la voûte d'arêtes surhaussée en coupole. § II. *Saint Maurice d'Angers*, p. 283. — Description et analyse de cette cathédrale. — Elle est à demi ogivale, à demi byzantine. — De cette fusion résulte le style Plantagenet. — Ses caractères principaux. — Nef unique à travées exactement carrées. — Voûtes surhaussées s'appuyant sur les murs latéraux. — Arcs ogives déchargés en partie et amincis. — Autres nervures au sommet des berceaux formant une double croisée. — Grande portée des voûtes et solidité parfaite. Arcs-boutants devenus inutiles. — Le style Plantagenet, formé en Anjou, s'est répandu dans tout le sud-ouest, au XIIIe siècle.

CHAPITRE VII.

Conclusion, page 291.

Principaux résultats que l'on peut croire acquis à l'archéologie. — Saint-Front de Périgueux est unique en France. — C'est le seul de nos édifices qui ait été bâti et sculpté par des artistes de l'Orient. — C'est un phénomène qui aurait dû se produire ailleurs, mais qui ne s'est produit qu'une fois, au moins en France. — De l'influence byzantine en général, p. 291. — Il faut la *prouver* au lieu de l'affirmer. — Si elle a altéré exceptionnellement l'art occidental sur des points déterminés, elle ne l'a pas fait et n'a pas même aidé à le faire. — Comment le style byzantin se montre surtout dans l'Italie méridionale. — Association artistique d'un architecte, d'un sculpteur et d'un peintre, formée à Constantinople au profit du Mont Cassin. — Artistes en mosaïques *loués* à Byzance. — L'art des Deux Siciles est à demi byzantin, au moins par l'ornementation. — Pour l'Italie du Nord, l'art n'y a pas été modifié dans son ensemble, par Saint-Vital de Ravenne et Saint-Marc de Venise. — Influences byzantines en Allemagne prouvées par les textes plutôt que par des monuments existants. — Petite église fondée à Paderborn par saint Meinwerc, en 1015, et bâtie ou décorée *per operarios græcos*. — Nous n'avons connaissance en Allemagne que d'un seul édifice d'architecture byzantine, le dôme d'Aix-la-Chapelle. — L'œuvre de Charlemagne est imitée clairement de Saint-Vital, à deux siècles d'intervalle. — Elle n'est byzantine que de seconde main, et ne paraît pas avoir exigé le concours d'artistes grecs. — Elle a eu quelques imitateurs, par exemple à Ottmarsheim en Alsace, mais elle n'a pas introduit sur les bords du Rhin le principe vraiment fécond de la coupole sphérique, sur pendentifs en portion de sphère. — Cette coupole, née de Sainte-Sophie, est inconnue dans l'Allemagne Rhénane, et s'y serait à coup sûr perpétuée, si elle y avait jamais été apportée, p. 296. — Aix-la-Chapelle, comme le Saint-Sépulcre, ne pouvait produire que des rotondes. — Saint-Front a une tout autre importance. — Cette seule importation de l'art de Constantinople a suffi pour qu'il s'établît en Périgord une école gallo-byzantine très-caractérisée. — On connaît déjà en Aquitaine, et on n'en connaît que là, quarante monuments à série de coupoles, sans parler de ceux qui sont à coupole unique. — Ils devraient former un style régional à plus juste titre que les monuments de l'Auvergne et du Poitou, non-seulement à cause de leur origine exotique, mais en raison de leurs formes neuves et tranchées. — Ils ont seuls droit en France au nom de byzantin et de romano-byzantin. — Manière de délimiter le style du Périgord sur les cartes monumentales, p. 298. — En dehors de ce style tout local, l'influence byzantine ne porte en France que sur des infiniment petits. — Pour l'architecture, on sait dans quel sens elle s'exerce. — Pour la sculpture proprement dite, il n'y en a pas du tout en Orient; pour la peinture même, rien ne prouve que la nôtre vienne de celle des Byzantins. — Ce que les manuscrits, les reliquaires et les étoffes de Byzance ont donné au goût national, n'est presque rien : il faut à peine en tenir compte. — Les diptyques du Ve siècle sont à la fois et byzantins et romans. — Les deux arts viennent de la même source, et peuvent se ressembler sans qu'il y ait imitation de l'un par l'autre. — La tendance à la richesse, que l'on prenait pour la manière des Byzantins, est générale dans l'histoire de l'art. — Le naturel, la noble simplicité, se voient par exception et seulement dans des temps de grands et rapides progrès, comme au XIIIe siècle. — En accordant une part positive à l'influence byzantine, qu'on ne s'étonne pas de la voir si petite. Dans la première moitié du moyen âge, on se contentait de peu en fait d'art; et dans la seconde, le temps où il eût été réellement utile de recourir à l'Orient, a été assez court. — Dès les croisades, nous avions chez nous un art national qui suffisait déjà à tous les besoins, et qui allait bientôt surpasser l'art byzantin.

FIN DE LA TABLE ANALYTIQUE.

INDEX DES GRAVURES

INTRODUCTION.

CHAPITRE I.

CHAPITRE II.

CHAPITRE III.

CHAPITRE IV.

DEUXIÈME PARTIE.

CHAPITRE I.

CHAPITRE II.

CHAPITRE III.

CHAPITRE IV.

CHAPITRE V.

FIN DE L'INDEX DES GRAVURES.

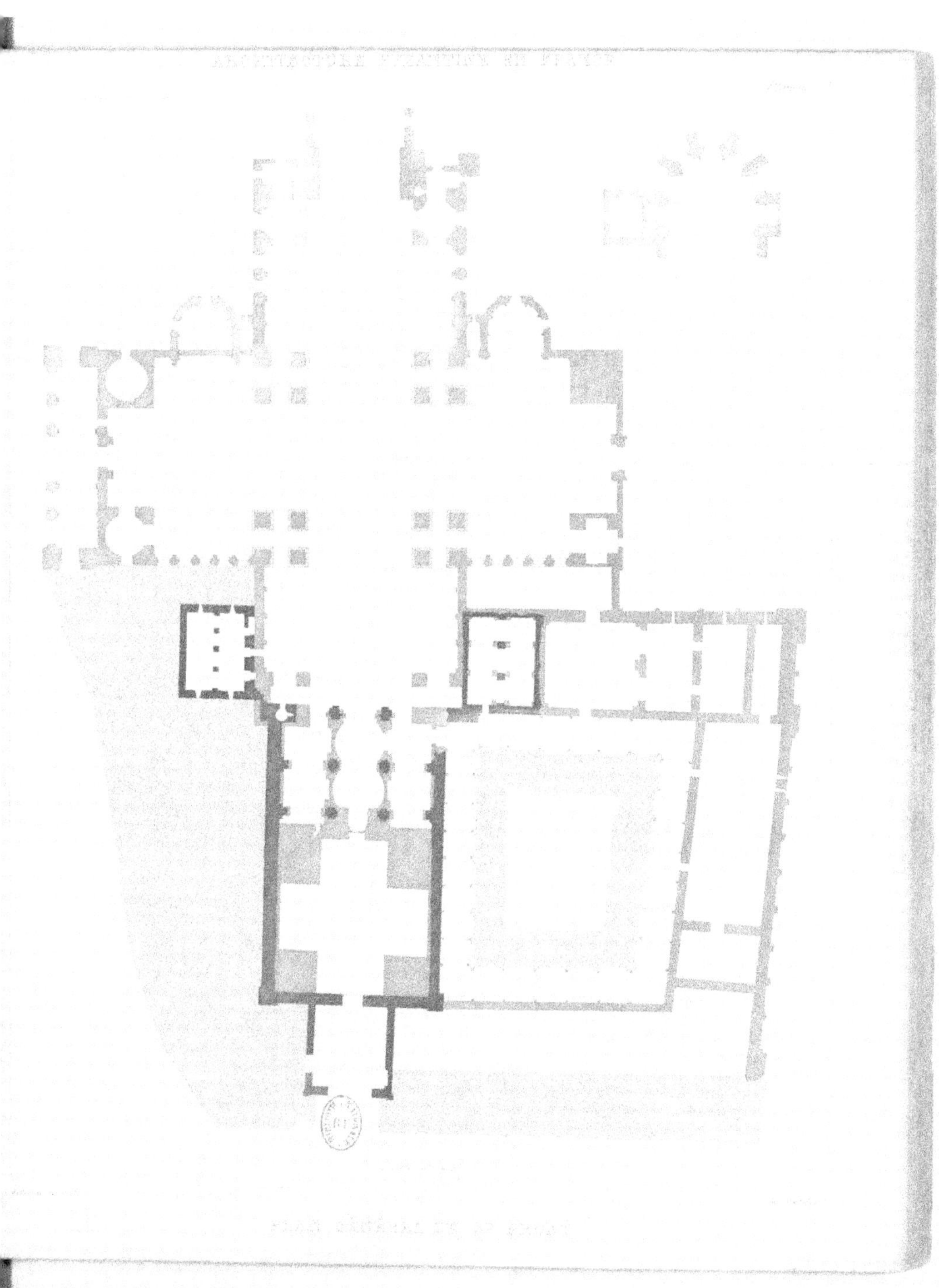

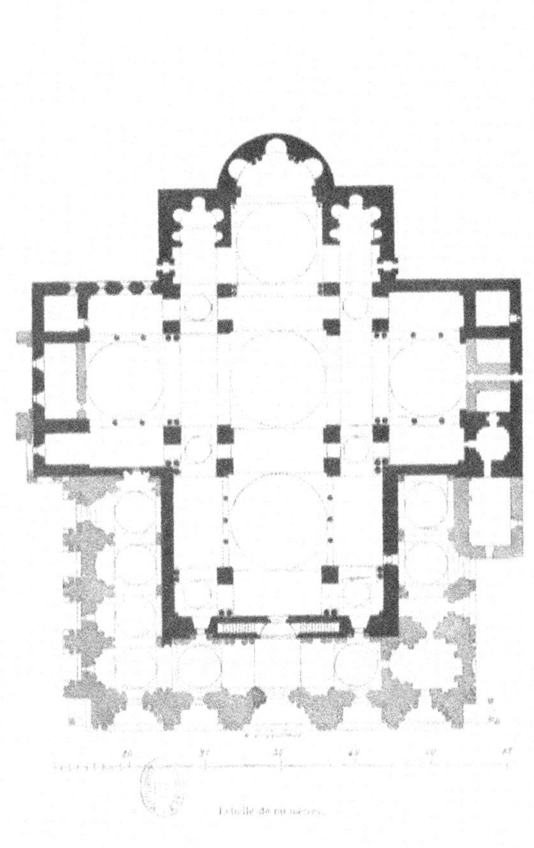

Dessiné par Félix de Verneilh.   Imprimé par J. Claye et Cie, 7 rue Saint-Benoît, à Paris.   Gravé par E. Toudouze

PLAN DE SAINT-MARC DE VENISE

CLOCHER DE SAINT-MARTIN

CHAPITEAUX DE ST-FRONT

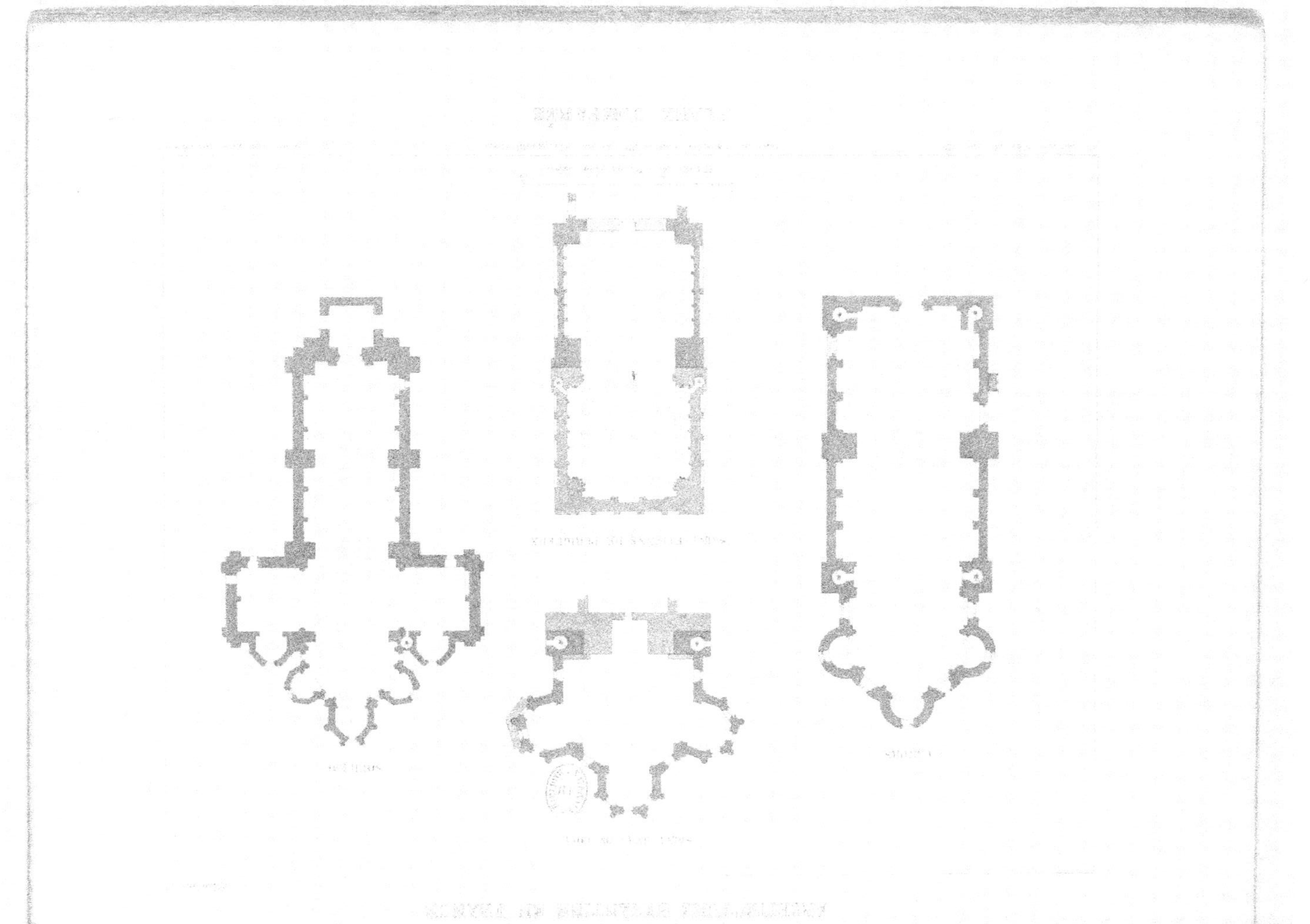

Dessiné par Jules de Verneilh.   Imprimé par J. Cluye et Cie, 7 rue Saint-Benoît, à Paris.   Gravé par Pisan.

VUE DE SAINT-ÉTIENNE DE PÉRIGUEUX

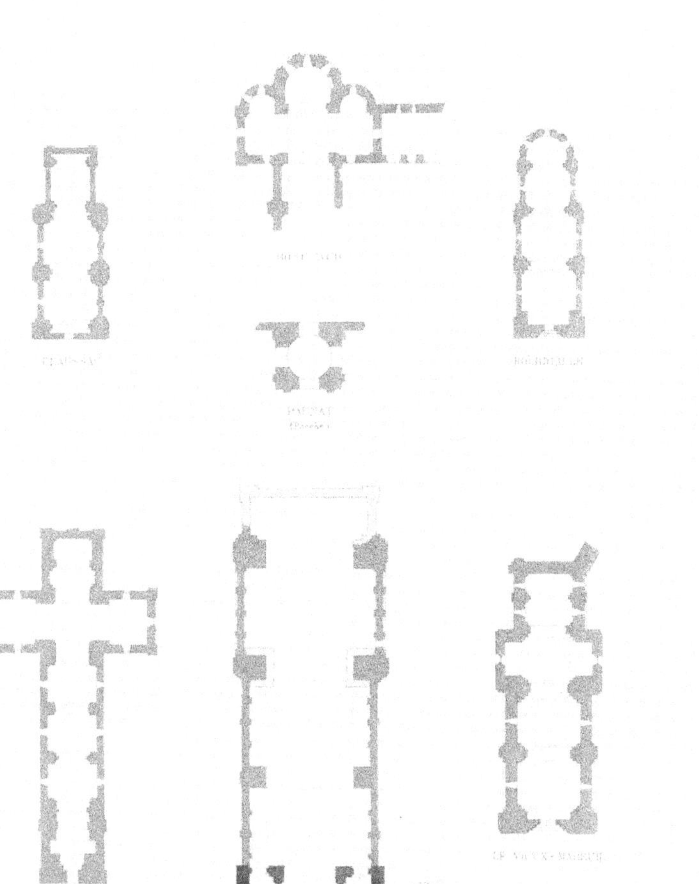

ABBAYE CISTERCIENNE DE BOSCHAUD

Dessiné par Jules de Verneilh.　　Imprimé par J. Claye et Cⁱᵉ, 7 rue Saint-Benoît, à Paris.　　Gravé par Quichon.

VUE DE SAINT-AVIT-SÉNIEUR

Dessiné par Jules Gailhabaud.   Imprimé par E. Cluzel et Cie, 7, rue Saint-Benoît, à Paris.   Gravé par E. Guillaumot.

ÉGLISE ABBATIALE DE SOLIGNAC

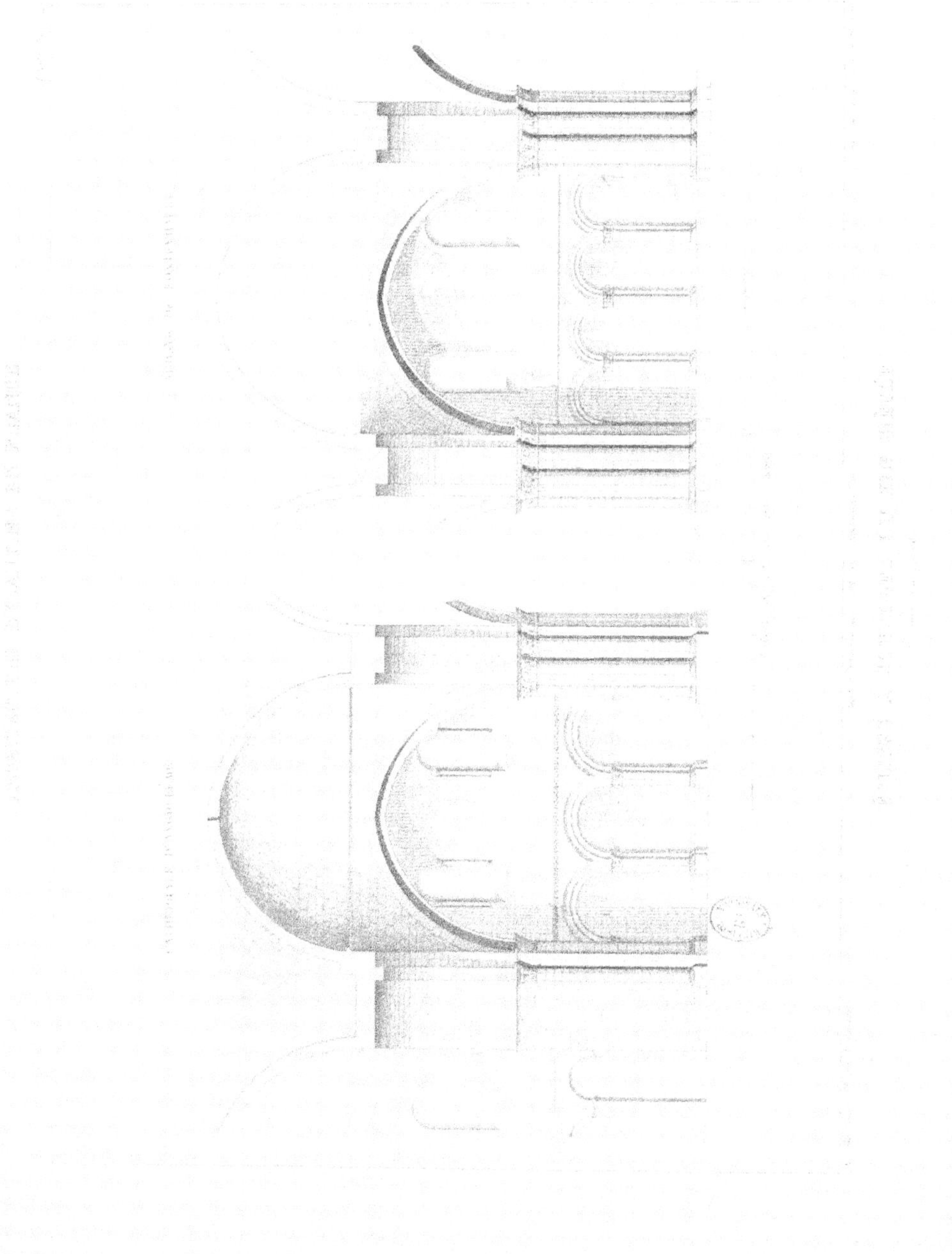

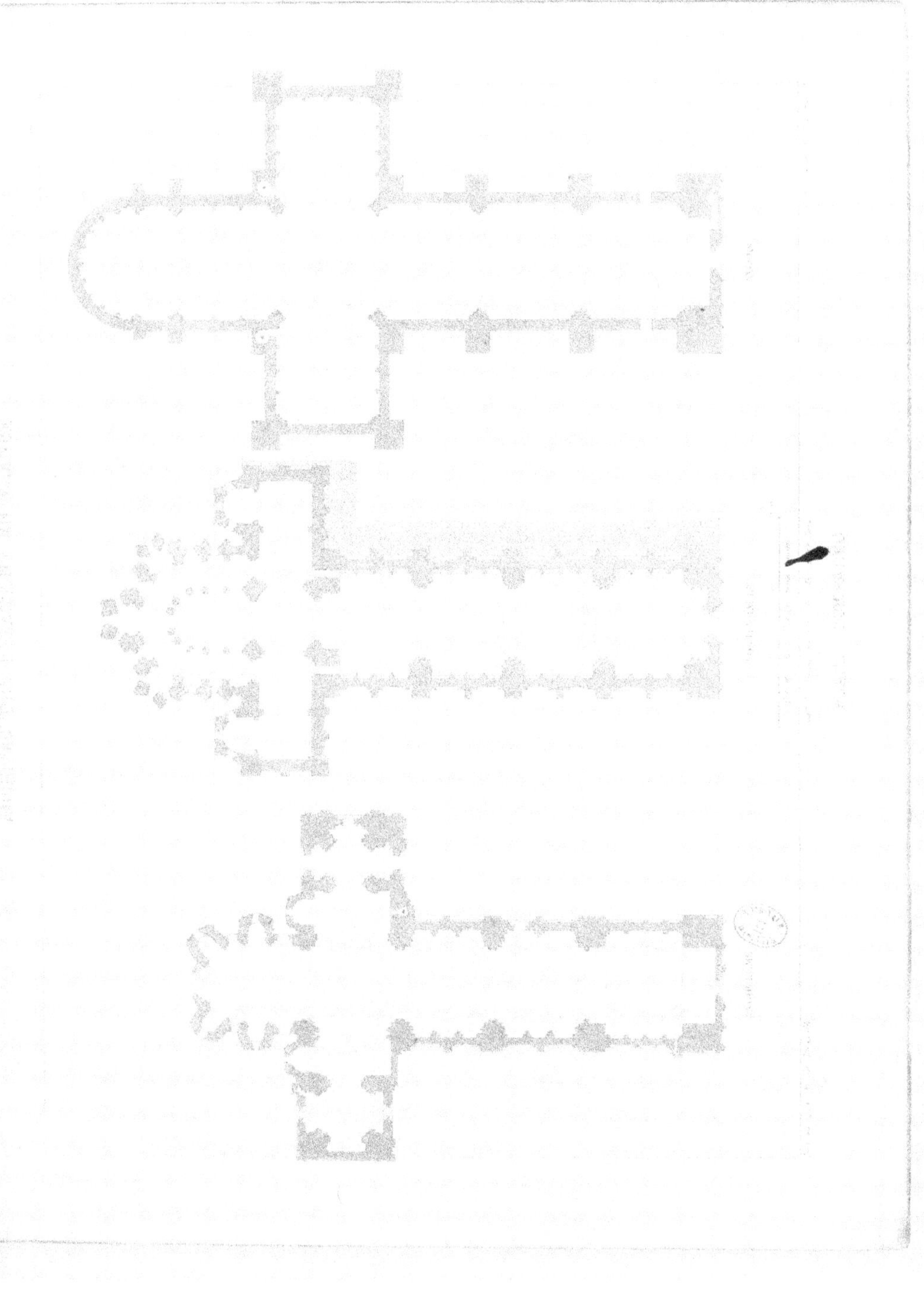